# LES INQUIÉTUDES DE LA RAISON

CONTEXTES

ENRICO CASTELLI GATTINARA

# LES INQUIÉTUDES DE LA RAISON

## ÉPISTÉMOLOGIE ET HISTOIRE EN FRANCE DANS L'ENTRE-DEUX-GUERRES

Éditions de l'École
des Hautes Études en Sciences Sociales

Librairie Philosophique J. Vrin

1998

*Imprimé en France*
ISSN 1159-4535
ISBN VRIN 2-7116-1319-4
ISBN EHESS 2-7132-1252-9

*À Loretta*

## REMERCIEMENTS

L'origine de ce travail est à trouver dans une thèse de doctorat préparée entre 1985 et 1992 à l'EHESS (Centre A.Koyré) sous la direction de Ernest Coumet et grâce à une bourse d'étude du gouvernement français (Ministère des Affaires Etrangères). Ernest Coumet a suivi patiemment le travail, il a discuté mes idées (mais la responsabilité des thèses que je soutiens est la mienne), il m'a aidé à surmonter des problèmes d'ordre théorique et pratique, il m'a éclairci – par son érudition étonnante – sur les stratégies institutionnelles et sur les idées qui circulaient en France entre 1900 et 1940. Qu'il en soit très sincèrement et amicalement remercié.

Je veux aussi remercier Jacques Revel, qui a pris connaissance de mon travail depuis 1986 et m'a encouragé, dès la soutenance de la thèse, à en faire un livre et à poursuivre mes recherches dans ce domaine.

Je remercie le personnel du Centre A.Koyré et de l'IMEC, qui m'a supporté pendant la préparation du travail, et Agnès Biard, du Centre International de Synthèse.

Je voudrais dire ma gratitude aussi à tous ceux dont les conseils, les remarques, les idées et les discussions – qu'ils le sachent ou non – m'ont été utiles pour confirmer ou corriger certaines de mes idées : Giorgio Agamben, Michel Blay, Luciano Boi, Eric Briand, Catherine Chevalley, Giovanna Cifoletti, Alain Dewerpe, Fernando Gil, Giulio Giorello, Gérard Jorland, Bruno Latour, Giovanni Levi, Bertrand Müller, Jean Petitot, Jacqueline Pluet-Despatin, Pietro Redondi, Isabelle Stengers, Carlo Vinti. Qu'ils soient tous très sincèrement remerciés.

Je remercie enfin tous ceux qui ont relu et corrigé le texte français : Valerie Uttscheid, Catherine Delaruelle et les autres qui se reconnaîtront sans peine dans ces lignes.

# INTRODUCTION

La crise de la raison, de la culture et des sciences de la première moitié du XX^e^ siècle a fait l'objet de nombreuses études ; et les zones d'ombre qui subsistent encore ont des fortes implications sur le savoir de notre temps. Le courage de la philosophie, et peut-être de la pensée en général, consiste à entrer dans ces zones problématiques pour en saisir les voix.

Pour étudier une période de crise il est nécessaire de supposer que l'on sait ce que l'on entend par ce terme. Mais la crise est quelque chose qui échappe, par essence, à toutes les définitions, et ceci non seulement d'un point de vue sémantique, mais aussi et surtout d'un point de vue historique. La crise de la culture, la crise de la civilisation, la crise même d'une image de la raison et de la science, sur laquelle porte l'ouvrage qui suit, sont une multiplicité de problèmes, une pluralité de crises dont les valeurs positives et négatives alternent et s'entrecroisent sans qu'il puisse y avoir de domination de l'une sur l'autre.

Prendre en considération une période de crise veut dire dès lors accepter le risque de voir la crise se dissoudre dans un nœud de lignes de force très précises, qui en nient les présupposés, ou la voir se démembrer dans ses divers aspects et dans ses articulations, ou encore assister à sa démultiplication et en éprouver la puissance tentaculaire. Mais dans tous les lieux où elle se manifeste, et malgré tous ses aspects, elle répond toujours à son temps et à son histoire, et elle ne se laisse jamais isoler impunément du vif du contexte dans lequel elle s'exprime (car elle est à elle seule déjà tout le contexte) : comme le nœud d'un filet (d'un réseau), ses fils divergent dans des directions multiples et on ne peut jamais nettement circonscrire ses espaces.

C'est pourquoi les études qui ont porté sur ces périodes de crise, consacrées en particulier aux premières années du XX^e^ siècle, ont été concentrées dans des zones géographiques relativement précises dont l'épicentre était la *Mitteleuropa* germanophone. Il est en effet difficile de parler de la crise en termes généraux. La crise échappe à toute prise, elle se multiplie et se transforme en son contraire, elle est à chaque fois contingente et immanente à son temps et à son lieu d'apparition, elle dépend souvent du goût particulier, pour ainsi dire, de ce en quoi et pour quoi elle surgit. En ce sens, on pourrait soutenir, paradoxalement, que dans la première moitié du XX^e siècle il n'y a pas eu de crise, qu'il n'y a pas lieu de la nommer ainsi et qu'il est impossible de la caractériser d'une façon cohérente et uniforme (ou alors ce qu'on nomme "crise" n'est qu'un procès de croissance). Mais les crises sont vécues comme telles dans la chair vive des individus et des situations qui les composent.

Or, il est nécessaire d'aborder cette considération préliminaire : parler de "crise" en termes singuliers est en effet impropre, parce qu'il semblerait que l'on entende par là un "macrophénomène" qui caractériserait une époque de façon univoque et cohérente. En revanche, il faut en parler au pluriel, parce que chaque réponse la caractérise et la modifie, et représente donc une stratégie appropriée, une réaction, une ouverture et une problématisation [1]. La "perception" même de cette époque de crise n'est aucunement homogène, et passe d'un pessimisme sans perspectives à un optimisme chargé de promesses. Elle n'est pas la même pour un poète ou pour un physicien, pour un politicien ou pour un économiste, pour un prêtre, pour un peintre ou pour un homme de bon sens. C'est que l'idée de crise s'adapte à chaque fois aux différents contextes discursifs où elle apparaît : plus qu'un fait, il s'agit d'une pluralité de situations, d'un entrecroisement, d'un champ de bataille où les forces en jeu n'arrivent pas à prévaloir les unes sur les autres [2], bref d'un véritable réseau. Le poids respectif des hésitations et des certitudes à l'égard de la philosophie et des sciences doit être alors mesuré dans cette perspective. Il ne s'agit pas de la même crise pour tous, mais d'un "champ" commun, d'un territoire plein d'entrecroisements et d'intersections, d'une conjoncture dans laquelle l'illusion de l'existence d'une vérité unique et simple est mise en cause (ou brisée).

Si l'on s'en tient à la situation qui a réellement vu le jour en Europe, voire dans la seule *Mitteleuropa,* sur le plan de la culture et de la pensée scientifique et philosophique, il est clair qu'il serait assez difficile de parler d'une crise en termes purement négatifs. Les avant-gardes – notamment artistiques – pullulent dans cette période d'une façon

1. Souvent, chez un même auteur, les opinions et les prises de positions ne sont aucunement homogènes, et il n'est pas rare de trouver quelqu'un (comme Febvre, par exemple, ou P. Valéry) qui face à la "crise" réagisse d'une façon contradictoire : soit en faisant l'apologie de l'unité de la Science et de l'Ordre, soit en se référant à l'interdisciplinarité et à l'ouverture qui empêche toute rigidité.

2. C'est ainsi que T. S. KUHN, in *La Structure des révolutions scientifiques*, tr. fr. Paris, 1983, définit la crise qui précède tout changement de paradigme en science, mais aussi dans la société.

étonnante, les sciences progressent comme jamais auparavant, la philosophie pose des problèmes radicalement nouveaux, les sciences humaines naissent et s'imposent rapidement au monde culturel, la technique permet des choses qu'on avait toujours pensées comme impossibles. Si l'on doit parler de crise, alors il s'agit d'une crise de croissance, une crise d'excès d'une production qu'on ne réussit plus à absorber, précisément comme la crise économique la plus connue de l'époque, le krach de Wall Street en 1929. Cependant, même ainsi, il est impossible d'en saisir l'essence; car, si l'on ne peut douter de l'explosion d'énergies créatives et des nouveautés qui caractérisent ces décennies, malgré les désastres militaires et politiques, il est d'autant plus vrai que tous, et certains écrivains en premier lieu, ont vécu ces années comme une véritable crise générale, comme une séparation, un congé à l'égard de ce qu'ils avaient connu auparavant; mais aussi comme une attente, une incertitude et un cauchemar par rapport à ce qui venait d'arriver, qui était déjà présent ou qui était en train d'arriver. Si nous devons parler en termes de crise, ce qui est inévitable, alors il s'agit d'une crise de l'esprit, comme le disait P.Valéry, qui se reflète dans le réel (dans la guerre, dans la misère) mais c'est aussi une crise que tout le monde vit à sa façon et dans son monde particulier. Négatif et positif se rejoignent ici dans la détermination de situations qui peuvent être aussi très différentes, mais qui restent toutefois cohérentes entre elles et qui renvoient à d'autres formes, d'autres situations contingentes où coexistent des problèmes et des réponses très hétérogènes (Joyce et Proust, par exemple, ou Kafka et Einstein). Mais la crise est présente comme un horizon problématique qui représente la vitalité même de ces années, un complexe de forces qu'il est difficile de dissoudre et d'analyser, mais qui grandit ou s'assouplit selon les événements qui le traversent, les hommes qui le peuplent et la langue qui l'exprime.

Il s'agit alors de commencer par cette contingence, par cet aspect multiforme et régional de situations, pour lire ce qui est arrivé à un moment de l'histoire de notre culture (mieux, au pluriel, les moments des histoires de nos cultures). En ce sens, la crise allemande, ou la crise de la *Mitteleuropa,* n'est pas la même crise que l'on vit en France, et la façon de répondre aux sollicitations positives et négatives de ces décennies a pris des caractères et des nuances assez différents.

Le cas de la France et de quelques tendances de la pensée et de la culture française, bien qu'il soit relativement méconnu, est, à cet égard, exemplaire et significatif (la plupart des études ont en effet été consacrées aux pays de langue allemande, où la crise s'est manifesté avec le plus d'évidence aussi à cause de la dissolution de l'empire

Austro-hongrois). La France n'a pas eu d'écrivains comme Kafka, de philosophes comme Heidegger ou Wittgenstein, de savants comme Einstein ou Heisenberg ; mais la culture française s'exprime cependant par des auteurs comme Valéry, des savants comme De Broglie et des philosophes comme Bergson. Dans une vue d'ensemble concernant ces années de crise, la situation française n'est donc pas moins riche et moins bouleversée qu'ailleurs : elle est pourtant très différente, au point qu'il est nécessaire d'articuler différemment le terme même de crise.

C'est que dans certains milieux français, et notamment dans le milieu des épistémologues-philosophes et dans celui des historiens (mais aussi des littéraires, parce que Valéry était des leurs) la réaction à la crise qui parcourt la culture occidentale de la première moitié du siècle – les premières décennies surtout – se caractérise d'une façon originelle et, pour ainsi dire, "forte". La crise est vécue comme une situation qu'il faut affronter par tous les moyens de la raison, de l'entendement, sans s'abandonner au naufrage des certitudes acquises par l'intelligence humaine le long de son évolution et de son histoire. Ce que l'on a appelé "la crise de la raison" est vécue, dans certains milieux français, comme quelque chose qui, loin de conduire à renoncer au rationalisme, l'exalte. Ceci, naturellement, parce qu'en France la tradition du rationalisme était encore très puissante.

Ainsi, malgré l'abandon des vieilles valeurs et le jaillissement de questions et de problèmes totalement nouveaux qui mettent en cause un grand nombre d'assertions du passé, les modes selon lesquels la "crise de la raison", dans les milieux que nous examinerons, est destinée à évoluer et à tourner autour d'un axe original, n'ont pas été suffisamment mis en évidence. L'espace sur lequel s'articule un aspect essentiel de la crise "française" et sur lequel se fonde le caractère le plus original de la réaction à cette crise, est celui de *l'histoire*, ou mieux encore de *la question de l'histoire*. La question de l'histoire dans le cadre de ce réexamen philosophico-épistémologique du rationalisme, non seulement donne une épreuve positive à la crise, mais encore acquiert des potentialités qui resteront valides et qui seront reprises, bien au delà du deuxième après-guerre, jusqu'aujourd'hui.

C'est par rapport à l'histoire, comme problème et comme discipline, que se caractérise le bouleversement de cette forme de pensée et de savoir ; et c'est grâce à la référence essentielle et en quelque sorte "révolutionnaire" à l'histoire que le rationalisme a pu être défendu, pris en charge et dynamisé en accord avec les transformations théoriques et pratiques du savoir scientifique. Au lieu d'une mise en cause radicale de la raison cartésienne et positiviste (inconcevable pour une tradition philosophique qui, malgré les critiques adressées à Comte, continuait d'accorder une très grande importance au caractère positif des sciences exactes), une partie de la philosophie française, la plus sensible aux problèmes des sciences, a "assoupli" cette raison en reconnaissant son aspect essentiellement approximatif, *in progress*, dynamique et *ouvert*. Et cet "assouplissement", cette "ouverture" de la raison, a été réalisé précisément en introduisant celle-ci dans son historicité, tout en lui offrant la possibilité de se mouvoir et de se transformer dans ses catégories les plus fondamentales.

Une telle mutation se réalise d'une façon significative surtout pendant la période qu'encadrent les deux guerres mondiales, période durant laquelle l'histoire en France subissait une mutation très importante qui allait impliquer la philosophie des sciences ou l'épistémologie. Sur le plan philosophique, l'histoire n'était plus considérée comme étant sans intérêt (néo-positivisme), et elle n'était pas non plus prise en charge par une ontologie dominante (hégélianisme, certains aspects de la phénoménologie et du néo-kantisme), mais gardait une sorte d'autonomie problématique que la philosophie des sciences et le rationalisme devaient prendre en considération. Beaucoup plus que la sociologie, la linguistique ou la psychologie, dans la renaissance ou la naissance tout court des sciences humaines, c'était l'histoire qui devenait le nœud autour duquel devaient s'exercer les efforts d'une réflexion qui ne se contentait plus d'assister passivement à l'écroulement des certitudes, mais essayait de faire partie d'une façon positive de la crise. Au nom du rationalisme et de sa sauvegarde *dans* la crise, se constituait en douceur une alliance et un échange entre histoire et épistémologie, dont les conséquences allaient être très importantes. Dans la période de l'entre-deux-guerres, en France, cet échange a pris l'aspect d'une *double articulation:* l'histoire, tout en se renouvelant dans sa méthode et sa pratique, s'articulait autour des aspects les plus radicaux de la nouvelle épistémologie; inversement, l'épistémologie, dans la nécessité de faire front aux révolutions conceptuelles imposées par les découvertes nouvelles de la physique et par la crise de ses fondements, s'articulait sur l'histoire afin de dresser un tableau plus cohérent de la raison[1].

Cet échange et ce développement tout à fait particulier ne se sont pas réalisés sans difficultés, d'une façon linéaire et consciente, ou

1. Il y a une certaine différence entre le rôle joué pour l'épistémologie par la sociologie durkheimienne, pourtant très moderne et très sensible aux transformations théoriques de son époque, et l'histoire, dont le rôle la dépassait largement. Sur le rôle de la sociologie, cf. le travail important de V. KARADY, dont on peut lire par exemple l'art. "Durkheim, les sciences sociales et l'Université: bilan d'un semi-échec", *Revue française de sociologie*, XVII, 2, 1976.

cohérente avec la nouveauté de ses présupposés et de ses conséquences. Bien au contraire, les auteurs mêmes qui ont contribué à sa réalisation n'en ont pas été pleinement conscients. Il est toujours demeuré une sorte de fond problématique, comme une espèce de non-dit qui n'a jamais eu le courage ou la force de se faire discours. Certes, beaucoup d'auteurs, on le verra, se sont penchés sur la question, et les chapitres qui suivent ont pour tâche d'en signaler les principaux éléments, mais personne, même parmi les commentateurs de ces dernières années, n'a jamais posé explicitement le problème. On pourrait presque dire que la double articulation entre histoire et épistémologie, comme réponse française à la crise de la raison et des sciences, s'est formée et consolidée malgré ceux qui en ont été les acteurs principaux. Le rationalisme dynamique et expérimental, la pensée de l'ouverture qui est issue de cette double articulation, sont restés souvent sous-entendus. Jamais personne n'a mis clairement l'accent sur cette question, qui représente pourtant le cœur de tout l'effort théorique fait en France pendant ces décennies face à ce que nous appelerons l'épistémologie du rationalisme expérimental.

Ce que les différents chapitres doivent éclaircir présente un double aspect. D'un côté, il s'agit de mettre en relief et d'analyser la double articulation entre histoire et épistémologie sous ses aspects multiples, tout en approfondissant les présupposés conceptuels et les argumentations des auteurs, tant philosophes qu'historiens. De l'autre côté, il s'agit de faire comprendre pourquoi cette double articulation n'a jamais été explicitée comme telle. Soit, les difficultés de l'échange entre historiens et épistémologues demeuraient théoriques (elles subsistent d'ailleurs encore aujourd'hui), et ceci malgré le fait que dans le fond des disciplines respectives et des efforts communs d'innovation, l'échange, en réalité, avait déjà eu lieu à cette époque. Or, c'est bien cet échange qui représente le caractère le plus original, révolutionnaire, de l'épistémologie rationaliste de l'entre-deux-guerres.

Par cette double tâche, nous essayerons de donner une réponse au problème de la crise en France, montrant comment celle-ci a pris des modalités et des aspects qui la caractérisent localement, en fonction de la réaction spécifique qu'elle a engendrée, bien qu'elle s'intrigue dans une époque commune à tous les pays européens. Il s'agit pourtant d'une réaction qui est restée implicite – il est important de le répéter – qui a été étouffée par la philosophie de l'après-guerre : par les questions ouvertes par l'existentialisme, par l'empire toujours plus incontesté de l'épistémologie anglo-saxonne, et reprise seulement en partie, à la suite de l'épistémologie bachelardienne entre autre, par Th.S.Kuhn et par I.Lakatos ; sa valeur philosophique reste valide encore aujourd'hui. Et elle le reste en raison surtout du rôle qu'y joue l'histoire, rôle qu'on ne peut certainement pas réduire à celui d'une aide à la compréhension de l'évolution et de la structure de la connaissance scientifique. Il s'agit, finalement, de (re)tracer une ligne de frontière, un croisement, une intersection qui, au moment de la crise générale du savoir, a créé les présupposés d'une réaction possible et les débuts d'un renouveau philosophique. L'intelligence rationnelle de l'homme s'est faite temps historique, perspective contingente de variables et de mutations qui avaient été jusque-là exclues des formes pures de la pensée.

Pour mener à bien cette tâche, nous n'entendons ni faire une histoire de l'histoire, ni reparcourir le développement de la philosophie des sciences et de l'épistémologie pour en tracer une généalogie cohérente aux développements actuels. Nous n'entendons pas non plus nous figer dans une archéologie de disciplines ou de concepts problématiques trop complexes et trop entrecroisés pour être distingués avec clarté. Il faut partir du problème précis : De quelle façon réagit-on en France à la crise ? ; et tenter, dans la mesure du possible, d'en articuler les aspects, sans apporter obligatoirement une réponse définitive. On pourrait qualifier cette démarche d'archéologie problématique, si cela ne semblait par trop ambitieux. L'objet d'une telle archéologie demeure une forme aux contours flous et imprécis, mouvants, comme c'est le cas pour la double articulation entre histoire et épistémologie. Une enquête par stratifications successives peut, seule, porter à la lumière cette double articulation, en montrant les lieux problématiques essentiels qui ont permis aux disciplines en question de s'entrecroiser (épistémologie, histoire, mais aussi histoire des sciences). Telle est la situation particulière de la France de l'entre-deux-guerres, si différente des problématiques logiques de l'Angleterre de B.Russell, de celles du Cercle de Vienne ou du pragmatisme américain, pour ne mentionner que quelques exemples parmi les plus connus.

Dans ce pays et pendant ces décennies seulement, l'histoire comme discipline bouleverse méthodes et objets, et implique dans son savoir, par une interdisciplinarité sans précédent, toutes les sciences humaines. Toujours en France, d'ailleurs, l'épistémologie (qui a subi un peu partout des secousses et des réformes importantes depuis la fin du XIX<sup>e</sup> siècle) se renouvelle, ou plutôt "naît" en fonction de l'histoire des sciences. Le rapport entre ces disciplines revêt un caractère qui ne se retrouve nulle part ailleurs. Les nœuds théoriques entre ces régions du savoir correspondent en outre à des nœuds historiques, académiques, conjoncturels, qui révèlent une problématique très complexe des termes qu'englobe la "crise", surtout par rapport aux principes du rationalisme et du déterminisme. Il s'agit alors de montrer ces nœuds, ces lieux problématiques essentiels pour comprendre la double articulation dont nous parlons, afin d'en faire ressortir la prégnance théorique[1] et de montrer comment, lorsqu'on parle de "crise", le problème ne peut être séparé du système des contingences qui le constituent précisément comme "critique".

Tout n'a pourtant pas évolué d'une façon simple et cohérente, bien au contraire : le vent de crise, la difficulté et le désarroi, l'enthousiasme et l'euphorie pour les nouvelles possibilités offertes par la raison scientifique, ont à la fois entravé et nourri les intuitions originales que permettait une confrontation interdisciplinaire sans précédent. Ils ont formé ainsi une sorte de nœud inextricable entre conservation et innovation qui a stoppé l'expression la plus radicale de la double articulation (comme si les historiens et les épistémologues, qui travaillaient dans ces mêmes années et dans ces mêmes milieux, n'étaient pas conscients qu'ils s'influençaient réciproquement, mais préféraient se réfugier apparemment dans des attitudes plutôt conservatrices).

En épistémologie, il est vrai que les philosophes français ont été les premiers, après E.Mach, à avoir mis l'accent sur le rapport entre théorie et expérience, faisant jouer un rôle essentiel à l'histoire comme "laboratoire" de la philosophie et du savoir. Il est tout aussi vrai que la crise des sciences et de la raison les a conduits à assouplir le dogmatisme catégoriel, à renoncer au déterminisme causal exact et à relativiser, en quelque sorte, la raison elle-même, dont l'unité sera garantie seulement par son historisation. Cependant, ceci ne leur permet pas encore de saisir une transformation philosophique radicale, ni un échange interdisciplinaire organique et ouvert. Il y a en revanche une espèce d'indifférence et de méfiance réciproque entre philosophes, épistémologues et historiens : chacun restant ancré, en dernière instance, à leurs propres présupposés conceptuels, reconnaissant seulement en partie l'élargissement problématique impliqué par les changements des disciplines. Tel est le cas en particulier des philosophes. L'histoire n'a jamais été au centre d'un débat qui lui aurait assigné le rôle central qu'on lui reconnaissait par ailleurs sur le terrain de la théorie de la connaissance scientifique. Même ceux qui auraient pu servir de trait-d'union, à savoir les historiens des sciences[2], ne se sont

1. C'est ce qui nous a poussé à privilégier l'épistémologie et l'histoire par rapport à l'histoire des sciences. Notre travail veut rester sur un plan théorique et philosophique, renoncant, dans la mesure du possible, à l'analyse approfondie de toutes les conjonctures historiques et des expériences réelles, qui pourraient être l'objet d'une recherche complémentaire.

2. Vu le peu d'échanges officiels entre les deux disciplines, on ne doit pas s'étonner si en 1981 encore, à l'occasion d'un colloque organisé par la Société Française d'Histoire des Sciences et des Techniques, Guy BEAUJOUAN a intitulé son intervention : "Incompréhension entre historiens des sciences et historiens" (le titre

jamais intéressés aux questions méthodologiques auxquelles se confrontaient les autres historiens.

La crise c'est cela aussi. Longtemps, l'histoire qui se voulait science, se référait à cet idéal de science exacte qui allait être mis en cause. Même parmi les historiens les plus innovateurs, l'examen du critère de scientificité qu'ils revendiquaient pourtant pour leur discipline était presque totalement absent. Inversement, philosophes et épistémologues étaient le plus souvent sourds aux renouvellements des études historiques. C'est donc dans les aspects les plus conservateurs de l'épistémologie et de l'histoire des sciences qu'il convient de rechercher les raisons théoriques qui ont fait obstacle à un échange approfondi avec les historiens. De même, c'est parce que ces mêmes historiens ont souvent conservé une sorte de complexe d'infériorité méthodologique par rapport aux sciences exactes (en accordant aux historiens des sciences un statut à part, lié à la difficulté technique que posait l'objet de leur recherche, ainsi qu'au présupposé philosophique selon lequel ils se penchaient sur une région du savoir qui, plus que toute autre, avait le privilège de s'approcher toujours davantage de la vérité objective) qu'ils ont négligé de prêter attention aux suggestions qui naissaient du côté des nouvelles épistémologies (en particulier les questions soulevées par Koyré et Bachelard).

Le changement en acte, bien que riche en implications, se réalise en douceur, il cache ses continuités et ses ruptures, il revient en arrière pour bondir soudainement en avant et il efface les traces de son mouvement même. Non apparente et souterraine, la double articulation n'a engendré aucune philosophie de l'histoire, ni aucune réflexion approfondie sur l'échange qui était en train de se faire, ce qui a probablement empêché l'individuation et la construction de concepts qui étaient pourtant en partie déjà disponibles dans quelques aspects peu connu de la pensée philosophique, et en particulier, nous le verrons, dans celle de Bergson. Il est ainsi difficile de mesurer l'intensité et les modes d'articulation qui surgissent entre histoire et épistémologie. L'analyse critique doit donc toujours se déplacer dans les deux directions, tout en indiquant la continuité au sein des innovations, et inversement. Ainsi le rapport particulier entre épistémologie et histoire est de plus en plus mis en lumière, et permet d'en déduire une philosophie implicite, parfois contradictoire, qui accompagne et soutient nombre des intuitions les plus originales.

du Colloque était *L'Histoire des sciences et des techniques doit-elle intéresser les historiens ?*, Paris, mai, 1981).

CHAPITRE PREMIER

# LES CRISES DE LA RAISON

## UN LABYRINTHE SANS MINOTAURE

On doit à Paul Valéry une petite phrase qui connut un très large écho dans l'entre-deux-guerres: «Nous autres, civilisations, nous savons maintenant que nous sommes mortelles»[1]. Ecrite et publiée en 1919, au lendemain de la Grande Guerre, pour un public anglais, elle fit également en France grand effet. Elle résume en effet un sentiment très "français", en admettant que l'on puisse définir un caractère national de façon si générale (de nombreux Français éprouvent des sentiments différents à la même époque; pensons, par exemple, au mouvement culturel qui allait prendre le nom de "surréalisme"). Le poète synthétise avec une telle "précision" la façon dont une large partie de la culture française perçoit le vent de crise qui agite l'Europe qu'on retrouve cette phrase citée tout au long des années suivantes. Années durant lesquelles la crise s'approfondit et s'enrichit de nouveaux éléments. La formule de Valéry sert aussi de base à l'élaboration, la réflexion et la discussion; elle inspire encore en 1934 le thème d'une des décades de Pontigny de Paul Desjardins, qui fut annoncée dans la *Nouvelle Revue Française* du 1er juin 1934 de la façon suivante: «Les entretiens d'été auront lieu à Pontigny comme à l'ordinaire (en août) (...). La Deuxième Décade aura pour sujet: Est-il vrai que les civilisations sont mortelles?»[2].

Dans une lettre qu'il lui envoie pour l'occasion, Valéry explique à Desjardins qu'il avait écrit cette phrase dans une circonstance

1. Paul VALÉRY, *La Crise de l'esprit* (deux lettres publiées en 1919 dans une revue londonienne et ensuite en France, toujours en 1919, dans La *Nouvelle Revue Française*), in *Œuvres*, I, Paris, 1957, p. 988.

2. Voir La *Nouvelle Revue Française*, 1 juin 1934, p. 1039, cit. in P. VALÉRY, *Œuvres*, *op. cit.*, p. 1812. Les entretiens devaient être dirigés par Léon BRUNSCHVICG et Paul FIERENS.

particulière, celle de l'immédiat après-guerre, alors que l'impression produite par le grand carnage planétaire et la transformation qu'avait engendré la guerre était encore très vive. Quinze ans après, la réflexion sur ce même sujet est moins émotive, plus réfléchie, mais tout aussi essentielle. Valéry la précise d'une façon qui nous semble particulièrement significative pour comprendre cette perception de la crise : « Le problème de la IIème décade me parait donc se préciser ainsi : sommes-nous vraiment dans une phase critique ? A quoi le connait-on ? Cette maladie peut-elle être "mortelle" ? »[1]. La maladie mortelle de Kierkegaard est désormais le lot de la vie quotidienne : chaque jour, devant les yeux stupéfaits du présent, ce qui se manifeste n'est autre que l'incertitude, l'instabilité, le changement, et, à chaque croisement, la désorientation. Il faut apporter des réponses toujours plus radicales à des questions toujours plus profondes. Le poète a une conscience lucide de ce qui s'est passé au cours des années tragiques de la guerre, mais, plus encore, il sait que désormais quelque chose a changé dans la conscience de chacun : on vit désormais dans un labyrinthe dont personne ne connaît la clé. Le vacillement de la confiance dans les grandes idées et les grands principes ne se limite plus aux milieux restreints des savants ou des philosophes qui débattent de relativité et de science ; un peu partout, le terme même de crise passe dans l'usage commun auquel tout le monde, indistinctement, se réfère. Peu à peu, la référence à la crise devient même une sorte de passage obligé, un problème qui ne se limite pas au domaine philosophique ou scientifique mais touche également les domaines politique, religieux, social, psychologique, éthique, etc. Musil, au cœur de la *Mitteleuropa*, nous en donnait une image extraordinaire avec Ulrich, l'homme sans qualités et sans illusion. Le *Monsieur Teste* "cartésien" de Valéry en est comme un négatif, tout aussi efficace.

La crise est perçue *partout*. Il suffit de lire les textes publiés entre 1920 et 1940 pour s'en convaincre. Les Décades de Pontigny n'en sont qu'un exemple. Il n'y a quasiment pas un article qui n'y fasse référence d'une façon ou d'une autre, pas une conférence ou une réunion où n'apparaisse le terme fatal. A l'origine conçu au travers d'un problème essentiellement épistémologique, d'abord mathématique puis physique, il prend désormais un caractère anthropologique, signifiant à la fois

1. *Ibid.*, p. 1813. Il y ajoute qu'à son avis « il serait bon de se méfier des invocations à l'histoire et des prétendues démonstrations que l'on en tire... par la queue. On trouve tout ce qu'on veut dans ce grand magasin des antiquailles. On "démontrera" facilement, l'histoire à la main, que les civilisations périssent, ne périssent pas. Etc., Etc. C'est un jeu ; ce n'est qu'un jeu. » (*ibid.*, p. 1812-1813). Cette méfiance envers l'histoire nous semble assez symptomatique des opinions très diverses que l'on avait à propos de cette discipline.

crainte, renoncement et stimulus. Il s'agit là d'un des caractères (ou peut-être même un des dispositifs) les plus manifestes et les plus multiformes de la culture de l'entre-deux-guerres.

Le savoir est en crise. La morale est en crise. Ce sont là, pour Valéry, les deux piliers de la civilisation occidentale européenne[1]. C'est une crise générale, dont on parle en termes péremptoires, valables pour tout le monde. Toutes les catégories sont en crise ; aucune n'est épargnée, pas même celles d'unité, de totalité, d'*a priori*, de généralité : mais on en parle toujours en termes généraux. C'est le paradoxe de la crise : on est certains de l'incertitude. Mais c'est aussi ce qui lui permet de se manifester de diverses façons, de s'articuler selon des conjonctures historiques et géographiques particulières. Parce que "la crise" française n'est pas la "Krisis" allemande. Ce que l'on définit d'habitude comme "la pensée de la Krisis" dans ce chaos génial que fut la *Mitteleuropa* ne recouvre pas en effet totalement ce qu'a été "la problématique de la crise" en France durant la même période. Ulrich n'est ni *Monsieur Teste,* ni *Le paysan de Paris* d'Aragon. Les *choses* vacillent et perdent le lien qui les rattachait sans défaillir aux noms et aux langages. Ainsi, lorsque les choses deviennent des noms (chez R.M.Rilke, par exemple et dans le commentaire de son œuvre que donne Heidegger), les vérités se multiplient et deviennent "foule", une foule dont l'œuvre d'art peut, seule, rendre compte et *parler*[2]. Dans la littérature et dans les arts, de même que dans les sciences, la solidité des objets semble se dissoudre dans le langage. Mais le langage lui-même subit le détachement de la réalité, le malheur tragique de l'inconsistance que H.v.Hofmannstahl décrit dans sa célèbre *Lettre de Lord Chandos*. Les savoirs, de même que les formes de vie, entrent dans le labyrinthe d'un présent inachevé, *in progress*, dont les expériences ne peuvent plus suivre un cours linéaire (en admettant qu'elles l'aient jamais fait), mais se superposent, se confondent, et perdent leur orientation.

1. *Ibid.*, p. 989 et 995.

2. Lorsque Proust parle des vérités (au pluriel) que l'intelligence dégage directement de la réalité, dans *Le Temps retrouvé*, il sait que c'est seulement en artiste qu'il peut en tirer des "forces" pour les "amener à la lumière". L'œuvre d'art lui permet en effet de "voir" derrière la surface plane et sans profondeur des vérités d'intelligence, elles aussi en foule, et saisir la multiplicité chiffrée des vérités de la vie. Voilà pourquoi « nous ne sommes nullement libres devant l'œuvre d'art » : la vérité n'a plus son domaine incontesté dans les certitudes scientifiques, car "le réel" est plutôt dans l'art qui plonge dans la profondeur des choses chiffrées. « Les idées formées par l'intelligence pure n'ont qu'une vérité logique, une vérité possible, leur élection est arbitraire [...]. Non que ces vérités que nous formons ne puissent être justes logiquement, mais nous ne savons pas si elles sont vraies. Seule l'impression, si chétive qu'en semble la matière, si insaisissable la trace, est un criterium de vérité », M. PROUST, *A La recherche du temps perdu*, "Le Temps retrouvé", Paris, Bibl. de la Pléiade, 1954, p. 880 et 898-899.

Art et science sont ensemble complices de cet abandon de la matérialité des choses, sans que cela ait pour autant un sens purement négatif (comme en partie dans la culture allemande): la réalité est création. Au début était le *logos*. Bachelard ne cesse de le répéter: le monde est notre création discursive, la science crée son objet et doit se soustraire à l'illusion de l'empirisme: «rien ne va de soi. Rien n'est donné. Tout est construit»[1]. Proust avait écrit des choses semblables concernant l'art; la lecture «du livre intérieur de signes inconnus», qui permet d'ouvrir la multiplicité des univers et de mettre en lumière les forces qui les régissent, «consistait en un acte de création»[2]. La conscience lucide du temps ne s'arrête pas aux limites du langage, mais cherche à les dépasser, à se heurter contre elles. C'est seulement ainsi qu'il est possible de réagir à la perte du centre, au vide masqué par le langage lui-même, au devenir fantomatique des mots. En effet, il ne reste que la possibilité de *dire* ce qui est. Mais dire, c'est construire, créer, et, à la limite – mais seulement à la limite (et donc dans la folie et le paradoxe) – classer par noms, faire du dictionnaire un monde, comme fait *Monsieur Teste* («Doctement mourir... Transiit classificando»).

Là où tout devient parole, le monde se transforme en signe, pure parole (Mallarmé), jeu linguistique (Wittgenstein), couleur et figure (Kandinsky). Mais le temps, perdu et retrouvé, fait désormais partie de ces “choses” qui ne sont plus des “choses”, de leur “chiffre”, de la profondeur du *dire*. Même le langage doit réapprendre à parler. Ce qui règne, en réalité, c'est la dépossession du sujet, qui devient une forme vide et qui s'ouvre à la prolifération des centres. L'unité du Moi avait déjà été mise en cause par E.Mach (*Wir verloren unser ich; das ich ist unrettbar*) et par Freud, mais c'est dans la littérature que le sujet se perd définitivement comme unité. Il devient Moi multiple, multiplicité de Moi sans qualité, foule, prolifération de masques et de vérités.

Sur le plan de la connaissance scientifique, la raison catégorielle (plus ou moins aristotélicienne) est désormais une illusion de l'histoire, une prétention naïve à la complétude objective. Tout comme les philosophes (Husserl en premier lieu), les plus grands savants de cette période ont eux aussi remis en cause cette raison. Dans une lettre à Solovine, Einstein (qui pourtant, c'est chose connue, était un ardent défenseur du réalisme et du déterminisme) écrit que pour avancer dans la connaissance il faut aussi pouvoir aller *contre* la raison: «Moralité,

1. G. BACHELARD, *La Formation de l'esprit scientifique*, Paris (1937) 1983 p. 14. La raison est une «raison thaumaturge» qui «s'instruit par ce qu'elle construit» (*Id. Le Nouvel esprit scientifique* Paris, 1934, p. 13).

2. M. PROUST, *op. cit.*, p. 879.

si l'on ne pèche pas contre la raison, on n'aboutit à rien»[1]. C'est l'image classique de la rationalité qui entre en crise. Ou, plutôt, la figuration classique du système de certitudes rationnelles: l'idée que l'on se faisait de la Raison ne répond plus ni aux exigences de l'époque, ni à l'état effectif des découvertes scientifiques. Le fait même que certains philosophes et scientifiques aient posé le problème de l'unité de la Science indique que cette dernière n'était plus considérée comme une évidence. La Vérité s'enfuit, comme avait écrit Nietzsche, s'anéantissant dans ses masques innombrables. A la certitude avec laquelle on pensait la Vérité comme quelque chose qu'il suffit de dévoiler, se substitue de plus en plus l'inquiétude devant une vérité à construire, et donc impossible à atteindre en ce qu'elle n'est qu'un horizon idéal.

«A la fin du siècle dernier, on croyait encore au caractère empiriquement unifié de notre connaissance du réel»[2] écrit Bachelard entre 1931 et 1932. Le fil d'Ariane s'est perdu, ou, plutôt, s'est multiplié comme les géométries du XIX$^{e}$ siècle. Si «la science du siècle dernier s'offrait à nous comme une connaissance homogène», c'est parce qu'elle croyait à l'être empirique comme à un bloc absolu. La Vérité se fondait sur le terrain solide de l'expérience, et une fois dévoilée, rien ne devait plus pouvoir la cacher de nouveau. Avec le XX$^{e}$ siècle, au contraire, cette même Vérité ne peut plus chercher sa garantie dans la fixité et dans la stabilité objective. Les scientifiques, et derrière eux les épistémologues, savent désormais que c'est l'esprit qui la détermine et que son essence repose sur le mouvement, sur la dynamique, sur un principe d'approximation et de transformation. Musil l'a décrite dans une conférence de 1918 intitulée "La connaissance du poète", qualifiant de "ratioïde" la connaissance scientifique encore ancrée dans «l'éthique de la fixité»[3]. La sphère ratioïde, explique Musil, est dominée par le «concept du fixe», lequel ne veut pas tenir compte de la déviation, de la transgression. Elle s'identifie à l'attitude la plus conservatrice de la raison, avare, sobre, austère, économique, soucieuse de sécurité et non de découverte et d'ouverture à de nouvelles possibilités. C'est l'attitude de ceux qui se préoccupent seulement du contrôle et de la vérification répétée des expériences. C'est au fond «la raison de la société bourgeoise», enfermée dans ses

1. A. EINSTEIN, *Lettres à M. Solovine*, Paris, 1956, p. 128: «Moral: wenn man nicht gegen die Vernunft sündigt, kommt man überhaupt zu nichts»; (bien que la lettre soit datée 28-5-1955, nous croyons pouvoir la citer dans ce contexte car elle indique une conviction profonde d'Einstein).

2. G. BACHELARD, "Noumène et microphysique", *op. cit.*, p. 11.

3. R. MUSIL, *Skizze der Erkenntnis des Dichters*, in "Summa", 1918, et *Id.*, *Der Mathematische Mensch*, in "Der lose Vogel", 2, 1913 (les deux essais sont publiés in R. MUSIL, *Gesammelte Werke*, Reinbek, 1978). Sur la différence entre "rationnel" et "ratioïde" chez Musil, voir A. GARGANI, *Stili di analisi*, Milano, 1980 p. 65-68.

normes et incapable de sortir des limites imposées par sa tradition[1]. Mais ses fondements vacillent, parce que les fondements ultimes des mathématiques ne sont pas garantis logiquement et les lois de la physique ne sont valables que par approximation (Musil avait été fortement influencé par les théories de Mach, auquel il avait, par ailleurs, consacré sa thèse de doctorat).

Cette période est celle de la “crise des fondements”. L.E.J. Brouwer y prend part en proposant une mutation radicale de la logique et des mathématiques. Cela séduit quelque temps H. Weyl, qui publie en 1921 un article dans lequel il prend partie pour les thèses néo-intuitionnistes, et dont le titre est révélateur: *Über die neue Grundlagenkrisis der Mathematik*[2]. L'empirisme, qui résiste malgré tout au séisme qui agite les principes (E.Borel, par exemple, n'y renonce pas), est durement mis à l'épreuve. Aucun point de référence fixe n'est plus garanti. Le sujet lui-même oscille sur l'abîme ouvert de l'inconscient (que Freud cherche laborieusement à «rationaliser scientifiquement»), de même que les astres après Einstein, comme le fait remarquer Musil, se déplacent dans un système de coordonnées qui n'a son origine nulle part.

C'est encore Proust qui nous donne une description exemplaire et apparemment “banale” de la façon dont l'évanescence prend le pas sur la fixité:

> Ainsi change la figure des choses de ce monde; ainsi le centre des empires, et le cadastre des fortunes, et la charte des situations, tout ce qui semblait définitif est-il perpétuellement remanié, et les yeux d'un homme qui a vécu peuvent-ils contempler le changement le plus complet là où, justement, il lui paraissait le plus impossible[3].

Il faut apprendre à renoncer à l'illusion de la stabilité. La philosophie de Bergson se déploie dans cette direction, en cherchant néanmoins un nouveau fondement. A l'intelligence de la régularité cyclique, prévisible et immuable du calcul doivent se substituer l'intuition, l'art, le mouvement. Mais Bergson ne vit pas encore l'expérience de la multiplicité et, comme Husserl, conserve la certitude qu'à travers la philosophie l'édifice de l'être peut être préservé. Le temps

1. A. GARGANI, in *op. cit.*, souligne que la critique de l'esprit bourgeois était présente de manière polémique aussi chez Wittgenstein, dans sa préface aux *Vermischte Bemerkungen*, Frankfurt, 1977. Wittgenstein remarque que l'intellectuel bourgeois ne recherche pas l'essence des choses, mais se limite à les régler. Ce faisant, il perd le sens du possible et ne parvient pas à imaginer que cet état de choses puisse ne pas être le seul.

2. H. WEYL, “La Nouvelle crise des fondements en mathématique”, in *Selecta Hermann Weyl*, Basel, 1956.

3. M. PROUST, *op. cit.*, p. 1019.

physique n'est pas le temps réel de l'expérience commune, et il n'est pas établi que sa prolifération einsteinienne ait le dernier mot. Mais il n'en va pas ainsi pour tout le monde. Il faut remplacer l'analyse classique de la géométrie et le déterminisme, qu'il soit physique ou géométrique, par ce que Bachelard a appelé l'*Analysis crisis*.

Un climat d'incertitude et d'euphorie semble marquer la plupart des œuvres écrites, sculptées, composées, peintes, etc. à partir de la fin du XIXe siècle. Certes, elles ne sont pas comparables. Bergson n'est pas Proust, pas plus que Proust n'est Musil (de même que Debussy n'est pas Mahler ou Schönberg), et toutes les formes de cette expérience de la crise ont une autonomie propre. Cela dit, le mouvement est bien là : les grands signes du déclin, la Grande Guerre, le terme même de "crise", les problèmes du langage et du signe, le sentiment de « mal de mer en terre ferme », qu'a décrit Kafka mais que l'on retrouve un peu partout. Bref, la perte du centre décrite par Mach, Broch, Céline, Hofmannstahl, Wittgenstein...

> Il semble que nous soyons actuellement au début d'une époque qui ne laissera totalement intacte aucune des formes que nous connaissons aujourd'hui. Les institutions apparaissent, de l'intérieur, comme provisoires et les individus sentent la forme de leur existence vaciller du fait de l'instabilité du Tout [1].

Alors que dans les pays de langue allemande la crise semble s'exprimer comme une expérience qui fait s'effondrer toutes les valeurs, en France elle semble chercher au contraire à en sauvegarder certaines. Plus exactement, le milieu hétérogène dont nous parlerons dans les prochains chapitres cherche à préserver ce que l'on pourrait appeler, en paraphrasant Bergson, "le bon sens" de la raison scientifique.

Du début du siècle jusqu'aux années 30, explose en France la querelle du déterminisme, radicalisée par la "découverte" de la mécanique quantique. La plupart des savants et philosophes français prennent le parti d'Einstein, contre les innovations indéterministes et le danger de leur conséquences irrationalistes. Ils le font au nom de la raison et du bon sens scientifique, alors que celui-ci n'avait pas de détermination précise, ni de méthode ni de contenu : il se pliait au contraire aux préférences philosophiques des scientifiques ou des philosophes individuels, et restait dans l'indéfini et l'approximation. Valéry lui-même, qui s'est probablement intéressé plus que quiconque

1. H. VON HOFMANNSTAHL, *Briefe 1890-1901*, Berlin, 1935, I, 221 (c'est une lettre de 1901 envoyée au ministre Hartl). P. Y. PETILLON souligne le voisinage de cette sensation exprimée par Hofmannstahl avec celle de Yeats : « Things fall apart ; the center does not hold », (*The Second Coming*) in "Hofmannstahl ou le règne du silence", *Critique*, 339-340, 1975, p. 896.

aux problèmes de la science de son temps (comparable en cela à Musil), manifeste des sentiments discordants et pleins d'une conscience de la crise. Ainsi, tandis que les générations de Brunschvicg et de Valéry essaient de sauver ce qui peut l'être en manifestant une sympathie indiscutable pour la certitude de la raison classique, la génération de Bachelard, De Broglie et Aragon affronte la crise comme une "révolution" où il faut donner une cohérence au "discours" des sciences. Les sciences et la raison scientifique peuvent être sauvées si on les fonde *dans* la crise, *dans* le mouvement de multiplication qui la détermine, *dans* le problème (les problèmes) qu'elle suscite et donc, à la limite, dans l'incertain.

La crise peut alors être définie comme l'issue d'une lutte qui fait triompher la précarité et le changement sur la stabilité (provoquant des réactions nettement négatives, telles celles de J.Benda dans *La Trahison des clercs*). Le temps de l'éternité cède le pas devant ce que W.Benjamin appelle le temps "précaire" (*vergänglich*), ou entrelacé, comme chez Proust. Ce n'est plus un temps linéaire, circulaire, ou éternel. L'idée de temps devient un problème, de même que celle d'espace. L'espace est désormais celui de la métropole moderne, des passages parisiens, des possibilités de s'égarer à l'infini. Le temps se transforme en un mélange d'expérience et d'espace : son histoire se multiplie à l'infini, devient l'expérience vécue des parcours possibles. Art et littérature ne se réduisent pas à une simple description de la crise, mais ils *sont* la crise. L'unicité du temps semble perdue pour toujours, malgré les efforts de Bergson. Proust le savait : le temps retrouvé était un autre temps, une pluralité de temps et d'histoires, « une foule de vérités ». Il n'est plus possible d'avoir confiance dans les choses parce qu'elles sont destinées à se dissoudre, à se transformer inéluctablement. Kafka l'a écrit dans son récit le plus célèbre, *La Métamorphose*, mettant à nu la cruauté et la froideur du changement, sans "dénouement heureux". Aragon, lui, l'a traduit dans la métaphore du vagabondage, dans une sorte de voyage initiatique qui porte au « vertige de la modernité » et au naufrage de la loi. Dans *Le Paysan de Paris,* le protagoniste part de la radicalité de la crise : la fameuse doctrine cartésienne de l'évidence pour laquelle la certitude est réalité, écrit Aragon, est au contraire une illusion aux conséquences désastreuses. C'est le règne obscur de l'erreur qui est la réalité, et tout le monde sait que l'erreur et la réalité ont le même visage. Aragon ne fait que décrire en termes littéraires l'épistémologie anticartésienne paradoxale que Bachelard réalisera scientifiquement quelques années plus tard : « il ne saurait y avoir de vérité *première*. Il n'y a que des erreurs *premières*»[1]. Ainsi l'incertitude que ressent le paysan lorsqu'il se rend compte d'emblée que rien ne peut plus l'assurer de la réalité, laquelle peut très bien se fonder sur un délire d'interprétation, devient pour Bachelard le point de force de la nouvelle épistémologie[2]. M.Teste est définitivement un personnage impossible, le paradoxe littéraire de l'histoire de la culture moderne.

Bachelard peut alors évoluer dans les problèmes épistémologiques de son époque comme le paysan d'Aragon dans Paris. La ville n'est plus l'ordre géométrique des points de référence fixes mais un labyrinthe, une «forêt de symboles» baudelairienne dans laquelle on peut ou on doit se perdre. La réalité devient un signe que le paysan-savant *doit* construire. L'époque "moderne" qu'anticipait Baudelaire se "réalise" sans que rien de solide soit garanti: elle offre seulement l'unique promesse qui lui est permise, celle d'un «voyage au bout de la nuit». L'histoire elle-même ne semble plus être d'aucun secours, dans le voyage de Céline comme dans celui d'Aragon. L'expérience de la poésie et de la littérature est ici différente de celle des sciences et de l'épistémologie, il en reste pourtant quelque chose, qui n'est pas seulement la nausée provoquée par le mal de mer ou le séisme. Il reste le parcours du paysan, l'effort de comprendre ce qui se passe, d'en suivre le mouvement, si désordonné et labyrinthique soit-il; il reste – paradoxalement – la possibilité de continuer à penser même sans fondements – et donc de proposer une pensée encore plus radicale.

1. G. BACHELARD, in *Etudes*, *op. cit.*, p. 89.

2. Nous rapprochons Bachelard d'Aragon afin de montrer l'entrelacement des questions littéraires et épistémologiques de l'époque. Mais nous ne prétendons évidemment pas réduire l'un à l'autre, bien que Bachelard ait été très attentif au surréalisme. L'œuvre d'Aragon que nous prenons comme exemple montre d'ailleurs une sorte de "point de départ", une problématique à partir de laquelle Bachelard peut construire son "rationalisme" nouveau. Les thèmes de la crise y sont effectivement tous présents: non seulement le rapport entre erreur et vérité (*topos* commun de toute l'épistémologie du début du siècle) ou le "délire d'interprétation" qui se traduit dans la conviction bachelardienne que la réalité est construction, mais aussi l'incertitude, le dépaysement, le désordre. Dans l'œuvre d'ARAGON la crise est «un labyrinthe sans Minotaure», la permanence dans la limite, le vertige; *Le Paysan de Paris*, Paris, 1953, p. 135-136: «L'esprit se prend au piège de ces lacis qui l'entraînent sans retour vers le dénouement de sa destinée, le labyrinthe sans Minotaure, où réapparait, transfigurée comme la Vierge, l'Erreur aux doigts de radium [...]. Ce qui m'importait tant, ma pauvre certitude, dans ce grand vertige où la conscience se sent un simple palier des abîmes, qu'est-elle devenue? Je ne suis qu'un moment de chute éternelle [...]. Le monde moderne est celui qui épouse mes manières d'être. Une grande crise naît, un trouble immense qui va se précisant. Le beau, le bien, le juste, le vrai, le réel...bien d'autres mots abstraits dans ce même instant font faillite». Sur le surréalisme, voir aussi le texte fondamental de F. ALQUIÉ, *Philosophie du surréalisme*, Paris, 1970, qui rapproche le surréalisme et Breton de Descartes. A propos du *Paysan de Paris* de L. ARAGON voir l'introduction à sa traduction en italien, par F. Rella; et aussi F. RELLA, *Limina*, Milan, 1987 p. 125-150.

Reste, finalement, la possibilité d'entrer dans le labyrinthe, de faire frémir les possibilités qui sont propres à la crise pour y creuser un chemin, un tracé, ou peut-être seulement une ligne, une trace, un signe qui ouvrent, sans la déterminer à l'avance, une nouvelle trace, un autre signe, une nouvelle pensée.

L'incertain et l'indéfini peuvent devenir eux-aussi un point de vue, une lumière par laquelle éclaircir un état de choses, une formation discursive, un domaine du savoir. Le fait de se trouver en période de crise a été, en outre, considéré parfois comme un facteur positif pour la recherche elle-même. L.Febvre n'est pas le seul à souhaiter, en parallèle avec la crise de la rationalité des sciences exactes, une réforme de l'histoire cohérente avec les discussions sur les fondements du savoir scientifique. A.Koyré est parfaitement conscient que la crise de la raison généralisée dans laquelle il se trouve plongé lui permet de mieux comprendre des périodes de crise comparables survenues dans des temps plus anciens:

> Ayant nous-mêmes vécu deux ou trois crises profondes de notre manière de penser – la "crise des fondements" et l'"éclipse des absolus" mathématiques, la révolution relativiste, la révolution quantique – ayant subi les destruction de nos idées anciennes et fait l'effort d'adaptation aux idées nouvelles, nous sommes plus aptes que nos prédécesseurs à comprendre les crises et les polémiques de jadis» [1].

Cela signifie que le pessimisme ou le malaise général qui apparaissent dans des thèmes comme celui qui avait été proposé pour la Décade de Pontigny, ou dans des livres comme ceux consacrés au «déclin de l'Occident» et à la crise des valeurs de la civilisation n'étaient pas nécessairement partagés par tout le monde.

Bachelard, qui, probablement plus que tout autre, a voulu s'immerger dans l'atmosphère de son époque et a voulu en assumer toutes les conséquences sur le plan de la philosophie, concevait la "crise" comme quelque chose de positif, de libératoire et de créateur. Du point de vue de l'épistémologie, la "crise" était importante en ce qu'elle faisait voler en éclats l'illusion du caractère fixiste de la raison. La raison se montre enfin pour ce qu'elle est: non pas une architecture finie, mais une force polémique, une ouverture continue, un "générateur de crise". Reprenant un concept extrêmement puissant de Cassirer, Bachelard estime nécessaire de traduire en termes modernes la philosophie architectonique kantienne «pour passer de la *structure* à la *fonction*», et de l'architectonique à la polémique. En effet, la

1. A. KOYRÉ, *Etudes d'histoire de la pensée scientifique*, Paris, 1966, p. 14-15.

véritable raison « est une *raison polémique* » et « seules les crises de la raison peuvent instruire la raison »[1]. Il faut « installer la raison *dans* la crise », écrit Bachelard, et donc ne pas mettre en crise la raison. Il ne convient pas de faire une apologie de la crise pour tomber dans un relativisme sceptique, nostalgique de l'ancien, impuissant et condamné à la stérilité. Il ne convient pas non plus de s'insurger de façon conservatrice contre la crise, en faisant comme si elle n'existait pas, ou comme si son intensité n'était que superficielle et passagère. Il faut au contraire comprendre comment crise et raison peuvent coexister, ou plutôt comment elles *doivent* coexister, puisqu'elles participent foncièrement de la même chose.

C'est que désormais, comme l'histoire des sciences ne cesse de le montrer à ceux qui se sont libérés des illusions de l'empirisme, la force principale de la vérité réside dans ses transformations mêmes. La crise indique une faillite qui peut récréer, en tant que telle seulement, la vérité de la raison[2].

Répétant un "lieu commun" des physiciens "quantistes", L. De Broglie juge positivement le changement en acte et se demande :

> Est-il certain que les conceptions statiques de notre raison aux contours nets et dépouillés puissent s'appliquer d'une façon parfaite sur une réalité mouvante d'une infinie complexité ? »[3].

1. G. BACHELARD, "La Psychologie de la raison" (1939) in *L'Engagement rationaliste*, Paris, 1972, p. 34. Mais voir aussi *id.*, p. 27 : « Depuis un quart de siècle, la physique et les mathématiques ont traversé des crises de plus en plus nombreuses, de plus en plus profondes. Nous verrons par la suite si la notion de *crise* est la notion qui traduit fidèlement l'état de mutation où se trouve actuellement, à mon avis, la pensée scientifique. En tout cas, devant ces crises, devant ces mutations, chacun de nous réagit suivant son caractère affectif [...]. Les uns prennent prétexte des bouleversements de la pensée mathématique et expérimentale pour désespérer de la raison[...]. Les autres croient, au contraire, ces crises superficielles et passagères [...]. Les uns et les autres ne voient pas tout ce qu'il y a d'organiquement sain dans cette crise de l'organisation rationnelle de la connaissance scientifique. Aussi, à mon avis, entre les pessimistes et les optimistes, il y a place pour une thèse moyenne que je voudrais exposer. Cette thèse revient à installer la *raison dans la crise*, à prouver que la fonction de la raison est de *provoquer des crises* et que la *raison polémique*, que Kant a placée dans un rôle subalterne, ne peut laisser longtemps la *raison architectonique* à ses contemplations. Nous devrons alors accéder à un kantisme ouvert, à un *kantisme fonctionnel*, à un *non-kantisme*, dans le style même où l'on parle d'une géométrie non-euclidienne ».

2. « La position philosophique que j'assume ici est, certes, non seulement difficile et dangereuse. Elle tient en soi un élément de ruine : cet élément ruineux est le caractère éphémère de la modernité de la science. En suivant l'idéal de tension moderniste que je propose pour l'histoire des sciences, il faudra que l'histoire des sciences soit souvent refaite, soit souvent reconsidérée » ; G. BACHELARD, *L'Engagement rationaliste*, cit., p. 144.

3. L. DE BROGLIE, *Matière et lumière*, Paris, 1937, p. 308 : « Ce sont là des questions qui se sont toujours posées, mais elles se posent avec plus d'acuité, semble-t-il, depuis que les développements récents de la Physique sont venus bouleverser un grand nombre de nos anciennes habitudes de pensée ».

Le déterminisme ne pourrait plus être ramené aux lois de la causalité, mais à la rigueur toute différente des lois de la probabilité. Le cas de De Broglie reste toutefois isolé, en France, où la crise évolue lentement, avec des caractéristiques originales et des débouchés inattendus, en maintenant ce que même Bachelard avait appelé « la thèse moyenne ».

L'enthousiasme pour la faillite de la raison ne se traduit jamais, en effet, par une apologie de l'irrationnel : au contraire, cette faillite elle-même est évaluée rationnellement comme la manifestation la plus haute de la connaissance humaine et comme l'indice de son "humanité"[1]. Il n'y a pas de place pour le mysticisme de Bohr, ni pour les tentatives philosophiques de Heisenberg, car derrière l'apparence de la catastrophe de la raison se trouve, au contraire, sa survie. Pour reconstruire, il faut détruire, et Bachelard élabore là quelque chose que l'on pourrait interpréter comme une variante de la *Durcharbeitung* freudienne.

Tout n'est cependant pas accepté sur un mode positif : « La faillite de la science est devenue un thème de la littérature courante », note Brunschvicg en 1930. « En réalité, c'était la faillite d'une sorte de philosophie de la science qui était née de l'impatience et de la défiance des savants à l'égard de l'analyse proprement philosophique »[2]. Il s'agit d'une philosophie de la science vulgaire qui, se fondant presqu'exclusivement sur le sens commun, croyait fermement et statiquement aux principes logiques et aux données sensibles qui, précisément, s'étaient révélés fallacieux. C'est une philosophie qui ne pourra jamais saisir la richesse de ce que l'on appelle faillite et crise – insiste Brunschvicg – parce qu'elle se fonde sur des principes supposés absolus. La crise ne concerne que la vulgarisation des sciences, mais elle n'est pas présente *dans* les sciences elles-mêmes : de fait, la physique est plus vivante que jamais. P.Langevin n'hésite pas à le relever : la crise n'atteint pas les scientifiques qui travaillent sur le terrain (comme si le travail même des savants "sur le terrain" était indépendant des théories). Mais Langevin, qui est un physicien militant, pense que la crise des quanta ne fait qu'aider le savant à se libérer des termes et des concepts anciens et dépassés. Le style dominant reste – et doit rester – celui de la rationalité et de l'échange fécond entre théorie

1. C'est toujours Bachelard, le plus extrémiste des apologues de la "crise", qui souligne le caractère "humaniste" de cette dynamisation de la connaissance rationnelle (in *op. cit.*, p. 152).

2. L. BRUNSCHVICG, "Entre savants et philosophes", in *L'orientation actuelle des sciences*, Paris, 1930, p. 11.

et expérience[1]. Sur le plan des sciences exactes, on tend donc à minimiser la nature du bouleversement, ce qui a certainement une influence non négligeable sur l'évolution du débat en France. « La crise de la science est bien factice »[2], déclare le physicien. Ce n'est pas la nature, mais notre représentation de la nature, qu'il faut accuser : la "crise" à laquelle on assiste n'est pas une crise *de* la science, *du* déterminisme, mais simplement une crise du mécanisme (c'est-à-dire du modèle mécanique de représentation de la nature). Le fait qu'un savant de la stature de Langevin se montre aussi sûr (comme Einstein, d'ailleurs), calme les angoisses de ceux qui croyaient la crise beaucoup plus radicale.

Sous une autre perspective, le problème semble simplement (et radicalement) un problème de langage, comme le dit Bachelard. Certes l'expérience est importante, fondamentale même, mais elle doit toujours passer par le filtre discursif du *logos*. La crise ne concerne pas l'expérience en tant que telle (ni la réalité, contrairement à ce que semblent souhaiter les physiciens quantistes allemands), mais le langage qui l'exprime et qui la crée. C'est ce dernier qui doit être "purifié", écrit Langevin, pour éliminer toutes les notions les plus anciennes et qui ne rendent plus compte de l'essentiel. Même les philosophes, ajoute Brunschvicg, doivent résister « à la tentation d'utiliser les vieux cadres », et considérer comme de simples *métaphores et analogies* les mots que la physique conserve dans son vocabulaire et qui faisaient jadis image. Bachelard élaborera précisément à partir de cette critique du langage la psychanalyse de la connaissance objective : les obstacles épistémologiques sont des termes conceptuels anciens que les discursivités scientifiques utilisent de façon inconsciente[3]. Une position

1. P. LANGEVIN, "L'orientation actuelle de la physique", in *L'orientation actuelle des sciences*, cit., p. 29-30. A propos du principe d'indétermination et de ses implications épistémologiques, Langevin dit ceci : « Il convient d'attendre, pour se prononcer sur un si grave sujet, et de faire confiance, ici encore, à la réflexion critique sur la signification exacte des mots et des idées. La recherche d'un déterminisme est à tel point le mobile essentiel de tout effort de construction scientifique, qu'on doit se demander, lorsque la nature laisse une question sans réponse, s'il n'y a pas lieu de considérer la question comme mal posée et d'abandonner la représentation qui l'a provoquée », p. 62.

2. Voir V^e^ Semaine Internationale de Synthèse, *Science et loi*, Paris, 1935, p. 226.

3. L'affinité théorique entre Brunschvicg et Bachelard est, à ce propos, surprenante. La notion d'obstacle épistémologique est effectivement anticipée ici par Brunschvicg, dans ce texte qu'il faut comparer avec *Le Nouvel esprit scientifique* ou *La Formation de l'esprit scientifique* de BACHELARD : « La physique, en conservant dans son vocabulaire des mots qui jadis faisaient image : *force*, *énergie*, ou même *corpuscules*, ne s'en sert plus qu'à titre de métaphores ou d'analogies ; et là surtout il ne faut pas se laisser prendre au piège de la littérature : métaphores et analogies deviennent également funestes et diaboliques dans tous les domaines de la spéculation, tant que l'on ne fait pas l'effort de réflexion nécessaire pour les entendre comme

de l'ordre de celle de Husserl aurait donc été inconcevable: dans leur *essence*, mais aussi dans leur pratique, ni les sciences, ni surtout la raison, *ne* sont en crise.

Les hommes dont nous parlons s'efforcent donc de comprendre, jauger, encadrer et justifier la crise. Bien que celle-ci change et évolue[1], elle peut également être "contrôlée", et il ne faut absolument pas la confondre avec la crise politique, économique, et institutionnelle qui, dans les années 30, occupe souvent la "une" des journaux[2]. Il ne faut pas la comprendre comme une "banqueroute", selon la formule célèbre de F.Brunetière. La science et la philosophie (mais aussi, en partie, l'histoire, comme nous le verrons) voulaient rester en dehors de l'atmosphère de crise négative dont la presse se faisait largement l'écho. Elles ne peuvent toutefois faire abstraction de la conjoncture, d'autant que les pressions de l'extérieur se font chaque jours plus vives et plus dramatiques. En fait – nous suivons encore Valéry – l'ami écrit à M. Teste: « Mais nous savons qu'il n'est plus de lois toutes satisfaites, il n'est plus que des à-peu-près... »[3]. Il faut donner force précisément à ces *à-peu-près*. Il faut en fonder l'ouverture, qui est désormais si loin du délire de précision qui caractérisait M.Teste. Valéry met en scène la fausse conscience de l'homme actuel: l'idéal (M.Teste) n'est pas la réalité (l'ami, l'autre).

Donner force à l'*à-peu-près*, tel est le devoir qui incombe au monde intellectuel et scientifique français. Les historiens, eux aussi, le connaissent bien: c'est le signe de l'individuel, de la source incomplète, de la trace et de l'événement qui ne se répètent pas. Ce n'est évidemment pas une approximation de même nature que celle qu'envisage Koyré avant la révolution scientifique; mais c'est bien d'approximation qu'il s'agit, un concept qui est désormais à la base de ce que nous pourrions appeler l'épistémologie de l'époque de la crise. Le rationa-

telles et ramener leur usage au seul plan du discours», in L. BRUNSCHVICG, *op. cit.*, p. 14.

1. « Du dehors, cette époque [celle de la fin du XIX^e siècle] sera caractérisée par une série de crises. Aujourd'hui encore on parle couramment de la crise de la logique mathématique, de la crise du déterminisme physique, de la crise du transformisme biologique [...]. Mais la nature des crises, leur situation au point de rencontre entre la science et la philosophie, se sont profondément modifiées dans l'intervalle qui sépare de la nôtre la génération d'H. Poincaré», L. BRUNSCHVICG, "Entre savants et philosophes", *op. cit.*, p. 10.

2. Le débat dans les magazines et les journaux de l'époque était très emphatique. *Notre Temps*, une revue briandiste, écrivait sous la plume de P. BROSSELET: « Nous voici maintenant en 1933. Et tout s'est écroulé», faisant suivre un panégyrique sur la crise de l'internationalisme, de l'unité européenne, etc. C'est l'époque de l'*Ordre nouveau*, des articles de A. DANDIEU et de l'*esprit des années 30* que H. LOUBET DEL BAYLE a décrit in *Les Non conformistes des années 30*, Paris, 1969.

3. P. VALÉRY, "Monsieur Teste. Lettre d'un ami", in *Œuvres*, *op. cit.*, II, p. 50 (il s'agit d'un texte que Valéry écrit en 1924).

lisme entre ainsi dans le monde de l'à-peu-près sans rien perdre de sa vigueur : il s'ouvre au temps, au devenir de la vérité, à une durée qui le constitue sans provoquer sa chute. « Une vérité d'approximation n'est pas une vérité approximative », explique Brunschvicg[1]. L'idée même de progrès s'est modifiée : il ne consiste plus en une accumulation homogène de vérité, mais en sa (re)élaboration continue[2]. L'évolution de la science « nous a rendus familiers avec une notion de progrès qui contredit la représentation que s'en faisait le début du XIX^e^ siècle ». En fait, « le progrès est *réflexif* », dans le sens où il oblige à reformuler les certitudes passées et s'étend à des champs apparemment étrangers à celui de la théorie en question. Il en est dorénavant ainsi parce que « la nature, ne respectant pas les cloisons étanches que l'on a prétendu établir entre les spécialités, ne permet pas non plus aux savants véritables d'y demeurer enfermés »[3].

Ce n'est pas seulement la notion de progrès qui entre en crise : les notions de système et de vérité sont également mises en discussion[4]. La philosophie a alors, selon Brunschvicg, pour devoir de démythifier le système, et de « mettre en garde contre l'absolu des correspondances exactes » que tout système pose dans la hiérarchisation des sciences[5]. Réalité et intelligence sont dans un perpétuel rapport de réciprocité, et c'est ce mouvement dialectique qui donne force au rationalisme. Mais ce mouvement, la philosophie doit disposer d'un instrument "efficace" pour le saisir. Qu'à cela ne tienne, « la méditation de l'histoire fournit au philosophe le fil conducteur qui lui permet de s'orienter à travers la confusion apparente des doctrines »[6]. C'est pour cela que l'histoire constitue le champ d'expérience du philosophe, bien que pour L. Brunschvicg, A. Rey et E. Meyerson, l'histoire reste malgré tout soumise à la supériorité de la philosophie et à certaines de ses lignes directrices. Alors, dans le labyrinthe sans Minotaure d'une raison qui a perdu ses repères, le fil d'Ariane reste l'histoire des parcours faits, des

1. L. BRUNSCHVICG, *L'expérience humaine et la causalité physique*, Paris, 1922, p. 370

2. Le progrès ne fait plus simplement le bonheur de l'homme, surtout après la Grande Guerre : « L'humanité gémit, à demi écrasée par le poids des progrès qu'elle a faits », H. BERGSON, *Les Deux sources de la morale et de la religion*, Paris, 1932, p. 388. Cf. aussi, sous une perspective marxiste, G. FRIEDMANN, *La Crise du progrès*, Paris, 1936 (et le compte rendu qu'en fait FEBVRE, "Puissance et déclin d'une croyance", *Annales d'hist. économique et sociale*, IX, 1937) ; et aussi la VI^e^ Semaine Internationale de Synthèse, *La notion de progrès dans la science actuelle*, 1934.

3. L. BRUNSCHVICG, *op. cit.*, *p.* 433-444.

4. *Ibid.*, p. 466.

5. *Ibid.*, p. 493 La cible de la polémique est évidemment A. Comte : « c'est à la considération de l'histoire que nous demandons de dénoncer ce qui fait la fragilité de l'entreprise dogmatique », *ibid.*, p. 320.

6. *Ibid.*, p. 391.

voyages, du temps perdu et retrouvé, des impasses et des moments d'euphorie pour les traces nouvelles qu'on a trouvées.

## LE CLOS ET L'OUVERT

La pensée plus radicale issue de la crise ne présente pas un aspect unitaire. On ne peut pas non plus l'identifier à un style ou à une pensée, à un courant philosophique, à une mode culturelle, etc. Il existe cependant des tendances communes, des problématiques qui ont "ouvert" des possibilités de réagir à l'état d'incertitude auquel "tout" le savoir semblait condamné. L'histoire est l'une d'elles, non pas pour servir de rempart, mais parce qu'elle permet de saisir un aspect essentiel de cette raison en crise qui, malgré tout, survit; et aussi parce qu'elle permet de comprendre pourquoi cette raison réussit à survivre.

Certes, comme nous le montrerons dans le prochain chapitre, la "nécessité de l'histoire" sert à la sauvegarde épistémologique de l'unité de la connaissance et de la Science; mais le fait même qu'il faille ouvrir la connaissance à une discipline qui, par définition, ne peut pas être rigoureuse et qui, de toute façon, indique le mouvement incontournable des choses, indéterminable une fois pour toutes, démontre une ouverture quï bouleverse nécessairement l'ordre ratioïde. L'architecture de la faculté de connaître s'ouvre la possibilité d'un changement, et trouve en lui sa raison d'être profonde. Le réseau est une situation ouverte qui doit rester telle pour ne pas se transformer en piège.

Il s'agit cependant d'un phénomène bien français. L'historicisme allemand se réfère quant à lui à l'unicité du sens et à la solidité de la compréhension, en opposant à la crise du savoir scientifique le vitalisme des sciences de l'esprit. Dilthey croit en effet qu'il est possible de rendre l'unité de l'humain dans la "conscience historique", sous la multiplicité des conceptions du monde. Certes, pour Dilthey la vie est multiple (*mehrseitig*), ainsi que le souligne R.Aron, et d'après lui nous n'en saisissons jamais qu'un aspect, mais la théorie de la connaissance est une, de même qu'est toujours un et toujours le même (dans sa fonction) l'esprit philosophique. Malgré le relativisme de l'histoire qui force les systèmes philosophiques et les visions du monde à muter sans cesse, l'histoire que Dilthey prend en considération est toujours une histoire universelle[1]. La réflexion historique, surtout face au "malaise" qui accable la philosophie des temps présents, ne conduit pas au scepticisme; «derrière le caractère relatif de tous les systèmes particuliers»,

1. Voir W. DILTHEY, *Weltanschauungslehre*, Leipzig et Berlin, 1931, tr. fr. *Théorie des conceptions du monde*, Paris, 1946 p.252.

elle va chercher « le fondement solide de tout ce qui compose l'histoire », c'est-à-dire la vie humaine dans l'ensemble organique de la vie[1].

On connait, par ailleurs, la séparation entre sciences de l'esprit et sciences de la nature qui a caractérisé l'historicisme allemand, ce qui le condamnait aux yeux de Husserl et des commentateurs français à n'être qu'une philosophie abstraite et stérile. L'idée de l'histoire comme absolu de l'être de l'homme, développée par Heidegger comme historicité du *Dasein*, ne pouvait avoir de sens que si elle n'était pas séparée de la réalité d'un savoir scientifique qui était seul en mesure de se montrer effectivement rationnel. Mais les historicistes ont toujours éliminé théoriquement la possibilité d'une philosophie historiciste de la science, voyant dans la crise du savoir scientifique une manifestation de faiblesse de l'explication face à la compréhension. L'histoire démontrait précisément que la solidité atemporelle de la connaissance et de l'entendement n'avait pas de sens, parce qu'elle était étrangère à une vie dont les fondements devaient alors être cherchés dans l'historicité elle-même. Il aurait été pour eux inconcevable, voire franchement contradictoire, de chercher à ouvrir la raison scientifique à l'histoire. Ils gardaient en effet l'idée d'une science "positiviste", exacte, déterministe et mécaniste, héritée de Newton et caractérisée par l'objectivité[2]. L'histoire, au contraire, en tant que science de l'esprit, avait un contenu différent, non pas objectif et externe, mais interne, constitué de l'unité psychique du Moi comme individu[3]. A la crise de la science et de la raison Dilthey semble en effet répondre par un déplacement radical du "contenu" de la recherche philosophique, en éliminant de l'histoire la pluralité externe des objets naturels. Mais par là, il méconnaît cette ouverture épistémologique que les sciences de la période sont en train d'inaugurer.

Si chez Dilthey s'exprime une relative tranquillité face à la *Krisis* (car elle indique le rôle de la psychologie et de l'histoire dans la

1. *Ibid.*, p. 14-15 Le scepticisme pourrait naître de la considération que « l'histoire est un tribunal, et (que) son jugement définitif démontre que tous les systèmes métaphysiques sont relatifs, provisoires et caducs », *id.*, p. 14. Il est d'ailleurs important de souligner que pour Dilthey, tout comme pour Berr, c'est l'histoire qui peut "guérir" la philosophie de sa crise ; *ibid.*, p. 11.

2. C'est ce que Husserl reproche explicitement tant à Dilthey qu'à Windelband et à Rickert : ils restent pris dans l'objectivisme, donc dans le dualisme entre nature et esprit. Ils pensent en effet que la nature est autonome comme l'esprit, que l'objet externe est indépendant du sujet connaissant. Mais en fait la nature, dans sa vérité scientifique et naturelle, n'est autonome qu'en apparence : c'est une illusion de croire qu'elle puisse être connue rationnellement en soi par les sciences de la nature, car la véritable nature dans le sens des sciences exactes est un produit de l'esprit qui s'applique à elles.

3. Voir W. DILTHEY, *Gesammelte Schriften*, *op. cit.*, V, p. 265.

détermination d'une théorie de la vie et du monde), chez Husserl le problème de l'histoire est lui aussi immédiatement rapporté à cette crise, mais de façon plus dramatique. La phénoménologie transcendantale doit en effet pouvoir répondre tant à la crise des sciences qu'aux problèmes nés de l'inéluctable historicité des phénomènes eux-mêmes. Pour ce faire, Husserl ne peut éviter de poser le problème de l'histoire, contrairement à ce qu'il avait fait dans les *Recherches Logiques* et dans les *Ideen* (et ceci montre bien que dans les pays germanophones également, fût-ce de façon hétérogène et contrastée, l'histoire était un indicateur important de la situation de crise).

L'histoire est pour Husserl le plan de la réalité *phénoménique*, la temporalité déployée des sciences, leur mouvement. Toute chose, de même que tout homme, est toujours immergée dans l'histoire et ne peut avoir l'illusion de rester à l'écart. Même la vérité, la vérité des sciences, est historique, en ce sens que les formes selon lesquelles les sciences opèrent sont toujours des formes spirituelles (rationnelles) qui appartiennent à une époque historique donnée. Le devoir de la philosophie consiste alors à identifier « le sens historique » profond, originel, transcendantal, qui régit ce mouvement. Tel est, pour Husserl, le sens véritable de l'histoire, dans laquelle les formes particulières de la culture, relatives si on les considère chacune en soi, font en fait partie d'un « temps historique en général », d'un temps et d'une histoire totale. L'histoire des sciences, de même que l'histoire de la philosophie, doit avoir comme but principal de ramener les « formations de sens historiques données dans le présent » à la dimension historique originelle qui est à leur base. C'est seulement ainsi que pourra être explicitée « la structure universelle d'essence » qui sous-tend tout présent historique, en faisant émerger « l'*a priori* universel de l'histoire » qui reconnaît dans le devenir où est toute chose, un *sens* déterminé par un *telos* idéal (celui de l'universalité et de l'unité fondamentale de la vérité)[1]. C'est ce que l'historicisme n'a pas su faire, incapable, entre autres choses, de penser qu'également (et surtout) la théorie de la connaissance scientifique devait être considérée comme une tâche particulièrement historique. La philosophie et la science ne seraient donc rien d'autre que la révélation du mouvement historique de la raison universelle (qui en tant que telle serait innée dans l'humanité). C'est le sens de l'histoire qui résout donc la *Krisis* ; sens qu'il est possible de saisir si l'on est capable de s'y immerger. La raison de l'histoire (qui pour Husserl a un rôle éthique et pas seulement gnoséologique) permet de relier la structure des sciences, qui change

1. E. HUSSERL, *La Crise des Sciences européennes et la phénoménologie transcendantale*, tr. fr. Paris, 1976 17, 351 et Appendice III p. 418-421.

suivant l'idéal de la vérité sans pouvoir jamais s'arrêter, à la temporalité concrète de la conscience, qui est histoire. Mais l'histoire en général doit être évaluée par ses formations idéales, par son sens originel qui ouvre le temps et le devenir du concret. Husserl, donc, qui de ce point de vue est un philosophe assez proche de certains aspects de la pensée française (Bergson et Brunschvicg), fait de la nécessité de l'histoire une nécessité du sens.

Dans cette perspective philosophique, l'ouverture de l'histoire est en fait réintégrée dans une philosophie de l'histoire, ou dans une philosophie transcendantale susceptible d'en indiquer le *sens* et d'en résoudre ainsi le caractère “relatif” et multiplicateur. L'abstrait continue de fait à dominer la raison, sans que l'attention ne s'arrête sur l'histoire en tant que telle (ni comme discipline spécifique, ni comme problème). L'histoire est considérée comme quelque chose de donné, temporalité déployée de l'existant, *face à laquelle* la philosophie pose le problème du sens.

En France au contraire les choses se passent différemment. Il n'y a ni édification d'une philosophie de l'histoire, ni tentative d'en déterminer le sens originel: seul compte le problème d'un être désormais inévitable aussi bien pour les sciences que pour la philosophie qui s'en inspire. Elle devient dans le même temps une discipline qui, abstraction faite des tentatives d'interprétation philosophique relatives à sa nécessité, se remet en question en tant que telle. La période de la “crise” constitue son terrain d'élection, parce que c'est précisément la crise qui la remet au premier plan *en tant que science*. C'est ainsi en effet qu'elle émerge dans le débat français provoqué par la crise de la raison. Une crise conçue quasiment comme une épreuve de force, où clarté et simplicité, déterminisme et unité, doivent évoluer “dialectiquement” en restant tels qu'ils sont, sans rien concéder ni à l'intuition du Moi, ni à l'irrationalisme de la sensibilité. Tant la crise, que sa solution, viennent de là.

Cela est évidemment dû au privilège dont a toujours joui le savoir scientifique. La crise qui les traverse doit donc être conçue comme une crise de croissance qui ne doit pas remettre en cause le fondement même de la raison, parce qu'elle doit le rendre perméable aux apports de la crise elle-même.

Ce n'est que par l'intermédiaire des sciences que la philosophie prend en compte les innovations et les transformations qui commençaient à parcourir le savoir dans tous les sens (surtout dans une ville comme Paris, île cosmopolite et heureuse vue la liberté de l'expression artistique qui y regnait). La chute de la limite objective et l'introduction du rôle de l'observateur dans l'élaboration des théories est saluée, non comme une faillite, mais comme une libération, parce qu'elles se produisent au nom du rationalisme, de la pensée abstraite, de l'hypothétique, du sujet connaissant pur. Les nouvelles théories scientifiques ne doivent pas être conçues comme provoquant l'effondrement des vieilles théories, mais comme leur intégration et leur généralisation. Einstein ne rend pas caduque la mécanique newtonienne, il ne la détruit pas, il ne fait que la rendre plus complexe et plus exacte. La vérité ne peut que grandir, se transformant en fonction de l'état des connaissances. « La science se construit : – écrit Berr – que la conception des choses soit à réviser, l'intérêt du travail scientifique n'en est que plus passionnant »[1].

Mais pour grandir, elle doit se transformer. Ce que seule l'histoire peut saisir, même si cette discipline n'a absolument pas de statut scientifique solide, et qu'elle est même en pleine phase de redéfinition interne. L'objectif principal des regroupements culturels, comme celui du Centre International de Synthèse de H.Berr, est précisément de rendre cohérents ces deux terrains que sont l'histoire et les sciences, sous l'aile protectrice d'une philosophie adéquate. Les historiens eux-mêmes, et plus précisément, ceux dont nous nous occuperons, ont trouvé dans les transformations soudaines des sciences un modèle qui leur permet d'évoluer, une sorte d'expérience commune qui ouvre la voie d'une ré-élaboration paradigmatique. Ils ne veulent pas perdre l'occasion de réviser aussi bien les méthodes que les concepts avec lesquels ils ont été accoutumés à travailler et qui se révélaient désormais insuffisants, peu heuristiques et excessivement limités : la certitude qui les fondait dans une sorte d'usage commun ou de bon sens (le "flair" de l'historien) ne suffit plus. Mais la confiance positiviste ou pseudo-empiriste de la méthode "classique" de recueil des documents, des faits, des événements, ne suffit pas non plus. Tout doit dorénavant être remis en question, car rien ne garantit plus la solidité épistémologique des "faits". Ces historiens veulent, eux, prendre le train en marche. Il savent que c'est une occasion unique qui se présente, et que leur discipline peut devenir fondamentale pour indiquer aux sciences une trajectoire possible dans la crise. Mais c'est un savoir en quelque sorte implicite, pour ainsi dire modeste, qui ne veut en aucun cas courir le risque de reconstruire une Méthode, un Modèle et un Système... car il est, pour lui-même, un savoir qui n'a pas de certitudes, qui n'en a jamais eues, et qui peut seulement enseigner la médiation paradoxale entre l'objet in(dé)fini de la recherche et sa rigueur (qui devient souvent une valeur morale). Or il n'y a pas de théorie de la crise et il ne

1. H. BERR, *Avant-propos* in *Science et Loi*, V[e] semaine int. de Synthèse, cit., p. VI.

se forme pas non plus de nouvelle théorie de la connaissance car l'histoire n'explicite jamais sa "philosophie" par la voix des historiens.

Il est significatif que la tentative d'une synthèse générale du savoir soit proposée, par des personnalités comme Berr par exemple, sous le "protectorat" de l'histoire, bien que cela soit valable en principe seulement. Ni la philosophie, ni les sciences exactes ne peuvent plus garantir quoi que ce soit. L'histoire, au contraire, sans promettre la découverte d'un nouveau fondement, offre la possibilité d'appréhender le savoir (entre autres choses, bien-sûr) "en tant que tel", phénoménologiquement, dans son mouvement concret, dans son "comment", c'est-à-dire dans sa réalité. Et la réalité, on le sait désormais, ne peut pas être déchiffrée définitivement.

Comme l'histoire, cependant, n'offre pas de méthode d'enquête cohérente sur la nature des choses, elle de dispose pas de statut fort. Elle ne possède pas non plus de structure facilement identifiable en tant que science, et n'a pas non plus d'objet manipulable à loisir. Elle n'est pas une science, comme l'ont déclaré certains historiens de profession au début du siècle, parce qu'elle s'occupe de ce qui est, par définition, irrépétable. Elle doit être une science, ont alors répliqué Berr, Simiand, Febvre et Bloch, parce que, comme la sociologie et la psychologie, elle peut isoler des régularités et des généralités qui en font tout l'intérêt. C'est seulement en tant que science que l'histoire aurait une importance dans le cadre du savoir humain en général. C'est seulement ainsi qu'elle pourrait échapper au piège né de son ambiguïté même, au risque de devenir une simple littérature anecdotique. Le statut de scientificité de l'histoire devait amener à sa légitimation dans le cadre d'un savoir rigoureux et rationnel : et cette exigence émergeait paradoxalement au moment où le statut scientifique de la rationalité entrait en crise. Mais c'est cette tension qui révèle toute la force problématique de ce changement (la crise, c'est le chevauchement de diverses formations discursives, la coexistence – disait Th.S.Kuhn – de matrices disciplinaires opposées entre elles, et cela, ajoutons-nous, même dans des domaines du savoir très éloignés entre eux, qui se réfèrent toutefois au même champ épistémique). Certes l'histoire ne peut pas être une science exacte de la même façon que la physique, les mathématiques ou la chimie, et on en est plus que conscients.

Mais les sciences ne peuvent plus être identifiées à la froideur d'une méthode objective et légale absolument déterministe et mécaniste. L'idéal positiviste, empirique et réducteur de la science est dépassé : c'est seulement dans ce sens qu'il faut entendre les efforts communs de Berr, Lacombe, Simiand, puis des *Annales*, visant à faire de l'histoire une science, en renversant en même temps le prestige hiérarchique des sciences exactes dans une logique qui ne peut désormais plus ignorer le mouvement de leur formation. L'histoire des sciences s'impose comme une nécessité épistémologique et comme le lieu de rencontre de deux champs du savoir qui, jusque là, s'étaient considérés logiquement comme inconciliables[1]. Mais l'histoire et l'histoire des sciences n'étaient pas destinées à se rencontrer, ni à avancer sur la même voie. Chacune semble suivre un itinéraire épistémologique propre, une “histoire personnelle” particulière, où certes les problèmes sont comparables, voire identiques, mais qui ne donne lieu ni à de réels échanges, ni à des confrontations, ni à des propositions communes. Les *Annales* de Febvre et de Bloch sont, en réalité, restées étrangères à l'histoire des sciences (malgré les déclarations d'intention, qui restèrent lettre morte) ; quant à l'histoire des sciences de Bachelard, de même que celle de Koyré, elle ne s'est jamais confrontée à ce que les historiens des *Annales* posaient comme problématique.

La crise se manifeste également dans les occasions manquées : en voilà certainement une. L'effervescence culturelle, la diversité des origines théoriques, la spécificité des recherches individuelles, l'hétérogénéité des milieux d'appartenance ont fait en sorte que des problématiques communes se croisaient “sans le savoir”, chacune suivant sa propre voie. L'apparente homogénéité du panorama culturel français dont nous décrirons une partie dans les chapitres qui suivent, est en réalité une fourmilière d'expériences et de recherches variées, parfois en concurrence ouverte entre elles (par exemple, nous le verrons par la suite, l'*Encyclopédie française* avec la revue *Science* de Berr, et, à certains égards, avec le Centre International de Synthèse, ou bien les *Annales* avec la revue *Thalès* de Rey). Ce qui les rapproche, c'est précisément cette « atmosphère » particulière de crise (comme l'a écrit Febvre) qui indique dans les textes l'homogénéité des difficultés à surmonter par rapport à l'histoire. Crise et histoire deviennent un binôme positif dans lequel l'intelligence humaine et sa civilisation peuvent effectivement être sauvées. D'où, bien entendu, la difficulté de délimiter un terrain commun (parce que toute perspective, tout point de vue, propose sa solution propre), une stratégie unique ou du moins unitaire face à la crise, une réaction organique et cohérente. D'où aussi, cependant, le fait que tous se réfèrent à l'unité de la raison et de la connaissance, à leur positivité et à la nécessité de les ramener toujours à une réalité, fût-elle simplement construite par l'esprit. L'horizon de la

1. Telle est l'opinion de Berr, même si ce n'est pas toujours ainsi : c'est le cas de Cournot, par exemple, qui considérait l'histoire comme indispensable pour une compréhension exhaustive des sciences, mais c'est aussi le cas de Comte, pour qui l'histoire des sciences était de première importance dans un système des savoirs.

vérité, repoussé aux frontières infinies du connaissable, s'ouvre à l'histoire de ses réalisations, aux constructions qui se sont succédées dans les transformations et dans le progrès de l'outillage mental. L'histoire permet ainsi de rouvrir la possibilité d'une théorie de la connaissance humaine, sans pour autant l'enfermer dans une philosophie de l'histoire (le « rationalisme expérimental » en est un exemple). Du moins dans le sens classique du terme (la référence à une philosophie – ou idéologie – de l'unité rationnelle reste malgré tout inévitable pour tous), la pnilosophie ne possède plus de devoir positif.

La scientificité de l'histoire obtient donc un nouveau statut cohérent par rapport à ce qui se passe dans l'ensemble du savoir, mais qui n'est jamais explicité ouvertement. Le temps unique et total, qui pour Bergson encore était quelque chose de certain, se démultiplie dans les durées diverses, dans les rythmes spécifiques des régularités historiques considérées. L'histoire ne peut plus se référer (fût-ce idéalement) à un Temps Unitaire, parce que dans la contingence de ses recherches elle découvre que même le temps et son rythme sont une construction. Le point de vue prend de plus en plus d'importance parce qu'il permet de stratifier les concepts généraux. Le temps, c'est certes le temps chronologique, qui se construit et se rythme différemment en fonction des calendriers choisis, mais c'est aussi le temps vécu, le temps social, le temps symbolique, le temps relatif, etc. Déjà pendant l'entre-deux-guerres, ce que Bergson appelle la « multiplicité qualitative » permet théoriquement d'avancer dans la direction que F.Braudel va articuler par sa tripartition des durées. En se plongeant de plus en plus au cœur des pratiques sociales, et en recourant à des "documents" toujours plus hétérogènes (ou apparemment indirects), l'histoire présente *dans les faits* la multiplicité de la vie dans les séries discontinues de ses changements. Mais dès que l'on peut recourir à des sources non écrites et à des problématiques autres que diplomatiques ou politiques, il devient nécessaire de faire le lien avec les autres sciences humaines. Sociologie et psychologie, sans oublier la linguistique et la géographie, vont permettre d'éclaircir et de combler les lacunes des traces : l'horizon s'ouvre à l'intersection de démarches disciplinaires très diversifiées qui forment ensemble une sorte de réseau, le réseau de l'histoire, des histoires qui se multiplient sans jamais être en mesure d'aspirer à une synthèse totale.

La pensée de la crise signale l'impossibilité épistémologique d'une synthèse totale, mais la crise véritable réside dans la permanence de cette "aspiration" et dans le va-et-vient entre l'idée directrice de l'unité et la réalité manifeste de l'à-peu-près. Cette alternance, cette oscillation dans les opinions et les idées, cette absence de points de repère fixes, rendent hétérogène le débat sur la crise, dont les contours sont indéfinis et dont les points de condensations se multiplient. De récit à problème, l'histoire comme discipline devient de plus en plus un parcours critique, un moment permanent de crise et d'ouverture. Et c'est ainsi qu'elle aurait pu rencontrer certaines des conclusions de l'épistémologie bachelardienne.

Problématique, l'histoire ne s'enferme pas dans le passé, mais s'ouvre dans le présent. Du clos à l'ouvert, de la certitude à la crise, la transition est la même. L'histoire nouvelle, écrit Febvre dans une époque fortement critique, est la seule à pouvoir répondre aux questions « que l'homme d'aujourd'hui se pose nécessairement », elle est la « *seule capable* dans un monde en état d'instabilité définitive, de vivre avec d'autres réflexes que ceux de la peur »[1]. Elle doit vivre dans l'ouverture du réseau, où l'instabilité définitive du monde est « le labyrinthe sans Minotaure » d'Aragon, le moment de la chute éternelle, le grand vertige. En restant ouverte, en étant elle même une ouverture dont les lois ne pourront jamais atteindre une stabilité définitive, l'histoire peut offrir à l'homme moderne (à sa chute et à son vertige) non pas une certitude (ou un point d'appui), mais un plan, une direction et une dimension qui ne sont plus totales ou totalitaires, mais en mouvement et en continuelle transformation.

La conscience lucide du fou (dont parle Rilke) est celle de l'homme présent qui possède l'histoire, et donc l'ouverture. Savoir que l'absolu et la Vérité ne sont pas des valeurs définitives, cela signifie vivre le présent comme un passage et non comme un point final : la nostalgie du paradis perdu (de la certitude et de la suprématie du présent, qui ont révélé leur nature chimérique ou illusoire), cède le pas devant l'ouverture problématique des intersections, la virtualité des choses et des histoires. Le progrès est un continuel passage à la limite. L'histoire fait de l'incertain sa raison d'être[2]. Elle entrecroise les techniques de recherche, elle superpose linguistique et économie, psychologie et archéologie, histoire et géographie, etc. sans jamais arriver à la définition d'une technique unique (et à un objet unique). D'où son énorme "capacité d'adaptation", sa capacité de transporter le discours à

1. L. FEBVRE, "Face au vent" (manifeste des Annales Nouvelles) (1946) in *Combats pour l'histoire*, *op. cit.*, p. 41-42.

2. M. FOUCAULT, *L'Archéologie du savoir*, cit., p. 16 La mutation qui a eu lieu dans le faire même de l'histoire a aussi "amené l'individualisation des séries différentes, qui se juxtaposent, se succèdent, se chevauchent, s'entrecroisent sans qu'on puisse les réduire à un schéma linéaire. Ainsi sont apparues, à la place de cette chronologie continue de la raison, qu'on faisait invariablement remonter à l'inaccessible origine, à son ouverture fondatrice, des échelles parfois brèves, distinctes les unes des autres, rebelles à une loi unique, porteuse souvent d'un type d'histoire qui est propre à chacune" ; idem.

travers les strates et les séries les plus hétérogènes, dans une multiplication des points de vue. D'où l'ouverture extrême, paradoxale, de l'historien, ce qui fait qu'il se tient à la limite, comme affirmait M.de Certeau : « Il ne vise plus le paradis d'une histoire globale. Il en vient à circuler *autour* des rationalisations acquises. Il travaille dans les marges [...]. Il devient un rôdeur »[1].

Ces années sont ainsi marquées par un bouleversement profond. Il n'est pas facile, par ailleurs, de se laisser porter par le vertige du présent : à cet égard, la différence entre artistes et savants est en général très profonde. Pour qu'il y ait progrès sur la voie de la science, il faut que se maintienne l'interaction entre théorie et expérience, fût-ce après qu'elles aient été soumises à une redéfinition critique. Cela est d'autant plus vrai que tout le monde n'admet pas l'absence de fondements ou la fin de l'idéologie du progrès. En 1929 encore, pour donner un exemple contemporain de la "grande crise" et de la naissance des *Annales,* dans un lieu "problématisant" tel que le Centre International de Synthèse, M. Mauss manifeste toute sa confiance dans le progrès de la civilisation et des sciences. L'opinion de Berr n'en est d'ailleurs pas très éloignée. Mauss est pourtant bien plus explicite, et définit la civilisation comme la notion qui s'incarne dans le niveau du progrès techno-scientifique occidental. A son avis,

> le capital de l'humanité grandira en tout cas. Les produits, les aménagements du sol et du bord des mers, tout est plus rationnellement installé, exploité pour le marché [...]. Sans conteste, toutes les nations et les civilisations tendent actuellement vers un *plus*, un *plus fort*, un *plus général* et un *plus rationnel*... [2].

Cette opinion est sans aucun doute partagée par tous ceux qu'on pourrait qualifier de savants "conservateurs" : elle représente l'autre versant du vertige d'Aragon[3]. C'est le triomphe de la raison technique guidée par la certitude « en dernière instance » ; et nous savons aujourd'hui à quel point le mythe du progrès a résisté aux crises, comment il s'est adapté aux nouvelles réalités sociales, politiques et techno-scientifiques, et comment il est encore largement utilisé par les médias, malgré son obsolescence.

1. M. DE CERTEAU, *L'Ecriture de l'histoire*, Paris, 1975, p. 91.

2. M. MAUSS, "Les civilisations ; éléments et formes" in I Semaine. Internationale de Synthèse, *La Civilisation : le mot et l'idée*, Paris, (1929) 1930, p. 106.

3. L. ARAGON *Le Paysan de Paris*, *op. cit.*, p. 135. Il convient ici de rappeler que même H. Bergson utilise ce terme de "vertige" pour définir notre civilisation.

Febvre – pour confirmer la complexité des opinions et des réflexions à ce propos – écrit sept ans après un texte qui peut être lu comme une sorte de "riposte" à cette apologie du *plus*.

> Nous n'avons pas la clef. Le passe-partout capable d'ouvrir, indistinctement, les portes de toutes les civilisations [...]. Que l'Histoire soit encore, dans l'ensemble des Sciences, une Cendrillon assise [...], nous savons bien pourquoi. Et nous savons aussi qu'elle participe – qu'elle doit participer – à cette crise générale et profonde des idées et des conceptions scientifiques qu'a provoquée une poussée soudaine de certaines sciences [...]. Nous savons qu'en fonction de telles transformations, et parce que la Science est une et toutes les sciences solidaires – des Sciences de la Nature aux Sciences de l'Homme – nous savons que nos idées, à nous historiens, fondées sur une philosophie scientifique vieille de cinquante ans et totalement périmée aujourd'hui, nous savons que nos idées doivent être révisées, toutes, et nos méthodes en fonction de nos idées [1].

L'unité de la Science *une* est la solidarité des sciences prises séparément : la crise doit alors porter nécessairement sur toutes les composantes. Il ne faut ni l'évacuer, ni la négliger. Au contraire, c'est précisément parce que l'unité de la Science s'identifie avec la synthèse de toutes les sciences, sans distinction, que, à la crise de l'esprit, on peut réagir de la seule façon rationnellement acceptable – pour un historien –, à savoir en présentant l'état du savoir dans la conjoncture historique de son présent. Parce que tout est mortel, la civilisation l'est aussi.

Comme nous le montrerons dans le chapitre 4, il est significatif que l'*Encyclopédie française* que Febvre va diriger ne se présente pas comme la *somme* du savoir de tous les temps, mais comme une sorte d'état des lieux : le savoir d'un moment historique déterminé, avec les croisements et les ordonnancements qui lui sont possibles, dans une ouverture problématique sur de nouveaux ordonnancements. Dans une conception totalement renouvelée,

> une œuvre *collective*, comme une Encyclopédie, doit révéler [...] la conception du monde [...] d'une génération de savants et de philosophes. Et cette conception acquiert un prix singulier, quand

1. L. FEBVRE, "De Spengler à Toynbee", *Annales*, 1936, p. 601. Nous donnons ici la version qui a paru dans la revue au lieu de celle qui a été publiée par la suite in *Combats pour l'histoire*, *op. cit.*, (voir p. 143) et qui présente des variations par rapport à la première.

> il s'agit d'une génération qui, plus qu'aucune autre, a connu la "crise de l'esprit" dans tous les domaines où il a à l'exercer [1].

La crise devient un phénomène important pour saisir les plans en fonction desquels s'articule le savoir : en avoir conscience, signifie être en mesure de mieux lire non seulement le présent, mais aussi l'évolution même d'un passé traversé par ces différents plans. L'encyclopédie naît aussi comme une réponse institutionnelle à la crise au point que le ministre A.De Monzie, qui en est le promoteur, le signale lui-même dans la présentation[2]. Et si, comme l'écrit Febvre, « une encyclopédie c'est, ce doit être, le manifeste d'une civilisation »[3], c'est-à-dire « un inventaire de la civilisation humaine à partir d'une date déterminée », ce ne peut être alors qu'une œuvre ouverte, sans que cette ouverture n'implique une incertitude intrinsèque ou un indéterminisme fondamental. La perte du centre et la sensation de dépaysement qui détermine une grande partie des écrits de cette période ne conduisent pas inévitablement à la banqueroute. Le déclin de l'Europe que décrit A.Demangeon en 1920[4], qui voit l'émergence des puissances américaine et japonaise se substituer à l'eurocentrisme, offre l'horizon de nouvelles formes de civilisation. Et si Julien Benda ou quelques représentants de l'Union Rationaliste considèrent le dynamisme ouvert de la raison comme quelque chose d'extrêmement dangereux, voire de gravement préjudiciable, les personnalités les plus marquantes de l'époque cherchent au contraire de nouvelles orientations au milieu des ruines.

Mais celles-ci sont déjà là, à portée de main : il suffit pour Berr de faire ressortir leur statut de scientificité. Pour Febvre, il faut simplement le rendre plus élastique, plus interdisciplinaire, plus ouvert au présent. Pour Bachelard, il suffit d'ouvrir les yeux et de prendre acte d'une transformation conceptuelle déjà advenue.

La naissance d'une nouvelle forme de faire de l'histoire marque donc un moment important dans le contexte de ce débat sur la crise. D'un côté, il faut se convaincre que la science est progrès, acheminement vers le vrai, dynamisme actif de la pensée (Bachelard, Koyré). Pour la comprendre, il faut alors se plonger dans son mouvement, le reparcourir, le reconstruire, l'étudier. D'un autre côté, l'histoire comme discipline doit faire preuve d'une ouverture interdisciplinaire,

1. Dep. Man. *Don 22777* du 1970, Nouvelles acquisitions de la Bibliothèque Nationale de Paris, Carton I, 102-3, 102-4. Il s'agit de deux "notes" sur l'Encyclopédie, l'une dactylographiée, l'autre manuscrite de G. Monod (1932).

2. A. DE MONZIE, "Tradition d'Encyclopédie" in *Le Mois* avec le *Bulletin du Comité de l'Encyclopédie française*, janvier 1935.

3. L. FEBVRE, "Encyclopédie et encyclopédies", *Encyclopédie française*, XVIII, *op. cit.*, 18. 24 – 8.

4. A. DEMANGEON, *Le Déclin de l'Europe*, Payot, Paris, 1920.

elle doit reconstruire ses propres modalités de recherche, et non se laisser bercer par une méthode « vieille de cinquante ans ». Pour ce faire, elle doit seulement regarder ce qui se passe pour les autres sciences, et savoir progresser avec elles (mais progresser signifie ici transformer ses propres concepts, redéfinir les présupposés sur lesquels ils se fondent, accepter l'ouverture et l'approximation).

Un tel effort recoupe aussi le besoin qu'ont les sciences elles-mêmes ainsi que l'épistémologie de se trouver une légitimité historique, de retrouver dans la durée ce qu'elles ont perdu (la fixité des valeurs absolues). Cette double articulation entre épistémologie et histoire est à l'origine de la diversité, voire du caractère quelquefois contradictoire, des réponses. Le recours à l'histoire est à la fois stratégique et problématique : il permet de renverser la lecture négative de la crise pour en faire une force d'innovation et de transformation, mais il crée aussi un court-circuit des exigences respectives (de l'épistémologie et de l'histoire). L'histoire veut devenir une science rationnelle, et la rationalité scientifique se reconnaît comme historique. Tel est le court-circuit qui a rendu difficiles les rapports entre l'histoire des sciences et l'histoire générale, parce que tout raisonnement se déroule sur un même plan critique. L'ancien et le nouveau ne peuvent pas encore être détachés l'un de l'autre mais coexistent paradoxalement en cherchant une synthèse possible. Ainsi, unité et multiplicité s'entrecroisent-elles dans diverses perspectives d'analyse ou de recherche, assumant tour à tour une domination stratégique, soit pour revendiquer un fondement solide du savoir en général, soit, au contraire, pour ouvrir ce même savoir aux transformations indispensables à sa survie.

L'initiative des *Annales* est en même temps une conséquence de cette atmosphère de crise et un facteur de crise. L'histoire-problème, outre qu'elle pose des problèmes, constitue elle-même un problème.

Le rationalisme ouvert fait du problème en général une sorte de paradigme rationnel : approximation et vérité entretiennent pour Brunschvicg comme pour Bachelard un rapport réciproque inépuisable. La contingence de ce rapport ne doit plus être recherchée dans la nature concrète du monde empirique ; elle réside dans la relation dialectique entre expérience et raison, où le centre n'est plus occupé ni par l'une ni par l'autre, ni par un système hypothétique qui les combinerait toutes deux, mais par le développement de cette relation de réciprocité. L'ouverture de la raison devient immédiatement son histoire, elle ne peut être que cette histoire. L'histoire comme discipline ne peut faire l'économie de cette ouverture si elle veut être "science" sans se conformer aux modèles désuets du positivisme.

La “crise de l’histoire” dont on parle dans l’entre-deux-guerres est donc reliée aux autres crises. Le dépaysement oblige à multiplier les plans, à varier les points de vue. L’histoire fait désormais partie de la raison, dont elle est l’ouverture dynamique. Par la nouvelle façon de faire de l’histoire on accomplit *cet* effort rationnel, même si ceux qui s’en sont aperçus sont peu nombreux, si peu nombreux, d’ailleurs, que Valéry lui-même se lamentait, en 1932, du retard de l’histoire par rapport aux transformations qu’avaient connues les fondements des sciences exactes[1]. En réalité, Febvre, Bloch, Koyré et ceux qui renouvelent la discipline en fonction d’une nouvelle conception de la raison démontrent le contraire.

La crise de la raison naît de l’histoire de la raison et de son historicité. La multiplicité virtuelle des plans peut désormais être considérée comme le mouvement même de la raison dans son rapport avec l’expérience. Cela implique toutefois qu’elle se pluralise, du fait de la dissémination de sa contingence. Passant de l’état de “chose” fixe à celui de “force” mouvante, le logos lui-même doit désormais s’adapter à un mouvement continu et sans fin, à l’inquiétude du changement et de la recherche. Telle serait la promesse la plus radicale d’une théorie de la connaissance approchée. La raison est une force dynamique créatrice: Rey, Brunschvicg, Enriques, Bachelard, Bloch et Febvre sont tous d’accord sur ce point. Mais l’acte créateur est toujours historique. Etre dans le temps, cela signifie être dans la durée, et la chute du mythe du progrès permet finalement de saisir cette durée comme une pluralité rythmique. Tout rythme est la construction d’une raison pour ainsi dire régionale (ou locale); c’est le champ de forces qu’exerce la confusion de la théorie et de l’expérience, c’est un plan de la réalité. Du fait de l’ouverture et de l’approximation, les limites de cette réalité sont instables (c’est l’expérience commune de la crise, et

1. P. VALÉRY, “Discours de l’Histoire”, prononcé au Lycée Janson-de-Sailly le 13 juillet 1932, recueilli dans *Œuvres*, *op. cit.*, p. 1132-1136. « Je regrette que l’on n’ait pas fait pour l’histoire ce que les sciences exactes ont fait sur elles-mêmes, quand elles ont revisé leurs fondements, recherché avec le plus grand soin leurs axiomes, numéroté leurs postulats » (p. 1132) : l’histoire ne doit pas croire que les faits soient quelque chose d’objectif et de donné. Ici Valéry rejoint Febvre : « En histoire, comme en toute matière, ce qui est positif est ambigu. Ce qui est réel se prête à une infinité d’interprétations » (p. 1133). L’Histoire, donc, « ne nous permet guère de prévoir ; mais associée à l’indépendance de l’esprit, elle peut nous aider à mieux voir » (p. 1137), chose qui à une époque de trouble et d’inquiétude est tout de même importante. Valéry sait très bien, en effet, que « toutes les notions que nous tenions pour solides, toutes les valeurs de la vie civilisée, tout ce qui faisait la stabilité des relations internationales, tout ce qui faisait la régularité du régime économique ; en un mot, tout ce qui limitait assez heureusement l’incertitude du lendemain [...], tout ceci semble fort compromis [...]. Jamais l’humanité n’a réuni tant de puissance et tant de désarroi, tant de soucis et tant de jouets, tant de connaissances et tant d’incertitude. L’inquiétude et la futilité se partagent nos jours » (p. 1136).

pas uniquement de celle-là), la certitude est elle aussi une création discursive, et l'histoire, l'histoire de ce champ de forces toujours en mouvement, ne peut se réduire à une simple liste de faits. Febvre et Bloch sont absolument intransigeants sur ce point.

La multiplication des points de vue découlant de la diversité des perspectives problématiques permet de traverser les plans et de les faire se recouper entre eux (de la même façon que le projet de l'encyclopédie dirigée par Febvre envisage de le faire). Mais tout croisement crée à son tour un nouveau champ de forces. Le regard de l'historien devient celui d'un d'épistémologue : l'objectivité est établie en fonction d'un principe d'indétermination qui laisse ouverts tous les parcours possibles, tous les croisements. La crise des sciences ne peut être indifférente à la crise de l'histoire, et inversement.

Telle est l'une des conséquences les plus paradoxales du savoir historico-épistémologique français de cette période. Dans ce sens, ce n'est pas une crise qui se produit alors, en France, mais l'ouverture de nouvelles virtualités rationnelles. Les sciences, à la différence de ce que pensait Husserl, sont conçues comme profondément humaines, et l'humanisme, la centralité de l'Homme, reste une référence constante pour les philosophes dans leurs réflexions sur la rationalité scientifique [1]. La crise ne concerne pas la séparation entre science et essence, ou entre pensée technique et finalité fondamentale de l'homme ; elle porte seulement sur le mouvement des valeurs, l'apparition de nouveaux "caractères" de la rationalité (l'inquiétude, le problème, la dynamique, la pluralité).

Certes, les références sont toujours allusives, souvent contradictoires, et souvent enfouies dans des idées plus rhétoriques sur l'unité de la Science ou l'idéalité de l'humain [2]. On a cependant jeté les bases : la méthode pour "sauver" la raison en l'ancrant dans le cœur palpitant de la crise est déjà adoptée : ce sont les œuvres de Bachelard et de Koyré, avec ce qui s'est écrit autour des *Annales* : « Il faut former la raison de la même manière qu'il faut former l'expérience » [3]. Les frontières ne sont tracées que pour être franchies, et toute métaphysique (ou philosophie de l'histoire) qui aspire à les déterminer de façon absolue

1. Le projet de l'*Encyclopédie française* est de ce point de vue encore une fois très significatif : il s'agissait en effet de réaliser une encyclopédie humaniste, où l'homme avait la première place.

2. Appelant "rationalistes" tous ceux qui gardaient l'idéal classique du déterminisme et de la science et qui étaient convaincus, comme Einstein, que la physique était une notation directe du réel, Merleau-Ponty écrivait de façon polémique : « Le monde, outre les névrosés, compte bon nombre de "rationalistes" qui sont un danger pour la raison vivante », in M. MERLEAU-PONTY, "Einstein et la crise de la raison", in *Signes*, Paris, 1960, p. 248-249.

3. G. BACHELARD, *Le Nouvel esprit scientifique*, *op. cit.*, p. 172.

démontre son incapacité à bien poser les problèmes. «Les frontières opprimantes sont des frontières illusoires»[1]: l'instabilité est la condition d'être de la raison, ce qui fait qu'elle reste à la limite. En effet, c'est seulement à la limite que s'ouvre la possibilité de nouvelles combinaisons de forces, et c'est seulement sur les frontières qu'il est possible de réaliser une ouverture véritable. Mais les limites et les frontières sont partout lorsqu'on a perdu le centre. Choisir la limite comme problème, cela veut dire entrer dans le labyrinthe du présent: si l'histoire est une carte qui trace une voie, dans le labyrinthe sans minotaure qui entoure toute chose, une voie ne peut plus espérer être unique et exclusive de toute autre.

Pour résumer, nous disons que le concept qui synthétise la façon particulière dont la "crise" a été vécue en France est celui *d'ouverture.* Tous les chapitres qui suivent sont centrés sur cette notion. C'est pourquoi nous avons privilégié certains textes et certains auteurs, en en passant beaucoup d'autres sous silence: notre but est de dessiner une archéologie problématique de la crise, où la question de l'ouverture "capture" à la fois l'épistémologie et l'histoire tout en étant capturée par elles. Nous essayons de montrer la double articulation qui les lie comme un "passage à la limite", réalisé uniquement dans un certain milieu savant de l'entre deux guerres français.

Une histoire si particulière de l'histoire, un repli de l'épistémologie sur un seul thème, une imbrication réciproque si locale et souvent si méconnue reste à penser. Elle garde "le *problématique*" en tant que tel dans un rapport étrange avec le temps; elle réalise une expérience impossible, en ce qu'elle montre l'*ouvert* dans l'histoire qui touche et bouleverse le cœur même de la théorie de la connaissance scientifique. Dans cette relation étrange entre histoire et épistémologie, qui s'explicite en un temps si restreint, la théorie de la connaissance scientifique touche l'humain et le temps d'une façon radicalement nouvelle par rapport aux anciennes philosophies, tant celle des sciences que celle de l'histoire (qui voient dans le temps un flux de continuité indécomposable et dans la connaissance scientifique une temporalité que l'on peut capitaliser à l'infini). Le temps humain se démultiplie comme les facultés de l'entendement; il se complique dans une intrigue faite d'intersections non maîtrisables; il se replie sur lui-même, se réfléchit et se dédouble dans un devenir qui n'a pas de direction: il est l'*ouvert* de l'histoire.

1. G. BACHELARD, *Etudes*, *op. cit.*, p. 85.

CHAPITRE II

# LA NÉCESSITÉ DE L'HISTOIRE

## SCIENCE ET HISTOIRE : UN RAPPORT NÉCÉSSAIRE

L'histoire est un vieux problème qu'encore aujourd'hui on ne peut circonscrire de façon définitive. Elle est partout, dans toute chose, mais personne n'a jamais pu la définir d'une façon satisfaisante, que désormais on ne le désir même plus (finalement ?). Cependant, jusqu'à des années assez proches ce domaine relativement récent des problèmes de notre savoir a eu une grande importance philosophique. L'histoire touche l'existence humaine au sens le plus profond : il nous est difficile de penser une existence sans histoire. L'homme est son histoire ; tant ses actes que les réalisations de son esprit en sont les élements et en marquent l'évolution, le chemin, les étapes différentes. Les philosophes savent que l'historicité de l'homme est un caractère immanent à la constitution et aux objectivations de l'humanité. Soutenir que l'histoire est nécessaire serait donc un truisme.

Et pourtant, au début de notre siècle ceci n'était aucunement évident en soi, notamment en ce qui concernait les sciences, considérées les manifestations les plus élevées du savoir. Leur rapport à l'histoire ne va pas de soi, et c'est sur ce sujet que les philosophes commencent à réfléchir.Tous savent qu'en Allemagne les philosophes de l'histoire reléguaient les sciences de la nature hors du domaine des sciences "humaines" ; mais nous avons dit qu'en France la question du rapport science-histoire est résolue à partir d'un autre point de vue, directement lié à la crise générale des fondements et du savoir. L'épistémologie joue à ce propos un rôle considérable que nous allons éclaircir dans ce chapitre. C'est par ce rôle et par les conséquences qui en découlent qu'en France (notamment dans l'entre-deux-guerres) se crée une situation culturelle unique en son genre, caractérisée par une sorte d'*articulation symétrique (double)* entre épistémologie et histoire.

Certes, il est possible de soutenir – même si toute classification est arbitraire par nature – que le milieu et le climat culturel français (auquel nous nous limitons), dans la vingtaine d'années qui a séparé les deux guerres mondiales, subissent des changements considérables et que la question de l'histoire y trouve une place importante et une solution décisive. Cependant, il faut réfléchir sur la période avec beaucoup d'attention, car, au sujet de l'histoire notamment, le milieu savant et philosophique français a une considération tout-à-fait particulière, directement liée à la tradition rationaliste, aux efforts philosophiques du siècle précédent et à la relation toujours plus intime entre philosophie et science qui s'est établie déjà à partir de la deuxième moitié du XIX^e siècle. L'histoire comme discipline et comme question philosophique acquiert dès lors un nouveau statut qui dépend de l'état des sciences et des discussions qui se développent à leur propos (discussions qui se font toujours plus organiques et cohérentes, transformant la "philosophie des sciences" en *épistémologie*[1]). Mais l'intersection qui se fait entre histoire, épistémologie et histoire des sciences (cette dernière est comme un intermédiaire entre les deux) reste un fait unique en Europe qui n'a pas été encore mis suffisamment en relief. Cette innovation commence en douceur, presqu'en continuité avec la tradition philosophique du siècle précédent et – du moins à son début – sans ruptures éclatantes. Apparemment, elle reste dans les mains des philosophes intéressés aux sciences. En effet, ce sont les premiers à poser la question de cette intersection et à utiliser l'histoire dans une perspective nouvelle dont ils ignorent encore les enjeux. Mais tout de suite après les historiens eux-mêmes commencent à réagir à cette situation, ils créent des points de vue nouveaux et ils changent de méthode en fondant une "histoire nouvelle".

Il faut donc s'interroger sur la philosophie sousjacente à cette transformation. Il faut se concentrer sur une génération de philosophes-épistémologues qui ouvrent la voie à ce qu'on a appelé le « point de non-retour » de l'épistémologie historique française (représentée par G.Bachelard et A.Koyré), car c'est par elle que l'on peut comprendre l'aspect particulier du savoir dont nous nous occupons ici. Les œuvres de Léon Brunschvicg, Emile Meyerson et Abel Rey constituent en effet une sorte de fond intellectuel qui rend possible le concept de la double articulation d'histoire et

1. C'est en 1908 que le terme de *épistémologie* est employé pour la première fois au sens "moderne" comme substitut de "philosophie des sciences" par E. MEYERSON in *Identité et réalité*, Paris, 1908 (dans les premières lignes de l'Avant-propos). Soulignons aussi que dans cette période l'histoire, tout comme la philosophie des sciences, subit de grandes transformations : mais ces transformations s'entrecroisent, et cet entrecroisement va constituer le contenu des chapitres qui suivent.

d'épistémologie que nous allons suivre tout au long des prochains chapitres. Leurs œuvres forment une partie du background du néo-rationalisme français qui permet de bien saisir les raisons censées expliquer l'intersection d'instances innovatrices et d'instances de conservation que l'on retrouve à tout moment dans la nouvelle épistémologie rationaliste et dans les quelques prises de position de la “nouvelle histoire”. Nous verrons mieux par la suite en quoi cela consiste. Ce qui nous semble important, pour le moment, c'est de bien cerner le terrain de la recherche.

Les œuvres des auteurs que l'on vient de nommer expriment et articulent une approche historique (l'histoire des sciences) qu'ils considèrent désormais comme *nécessaire* à tout effort épistémologique, bien qu'elle soit strictement liée à certains présupposés philosophiques dont nous verrons bientôt l'ampleur. C'est donc l'enjeu de cette “nouvelle” attention philosophique à l'histoire que nous voulons commencer par comprendre et par critiquer, car elle reste enracinée dans une conception encore très traditionnelle de celle-ci [1].

D'autre part, à un moment où la philosophie des sciences devient épistémologie grâce aux efforts fournis à la fin du XIX$^{e}$ siècle, il est clair que l'attention que l'on porte à l'histoire passe par l'histoire des sciences. C'est que cette dernière se prête plus que toute autre à être lue d'une façon continuiste et progressive. L'attention aux thèmes et aux problèmes soulevés par les sciences, aussi bien que les questions liées à l'organisation de celles-ci, sont une constante de la pensée philosophique française, qui se démarque en cela, par exemple, de la pensée allemande ou italienne. Boutroux, Bergson, Hamelin, Le Roy, Renouvier, Lalande, etc. sont parfaitement conscients qu'il est désormais nécessaire de se mesurer aux sciences pour la survie même de la philosophie. De ce point de vue, l'une des victoires de l'engagement philosophique de Comte a été précisément d'imposer la *nécessité* d'une réflexion sur une science continuellement attentive à son “progrès”. Certes, la “tradition” positiviste change, elle est

1. Par “attention philosophique à l'histoire”, nous ne pensons pas à Raymond Aron, l'un des rares philosophes qui ait fait connaître et défendu en France les théories des philosophes allemands de l'histoire. Tant Brunschvicg que Meyerson et Rey, et la plupart des auteurs que nous étudierons, sont fermement opposés à toute “philosophie de l'histoire”. Le malentendu existe pourtant avec P. Ricœur qui, dans *Temps et récit*, I p. 139-140, laisse entendre que la “nouvelle histoire” des *Annales* aurait bénéficié de l'ouvrage de Aron sur la philosophie de l'histoire, *Introduction à la philosophie de l'histoire*, parue en 1938, « peu avant que Lucien Febvre et Marc Bloch ne fondent les *Annales d'histoire économique et sociale* (1939) ». Nous savons au contraire que les *Annales* sont fondées non pas en 1939, mais en 1929, donc bien avant le travail de Aron, et qu'elles participent du milieu rationaliste et savant (dont nous essayerons de retracer l'enjeu critique) plutôt que du milieu des philosophes de l'histoire.

critiquée et abandonnée, mais la place donnée aux sciences reste essentielle, même chez les “spiritualistes”[1].

L’histoire des sciences acquiert en France à partir de cette époque une importance sans égale et va occuper lentement la première place. Les philosophes rationalistes lui donneront en outre la charge de substituer le rôle explicatif de la logique par une vision dynamique de la connaissance du réel (et de la vérité). Un savant-philosophe italien de l’époque exprime ainsi cette transformation :

> La compréhension approfondie des concepts scientifiques ne résulte pas d’un système logique par lequel on encadre l’ensemble des faits connus à un moment donné, mais bien d’une vue historique explicative de leur naissance et de leur développement [2].

Les travaux de Brunschvicg, Meyerson et Rey témoignent d’une attention toujours croissante portée aux sciences et à leur histoire (histoire etudiée avec des finalités différentes de celle en quelque sorte apologétiques de l’œuvre monumentale de P.Duhem, et plus proche des travaux de pionnier de P.Tannery). Leur effort donne naissance à une tradition de pensée qui va caractériser tant bien que mal toute l’épistémologie française jusqu’aux années 1960 et qui se matérialise à partir des années 40 avec les travaux de Bachelard et de Koyré. Or, cette évolution laisse la place à quelques questions, dont certaines ont été effectivement posées par l’école bachelardienne et althusserienne. Est-ce que cet effort a été linéaire et cohérent ? Est-ce qu’il a suivi une ligne continue depuis le début du siècle ? La réponse que l’on a donnée a été souvent négative, car l’héritage bachelardien a pesé lourdement sur la position générale du problème et sur le point de vue choisi pour considérer la question.

1. On peut juger emblématique ce qui est affirmé dans l’anthologie raisonnée de la philosophie contemporaine de 1926, publiée par J. BARUZI et R. POIRIER, *Philosophes et savants français du XX^e^ siècle*, Paris, vol. I, p. X : « Il n’est pas toujours aisé, dans la philosophie française contemporaine, de séparer rigoureusement l’épistémologie et la métaphysique proprement dite. La métaphysique française contemporaine *suit* la science [...]. La science garde sa précellence et la philosophie, même si elle se veut transcendante [...], ne se place pas dans une sorte d’absolu arbitrairement choisi. S’il en est ainsi, on ne saurait guère, parfois, sans décret contestable, considérer comme épistémologiste ou comme métaphysicien, tel ou tel philosophe ». De la même façon A.Rey reconnaissait, presque vingt ans plus tôt, *la nécessité de la science pour la philosophie*, lorsqu’il indiquait le besoin commun à tous les philosophes français de rompre avec la tradition déplorable de l’ignorance de la science. Renouvier, Hannequin, Hamelin, Bergson, Boutroux, etc. la considèrent désormais comme « la propédeutique nécessaire à toute spéculation philosophique » (A. REY, “Vers le positivisme absolu”, in *Revue philosophique,* LXVII, 1909, p.467).

2. F. ENRIQUES, “Signification de l’histoire de la pensée scientifique”, *Bulletin de la Société française de philosophie*, XXXIV, Paris, 1934, p. 73.

M. Fichant, M. Pécheux et E. Balibar ne se sont, par exemple, interrogés que sur un seul aspect du rôle que l'histoire joue dans l'épistémologie. Ils parlent à ce propos d'une « coupure » entre la première et la deuxième génération des philosophes-épistémologues historiens des sciences. Ils considèrent la différence générationnelle un véritable « point de non-retour »[1] qui séparerait, dans une polémique inconciliable, une position *continuiste* (Duhem, Brunschvicg, Rey, Meyerson, etc.) d'une position *discontinuiste* (Bachelard et Koyré). Cependant, ils ne font aucune référence aux questions similaires que les historiens sont en train de se poser à la même époque, ou même avant ladite coupure – ce qui est remarquable pour une réflexion qui se consacre explicitement à l'*histoire* des sciences (mais qui était typique des années 60 et 70). L'interprétation que nous appelons pour simplifier (et injustement) bachelardienne-althusserienne nous semble aujourd'hui périmée et insuffisante. Est-ce que la réflexion sur la période de l'entre-deux-guerres peut nous aider à mieux comprendre l'enjeu de la double articulation entre épistémologie et histoire ? Est-ce qu'à cela suffisent le couple continuisme / discontinuisme et le concept de "coupure" ? La période en question n'est-elle pas plus complexe, plus stratifiée et plus "critique" ? De quelle façon et en fonction de quels présupposés théoriques, science, histoire et philosophie ont agi et agissent l'une sur l'autre ? Et quel est le statut que ces philosophes accordent à l'histoire, et à l'histoire des sciences en particulier, qui représente pour eux l'histoire des manifestations les plus hautes de la raison humaine ?

C'est à ce statut qu'il faut prendre garde. Son jeu, ses transformations, sa lente articulation depuis le début du siècle nous présentent le mouvement d'une partie importante du savoir, strictement lié à l'état des sciences exactes.

On reste donc au cœur de la tradition propre à ce que H.Poincaré appelle le *rationalisme français*, et qui caractérisait déjà, à son avis, les travaux de Descartes et de Pascal. La seule différence, qui semble

1. Il s'agit d'opinions que M. FICHANT et M. PÉCHEUX expriment dans leur *Sur l'Histoire des sciences*, Paris, 1969, p. 8-9 : « Le terme de "point de non-retour" constitue une prise de position dans la polémique qui oppose en épistémologie et en histoire des sciences une position "continuiste" (Brunschvicg et le spectacle permanent de l'esprit humain présent dans la science ; Duhem et la question des précurseurs...) à une position "discontinuiste" qu'on peut désigner commodément par les noms de Bachelard et de Koyré ». Notre recherche veut montrer au contraire que la certitude et l'irréversibilité de cette coupure n'est pas soutenable, car tout le travail de Bachelard et de Koyré est plein de références à une tradition rationaliste et unitaire qui n'a pas été prise suffisamment au sérieux. Sur l'importance du concept de "coupure" voir aussi D. LECOURT, *L'Epistémologie historique de G. Bachelard*, Paris, 1969.

s'imposer au vingtième siècle, dans le sillage de Comte mais surtout de P.Tannery et de P.Duhem, consiste dans l'étude toujours plus approfondie de l'histoire de la science. Le modèle de la connaissance scientifique se donne en fait comme le modèle de la connaissance tout court. On suppose une Science déjà faite dans les choses, des lois régulières, des relations stables et immobiles, que la science rejoindrait au jour de son achèvement. C'est le mythe laplacien d'une connaissance possible du Tout, ou l'ambition comtienne d'un Système Général des sciences. Son histoire sera cohérente avec ce mythe : linéaire et progressive ou, si cela n'est pas possible, ayant un cours sinueux analogue à celui d'un fleuve, avec un début, une fin et un courant qui se déplace du haut vers le bas.

Tous les philosophes de la première moitié du siècle, tout en reconnaissant son rôle essentiel, réfèrent *de toute façon* l'histoire (l'histoire des sciences) à la philosophie (ou, comme chez Duhem, à une conception religieuse). La finalité des reconstructions historiques, même pour un auteur relativement différent des autres comme Meyerson, est "instrumentale". L'histoire, qui est un « moyen » et non un « but », est une nécessité dont le statut, durant l'entre-deux-guerres, reste de second ordre par rapport à la philosophie. Même si elle mine secrètement les présupposés philosophiques qui prétendent l'utiliser, cela lui permet, de moyen qu'elle était, de devenir problème, concept problématique, vecteur d'ouverture. Pour Brunschvicg, elle est le « laboratoire » du philosophe, fonctionnelle et subordonnée à sa philosophie du jugement.

Personne ne semble se poser encore le problème de l'histoire, et cependant tous reconnaissent qu'on ne peut plus faire sans. La reconstruction historique est donc renvoyée à un plan philosophique bien précis (à une *stratégie* qui est propre à chaque auteur). Or, si dans le cas de Duhem la "coupe" conceptuelle répond ouvertement à ses instances religieuses et donne une clé de lecture de son histoire et de sa théorie de la science ; dans le cas des auteurs dont nous allons traiter les présupposés "idéologiques" ou conceptuels ne sont pas si évidents, bien qu'ils soient trahis par la relation que l'on pose entre philosophie et histoire. Dès lors, il importe d'examiner avant tout comment celle-ci agit, ou "est agie" dans les travaux de ces penseurs, qui mènent tous un même combat pour l'histoire (des sciences notamment) sous l'aile d'un rationalisme dynamisé conçu comme la seule façon de sauvegarder la raison face à la crise qui la hante : Brunschvicg dans le sens d'un rationalisme ouvert, Meyerson dans le sens de l'identité logique et de la causalité et Rey dans le sens d'un positivisme relativiste mais rigoureux. Trois perspectives qui à partir de présupposés opposés débouchent sur des problématiques communes.

### LE DYNAMISME DE LA RAISON PHILOSOPHIQUE CHEZ LÉON BRUNSCHVICG

Etant une science du changement, l'histoire signe un point d'arrivée dans la philosophie de Emile Boutroux. Le dernier chapitre de *De la contingence des lois de la nature* nous revèle l'importance de son rôle, puisque c'est à elle que revient le soin du mouvement irréductible de la contingence, c'est-à-dire du changement. En effet, après avoir démontré la contingence immanente et inévitable de tous les degrés de l'être, ce qui implique que toutes les sciences diffèrent entre elles sans pouvoir être réduites les unes aux autres, ainsi que cette autre conséquence: l'effet est toujours différent de la cause, Boutroux arrive à distinguer les sciences *statiques* (celles qui sont rigoureusement déductives, logiques-mathématiques, et pour lesquelles les formes inférieures peuvent être comprises dans les formes supérieures) des sciences *dynamiques* (celles pour lesquelles une telle réduction n'est pas tout à fait possible, par exemple la physique par rapport aux mathématiques, ou les sciences de la vie par rapport à la physique, etc.). Les sciences dynamiques, sont celles qui ne peuvent pas réduire la qualité en quantité parce que chaque degré de l'être ne peut être expliqué complètement par les lois du principe inférieur (de même que l'ensemble n'est pas la somme des parties) et parce que les éléments de l'univers ne sont pas égaux entre eux et ne peuvent donc pas « se transformer les uns dans les autres comme quantités algébriques ». Telles seront, en général, les sciences de l'homme, parce que celui-ci est au sommet du phénomène fondé sur le changement qui est la vie. Si les sciences statiques ont pour objet la conservation, les sciences dynamiques ont pour objet les transformations: ceci equivaut selon Boutroux à dire que si les sciences statiques étudient la *nature* des choses, les sciences dynamiques en étudient l'*histoire*, et leur complémentarité est la seule possibilité « pour connaître les choses de façon véritablement objective »: « l'étude de l'histoire des êtres acquiert, de ce point de vue, une importance singulière »[1], sanctionnée par la doctrine de la contingence. Pour Boutroux toutefois l'histoire n'a pas encore un rôle déterminant pour la compréhension de la raison scientifique, parce qu'elle indique seulement le chemin à suivre pour

1. E. BOUTROUX, *De la contingence des lois de la nature*, Alcan, Paris, 1874, p. 151.

ceux qui cherchent à en connaître l'ordre et le développement. Sa nécessité est encore toute immanente à la doctrine philosophique, à tel point que Boutroux pour indiquer l'importance de celle-ci (la philosophie) ne se sent pas "obligé" d'utiliser celle-là (l'histoire) de façon prioritaire, comme le feront en revanche ceux dont nous parlerons par la suite.

C'est Brunschvicg qui signale ce qu'il doit à Boutroux : l'importance donnée à l'histoire dans le cadre d'une réflexion philosophique consacrée à l'analyse de la connaissance scientifique. Dans la même introduction de ses œuvres consacrées aux sciences, et non pas dans les conclusions, comme chez Boutroux, il déclare ouvertement que l'histoire est désormais indispensable au développement de l'analyse philsophique. Il ne s'agit dès lors plus ici de partition entre sciences statiques et dynamiques. C'est le fondement même de la raison – le jugement comme principe essentiellement dynamique de toute forme de la pensée – qui rend raison du mouvement et donc en dernière instance de l'histoire[1]. D'un point de vue épistémologique, la philosophie de Brunschvicg représente un pas en avant par rapport à celle de Boutroux, sans laquelle toutefois elle n'aurait pu être. L'importance de la recherche historique devient prioritaire et toute tentative de traiter philosophiquement la connaissance scientifique sans y avoir recours devient vaine. Brunschvicg élimine en ce sens tout ce qu'il considère comme une vélleité du réductionnisme du logicisme et du conventionnalisme exasperé (celui de Le Roy, pour nous entendre, et non celui de Poincaré)[2].

L'histoire ouvre la raison en lui montrant son développement instable, mais en lui indiquant en même temps le chemin du progrès. La dynamique rationnelle humaine s'exprime seulement par et dans l'histoire : toute fixité catégorielle est bannie pour toujours et le mouvement créatif de l'entendement substitue définitivement toute staticité conceptuelle. La raison, dans son indissociable rapport à l'expérience, construit hypothèses et théories, lois et règles, que l'expérience a pour tâche de vérifier ou de réfuter ; mais l'existence factuelle d'une réalité naturelle indépendante de nous oblige les constructions rationnelles, pour s'y adapter, à s'ajuster continuellement. C'est pourquoi toutes les théories scientifiques que l'on propose sont toujours approchées. Cette dialectique entre raison et réalité, à laquelle Brunschvicg croit fermement, constitue l'histoire des sciences comme histoire des

1. La philosophie du jugement est exposée par Brunschvicg déjà à partir de son premier ouvrage, *La modalité du jugement*, Paris, 1897.

2. L. BRUNSCHVICG, *Les Etapes de la philosophie mathématique*, Paris, 1912, p. 453.

époques supérieures de l'intelligence créative; et l'histoire est la seule méthode qui nous permette de comprendre à fond une telle dynamique.

Cependant, nous le verrons par la suite, la priorité de l'histoire se joue surtout sur un plan stratégique, et n'amenera pas le philosophe à en discuter le statut et l'identité, ou à s'interroger sur les raison de cette utilisation. Le recours à l'histoire, qui représente la clef de voûte pour comprendre les raisons de l'innovation épistémologique de Brunschvicg – son rationalisme ouvert, constructif et expérimental – et l'histoire elle même, qui représente l'instance qui permet au rationalisme de s'ouvrir de manière dynamique dans son rapport à l'expérience tout en lui permettant de résoudre positivement toute crise, restent implicites.

Bien que non critiquée, l'histoire occupe tout de même la première place: «la méthode historique, dont nous voudrions faire un usage constant», doit être directement appliquée à l'éclaircissement des notions que le philosophe se propose d'analyser. Dans le cas des mathématiques, par exemple, «partant du premier système qui confère une valeur absolue aux objets [mathématiques] [...], nous aurions besoin de remonter jusqu'aux premières lueurs qui manifestent dans l'humanité l'éveil de la pensée scientifique»[1], pour déterminer avec précision les différents âges de l'intelligence.

Ces âges sont les aspects importants du développement de la raison humaine, les étapes de son mouvement mesurées par les conquêtes dont le temps nous rend témoins. Seule, l'histoire permet de tracer le développement d'une pensée et d'une raison qui se définissent comme «la raison tout court» et que le philosophe identifie à la raison occidentale. En elle seulement il est possible de reconnaître les phases d'une évolution progressive, ce qui pour Brunschvicg est le critère privilegié qui permet d'établir la superiorité d'une civilisation sur les autres. Et l'histoire comme moyen de recherche se révèle d'autant plus indispensable en cette époque de crise que les catégories de l'entendement semblent s'affaiblir dans leur dogmatisme fixe et stérile. C'est dans l'histoire que nous pouvons reconnaître ce qui demeure véritablement.

Le statut qui lui est accordé apparait, dans les œuvres de ce philosophe, avec une certaine clarté: outil de connaissance indispensable et efficace, l'histoire devra d'abord s'imposer dans sa fonction de *support* de la théorie philosophique qui doit émerger de l'analyse des

1. *Ibid.* p. 4. Pour une analyse critique de l'œuvre de Brunschvicg dans le cadre de l'épistémologie française du début du siècle (notamment Duhem, Le Roy, Hamelin, Rey et Meyerson), voir P. REDONDI, *Epistemologia e storia della scienza*, Torino, 1978, p. 76-84, où l'auteur souligne l'*idéalisme* du philosophe.

sciences (dans leur évolution). Elle doit être conçue comme le «*laboratoire*» du philosophe. Tout polymorphe et ouvert qu'il soit, ce support devra en outre s'adapter à la démarche particulière avec laquelle l'idée philosophique de base accueille certains progrès des sciences. L'intention stratégique de l'auteur se révele ici.

Brunschvicg n'a en réalité jamais déclaré ni admis l'existence d'un principe (*a priori*) pour l'histoire. «Nous sommes en garde contre toute tentation de ne l'interroger qu'en vue des conclusions déjà déterminées»[1]. L'histoire des sciences, par exemple, n'est qu'un matériau de base sur lequel travailler, et vis-à-vis duquel chaque auteur est «condamné à enregistrer *passivement* la suite chronologique des événements scientifiques»: en effet,

> le philosophe travaille sur l'histoire, comme le savant opère dans son laboratoire, parce qu'ils ne peuvent pas faire autrement: l'humanité n'est donnée à la réflexion que dans l'histoire, comme la nature n'est soumise à l'analyse que dans le laboratoire[2].

Ce n'est qu'à la *suite* d'un tel *enregistrement* qu'on peut penser l'existence

> d'un courant d'intelligibilité qui se retrouve dans l'esprit humain aux diverses époques de son histoire, qu'il est permis, dès lors, de dégager comme permanent et comme fondamental[3].

Le devenir historique serait dès lors central pour l'épistémologie et, contrairement au kantisme, «la mission du philosophe sera de *suivre*, non seulement dans leur progrès indéfini, mais aussi dans leur intime solidarité, le double devenir de la rationalité et de l'objectivité»: en fait, la réflexion sur le devenir des sciences conduit à un redressement perpétuel de la perspective historique de l'humanité, de même que les sciences, par approximations successives, rendent la structure de l'univers toujours plus cohérente et plus vraie[4]. «Suivre» et «enregistrer passivement» sont des mots qui nous révèlent une sorte d'*empirisme* naïf qu'il est difficile d'accepter chez un philosophe comme Brunschvicg[5] (qui, tout comme Mach, Poincaré et Duhem,

1. L. BRUNSCHVICG, "Histoire et philosophie" (1923), séance de la Société française de philosophie du 31 mai 1923, in *Ecrits philosophiques*, *op. cit.*, p. 116.

2. *Ibid.*, p. 129 (souligné par moi).

3. *Ibid.*, p. 131.

4. L. BRUNSCHVICG, *Le Progrès de la conscience dans la philosophie occidentale*, II, *op. cit.*, p. 707 et, pour la citation précédente, L. BRUNSCHVICG, *L'expérience humaine et la causalité physique*, *op. cit.*, p. 596 (souligné par moi).

5. Même si J. T. DESANTI, dans l'*Introduction* à la réimpression des *Etapes de la philosophie mathématique*, Paris, 1972, montre paradoxalement comment Brunschvicg s'inscrivait dans une période de grande crise culturelle. Il souligne que le penseur, bien qu'il fût plus attaché à l'immanence de l'intelligence qu'à la transcendance de

reconnaît le rôle prioritaire de l'observateur, des théories et des hypothèses dans la connaissance scientifique): ils nous révèlent donc un malaise, un malentendu et une crise à l'égard d'une discipline historique, qui, même hors de la France, est en train d'occuper une place toujours plus importante dans le discours philosophique et épistémologique.

Toutefois, malgré une apparence inductive, le statut de l'histoire, cette méthode *nécessaire* à la philosophie, garde une essence philosophique non autonome:

> L'histoire remplit son rôle de "moyen" et de "matière" pour une réflexion discriminative qui est d'essence philosophique: [le terrain neutre sur lequel agit le philosophe n'a pas d'identité. Au contraire – ce qui contribue à augmenter la confusion à son égard – dans sa neutralité, l'histoire émerge comme] la méthode par excellence de la philosophie [1].

Brunschvicg peut bien déclarer stratégiquement que la philosophie doit *suivre* le cours des faits et le développement de la science, il n'en reste pas moins qu'ils sont toujours lus à la lumière de certains principes fondamentaux de la philosophie qu'on peut résumer en: *l'unité de la connaissance, le progrès linéaire et la coérence rationnelle des âges de l'intelligence.*

Le premier surtout se transmettra subrepticement aux historiens et aux épistémologues postérieurs, notamment Febvre et Bachelard (ce qui manifeste une continuité qui met en cause en quelque sorte la coupure générationnelle proposée par Balibar, Fichant et Pécheux). Ces présupposés ne sont toutefois pas formulés comme tels d'une façon explicite par Brunschvicg. Nous les tirons de l'ensemble de sa

l'intelligible, et bien qu'il fût fermement attaché à la libre mobilité de la raison ou de l'intellect producteur (et c'est dans cette identité établie entre intellect et raison que, gardant à l'esprit la grande complexité de la philosophie de Kant sans la réduire à la première Critique on peut identifier un premier processus de la crise), restait très ferme sur la modalité du jugement. De sorte que l'ouverture et la désinvolture vis-à-vis des transformations et des ruptures qui se produisent dans les diverses étapes de la pensée sont compensées par un plan philosophique global qui correspond à une théorie de la connaissance à l'égard de laquelle l'histoire a exclusivement et simplement une fonction d'outil.

1. L. WEBER, lors de la séance du 31 mai 1923 de la Société française de philosophie, *op. cit.*, p. 132: «L'histoire dont il est question dans l'ouvrage de Brunschvicg [il s'agit de l'ouvrage de 1922], c'est [...] la description du développement des idées scientifiques, le tableau de l'enchaînement des notions directrices et des schémas abstraits que l'humanité a inventés pour se représenter intellectuellement l'univers. L'histoire ainsi comprise n'est pas une sèche énumération, c'est un progrès dialectique et par là même une méthode, la méthode la plus féconde dont nous disposons, pour comprendre le travail de l'esprit de recherche et la science en tant qu'idée».

philosophie, des hésitations où elle se tient et de l'entrecroisement d'instances différentes qu'elle réalise. Il serait en effet paradoxal de s'attendre qu'ils soient formulés avec clarté dans une théorie qui fait de l'abolition de tout *a priori* un chapitre essentiel de la pensée[1]. Et pourtant ils se manifestent par la *manière* dont on utilise l'histoire : l'intellect dynamique chez Brunschvicg, de même que l'identité chez Meyerson, ne sont pas des « conséquences » d'une analyse historico-philosophique de la pensée scientifique (ainsi qu'ils le déclarent à plusieurs reprises), ils en sont les présupposés et ils en indiquent la direction.

En fait, la multiplicité du développement historique d'une pensée est toujours reconduite vers l'unité de la raison humaine, vers sa cohérence et son importance absolue qui se manifestent par le progrès indéniable de notre civilisation occidentale. Le discours que Brunschvicg fait à ce propos dès 1912[2] est simple et clair. Les diverses « étapes » de l'histoire (dans ce cas de l'intelligence mathématique) et les aspects qui s'articulent dans les diverses époques et parties du monde, correspondent en fin de compte à l'évolution de la pensée humaine et à la capacité créatrice de l'entendement. Il s'agit de *l'homme,* de notre *homo sapiens* qui aurait évolué du *cogito* jusqu'au *je pense* de Kant, rationnellement et solidement installé dans un domaine propre qui reflète l'ordre des lois de la nature.

Les « étapes de la philosophie mathématique » conduisent de la pensée prélogique des primitifs[3] à l'intuitionnisme mathématique le plus récent (à l'époque), grâce à un *continuisme* de type particulier, qui n'est plus "historique" dans le sens habituel du mot, mais qui est rationnellement reconstruit (et qui n'est donc pas "tiré" de l'expérience et des "faits"). Or, pour indiquer avec précision un tel progrès Brunschvicg a besoin d'un point de départ, c'est-à-dire d'un moment où la pensée rationnelle s'émancipe de la pensée non-rationnelle et commence sa lente ascension : il le trouve dans le papyrus de Rhind, ou manuel d'Ahmès, (XVIIe siècle avant J.C. environ), lorsque la culture se détache de la confusion chaotique et élémentaire de la pensée primitive

1. Cf. L. BRUNSCHVICG, *L'Expérience humaine et la causalité physique*, Paris, 1922, avant-propos et p. 452-454. La critique des *a priori* est un lieu commun de toute l'épistémologie rationaliste du début du siècle. On en trouve des exemples non seulement en France, mais aussi en Italie, chez F. Enriques, et en Allemagne chez H. Reichenbach.

2. *Id., Les Etapes de la philosophie mathématique*, cit.

3. En cela, Brunschvicg se réfère aux écrits de L. LÉVY-BRUHL, et surtout à *Les Fonctions mentales dans les sociétés inférieures*, (1910), même si ensuite, dans *L'expérience humaine et la causalité physique*, *op. cit.*, p. 113, il se propose de parler de pensée préscientifique plutôt que prélogique. Ce qui ne l'empêche d'ailleurs pas de continuer à parler en termes de « sociétés inférieures » (p. XIV).

qui la contenait cependant en germe et se développe selon le modèle occidental. « La raison occidentale [...] est la raison tout court », la seule qui permette « de travailler à bien penser »[1]. Le manuel d'Ahmès représente la différence entre le savoir primitif et populaire, qui n'a pas laissé de trace, et le savoir rationnel fondé sur une réflexion consciente et volontaire, caractérisé par des intentions précises et systématiques qui ont été traduites dans des œuvres écrites, traités ou manuels[2]. L'histoire vraie est possible seulement à partir de cette forme du savoir, tout le reste restant enfoui dans la préhistoire. A cette origine, Brunschvicg fait suivre une sorte de règle méthodologique selon laquelle l'intelligence humaine se rassemble dans l'intellect, de sorte que sous toutes ses formes – toutes les formes du savoir – elle obéit au même idéal de systématicité. L'histoire qui en découle sera par conséquent unitaire, homogène et continue en dernière instance : elle ne pourra décrire autre chose que cette cohérence intellectuelle.

Les étapes historiques de la raison mathématique, après avoir indiqué de façon préliminaire la supériorité de la raison dynamique sur l'intelligence logique identitaire et statique, sont conçues comme la continuité d'une raison en mouvement qui, jusque dans ses écarts historiques, n'abandonne jamais l'immanence de son intelligence[3]. De tels écarts sont les moments cruciaux du progrès, et chaque dernière étape coordonne et fait converger en elle les résultats obtenus aux différentes périodes en les enregistrant « comme les marques positives de l'objectivité »[4]. Les étapes de la pensée mathématique conduisent la philosophie à comprendre synthétiquement *toute* l'évolution historique de la discipline comme le dévoilement graduel du pouvoir intrinsèque à la raison et de son contenu de vérité :

> la vérité de la science n'implique plus alors la supposition d'une réalité transcendante : elle est liée aux procédés de vérification qui sont immanents au développement de la mathématique. C'est cette vérification que nous avons cru pouvoir déceler à la racine des notions constitutives du savoir ; c'est elle que nous avons rencontrée aux moments décisifs où l'esprit humain s'ouvre à un

1. L. BRUNSCHVICG, in *Cahiers du Mois*, fév. -mars, 1925 ; recueilli dans *Ecrits philosophiques*, I, Paris, 1954, p. 304.

2. *Ibid.*, p. 4-5. Sur ces distinctions on peut aujourd'hui soulever une infinité de réserves. Il nous suffit de renvoyer aux travaux de G. de Santillana, et, par la suite, à ceux de I. von Dechend pour un point de vue totalement différent sur l'a-systématicité de la pensée "préscientifique" ou "prélogique" (point de vue qui se maintient pourtant dans une perspective "rationaliste" et scientifique).

3. L. BRUNSCHVICG, *ibid.*, p. 567 : « la connaissance véritable réclame une construction rationnelle, suivant un rythme homogène et préétabli, auquel la nature est nécessairement fidèle ».

4. *Ibid.*, p. 463.

> nouvel horizon, aussi bien dans le livre du scribe Ahmès [...] que dans les premières recherches de Newton et de Leibniz [1].

Mais le nouvel horizon auquel l'homme « s'ouvre » n'est que le point de vue à partir duquel Brunschvicg lui-même l'interprète : l'histoire dynamique et ouverte de l'esprit humain est avant tout une histoire intellectuelle. Bachelard a donc raison, lorsqu'à propos des *Etapes de la philosophie mathématique* de Brunschvicg, il fait noter que

> dans ce livre il s'est défendu de faire œuvre d'historien. Et il a, en fait, apporté une contribution décisive à l'épistémologie mathématique. Il a donné un modèle non seulement d'une histoire de la pensée, mais une mesure de la pensée repensée, bref, un code des valeurs rationnelles [2].

Donc, pas d'histoire objective et neutre, mais une histoire rationellement reconstruite.

Or la stratégie épistémologique de Brunschvicg s'exprime aussi dans une autre déclaration que l'on trouve dans la conclusion de son œuvre sur les mathématiques :

> La philosophie mathématique a terminé sa tâche en se mettant en état de suivre l'ordre naturel de l'histoire, en prenant conscience des deux caractères dont la liaison est la marque spécifique de l'intelligence : *capacité indéfinie de progrès, inquiétude perpétuelle de vérification* [3].

Ainsi que Bachelard l'a souligné, ces « deux caractères » que Brunschvicg dit tirer de l'histoire comme conséquence naturelle ont au contraire *dirigé* sa recherche (l'on présuppose ici en outre un « ordre naturel de l'histoire » qui sera mis précisément en question par les historiens dont nous parlerons dans les chapitres suivants, outre que par Bachelard). L'inductivisme et l'empirisme historique apparent du philosophe restent donc les signes ambigus d'une crise en acte et manifestent le choix stratégique de laisser à l'histoire la neutralité objective que les autres sciences sont en train de perdre.

Brunschvicg ne "suit" donc pas l'histoire, il la reconstruit. Dans le cas de la pensée mathématique, le résultat est une histoire toute intellectuelle avec un développement assez aseptisé des diverses étapes, où les conflits entre les idées sont réduits à la mise en scène d'une étrange nécessité (l'histoire évolutive), et où chaque phase est "destinée" à être

1. *Ibid.*, p. 561.
2. G. BACHELARD, "La philosophie scientifique de Léon Brunschvicg", *Revue de Métaphysique et de Morale*, 1-2, 50, 1945, p. 77, recueilli dans *L'Engagement rationaliste*, Paris, 1972, p. 170-171.
3. L. BRUNSCHVICG, *op. cit.*, p. 561.

toujours réabsorbée dialectiquement par une réalisation plus haute de l'intelligence qui en conserve le contenu de vérité nettoyé des oripeaux inutiles des théories. Le procédé de Brunschvicg consiste à mettre en avant cette *conscience* historique illuminée, qui élimine les stratégies effectivement (et factuellement) opératoires dans les diverses situations historiques et soustrait l'intelligence à la «lutte» qui avait lieu à l'intérieur même des forces agissantes de l'entendement (Kant avait du moins traité à ce propos du célèbre «conflit des facultés» et Duhem, dans les limites de son interprétation foncièrement catholique, avait saisi la différence des stratégies à l'œuvre dans le conflit entre Copernic et Osiander).

D'une part, on recourt à ce qu'on entend communement par histoire, sans la problématiser comme telle, simple regard sur le passé et récolte passive des faits dispersés dans le cours du temps à partir d'une origine donnée; mais d'autre part on reconstruit cette même histoire suivant un idéal rationnel unitaire et homogène. Cet idéal reste dominant dans toutes les œuvres du philosophe, pour qui il est nécessaire de «retenir dans chacune de nos affirmations la totalité de l'intelligence vivante, et de relier chacun de nos actes au principe de la communion universelle»[1].

Mais l'unité de l'intelligence, bien qu'idée régulatrice, n'est pas donnée de façon préliminaire; elle est plutôt le sédiment de la dialectique raison/expérience et de son processus historique positif: elle est donc ce qui tient ensemble le processus dymanique de la raison et qui permet d'en "reconnaître " les âges. Et cette dynamisation de l'intelligence représente évidemment un pas en avant par rapport à la fixité des cadres catégoriaux kantiens ou du système de Comte, car elle fonde l'épistémologie de *l'ouverture* (ou *rationalisme ouvert*) qui caractérise l'aspect le plus innovateur et le plus intéressant de la philosophie des sciences brunschvicgienne (celui qui va influencer directement Bachelard)[2]. Cependant, le rapport de l'histoire à cette mise en mouvement, à cette ouverture dynamique, n'est pas véritablement mis en évidence. Sans l'histoire la raison n'aurait toutefois jamais pu se dévoiler comme ouverte et changeante dans le temps: inquiète dans son désir de vérification expérimentale et illimitée dans la mobilité de ses possibilités de construire.

1. L. BRUNSCHVICG, "L'orientation du rationalisme" (1920), in *Ecrits philosophiques*, II, *op. cit.*, p. 80.

2. Nous laissons volontairement de côté tout l'aspect qu'on a défini "idéaliste" de Brunschvicg, et en particulier l'influence qu'il a subi de la part de O. Hamelin, car cela n'entre pas directement dans notre travail; mais cf. à ce propos les observations de G. Canguilhem et P. Redondi (P. REDONDI, *Epistemologia e storia della scienza*, Feltrinelli, Milan, 1978).

C'est justement sur la base de cette idée d'une mobilité inquiète de la raison ouverte par l'histoire que Brunschvicg accuse les "métaphysiciens" d'avoir un mode de penser vieilli et d'être historiquement partiaux. Mais encore une fois, l'histoire n'y gagne rien et reste comprise de manière traditionnelle.

> Si une étude partielle de l'histoire a pu conduire certains philosophes, tels que Renouvier, à ressusciter et à restaurer des doctrines abolies depuis l'antiquité, nous croyons que le remède consiste à pousser la connaissance de l'histoire jusqu'à la limite de son rendement *maximum*. L'histoire, pour autant qu'elle sera *intégrale* et *synoptique*, ne négligeant de parti pris aucun domaine, aucune époque, serait capable de porter au passé ce qui n'appartient qu'au passé. Ainsi apparaitra-t-elle libératrice des valeurs qui seront fécondes pour l'intelligence [1].

L'erreur de Renouvier avait été de chercher dans l'histoire la vérification de sa philosophie. Un *a priori* philosophique était posé comme fondement à ses recherches historiques, provoquant cette partialité de la recherche que Brunschvicg voulait éviter. La conception renouvieriste du temps, fondée sur l'« irrationalité de la contingence », n'est qu'une extrapolation arbitraire de la représentation de l'espace euclidien qui à la lumière des nouvelles géometries non-euclidiennes rend « confuse et inextricable la théorie du temps » : trop liée en effet à cet espace, elle est déterminée par un nombre toujours fini pour chaque séquence d'événements et provoque par conséquent une série de contradictions par rapport au problème de l'origine, à celui du point de départ de la série finie et enfin à celui des rapports entre temps différents [2].

Se fondant sur la force du génie critique de A.A.Cournot, Brunschvicg prend ses distances avec la tradition philosophique propre à Renouvier et à Comte : on ne donne pas d'absolus – et à cet égard l'expérience des théories d'Einstein constituent désormais bel et bien un point de non-retour – mais uniquement la vérité relative à la contingence des *faits* réels qu'offre l'histoire et que la science doit recueillir pour comprendre son propre fonctionnement. Et plus radicalement encore : les systèmes philosophiques deviennent *secondaires* par rapport à la science qui explore les faits en s'approchant toujours davantage de la constitution du réel :

> de même que le crédit de la philosophie de l'histoire a sans cesse diminué à mesure que le développement des recherches historiques

1. L. BRUNSCHVICG, *L'expérience humaine et la causalité physique*, *op. cit.*, p. XI-XII (souligné par moi).

2. *Ibid.*, p. 501-506.

> nous a permis un commerce plus familier et un contact plus étroit avec la réalité véritable de l'histoire [référence implicite probablement à l'histoire-science de Fustel de Coulanges et de G.Monod], de même on peut se demander si l'évolution de la physique contemporaine n'a pas eu pour résultat de nous détacher de plus en plus des spéculations qui visaient à retrouver les universaux du conceptualisme antique [1].

Le déterminisme de la connaissance ne devra plus être un déterminisme apodictique mais un déterminisme des faits, qui dépend directement du devenir historique et qui s'en tient à la réalité en mouvement[2], car l'actualité des faits, seule l'histoire peut la donner.

Le rationalisme de Brunschvicg récupère ainsi l'histoire dans sa philosophie du jugement. L'histoire est la matière et le moyen de la vérité humaine (cette vérité à tout prix, comme ironisait Nietzsche, trop humaine), sans pour autant en constituer le critère. Seule la légitimité du jugement peut justifier le cours et le succès historique des doctrines. Pour Brunschvicg, en effet, l'esprit n'est pas *immanent* à l'histoire, car ses actes et ses œuvres s'*inscrivent* en elle. L'histoire est la vérité que l'entendement doit saisir par ses idées. Si pour Rey les faits et l'expérience constituent la *condition sine qua non* de la réflexion, l'*idéalisme critique* de Brunschvicg fait de la chose appréhendée par le jugement un moment du devenir réel de la pensée. L'accent est ainsi posé sur le couple "réalité des faits"-"jugement".

> Tandis que l'être métaphysique doit être conçu comme suffisant à lui-même, comme immobile et stable [...], l'être du jugement est inhérent à un acte de l'esprit, il témoigne d'une activité vivante, c'est-à-dire toujours dans le mouvement et dans l'effort. Or ceci est incompatible avec cela, l'unification perpétuelle avec l'unité achevée, le progrès continu avec l'immuable perfection [...]. La réalité n'est point séparée de l'esprit; elle est engagée dans son développement intérieur; elle se transforme avec lui et passe par tous les degrés de sa vivante évolution [3].

1. *Ibid.*, p.513.

2. « Le déterminisme de la physique pure où les causes étaient considérées à part de leur application au domaine de l'expérience, était un déterminisme *apodictique*, passant par dessus les effets imprévisibles, les nouveautés surprenantes, qui naissent chaque jour de la complexité des éléments à l'œuvre; c'était un *prédéterminisme*, incapable de rejoindre le spectacle de la réalité, fermant à l'homme l'accès et l'intelligence de la liberté. Le déterminisme cosmologique est un déterminisme de fait, un déterminisme catégorique, et le principe de causalité a pour expression ce jugement d'actualité: *l'univers existe* », *ibid.*, p.519.

3. L. BRUNSCHVICG, *La Modalité du jugement*, *op. cit.*, p.235.

L'histoire "saisit" le réel "pour" l'intelligence. Elle est la dialectique non dogmatique[1] (comme le dira ensuite Bachelard) entre la raison en mouvement, inquiète, ouverte et la réalité du monde environnant, interprété.

Si le fait de l'histoire – de cela Brunschvicg est sûr – agit en fonction de variables différentes et qui se conjuguent entre elles en fonction d'une contingence irréductible, elle doit toutefois pouvoir être réduite au parcours unilinéaire d'un fleuve qui, avec ses sinuosités, ses lacs, ses cascades, dessine une courbe unique. Le fait de considérer l'histoire, avec ses singularités psychologiques, voire pathologiques, comme déterminante pour la connaissance philosophique ne permet pas de concevoir une séries de systèmes composés de courbes qui s'entrecoupent. L'unité du plan de composition, pour reprendre une métaphore biologico-évolutionniste, se calque sur le parcours linéaire de l'évolution. Le continuisme de Brunschvicg, certes moins rigide que celui de Rey, est ainsi toujours décelable :

> La succession des théories philosophiques qui semblait tenir en échec l'aspiration au dogmatisme et tourner à la gloire du seul scepticisme revêtira *la continuité d'une courbe*, qui aurait sans doute une allure extrêmement irrégulière et compliquée, mais dont il n'est plus interdit de tenter l'analyse. Décrire avec exactitude le jeu d'action et de réaction entre les faits et les raisons, qui de la science et de l'action fait surgir les principes sur quoi elles vont s'appuyer, c'est se donner l'occasion, et la base, d'un jugement. La philosophie saura ce que les hommes ont cru, pourquoi ils y ont cru ; mais du même coup elle dira pourquoi il y a certaines propositions qu'il est absurde d'affirmer encore, d'autres qu'il ne serait pas moins absurde de ne pas affirmer[2].

Si la philosophie reprend à son compte l'expérience de l'humanité pensante et la reconstruit historiquement, une telle expérience devra « s'achever en épreuve de vérité qui opérera le discernement des valeurs, qui éliminera les diversités et les contradictions, pour ne laisser subsister que *la seule unité* »[3]. Ni intersections, ni interférences : l'unité de la courbe est une nécessité de la raison. D'une raison libérée

1. « Ni le dogme de l'Ecole, ni l'œuvre d'art ne naissent par génération spontanée ; ce sont des produits de l'histoire. Et d'autant qu'ils renoncent à trouver dans la régularité d'une méthode rationnelle la légitimation de leur contenu intrinsèque, d'autant plus clairement se manifeste à l'observateur leur dépendance inconsciente par rapport aux circonstances externes qui en sont les conditions : préoccupations et intérêts d'ordre social ou religieux, singularités psychologiques ou pathologiques, combinaisons d'influences et de suggestions », L. BRUNSCHVICG, *Nature et liberté*, Paris, 1921, p. VIII.

2. *Ibid.*, p. IX

3. Idem (souligné par moi).

de son idéal aprioriste et spéculatif, attentive à la science et thématisée par la philosophie : ainsi Brunschvicg réagit à la crise de son temps.

Cette philosophie critique non dogmatique trouve dans l'histoire en général la raison d'être de son humanité :

> La philosophie de l'humanité n'est pas une philosophie de la nature donnée dans un certain domaine ou sous une certaine catégorie ; ce serait plutôt une *philosophie de l'histoire*. Nouveau motif de défiance, nous devons l'avouer, non seulement parce qu'il s'agit de philosophie, mais aussi parce qu'il s'agit d'histoire. "A force de vouloir chercher les origines, disait Nietzsche, on devient écrevisse. L'historien voit en arrière ; il finit par *croire* en arrière"(*Crép. des idoles*, §4). Mais justement, le problème de l'histoire sera de savoir si ses conclusions seront en arrière ou en avant. La connaissance du passé, n'est-elle pas ce qui nous en délivre ? L'érudition d'un savant le préservera de travailler simplement pour recommencer les découvertes des autres [...], [donc seulement] en interrogeant le passé nous évitions de nous y perdre, que bien plutôt nous devenions capables de nous retrouver à travers l'humanité [1].

La *philosophie de l'histoire* que Brunschvicg met donc en place correspond à son épistémologie progressive d'une raison dynamisée et ouverte au développement historique (des sciences, notamment), mais l'histoire y figure comme une *ancilla philosophiae* dont le statut reste dans l'ombre face aux plus nobles exigences de la raison. Et pourtant cette même raison ne peut plus se passer de cet instrument pour se réapproprier d'une vérité unifiée.

### L'HISTOIRE DANS LA PHILOSOPHIE DE L'IDENTITÉ STATIQUE DE MEYERSON

La pensée philosophique d'Emile Meyerson est d'une clarté réconfortante par rapport à Brunschvicg et Rey, en ce qui concerne la *façon* d'utiliser l'*outil* de l'histoire. On ne peut pourtant pas le considérer tout à fait comme un « historien philosophe » des sciences [2] à

1. L. BRUNSCHVICG, *De la Connaissance de soi*, Paris, 1932, p. 23.

2. Je tire l'expression « Historien philosophe » de M. FICHANT in *Sur l'Histoire des sciences*, *op. cit.*, et de A. Rey, qui l'utilise dans l'*Avant propos* du 1er numéro de sa revue *Thalès* (1934), p. XVIII. La définition rend assez bien l'idée du travail de ces savants. Toutefois, Meyerson est le seul à considérer l'histoire des sciences en tant que telle, et pour la leçon qu'elle donne à une théorie de la connaissance ouverte au processus innovateur et créatif de la raison. Sa théorie des *irrationnels* – ce qui échappe de façon constitutive à l'intelligence en en permettant les transformations innovatrices, c'est-à-dire tout le réel en tant que patrimoine de choses sur lequel

l'instar des deux autres. L'itinéraire philosophique de sa pensée est profondément différent de celui de Brunschvicg, et les deux philosophes ont presque constitué deux écoles épistémologiques, réunissant autour d'eux des chercheurs animés d'intérêts très différents[1] (mais Brunschvicg était sûrement plus légitimé académiquement par rapport à Meyerson, qui était polonais et s'était formé en Allemagne). En effet, si l'on peut résumer la philosophie de Brunschvicg par la formule de "dynamisme évolutif", celle de Meyerson se résume toute dans le terme d'« identité », d'où l'opposition très nette entre le dynamisme de l'un et la staticité de l'autre. Cette différence, remarquée à son temps aussi par R.Poirier[2], concerne entre autre l'usage que les deux auteurs, tout en participant du même "rationalisme" en épistémologie, font de l'histoire. Meyerson s'y réfère pour rechercher ce qu'il y a d'inflexible, d'invariable et d'identique dans nos raisonnements, alors que Brunschvicg y cherche ce qu'il y a de plastique dans la raison et ce qui apparaît comme radicalement nouveau dans la succession des concepts scientifiques.

Ce qui est remarquable, chez ces philosophes, c'est que tout en partant de présupposés complètement opposés, dynamique pour l'un, statique pour l'autre, ils arrivent à des conclusions analogues, sinon identiques, tant à propos de la relation entre expérience et raison, qu'à propos de la nécessité de l'histoire et du rôle de négation-opposition du réel dans le processus de connaissance. D'un point de vue épistémologique leurs thèmes de *fond* sont donc en accord : « Je ne crois pas – écrit Brunschvicg – qu'entre lui et moi il y ait, malgré la différence de terminologie, aucun dissentiment irréductible sur le fond des choses »[3]. C'est bien ce fond des choses qui nous intéresse ici, car il délimite le

s'exerce la rationalité de la connaissance scientifique – n'est plus réductible à une théorie de la reconnaissance qui domine encore la pensée de Brunschvicg. L'activité rationnelle est profondément différente de l'irrationnel qui la met en mouvement : voilà l'aspect paradoxal de la pensée meyersonnienne qui scandalise A. Rey et qui a permis de rapprocher Meyerson de Th. S. Kuhn.

1. L'influence que ces philosophes ont eue dans le contexte culturel des années 20 et 30 est à prendre en considération : Brunschvicg enseigne à la Sorbonne, participe activement aux *Semaines Internationales de Synthèse* animées par H. Berr (voir chap. suivant) et est le président de la Société française de philosophie ; Meyerson, pour sa part, réunit autour de lui des groupes choisis de savants plus ou moins jeunes, parmis lesquels L. Lévy-Bruhl, A. Metz, H. Metzger, A. Koyré. En ce qui concerne l'influence importante sur Koyré, cf. A. KOYRÉ, "Du cheminement de la pensée de E. Meyerson", in *Journal de Psychologie*, XXVII, 1933, et "Les Essais de Meyerson" in *Journal de Psychologie*, XXXIX, 1946 ou, encore, l'introduction à *De revolutionibus orbium celestium* de Copernic (1934).

2. R. POIRIER, *La Philosophie des Sciences*, in *Philosophes et Savants Français du XX^e^ siècle*, II, Paris, 1926, p. 84.

3. L. BRUNSCHVICG, "Histoire et philosophie", in *Ecrits philosophiques*, *op. cit.*, p. 128.

statut accordé à l'histoire et il nous permet de retrouver son usage purement *instrumental*.

A partir de sa première œuvre importante, *Identité et réalité*, jusqu'au *Cheminement de la pensée*, en passant par *De l'Explication dans les sciences* et *La Déduction relativiste*, l'idée directrice de la philosophie meyersonienne demeure le "principe d'identité". Ce principe logique dirige la tendance fondamentale de la raison humaine vers la recherche d'une explication, qui est toujours causale. Le raisonnement fait à ce propos est très simple : la science, qui est la manifestation la plus claire de notre raison, cherche toujours et inévitablement "l'explication" des phénomènes (comprendre veut dire expliquer). Expliquer signifie mettre au jour les causes efficientes d'un phénomène, c'est-à-dire réduire un effet à ses causes, "comprendre" le conséquent par l'antécedent (expliquer veut dire identifier). A l'état pur, l'explication causale essaie de dissoudre (expliquer) tout l'effet dans sa cause, c'est-à-dire de les rendre identiques : la conséquence extrême de cette *tendance*, constitutive de la raison, est la sphère de Parmenide, la pure identité, le rien indifférencié. Mais cette tendance – l'histoire nous le démontre, et c'est pourquoi elle est essentielle – ne peut être jamais complètement satisfaite, parce qu'elle est toujours déçue et entravée par quelque chose que Meyerson appelle "*irrationnel*", et qui n'est que la "résistance" du *réel*, sa réaction inévitable contre cette tendance, impossible et paradoxale, à l'anéantir ; le "nouveau", la découverte et l'anomalie scientifiques sont proprement l'indicateur de cette résistance[1].

On n'est donc nullement fondé à parler d'"étapes" de la pensée, car, tant chez Descartes que chez Einstein, par exemple, la tendance fondamentale reste la même et l'on substitue toujours le même au même, le connu à l'inconnu, le complexe au simple et ainsi de suite. Nous sommes dans une *permanence* dans l'identique :

1. E. MEYERSON, *Identité et réalité*, Paris, 1908, chap. IX. L'histoire des sciences montre qu'il y a toujours quelque chose qui *résiste* à la rationalisation complète, et que le développement du savoir correspond à l'effort toujours accru visant à vaincre cette résistance. L'irrationnel est l'inexplicable, au sens de l'explication par l'identité. L'explication causale parvient donc parfois à une *limite* qui est « infranchissable », dès qu'elle rencontre des faits irréductibles à l'identité (le principe de Carnot, par exemple, ou la *manière* dont le mouvement mécanique se transforme en sensation) : « il s'agit d'un fait que nous estimons certain, mais qui reste et restera incompréhensible, inaccessible à notre raison » (*Identité et réalité*, *op. cit.*, p. 337). « Il est rationnel que les choses demeurent et non pas qu'elles changent » (*ibid.*, p. 357) ; mais le réel se *révolte* contre la contrainte rationnelle et change même de façon irréversible (la thermodynamique). Brunschvicg aussi souligne que la *resistance* du réel permet à la raison de continuer à agir pour la vaincre, ce qui ouvre la dialectique entre raison et expérience ; cf. *L'expérience humaine et la causalité physique*, *op. cit.*, p. 607-609. Sur le plan épistémologique, dès lors, l'irrationnel est ce par quoi la raison a un sens.

> Dès lors, nous ne pouvons pas échapper à cette conclusion que si nos raisonnements sont exacts, le but vers lequel tendent explications et théories consiste vraiment à remplacer ce monde infiniment divers qui nous entoure par l'identique dans le temps et dans l'espace [1].

Si le divers n'était pas reconnaissable dans l'identique, explique Meyerson, il serait incompréhensible.

Dans le cadre d'une telle épistémologie, l'histoire a un rôle très particulier, à la fois nécessaire et servile. Meyerson sait que le philosophe qui ne se dessèche pas dans des conceptualisations purement spéculatives, *doit* se référer à l'histoire. La philosophie sans histoire serait en fait vide, de même que l'histoire sans philosophie serait aveugle (pour reprendre une paraphrase celèbre de I.Lakatos). Mais l'histoire reste toutefois une fonction du discours philosophique[2]: l'ouverture à elle se referme dans le cadre des idées directrices. Meyerson l'exprime dès le début de son œuvre, lorsque dans la préface d'*Identité et réalité* il écrit que

> l'histoire des sciences à laquelle nous faisons appel est surtout celle des idées directrices de la science [...], *la recherche historique étant pour nous non pas un but mais un moyen*, il se trouve que la genèse des conceptions n'est pas toujours exposée conformément à l'ordre chronologique,

puisqu'elle vise l'unification de la pensée humaine[3]. Cette liberté par rapport à l'ordre chronologique – que Brunschvicg disait "suivre passivement" – est une intuition parmi les plus fécondes de Meyerson et laisse entrevoir ce que la double articulation entre épistémologie et histoire va permettre, la libération, par exemple, des cadres de l'histoire "positiviste". Une telle idée restera pourtant implicite.

Les moments les plus importants de l'histoire doivent être saisis en fonction d'un plan de composition spécifique, qui détermine préalablement la direction de la recherche et la sélection des faits. Nous verrons que cette détermination préalable de la direction de la recherche sera la clef de voûte d'une nouvelle conception de l'histoire,

1. E. MEYERSON, *De l'Explication dans les sciences*, I, Paris, 1921, p. 180.

2. Cf. A. LALANDE, "L'épistémologie de E. Meyerson et sa portée philosophique, in *Revue philosophique*, XCIII, 1922. Sur Meyerson et l'histoire des sciences, cf. H. METZGER, "La philosophie de E. Meyerson et l'histoire des sciences", I Congrès International d'histoire des sciences, Paris, 1929, in *Archeion*, XI, 1929.

3. E. MEYERSON, *Identité et réalité*, *op. cit.*, p. XVI-XVII (souligné par moi) et *Id.*, *La Déduction relativiste*, *op. cit.*, p. 137.

de même qu'elle l'est déjà en ce qui concerne l'épistémologie[1], mais ce changement de perspective se réalise grâce à une intersection des deux disciplines qui, bien que déjà à l'œuvre, n'est pour l'instant pas encore évidente.

Meyerson s'intéresse à l'histoire non pour en préciser les étapes, mais pour analyser les principes qui la gouvernent. Sa recherche est plus épistémologique qu'historique : l'ordre du temps n'est pas important puisque son but est de trouver des exemples empruntés à des époques différentes qui démontrent la validité de ses thèses épistémologiques unitaires. Aucune science n'a donc de priorité sur les autres : biologie, physique, chimie, mathématique sont également efficaces pour comprendre les mécanismes de la connaissance humaine, et il faut pouvoir y puiser librement. Les différences *matérielles*, pour reprendre le terme de Koyré, laissent subsister l'identité formelle de la pensée dans tous les champs du savoir et à toutes les époques de son développement, puisque la tendance causale à l'identification domine.

Une telle liberté de mouvement permet à Meyerson de prendre en considération des moments très délicats du processus cognitif, donnant ainsi de l'importance à ceux qui créent des difficultés, notamment les obstacles et les erreurs (objet d'attention aussi pour Brunschvicg et Rey, jusqu'à l'épistémologie recente de Popper). Puisque les théories erronées sont le résultat des mêmes tendances intellectuelles que les théories justes, c'est véritablement face aux obstacles et aux erreurs que le mécanisme de la pensée peut se révéler plus aisement : « Et ce n'est que lorsqu'elle se heurte à des difficultés réelles que la pensée "pense" véritablement »[2]. A partir de ce moment, l'erreur acquiert une valeur qui était auparavant inconcevable. Dans sa théorie des *irrationnels* Meyerson explique qu'elle s'établit en raison de la « résistance » que le réel oppose à la pensée, lorsque le réel "montre" à la pensée que son effort est insuffisant, ce qui arrive tant dans les sciences abstraites que dans les expériences les plus communes de notre vie.

S'opposant épistémologiquement à Brunschvicg, qui divise catégoriquement l'intelligence entre « savante » et « populaire », Meyerson privilégie l'unité de la pensée (qu'elle soit scientifique ou commune).

1. Meyerson, dans le sillage de Poincaré, en est conscient : « Il ne faut pas oublier, en effet, que la recherche est toujours dominée par des idées préconçues, des hypothèses ; contrairement à ce que croyait Bacon, celles-ci sont indispensables pour guider notre marche », *Identité et réalité*, *op. cit.*, p. XV. Meyerson ajoute cependant tout de suite après que, pour éviter l'arbitraire implicite dans l'hypothèse, nous devons adopter le discours scientifique et objectif. Ce dernier devra toutefois être intégré par *l'histoire*, si le but de nos recherches est la compréhension de notre façon de raisonner.

2. A. KOYRÉ, "Du cheminement de la pensée d'E. Meyerson", *op. cit.*, p. 647, (l'influence de ceci sur Bachelard et Koyré sera déterminante).

C'est pourquoi ses travaux partent d'une analyse du savoir scientifique, où la marche de la pensée est plus claire et précise, pour déboucher sur la considération de la pensée commune (plus complexe et non homogène), ce qui est le but principal de sa philosophie. Sur l'autorité de Helmholtz, qui postulait une identité essentielle entre les lois de la pensée commune et scientifique, Meyerson explique que

> la recherche scientifique ne nous intéresse donc pas ici par les résultats auxquels elle aboutit, mais par les raisonnements qui ont été mis en œuvre *pour* y aboutir ; la science n'est pour nous qu'un ensemble d'opérations de l'intellect, opérations plus aisées à saisir là qu'ailleurs [1].

Par leur histoire, et notamment en ce qui concerne leur mouvement évolutif, celles-ci mettent à notre disposition une quantité de matériel que la pensée commune ne saurait jamais procurer au chercheur, car les témoignages historiques de la pensée commune étaient trop difficiles à interpréter. On en déduit que la raison est toujours chemin, effort causal identitaire, accrochage continuel avec le réel. Il ne faut pas se laisser tromper par l'aspect révolutionnaire des plus neuves des théories scientifique, parce que

> le processus de pensée auquel obéissent les relativistes est conforme au canon éternel de l'intellect humain, qui a constitué non seulement la science, mais avant elle le monde du sens commun. En effet ce monde d'*invariants absolus* [...] n'est pas seulement le monde de la mécanique de Galilée et de Descartes, il est encore celui de notre perception immédiate [2].

Rey aurait certainement souscrit à une telle proposition, sinon pour l'identité établie avec le sens commun, du moins pour la conception unitaire de l'histoire des sciences. Le pas suivant est pour Meyerson une banalité : si la pensée scientifique, qui est fondée sur le principe de la causalité efficiente (mécaniste), représente toute la pensée, d'où le fait que le monde des « invariants absolus » détermine même nos perceptions, l'unité de la raison se présente alors comme l'ensemble des lois du mécanisme. Au nom de la « pérennité des conceptions mécanistes », le déterminisme scientifique serait par conséquent une modalité irrévocable et absolue de la pensée humaine, un "mécanisme" inévitable du même genre, par exemple, que « celui de l'articulation de la clavicule » : pour cette raison, en 1933 encore, Meyerson refuse toute légitimité à une interprétation du monde microphysique fondée

1. E. MEYERSON, *Du Cheminement de la pensée*, *op. cit.*, p. 66.
2. E. MEYERSON, *La Déduction relativiste*, *op. cit.*, p. 69 (souligné par moi).

théoriquement sur l'indéterminisme et le dépassement de la mécanique classique.

Dans le cas de l'atomisme cet idéal rationnel se confirme grâce à l'usage instrumental que l'on fait de l'histoire. Meyerson en suit l'évolution, des Hindus et des Grecs jusqu'à nous. Il y reconnaît des invariants intellectuels. Donc, même si ni Galilée, ni Descartes ne sont atomistes dans le sens propre du terme, ainsi que d'autres savants postérieurs,

> il est certain néanmoins que l'on peut réunir toutes ces conceptions sous le terme de *mécanistes* et que leur fond commun est considérable. En somme, il ne semble point trop téméraire d'affirmer que les hypothèses mécaniques sont nées avec la science et qu'elles ont fait, pour ainsi dire, corps avec elle pendant toutes les époques où elle progressait réellement [1].

Et lorsqu'il y a un contre-exemple historique, comme le principe de Carnot, l'échec du mécanisme ne met pas en crise la raison, mais en montre la *limite* immanente. Pour Meyerson, l'histoire n'a donc pas le pouvoir de mettre en cause les certitudes de la raison : elle la sert pour en démontrer l'unité, la cohérence, l'identité, ou quelquefois la barrière infranchissable contre laquelle elle se heurte.

En somme, si c'est seulement par le recours à l'histoire que la raison peut comprendre ses limites et *voir* le jeu infini qui l'oppose au réel (jeu qui en trace la ligne d'évolution), cette même histoire n'a aucun droit sur la raison, car elle lui est toujours "seconde". Pour Meyerson l'histoire est seulement exemplaire ou symbolique : elle n'est pas autonome. Cependant, elle est tout autant indispensable pour rendre concrète la pensée et éviter quelle ne s'évanouisse dans l'abstraction logique pure [2]. Mais Meyerson ne s'interroge pas non plus sur son statut, ni ne semble capable de saisir l'aspect problématique du fait que l'histoire, en indiquant les limites de la raison, ne peut pas être complètement réductible à celle-ci. Le statut de l'histoire change subrepticement et gagne un pouvoir souterrain *sur* la raison, alors que les idées à son propos restent traditionnelles. Dans le cas de ces philosophes il est donc possible de soutenir qu'ils doivent beaucoup plus à l'histoire que ce qu'ils déclarent ouvertement.

1. E. MEYERSON, *Identité et réalité*, *op. cit.*, p. 92.

2. Tout en reprenant l'antilogicisme de la tradition épistémologique française de 1900, Meyerson exprime ses doutes à propos de la logique comme "manière" authentique de la raison. La voie logique ne suffit pas pour déduire le travail de toute la pensée. Certes, si je refais consciemment le chemin rationnel parcouru pour y arriver, je retrouve une voie logique ; mais est-ce que le raisonnement inconscient a suivi la même voie? Meyerson n'en est pas convaincu, cf. *Identité et réalité* cit., p. XIV.

Pour eux l'histoire se réduit simplement à la manifestation de l'unité de l'intelligence humaine. Malgré les différences contingentes entre les sciences d'une même époque et entre les étapes d'une même science dans le cours du temps, Meyerson reste convaincu que leur principe fondamental est toujours le même et que la science ne peut être en dernière instance ni plurielle ni multiple (d'où la polémique de Bachelard contre le fixisme meyersonnien). C'est une idée que partagent beaucoup d'auteurs.

> Descartes a eu raison, – écrit par exemple Rey en 1927 – la pensée scientifique, l'esprit scientifique sont un. Il y a les sciences, mais il y a, les englobant légitimement toutes, la science [...]. Au dessus, ou au dessous, de toutes [les] diversités – nécessaires et fécondes – il y a une même pensée, un même idéal [...] chez tous les savants et dans toutes les sciences. Cette pensée, c'est le contenu réel et vivant qui se cache sous ce mot: la science [1].

Ce qui s'est exprimé clairement chez Brunschvicg et qui soutient l'engagement philosophique de Meyerson, se retrouve aussi chez Rey: les distances sont prises vis à vis des conceptions conventionnalistes de Le Roy et en partie de Duhem, et les conceptions métaphysiques et idéalistes de Hannequin, Milhaud, Renouvier ou Hamelin sont abandonnées. Ces derniers incarnaient encore un type de problématique propre à la philosophie du XIX$^e$ siècle, alors que les historiens philosophes de la science sont désormais en train de s'en dégager. Leur problématique n'a presque plus rien à voir avec celle de la génération qui les a précédés [2]. L'unité de la raison et la continuité dans le développement de ses manifestations ne sont plus en contradiction avec la multiplicité des sciences et la structure relativiste par laquelle Einstein venait de démontrer que l'on pouvait « voir » l'univers, même si cela avait été déjà remarqué par Boutroux [3]. Bien au contraire, la prolifération des sciences et leur progrès irrésistible *démontrent* l'unité de la raison, principe opératoire qui reconnaît à l'expérience un rôle fondamental: cet idéal d'unité ainsi dynamisé, mais encore tout à fait totalisant, aura une grande influence sur les générations qui suivent.

1. A. REY, *Le Retour éternel et la philosophie de la physique*, Paris, 1927, p. 270.

2. Mais il est intéressant de noter une influence de Hamelin chez Bachelard, comme le fait remarquer P. REDONDI in *Epistemologia e storia della scienza*, *op. cit.*

3. Cf. E. BOUTROUX, *De l'Idée de loi naturelle dans la science et la philosophie contemporaine*, (1895), Paris, 2$^e$ édition, 1901, p. 139-141 : « Dans l'état actuel de nos connaissances, la science n'est pas une mais multiple. La science, conçue comme embrassant toutes les sciences, n'est qu'une abstraction. Ce qui nous est donné, ce sont des sciences » que Boutroux sait bien être incommensurables entre elles! « Les objets des différentes sciences ne se laissent pas entièrement pénétrer, et les notions des différentes sciences nous apparaissent comme les compromis les moins défectueux que l'esprit ait pu trouver pour rapprocher les mathématiques de l'expérience ».

## ABEL REY : ÉTATS DE CHOSES

L'œuvre de Rey constitue un moment important dans le passage d'une problématique philosophique de l'unité de la raison à une problématique plus spécifique du statut et du rôle propre à l'histoire des sciences – Rey pense que celle-ci représente le modèle idéal de l'évolution historique en général[1]. Il témoigne plus que tout autre de ce que nous appellons la "réponse française à la crise de la raison". Mais sa position philosophique et épistémologique reste en dernière instance ambiguë, oscillant entre un idéal de l'expérience objective et positive des sciences empiriques et le relativisme foncier, sinon l'indéterminabilité réelle (qu'il nomme «*déterminisme relatif*»), du monde et de l'histoire. Il saisit la crise de la raison qui touche de plus en plus les fondements des sciences, mais il lui répond par une profession de foi "positiviste" qu'il va définir toujours mieux au cours des années, en l'affaiblissant (tout en insistant sur l'objectivité en histoire) et en relativisant la raison humaine dans son ensemble. Son positivisme réaliste, "absolu" (comme il l'appelle lors de sa polémique avec Duhem de 1909), se transforme lentement en relativisme critique ouvert à une dynamisation épistémologique du savoir et du statut de la réalité objective. L'histoire joue un rôle important dans cette transformation. La pensée qu'il développe dans l'entre-deux-guerres (il meurt en 1940) se trouve dans un état de crise permanent, masqué par le choix de ne s'occuper que d'histoire des sciences, alors que c'est justement son "choix de l'histoire" qui est problématique.

Si l'on prête attention à l'ensemble de l'œuvre de Rey, on s'aperçoit facilement que son point de départ, le positivisme réaliste[2] se heurte dans l'entre-deux-guerres à la crise de la raison. Rey veut sauver à tout prix ce que la crise met directement en cause, à savoir le caractère positif et objectif de la connaissance scientifique. Se référant à l'histoire, il postule donc une différence entre les sciences et les autres

1. Ce qui nous intéresse, de Rey, c'est l'attention constante qu'il a portée à l'histoire des sciences et au fait que, bien qu'il fût philosophe, il lui ait consacré la majeure partie de son œuvre : en particulier vers la fin de sa vie, lorsqu'il prit l'initiative de rédiger une grande histoire générale des sciences qui devait mettre en scène l'évolution intellectuelle de l'humanité (il en accomplit cinq volumes, jusqu'à l'histoire de la Grèce classique).

2. Le "positivisme" de Rey ne doit pas être confondu avec le positivisme de Comte ; voir A. REY, *La Théorie de la physique chez les physiciens contemporains*, Paris, (1907) 2e édition augmentée 1923. D'un côté Rey fait prévaloir la centralité épistémologique du mécanisme (de même que Meyerson), cf. *La Théorie de la physique*, de l'autre côté il reconnaît la nécessité d'assouplir le déterminisme et le mécanisme classique, puisque toute classification n'a qu'une valeur artificielle et provisoire, cf. A. REY, in *Eléments de philosophie scientifique et morale*, Paris, 1925 (6e éd.) et A. REY, in *Encyclopédie française*, t. I, Paris, 1935.

manifestations de l'intelligence et de la pratique humaine : malgré tout, la pensée scientifique est objective, unitaire, déterministe et progressive [1], alors qu'on ne peut pas l'affirmer à propos de la nature matérielle ou des autres activités intellectuelles humaines, dont la philosophie elle-même [2]. C'est ce qui a méné Rey à juger « relative » « la notion de civilisation ».

Rey utilise donc lui aussi l'histoire comme un *outil*, un instrument neutre de laboratoire, le seul qui permet de rester impartial et objectif face au développement des idées. En ce sens, son opinion sur l'histoire s'identifie aux idées d'historiens "positivistes", tels Ch.V.Langlois et Ch.Seignobos, qui prônent la neutralité et l'objectivité de la recherche historique.

> Il importe d'abord de nous mettre en garde contre toute systématique *a priori* – explique Rey –. Nous devons donc nous efforcer d'appliquer la stricte méthode historique, de façon à laisser se dégager des faits, des faits seuls, la leçon qu'il comporte. Nous voulons impartialement, objectivement noter le mouvement des idées [...]. Il faut laisser parler les faits. La théorie de la connaissance ne peut que sortir de son histoire [3].

Or, la "théorie de l'histoire" de Rey nous intéresse en ce qu'elle recoupe les travaux d'auteurs qui lui sont contemporains, Bachelard en particulier. Malgré l'idée encore positiviste qu'il se fait de l'histoire, nous avons dit que son influence se fait aussi sentir chez Febvre, lequel n'hésite pas à lui confier la partie la plus importante du premier volume de l'*Encyclopédie française* (où Rey introduit la notion clé d'« outillage mental »). Il représente en effet un point de repère pour les historiens français qui n'acceptent pas les conséquences de l'historicisme allemand : s'occupant d'histoire et lui donnant une importance épistémologique fondamentale, il la lie étroitement à la science et à la philosophie sans postuler entre elles aucune différence hiérarchique. L'histoire est une science comme les autres, d'autant plus objective

1. Outre son article "Vers le positivisme absolu", *Revue philosophique*, LXVII, 1909, cf. aussi REY, *Le Retour éternel et la philosophie de la physique*, cit., p. 9-10, 288-289 et 295.

2. C'est ce que Rey déclare ouvertement et polémiquement contre l'idée de progrès lors de son exposé ("L'idée de progrès et l'idée de retour") fait à l'occasion de la VIe Semaine Internationale de Synthèse, *La Notion de progrès*, 1934, p. 176 et 181, où il dit qu'en relation au progrès intellectuel il y a beaucoup à discuter, car on ne peut pas parler d'un progrès véritable en *morale*, en *philosophie*, etc. avec les seules exceptions des techniques et de la science.

3. A. REY, *Le Retour éternel et la philosophie de la physique*, *op. cit.*, p. 12 ; (Berr, Febvre et Bloch polémiquent contre Langlois et Seignobos, ce qui complique les choses car, pour Febvre surtout, Rey reste, nous le verrons dans les prochains chapitres, un référent indispensable en ce qui concerne la philosophie des sciences).

qu'elle peut être utilisée, nous venons de le voir, pour se tenir aux faits et éviter toute métaphysique préalable. Et ceci "doit" être si l'on veut défendre le rationalisme de la connaissance scientifique contre tout genre de tendances irrationnelles, car c'est désormais par l'histoire que doit passer une théorie de la connaissance adhéquate à l'état présent du savoir.

Nous verrons en outre que Febvre est beaucoup plus proche de l'approche philosophico-scientifique de Rey et du milieu rassemblé autour de la *Revue de Synthèse historique* de Berr[1] que du courant de philosophie de l'histoire dont R.Aron sera vers la fin des années 30 le représentant français. Ce n'est donc pas un hasard si les historiens français des *Annales*, refusant toute fracture entre histoire et science, s'adressent à ceux qui, comme Rey, tentent d'articuler la nécessité de l'histoire dans une réflexion sur la science. Avec un seul défaut : les sciences s'expriment alors exclusivement par une histoire interne à elles mêmes, ou aux méthodes mentales qui les sous-tendent[2]. Histoire et science ne peuvent appartenir à deux champs différents du savoir et aucune division entre science de la nature et sciences de l'esprit n'est possible dans le cadre de la connaissance rationnelle.

La méthode de la science, qui pour Rey n'est que la méthode du sens commun à un stade plus développé, reste objective, positive et déterministe. Ce choix, il le défendra toujours, même lorsqu'il articulera son positivisme sur l'histoire : il s'agit d'une stratégie qui sert à empêcher l'irrationalisme et la métaphysique d'occuper le domaine de l'objectivité, mais qui rend paradoxale et sans issue la position de Rey lui-même.

1. Rey a toujours participé avec enthousiasme aux initiatives organisées par Berr.

2. Il ne faut pas s'étonner si à l'exception en partie de G. Friedmann il n'existe en France aucune critique de la science. Les rapports entre science, pouvoir et société sont déjà abordés dès les années 30 en Allemagne par l'Ecole de Francfort, et en 1931 il y a à Londres le celèbre deuxième congrès international d'histoire des sciences avec la participation des delegués soviétiques. En France, il faudra attendre, d'un côté les travaux d'Althusser, et, de l'autre, les travaux des années 70 (Grmek, Canguilhem, etc.) ; cf. A. JAUBERT, J. M. LÉVY-LEBLOND, *(Auto) Critique de la science*, Paris, 1973, et, parmis les études plus récentes, D. PESTRE, *Physique et physiciens en France 1918-1940*, Paris-Montreux, 1984. Dans cette étude, Pestre analyse les relations entre pouvoirs, chercheurs et institutions scientifiques de l'entre-deux-guerres. Il compare les physiciens français avec ceux d'autres pays européens, ce qui le pousse à conclure que, par rapport à la physique anglo-saxonne ou allemande, la physique française reste fermée sur elle-même et se révèle être très en retard. La France semble rester le conservatoire du siècle précédent dans un monde physicien qui se transforme dans ses mentalités et ses formes de travail (p. 325-326). Une telle situation serait attribuable au scientisme et au rationalisme dogmatique du milieu savant : mais nous montrerons que ce jugement devra être nuancé, et que la France a également connu une réflexion épistémologique originale.

C'est en effet dans une optique "positiviste" et "internaliste" que Rey établit les statuts de l'*Institut d'Histoire des Sciences et des Techniques* (en 1932 et 1933), qui doit promouvoir une activité de recherche essentielle pour ce « positivisme absolu » dont il parlait dès 1909. Et, en ce sens, la philosophie de Rey bénéficie de la confiance généralisée à l'égard des sciences qui caractérise le XIXe siècle et le début du XXe siècle, confiance qui défend l'objectivité et la vérité scientifique contre les attaques, tant du conventionnalisme et du logicisme, que des irrationalistes anti-scientifiques[1]. L'histoire paie donc le prix de ce combat, et sans s'occuper de son sens, Rey la range du côté des sciences positives en la considérant comme un processus objectif et progressif.

La conception continuiste de l'histoire présente dans les œuvres de Rey depuis les polémiques avec Duhem au tout début du siècle jusqu'à sa monumentale histoire des sciences des dernières années de sa vie, se fonde sur l'idée du progrès scientifique et technique. Les thèmes épistémologiques sont les mêmes que ceux de Brunschvicg et de Meyerson : dialectique entre objectivité et subjectivité, union de la théorie et de l'expérience, irréductibilité du subjectif à l'objectif, et inversement, aspect *dynamique* de l'histoire de la pensée, la connaissance entendue comme *construction* de l'objet, etc. Le continuisme s'accompagne donc d'une épistémologie nouvelle, qui implique une transformation profonde du statut de l'objet et du sujet, ou du moins un changement de leur relation. Et lorsque Rey nous parle de ce changement, il nous parle aussi de la nécessité de l'histoire :

> Il *faut* voir la pensée sous son aspect historique, et l'histoire de la pensée, comme toute histoire, sous un aspect *dynamique* [...]. Connaître, c'est bien *construire* l'objet, mais c'est aussi et en même temps, du même coup, apprendre comment l'objet est construit ; car cette construction de l'objet ne se fait ni par, ni pour un esprit étranger qui cherche à s'y adapter du dehors. Elle se fait au sein d'une expérience qui comprend originellement *à la fois* objet et sujet [...]. L'objet se constitue au fur et à mesure de la conscience que nous en prenons. Et ce que nous appelons aujourd'hui science,

1. Les forces en jeu sont les suivantes : L. Couturat est du côté du logicisme, E. Le Roy et en partie Duhem sont du côté du conventionnalisme plus ou moins exaspéré, et du côté du réalisme (non inductif et empiriste), il y a tout le panorama scientifique-philosophique français, de Poincaré à Bachelard, en passant par des savants tels que Langevin et des philosophes tels que Brunschvicg, etc. Enfin, du côté de l'irrationalisme anti-scientifique il y a des penseurs du milieu catholique, dont le porte-parole fut paradoxalement le critique littéraire V. F. Brunetière, converti au catholicisme dans les dernières années de sa vie.

par opposition à nos autres manières de connaître, c'est précisément cette *construction progressive, continue* de l'objet [1].

Mais face aux changements subis par l'épistémologie et la philosophie des sciences, l'histoire a un rôle d'"équilibreur" et de sauvegarde : on ne s'interroge pas sur son statut, parce qu'elle *doit* être et elle *doit* rester "continuiste" et unitaire. S'autodéclarant « philosophe positiviste », Rey radicalise ces idées par rapport à l'histoire. Ceci le conduit à se consacrer toujours plus à l'histoire des sciences, et la conviction qu'elle est linéaire et progressive – partagée par la plupart des historiens des sciences de l'époque, de Duhem à Enriques – découle pour lui de la nécessité de coutrer à la racine la dérive irrationaliste à laquelle peut mener la "crise des fondements". Rey est en effet convaincu que l'on ne peut pas parler de "crise" du savoir, ni de "crise" de la science ou de la raison, *parce que* l'histoire est là pour démontrer le devenir rationnel d'une évolution qui doit nécessairement arriver au stade actuel.

Chez lui, donc, l'histoire a un statut particulier et multiple. Elle est parfois clairement continuiste et historique, ce qui est inhérent à sa spécificité ; elle est parfois plus philosophique, ce qui découle davantage du *desideratum* philosophique présent dans sa pensée. Sa production théorique, comme ses entreprises et organisations institutionnelles, oscillent entre ces deux tendances historique et philosophique, et mettent en évidence le point d'équilibre où se trouve Rey : entre une tradition solide qui réduit l'histoire des sciences à l'épistémologie et la tradition en train de naître et de s'imposer qui tend à faire de l'histoire une discipline tout à fait autonome. Certes, l'oscillation penche plutôt du côté de la philosophie, mais elle garde toute son importance pour la compréhension de l'œuvre d'un savant qui s'en est nourri et qui, peut-être pour cette raison même, est tôt tombé dans l'oubli.

Il est clair, quoi qu'il en soit, que dès *La Théorie physique chez les physiciens contemporains* de 1907, le réalisme intuitif de Rey s'appuye sur une référence à l'objectivité empirique, et le monde des *choses* restera toujours son champ de référence privilégié. Son positivisme déclaré s'adapte à un réalisme factuel qui oblige la philosophie à "suivre" la science. La théorie ne doit jamais renoncer à l'expérience causale qui en montre l'objectivité (de même que sans théorie le monde de l'expérience reste insaisissable et chaotique). L'*objectivité* de la connaissance scientifique est une constante, présente dans tout le cours de son histoire : c'est elle qui fait la force du schéma philosophique "mécaniste", et la réversibilité qu'il permet fonde l'idée du retour

1. A. REY, *Le Retour éternel et la philosophie de la physique*, *op. cit.*, p. 288-289 (souligné par moi).

éternel que Rey propose, malgré la crise apparente où l'avait plongé l'émergence de l'énérgétique d'Ostwald et de Duhem. L'objectivité se représente donc comme un ensemble d'états de choses – une sorte de "multiplicité sensible" kantienne – qui est *donné* par l'expérience et que les théories doivent simplement ordonner et comprendre (on ne peut connaître en *absence* de théories : l'empirisme a besoin du schématisme transcendental)[1].

C'est précisément pour défendre l'objectivité et le réalisme de la science que Rey recourt à un type d'analyse proprement historico-épistémologique visant à confirmer les thèses du mécanisme que le symbolisme mathématique de Duhem prive de contenu empirique (Duhem tend en effet à substituer les données réelles par des élements formels traduits en équations différentielles en éliminant ainsi toute induction empirique). Il ne s'agit pas, pour Rey, de *sauver les phénomènes*, il s'agit plutôt de comprendre l'expérience et dévoiler le secret apparent des choses. L'expérience scientifique est le lieu éminent où s'exerce l'activité du savoir objectif, œuvre par excellence de la raison, où il se heurte à la réalité : la philosophie de la science doit en étudier le mécanisme et l'exercice effectif là où il se manifeste le plus, donc (comme chez les autres auteurs) dans les difficultés rencontrées, les obstacles, les impasses.

> Les erreurs commises, les changements de point de vue dans la théorie, les différences d'interprétation, la nécessité des conventions, ne sont pas plus un argument contre l'objectivité de la physique que les illusions des sens contre l'objectivité de la perception extérieure. Le fait qu'il y ait des erreurs et par suite des rectifications nécessaires, paraît bien plutôt la preuve qu'il y a un objet. L'existence d'une erreur subjective prouve l'existence d'une vérité objective [...] ; prouve que la théorie a une valeur objective et n'a de sens que par sa valeur objective[2].

Encore dans un article de 1909, il affirme d'une façon péremptoire que ce sont les *choses* qui constituent la mesure et la logique de notre raison, et non l'inverse[3]. L'objectivité marque l'histoire du savoir : elle

1. A. Rey, "La notion d'objet et l'évolution de la physique contemporaine", in *Revue philosophique*, XCIV, 1922, p. 214 (même passage dans la deuxième édition de *La Théorie physique chez les physiciens contemporains*, Paris, 1923 et 1930, p. 311) : « Ce genre d'objectivité est conceptuel sans doute, mais elle est imposée par l'expérience, par les apparences sensibles de l'univers physique. Elle fait consister l'objet en des relations posées par l'interprétation de l'expérience et par l'intelligence, par leur adaptation réciproque » qui est, en dernière instance, une réminiscence de leur « source unique ».

2. A. REY, *La Théorie physique chez les physiciens contemporains*, *op. cit.*, p. 322 et *Id.,, Le Retour éternel et la philosophie de la physique*, cit., p. 294-295.

3. A. REY, "Vers le positivisme absolu", cit., p. 469-470.

en est le présupposé nécessaire et le fondement méthodique. L'histoire de la philosophie en est elle-même fondée, car « la philosophie ne peut, ne doit rien ajouter à ce que nous disent les savants. Ce sont les savants qui la font, toute entière, en puissance sinon en acte ». La conclusion ne doit pas surprendre : l'autorité métaphysique du philosophe est abandonnée ; celui-ci doit désormais se "vouer" à l'histoire, parce que celle-ci peut, seule, rendre compte de façon objective de la raison positive. « Le philosophe est l'historien de la pensée scientifique contemporaine » *parce que* « la philosophie sort toute entière de la science » et en est la continuation [1]. Voilà l'expression la plus nette du "positivisme" de Rey.

Jusqu'en 1925 au moins, et malgré les différentes interprétations (et utilisations) données aux théories de la relativité, Rey s'en tient à ses idées, conforté dans sa position par le physicien influent qu'est Langevin :

> Or, songeons-y bien, l'objectivité n'est pas autre chose que la détermination des choses en tant qu'elles se suffisent à elles-mêmes, qu'elles n'ont pas besoin de nous pour exister, qu'elles sont *indépendantes de nous*. L'indépendance par rapport à nous, voilà le caractère éminent, l'essence de l'objectif, par opposition au subjectif [2].

Une telle objectivité n'implique évidemment pas un empirisme grossier, et elle n'élimine pas non plus le rationalisme de base nécessaire à l'unité de la science. Nous avons parlé plus haut de la nécessité du schématisme kantien, dont le rationalisme fonde l'épistémologie de Rey. Il s'intègre, une fois qu'on l'a dynamisé historiquement, dans le courant du "rationalisme expérimental" (selon la définition qu'en a donné F.Enriques) du début du siècle, fondé sur la relation réciproque entre théorie et expérience. Expérience et raison – dont la dialectique est le thème de fond pour Brunschvicg, Meyerson, Enriques, etc. – peuvent être saisies dans la tension qui détermine le mouvement de la raison elle-même, car la raison ne peut jamais se satisfaire à l'intérieur de soi, mais se confronte toujours avec un

1. *Ibid.*, p.469-472.

2. A. REY, *Le Retour éternel et la philosophie de la physique*, *op. cit.*, p.292. Aux pages 289-290 il écrit : « Depuis l'aurore des sciences de la matière *ou de la science tout court* [...] le progrès de la connaissance consiste à diminuer toute représentation empruntée au domaine subjectif, dans l'explication, l'interprétation de l'ordre matériel ou objectif. Les notions de matière et d'objet se sont établies et continuent à s'établir selon ce processus. Les modes magiques, prélogiques, puis hylozoïstes, puis qualitatifs de ces notions n'en sont que *les étapes*, d'abord imprégnés de subjectivisme, puis *de plus en plus* débarrassés de cette imprégnation » (souligné par moi).

“dehors” qui se concrétise comme son objet. Cette dialectique, c’est l’histoire.

La tâche qui incombe au philosophe, nous l’avons vu, est dès lors celle de se faire l’historien des progrès scientifiques, dont l’histoire est le jeu dialectique entre expérience et raison : il doit tendre à en retracer la logique et le parcours tout en en recomposant l’unité. Ainsi, dans l’ordre retrouvé par cette voie, l’expérience se révèle comme le *fondement* de la raison, le *ce qui* oblige l’intelligence à pousser en avant l’activité catégorielle des concepts. C’est une philosophie ainsi réorganisée, et ainsi affaiblie en apparence vis-à-vis de la science, qui constitue le noyau central des analyses de Rey. Mais l’histoire, qui en constitue désormais l’essence, apparaît comme un rassemblement technique de données non élaborées auxquelles seule la philosophie donnera son sens. Puisque la science ne réside plus dans une simple accumulation de résultats techniques, mais dans la pensée qui a permis de les articuler : c’est cette pensée qui est désormais toute la philosophie, où l’histoire ne peut qu’être histoire philosophique.

La nécessité “technique” de rendre compte de façon scientifique de l’histoire des sciences (à laquelle Rey donne une contribution substantielle par les institutions qu’il a lui-même créées) se fonde sur le présupposé épistémologique du primat de la théorie sur l’histoire. Cette suprématie implique toutefois l’individuation d’éléments historiques constants correspondant à la cohérence intérieure de la pensée humaine. L’histoire révèle la continuité d’un progrès que la raison obtient grâce à l’expérience, progrès assuré par une approximation de la réalité des choses. Toute hésitation, tout saut et surtout tout retour en arrière et toute révolution sont dès lors inintelligibles et impossibles. Il ne faut pas se laisser tromper par les paradoxes ou les obstacles, nous dit Rey, car ils ne sont qu’apparents. Le fond rationnel de la pensée et son exercice restent en fin de compte toujours les mêmes : c’est seulement le sens commun (avec ses considérations superficielles) qui, voyant partout des discontinuités et des sauts brusques, est incapable de saisir le sens profond de la connaissance.

> Notre science n’est qu’éclaircissement, l’adaptation et la correction progressive du sens commun. Mais il faut d’abord qu’elle le condamne sans pitié. Pour sortir des généralités, historiquement et scientifiquement parlant, la théorie einsteinienne de la relativité est la *conséquence* de la théorie de Copernic, comme celle-ci était l’aboutissant de la physique aristotelicienne et de l’astronomie d’Hipparque, bien qu’elle lui leur ait tourné le dos [1].

1. A. REY, “La notion d’objet et l’évolution de la physique contemporaine”, *op. cit.*, p. 215

Un tel continuisme est fondé sur l'unité de la raison dans sa marche vers la vérité. La neutralisation de l'histoire se fait par conséquent à un niveau plus élevé que sa pratique réelle, celui de la philosophie.

Rey insistera jusqu'à la fin de sa vie sur la structure fondamentalement unitaire de la raison (par exemple, dans le texte qu'il publie en 1935 pour l'*Encyclopédie française*) : une telle persevérance révèle sa crainte et son aversion à l'égard de la crise sous toutes ses formes. Il est certes obligé d'en tenir compte et tente de trouver une issue dans la relativisation de la raison ; mais le statut de la *ratio* cartésienne est en partie récupéré par le double principe de la continuité et de l'unité organique (qui contrebalancent la relativisation). Ainsi, malgré les différences superficielles que l'histoire peut nous montrer, la détermination claire et systématique de la science que Descartes avait proposé reste la même jusqu'à nos jours. C'est pourquoi la pensée scientifique et l'esprit scientifiques sont *un*. Dans la perspective de cette histoire philosophique des sciences, le progrès est une idéalité. « C'est le côté philosophique lié à la partie spéculative, presque désintéressée, de la science, qui l'emporte quand il s'agit de dessiner l'évolution de celle-ci et le progrès de la pensée humaine dans la connaissance des choses »[1]. Ainsi, le statut attribué à l'histoire, pas univoquement instrumental pour un principe philosophique directeur, reste pour ce philosophe une nécessité *interne* à la philosophie elle-même[2].

Le temps de l'histoire est ainsi identifié au temps abstrait, homogène et vide des sciences. C'est un temps linéaire incompréhensible au sens commun et interieur à l'évolution de la pensée. Face aux ontologies régionales de Husserl ou de Max Weber, la crise est limitée en France par la stricte défense d'une rationalité scientifique qui ne s'interroge pas sur ses propres présupposés. L'exigence exprimée par Walter Benjamin dans ses thèses sur l'histoire – faire sauter le "continuum" de l'histoire – reste inconcevable pour qui croit fermement à une croissance unitaire et progressive de la connaissance scientifique d'Hipparque à Einstein (ou du papyrus d'Ahmès à l'intuitionnisme de Brouwer).

Tous ces philosophes considèrent donc l'histoire comme un acquis, une discipline à la fois toute "prête à l'emploi" et efficace. Elle ne pose aucun problème en soi et est utilisée comme un simple instrument analytique sans que soit jamais posée la question de mesurer l'influence que son usage a pu avoir sur la transformation de l'épistémologie et la dynamisation qu'a subi philosophiquement la raison elle même.

1. A. REY, *Le Retour éternel et la philosophie de la physique*, *op. cit.*, p. 10.
2. A. REY, *Avant-propos* de *Thalès*, 1, Paris, 1934, p. XVII : « L'histoire des sciences est avant tout l'histoire de leur esprit philosophique ».

Toutefois Brunschvicg, Meyerson et Rey servent de trait d'union (en même temps que des historiens des sciences professionnels comme H.Metzger) avec les historiens, en particulier ceux qui fréquentent le *Centre International de Synthèse* et le milieu hétérogène des *Annales d'histoire économique et sociale*. Ils permettent ainsi un échange culturel et théorique qui trouve, durant les années de l'entre-deux-guerres, son moment de gloire. Dans le cas de Febvre, par exemple, c'est surtout à travers eux que l'historien se réfère aux sciences, à leur histoire et aux problèmes épistémologiques suscités par l'articulation de l'histoire et de la science. Cependant Febvre donne à l'histoire un statut en quelque sorte *antagoniste*, par son esprit de synthèse et d'ouverture, à leur conception continuiste et linéaire, objective et neutre de la discipline, qui est pour eux liée à des présupposés philosophiques plus généraux. Mais ce même antagonisme a été facilité, paradoxalement, par les œuvres de penseurs comme Brunschvicg, Meyerson, Rey (ou, nous le verrons, Henri Berr) qui contribuent directement à expliciter ces problématiques. Ces dernières vont, à partir des années 30, *réformer* tant l'histoire (la nouvelle voie de Bloch et de Febvre) que l'épistémologie (le discontinuisme historique et ouvert de Bachelard et de Koyré). Une telle *réforme* garde néanmoins la trace de ceux qui l'ont précédée : la « réaction contre le père » caractérisée par le "point de non-retour" laisse entrevoir la persistance d'un caractère assez traditionnel qui se manifeste dans le fait que la double articulation entre histoire et épistémologie est un présupposé philosophique fondamental. Grande innovation épistémologique que cette *ouverture* de la raison à son dynamisme intrinsèque, qui s'exprime à l'interieur de "schémas" théoriques anciens.

Cette ouverture, qui va trouver en Bachelard son théoricien le plus conséquent (mais non pas le plus exempt de présupposés philosophiques), est conservée par les philosophes dont on a traité dans le cadre d'une conception philosophique unitaire, qu'elle soit philosophie du jugement (Brunschvicg), de l'identité (Meyerson) ou du réalisme de l'expérience (Rey). C'est l'état naissant de l'épistémologie : il est donc compréhensible que celle-ci soit encore hantée par le discours totalisant de la philosophie (ce vers quoi se dirige justement la critique des deux directeurs des *Annales*). Certes, la prise en charge de l'histoire par la philosophie de la science sauve la raison du dogmatisme, l'assouplit et la rend vivante. Cependant, il y a comme une hésitation face à ce pouvoir d'ouverture de l'histoire. Brunschvicg, comme les autres, n'en accepte pas toutes les conséquences, car celles-ci semblent risquer de mettre en cause la priorité de la philosophie, ce qui ne doit pas être. D'où le statut donné à l'histoire, ambigu et subordonné.

Enfin, les énoncés explicites concernant l'unité de la raison dans la nécessité de l'histoire la protègent des conséquences des crises, car en aucun cas, nous explique Meyerson, nous ne pourrions nous passer de la raison pour comprendre le réel: l'histoire est le seul “lieu” et le seul moyen pour rechercher les fonctions de base de la pensée.

C'est au nom du même principe que A.Koyré défend en 1935 l'extrême importance de l'histoire des sciences: «L'histoire des sciences présente pour le philosophe plus d'intérêt que la science elle-même»; une expression qui rappelle vivement ce que Boutroux avait affirmé exactement 60 ans auparavant. C'est un principe que Koyré partage avec H.Metzger: l'histoire, qui permet de nous ouvrir à des mentalités différentes des nôtres, nous permet en dernière instance de découvrir ce qu'il y a de *permanent* dans la raison humaine[1]. Elle peut donc aider la philosophie.

La conception instrumentale de l'histoire reste dominante (à l'exception de H.Berr, ainsi que nous le verrons) bien que des différences générationnelles soient déjà à l'œuvre dans toute la période de l'entre-deux-guerres. En effet, si l'intention principale de ces trois philosophes est bien d'identifier «un schéma général de la pensée», pour Bachelard, Koyré, Metzger, Febvre et Bloch ce n'est plus un objectif essentiel, voire cela devient, dans certains cas, un obstacle. Il s'agit d'une différence analogue à celle qui est normalement posée entre histoire philosophique et histoire épistémologique des sciences, résultat de la double articulation épistémologie/histoire. Nous verrons dans les chapitres suivants comment l'une arrive à s'articuler toujours mieux autour de l'autre, même si cet échange ne se fait jamais d'une façon explicite et consciente.

1. Cf. A. Koyré, intervention à la séance de la Section d'histoire des sciences du Centre International de Synthèse, pubblié in *Archeion*, XVII, 1935, p. 83, où il se refère à son “maître” Meyerson pour fonder son idée. Par la même occasion H. Metzger, tout en concordant avec lui en général, demande plus d'autonomie pour l'histoire des sciences par rapport aux totalisations philosophiques. Cf. aussi P. Ducassé: «l'histoire des sciences ne [...] semble pas résoudre les problèmes; mais elle est pour la philosophie un *instrument* indispensable», *ibid.*, p. 84 (souligné par moi).

CHAPITRE III

# LE PROBLÈME DU DÉTERMINISME

## LA QUESTION

> Les controverses au sujet du déterminisme ne portent donc pas sur des points de détail ni sur des questions d'intérêt limité. Elles ont une signification générale. Elle mettent en évidence les failles et les fractures des soubassements mêmes du système des savoirs. Et il arrive qu'elles annoncent, ce faisant, les séismes qui vont le bouleverser [1].

Cette analyse, écrite en 1989, vaut parfaitement pour l'entre-deux-guerres. Elle témoigne de la persistance d'un problème, de ses termes et de ses enjeux: cela étant, c'est surtout dans les années 20 et 30 que le milieu philosophique et scientifique s'est occupé du déterminisme. Celui-ci perd à cette époque son caractère de certitude pour devenir une question toujours en discussion.

Cette problématique caractérise donc une grande partie du débat épistémologique et philosophique français des années 30 et révèle les difficultés dans lesquelles se trouvent savants et philosophes face à une "crise" qui touche à la fois la culture et la vie. Du côté des sciences, certes, les choses ont déjà commencé à changer. Les géométries non-euclidiennes, la thermodynamique, la controverse entre atomistes et énergétistes, la théorie de la relativité ont ébranlé les certitudes philosophiques et commencé à poser des problèmes épistémologiques très profonds. Pourtant la "crise des sciences" – il vaudrait mieux, d'ailleurs, parler de crise "des épistémologies" ou "des concepts

1. K. POMIAN, "Le déterminisme: histoire d'une problématique", in *La Querelle du déterminisme. La philosophie de la science d'aujourd'hui*, Paris, 1990, p. 58.

scientifiques" – éclate dans les années 20[1] et s'axe, du moins de 1930 à 1937, sur le problème du déterminisme.

Le déterminisme reste en effet encore aujourd'hui un problème philosophique (tout récemment, dans les années 1980, il a fait l'objet d'une "querelle" entre les savants et les philosophes français les plus réputés[2]). Il a évolué en fonction des doctrines philosophiques qui l'ont pris en considération ; il s'est assoupli ; il a même disparu ; puis il est revenu : il n'a jamais été résolu une fois pour toutes. Voilà pourquoi l'épistémologie le porte en elle sans réussir à s'en libérer.

Toutes les formules qui ont tenté d'en donner un tableau satisfaisant (ou du moins une description acceptable) ont été remises en question. La conjoncture historique des théories l'a soustrait à toute définition exhaustive, tout en gardant une sorte de noyau central, une référence vague à son sens propre qui a permis d'employer toujours le même terme de "déterminisme". Il en est de même aujourd'hui. Le développement technique lui-même n'arrive pas à nous garantir un pouvoir de prévision totale, mais le déterminisme reste pour beaucoup de savants *le* présupposé du véritable esprit scientifique. Il y a donc aujourd'hui des savants pour qui l'attitude scientifique est la poursuite du déterminé et non de l'aléatoire[3]. Il y en a d'autres qui ont une opinion opposée[4]. Les perspectives théoriques changent et s'opposent. Elles démontrent, par ce contraste, la difficulté que pose encore le problème : « La controverse entre les déterministes et les indéterministes reste là où elle était depuis des siècles »[5].

Ce contraste ne date pas d'aujourd'hui. L'évidence de l'idée du déterminisme (terme d'ailleurs assez récent, du moins en France, et qui ne remonte pas plus loin que le XIX^e siècle), le *fait* même du déterminisme qui la relaie commence à se fissurer vers la fin du XIX^e siècle, lorsque les problèmes en jeu sont encore explicitement métaphysiques (et par là ontologiques[6]). Il ne s'agit évidemment pas de

1. Avec le seul précédent, d'ailleurs fondamental, de la théorie d'Einstein en 1905.

2. Cf. Les numéros parus en 1980 de la revue *Le Débat*, dont les articles ont été recueillis et augmentés in *La Querelle du déterminisme*, *op. cit.*

3. Cf. R. THOM, "Halte au hasard, silence au bruit" (1980), in *La Querelle du déterminisme*, *op. cit. p.* 62 et 77.

4. Cf. les articles de I. PRIGOGINE, I. STENGERS, et E. MORIN toujours in *La Querelle du déterminisme*, ou les travaux de M. Serres, critiqués par Thom dans son article.

5. S. AMSTERDAMSKI, "Halte aux espoirs, silence aux accusations", in *La Querelle du déterminisme*, *op. cit.* p. 244.

6. C'est en revenant au substrat ontologique que R. Thom présente la controverse actuelle sur le déterminisme. Les détracteurs de l'ordre, de la prévisibilité, ceux qu'il appelle « les chantres du hasard » manifestent à son avis une préférence qui est toute *ontologique* pour l'attribut et la statistique, plutôt que pour la substance et le

poser la question en opposant déterminisme et indéterminisme. A cette époque le problème ne tourne pas encore autour des concepts qui seront communs après 1927. Il s'agit en revanche de sauvegarder la liberté de l'esprit, le rôle du sujet et du libre arbitre. Il s'agit aussi de tenter une conciliation entre science et philosophie. Mais pour que cela soit possible – et certains philosophes qui écrivent après 1870 en sont convaincus – il faut assouplir, sinon éliminer, l'expression nette et précise de Laplace[1].

C'est l'enjeu qui anime une grande partie de la philosophie française de la fin du XIX^e^ siècle, de Hamelin à Liard, de Lachelier à Boutroux. Cet enjeu renvoie notamment aux problèmes soulevés par la philosophie de la contingence d'Emile Boutroux, dont l'ouvrage de 1874[2] marque un pas décisif dans le développement d'une critique des sciences toujours plus sensible à la recherche expérimentale.

Boutroux cherche à rendre compte (métaphysiquement) de l'impossibilité d'adapter l'expérience physique à l'exigence rationnelle. Cette exigence est définie dans sa forme classique par le déterminisme causal exact. La réalité, l'existence concrète et l'expérience ne peuvent pourtant pas se réduire à cela et démontrent ainsi en négatif une béance entre l'entendement et le monde réel des choses. Le point de vue de l'entendement, écrit Boutroux[3], n'est pas définitif en ce qui concerne la connaissance des choses, car le monde qui nous est donné garde toujours un élément irréductible de contingence. La nécessité absolue des lois de la nature, nécessité conçue comme causale et déterministe, ne peut pas être "légitimée" par la réflexion philosophique. La philosophie de la contingence, dans son rôle de "pragmatique de la connaissance", permet de se soustraire aux apories métaphysiques du déterminisme rigoureux. Boutroux n'est pas le premier à soulever la question : J.Lachelier, en 1871, avait lui aussi opposé déterminisme et contingence, mais il l'avait fait à partir d'un intérêt spiritualiste et religieux (lié au thème classique de la liberté)[4]. Boutroux, au contraire,

déterminisme ; in "Postface au débat sur le déterminisme", in *La Querelle du déterminisme*, *op. cit.*, p.279.

1. P.-S. Laplace l'exprime d'une façon frappante en 1814 : « Nous devons donc envisager l'état présent de l'univers comme l'effet de son état antérieur, et comme la cause de celui qui va suivre. Une intelligence qui pour un instant donné connaîtra toutes les forces dont la nature est animée et la situation respective des êtres qui la composent, si d'ailleurs elle était assez vaste pour soumettre ses données à l'analyse, embrasserait dans la même formule les mouvements des plus grands corps de l'univers et ceux du plus léger atome : rien ne serait incertain pour elle, et l'avenir comme le passé serait présent à ses yeux » ; P.-S. LAPLACE, *Essai philosophique sur les probabilités*, Paris, (1814), 1921, p.3-4.

2. E. BOUTROUX, *De La contingence des lois de la nature*, cit.

3. *Ibid.*, p.5.

4. J. LACHELIER, *Du fondement de l'induction* (1871), Paris, 1896.

sait bien que le véritable terrain où se déroule le conflit entre les deux concepts est la science: la variété et l'unité, la contingence et la nécessité sont en effet les deux pôles des choses. C'est pourquoi le philosophe cherche une sorte de conciliation synthétique entre les deux, conscient toutefois de l'impossibilité d'une synthèse *a priori*. Si les termes restent opposés, le déterminisme causal absolu est mis radicalement en question.

Certes, la perspective théorique, philosophique et épistémologique de Boutroux n'est pas comparable à celle qui se déploie à partir des années 20. Cet héritage[1] peut nous expliquer la persistance et la dramatisation d'un débat qui marque l'originalité des savants et des philosophes français par rapport au reste de l'Europe. Voilà ce que nous appelons ici le "problème du déterminisme". Et le fait qu'il ait été une question brûlante et dramatique avant même la première guerre mondiale nous est confirmé en 1911 par A.Fouillée, qui écrit:

> La grande lutte entre le déterminisme et la contingence a dominé tout le mouvement philosophique en France depuis quarante ans. On a vu les philosophes se diviser en deux camps: ceux qui admettent l'intelligibilité radicale, ceux qui soutiennent l'inintelligibilité radicale[2].

C'est pourtant dans la deuxième moitié des années 20 que le déterminisme (en tant qu'idée et en tant que "fait" de la connaissance) subit un choc formidable à cause de la nouvelle mécanique quantique. La "querelle" s'enracine donc à cette époque. L'actualité de la question liée à ce problème naît avec la crise de la fin des années 20. Beaucoup plus que toute autre, c'est la crise du déterminisme qui risque de faire sortir la Raison hors de ses gonds.

Ni Mach, ni Poincaré, ni Einstein (à savoir: ni le rôle reconnu à l'observateur dans l'expérience objective, ni le "commodisme", ni la relativité) ne mettent vraiment la raison en question: elle garde le pouvoir de légiférer sur la nature. Le déterminisme est la marque de l'objectivité. La causalité à laquelle il réduit tout est la marque de l'intelligence qui depuis Anaxagore ordonne le monde. Au début du siècle, du moins en France, aucun savant doué de bon sens ne peut (et ne

1. Le problème de la contingence, étant lié à une philosophie très proche des questions du spiritualisme métaphysique, sera de ce fait abandonné ou transformé. Sa transformation épistémologique plus intéressante consistera dans le fait qu'il sera traduit dans la notation expérimentale approchée de l'indéterminisme (chez Brunschvicg et Meyerson en tant que négatif et irrationnel; chez Bachelard en tant que référent matériel irréductible du rationalisme).

2. A. FOUILLÉE, *La Pensée et les nouvelles écoles anti-intellectualistes*, Paris, 1911, p. 186 (cité dans G. POLIZZI, *Forme di sapere e ipotesi di traduzione. Materiali per una storia dell'epistemologia francese*, Milano, 1984, p. 45).

doit) douter du déterminisme : cela reviendrait à douter de la raison pour tomber dans le paradoxe cartésien le plus banal (comment douter de la raison, si c'est la raison qui nous fait douter ?).

Il est d'ailleurs tellement évident, à cette époque, que les questions relatives au progrès linéaire de la connaissance scientifique sont cohérentes, interdépendantes et liées à l'unité de la science et au déterminisme causal que Meyerson peut élaborer un système ontologique fondé, en dernière instance, sur le déterminisme extrême de l'identité. L'évidence de la supériorité de la connaissance scientifique sur toute autre forme du savoir, selon la plus noble tradition kantienne, démontre suffisamment la supériorité du déterminisme causal sur toute autre explication. On ne peut le supplanter sans en même temps être obligé de supplanter l'intelligence humaine. Telle est la conviction fondamentale du milieu savant et philosophique du début du siècle, chacun la formulant et la nuançant à son gré.

La remise en cause du déterminisme se fera lentement sur un plan philosophique. Il faut chercher dans la philosophie critique des sciences les arguments contre la certitude causale et nécessitante, ce que Boutroux montre avec une grande clarté. Mais il faut attendre les années 20 pour avoir la possibilité "expérimentale" de démontrer la faiblesse du déterminisme : la mécanique quantique. A partir de cette date, la controverse gagne la possibilité d'un fondement scientifique bien identifiable. Elle change de statut.

Changeant de statut la question du déterminisme commence à s'articuler sur un plan théorique et scientifique, obligeant les tenants de l'une ou de l'autre opinion à choisir par une sorte d'"acte de foi", une ontologie réaliste ou une philosophie de l'incertitude. L'expérience empirique ne peut plus, en dernière instance, indiquer la validité des principes théoriques utilisés pour établir les lois scientifiques de la microphysique. Ce qui entre en crise, dans les années 20, ce n'est pas la confiance dans la réalité objective, mais la possibilité de s'en approcher indéfiniment. La mécanique quantique, indéterministe, semble pouvoir donner une base d'appui formidable aux philosophies qui soutiennent la contingence contre la nécessité. Le principe philosophique, l'*a priori*, qui établissait *en dernière instance* la possibilité pour une intelligence de connaître le Tout se heurte à la nouvelle théorie qui en met en discussion le fondement.

Alexandre Kojève, dans un écrit de jeunesse où il s'occupe de questions épistémologiques concernant ce problème, analyse avec lucidité ce qui est en jeu à cette époque (nous sommes en 1930). Malgré la grande influence que Meyerson a exercée sur lui, Kojève s'efforce de montrer les raisons épistémologiques qui condamnent la physique classique et obligent le philosophe à accepter désormais comme décisives les mutations conceptuelles de la nouvelle physique. Il se propose d'étudier l'opposition entre l'idée classique du déterminisme et ce qu'il appelle "l'idée moderne". Il s'agit à son avis non pas d'opposition entre causalisme et légalisme (ce qui était l'opinion de Meyerson), mais de « deux façons différentes de concevoir le principe de légalité ou du déterminisme physique »[1].

Or, pour soutenir la thèse de "l'idée moderne", Kojève montre la non pertinence philosophique des présupposés de l'idée classique. Pour celle-ci le déterminisme causal exact était une "idée régulatrice" et *a priori* de la science. Kojève démontre alors que la supposition selon laquelle le monde aurait une structure causale exacte (« c'est-à-dire qu'il est tel que son évolution peut être prévue d'une manière *exacte* et détaillée »[2]) n'est pas une condition nécessaire de la physique. Les postulats du causalisme exact et absolu ne sont pas évidents *a priori* et ne peuvent être ni prouvés ni démentis en dernière instance par l'expérience. La conclusion en est que la formule de Laplace n'est en soi nullement évidente.

> La valeur de la formule de Laplace est celle d'une extrapolation : on oppose, sans le prouver, que les phénomènes particuliers sont prévisibles exactement et en détail et on assimile, sans aucune preuve, le monde aux phénomènes particuliers. D'ailleurs la physique ne peut accepter l'idée de la prévision universelle qu'à condition d'y voir un idéal indéfiniment approchable, et il suffit de démontrer que mêmes les prévisions particulières ne peuvent jamais devenir absolument exactes pour ôter à cette idée toute signification physique. C'est pourquoi la critique de la physique moderne est dirigée non pas directement contre la formule de Laplace en tant que telle, mais contre l'application de l'idée du déterminisme causal exact aux phénomènes particuliers[3].

Kojève montre entre autres que l'idée qui se trouve à la base des conceptions du monde physique du déterminisme causal exact ne peut pas être démontrée, car rien ne prouve que celles-ci correspondent à la réalité. On verra par la suite que cette affirmation s'oppose explicitement à celle qu'en donne Brunschvicg, pour qui la détermination d'un ensemble de phénomènes est toujours possible *en droit*, même si *en fait*

1. A. KOJÈVE, *L'idée du déterminisme dans la physique classique et dans la physique moderne*, (1932) Paris, 1990, p. 29.
2. *Ibid.*, p. 67.
3. *Ibid.*, p. 68.

elle reste impossible[1]. Kojève (et avec lui Bachelard[2]) démontre par la nouvelle physique que c'est ce *droit* qui est mis définitivement en cause. Le droit causal, le postulat du déterminisme laplacien, se heurte à la "découverte" de l'indéterminisme quantique. Ce dernier fait tomber la supposition qui avait toujours fondé la physique classique (et l'épistémologie qui s'en inspirait) : à savoir la possibilité que l'on pouvait *en principe* progresser d'une structure causale approchée et statistique du monde (la physique réelle, humaine) vers une structure causale exacte et définitive. Lorsque la nouvelle physique quantique "découvre" la limite absolue de l'exactitude de la précision expérimentale, c'est-à-dire l'irréductibilité et le dualisme entre système observé et système observant, la supposition classique selon laquelle il était toujours possible, en principe, de trouver une explication causale exacte sous l'explication statistique n'est plus soutenable. La physique nouvelle impose par conséquent un véritable changement de catégorie, une mutation de la pensée en fonction de la nature indéterminable de la réalité. Le *déterminisme approché* peut dominer *à lui tout seul* la scène de la connaissance scientifique de la réalité. L'idée classique du déterminisme n'est pas applicable au monde réel physique. Ce monde, conclut Kojève, « n'a pas de structure causale »[3] et les prévisions exactes et complètes y sont impossibles : la seule chance qui reste à la raison humaine (raison qui, à la suite de l'enseignement de Meyerson, est déterminée instinctivement par l'idée de la cause et est donc causale "par nature") est qu'à une certaine échelle la structure (statistique) du

1. Voir plus bas, le § suivant.

2. Nous préférons exposer la thèse de Kojève non seulement en raison du fait qu'elle est méconnue par la plupart des savants, mais aussi parce qu'elle exprime et confirme l'écart qu'il y a entre la génération de Brunschvicg et celle de Kojève (dans la formation épistémologique et historique duquel A. Koyré a joué un rôle éminent). La position de Kojève nous confirme en effet que la controverse sur le déterminisme avait été dans les années 30 le centre des discussions épistémologiques françaises. Il est d'autant plus remarquable qu'un non-spécialiste, destiné à devenir l'un des plus éminents interprètes de Hegel, ait consacré une œuvre entière à ce problème. L'on pourrait d'ailleurs supposer que la décision de ne pas publier le manuscrit, outre des difficultés d'ordre théorique, ait été motivée par les thèses "hérétiques" qui y étaient exprimées : l'opinion la plus répandue parmi les philosophes et les savants français des années 30 était à l'opposé de celle du jeune philosophe (à l'exception de Bachelard, évidemment). L'intérêt du texte de Kojève est entre autre accentué par le fait qu'il s'agit d'un texte cohérent, très prudent et parfois académique, sans aucune des provocations et des radicalisations qui caractérisent le style de Bachelard. Voir, sur Kojève, D. AUFFRET, *Présentation* d'A. Kojève, in *op. cit.*, p. 7-21 et D. AUFFRET, *Alexandre Kojève, le philosophe, l'Etat, la fin de l'Histoire*, Paris, 1990.

3. A. KOJÈVE, *L'idée du déterminisme dans la physique classique et dans la physique moderne*, *op. cit.*, p. 263 et 256-257. Kojève résume à la fin de son texte, dans les conclusions, les opinions de ceux (Langevin, par exemple) qui continuaient de considérer le principe de causalité comme une vérité *a priori*, nécessaire et indiscutable ; *Ibid.*, p. 259-262.

monde peut être considérée *comme si* elle équivalait à une structure causale. Mais face à l'analogie du *comme si*, le déterminisme et l'identité perdent tout leur sens.

La seule possibilité qui reste pour ceux qui croient encore au déterminisme comme fondement de la connaissance scientifique est celle d'un assouplissement du principe. L'impossibilité empirique de déterminer d'une façon absolue, même un seul fait particulier (puisque dans la science réelle l'effet est toujours différent de la cause), rend nécessaire de relativiser le déterminisme. C'est ainsi que s'exprime Rey, par exemple :

> Sans parler de commencement absolu au sens métaphysique, si l'on remarque que l'effet est toujours différent de la cause, *dans l'expérience* – sans quoi celle-ci n'admettrait pas le moindre changement ni même la distinction des deux phénomènes – il y a bien toujours et positivement parlant, dans chaque effet, une nouveauté spécifique par rapport à la cause. Cet aphorisme universel de toute l'expérience, irréductible en elle-même à l'identification méthodologique, est au contraire la conséquence même d'un *déterminisme relatif*, où ne disparaissent plus, mais se compensent, dans les moyennes, les différences individuelles. La causalité, une fois admise *l'évolution de sa signification*, semble donc rester notre grand moyen de rendre compte des faits et de les faire comprendre, depuis l'origine de la connaissance humaine [1].

L'assouplissement de l'idée classique du déterminisme causal est un signe de ce que nous appelons la "crise" : c'est aux yeux des épistémologues une exigence historique. L'histoire peut donc rendre à une certaine échelle la certitude que l'on perd par cet assouplissement ; d'où, évidemment, sa *nécessité*[2]. C'est l'autre face du problème.

Dans la période de l'entre-deux-guerres la question touche directement toutes les disciplines. Elle devient particulièrement grave pour les champs disciplinaires qui viennent de se constituer, tels que la

1. A. REY, "De la pensée primitive à la pensée logique", in *Encyclopédie française*, t. I, *L'Outillage mental*, Paris, 1935, p. I-20-1.

2. Il faudra recourir à l'histoire des sciences pour affronter le vide que la remise en cause de cette idée laisse dans la connaissance rationnelle. Si le causalisme est à revoir, ou du moins s'il doit être séparé, comme principe, du postulat du déterminisme (thèse acceptée par la plupart des philosophes-épistémologues), seule l'histoire peut rendre compte du développement de la connaissance. L'œuvre de Koyré et celle de Bachelard sont là pour démontrer cette conséquence : l'épistémologie de l'indéterminisme, l'épistémologie de la connaissance approchée sans postulats *a priori* (donc l'épistémologie du nouvel esprit scientifique dont Kojève parle en 1932 dans les mêmes termes) ne peut être que rationaliste et doit utiliser l'histoire comme l'un de ses instruments les plus importants. Cette *utilisation* de l'histoire, nous l'avons vérifié dans le chapitre précédent, devient le moyen permettant de soutenir une raison connaissante qui subit de plein fouet la crise du déterminisme causal.

sociologie ou la psychologie. L'histoire elle-même, du moment qu'elle se veut "scientifique" et qu'elle doit se transformer en "histoire-science" (songeons à Fustel de Coulanges), doit considérer le problème en ce qui concerne l'établissement de ses lois. Mais c'est grâce à la controverse qu'il a engendrée que se sont formés les concepts nouveaux de rupture, d'écart, de longue ou de courte durée en histoire. Le déterminisme reste ainsi le foyer problématique du savoir épistémologique, un foyer dont la complexité est presque inextricable. L'on pourrait y rapporter, en fin de compte, tous les problèmes dont il sera question dans les chapitres suivants.

## LE STATUT DU DÉTERMINISME DANS LES ŒUVRES DE BRUNSCHVICG, MEYERSON ET REY

Les opinions ne sont pas nettes et les idées que l'on a à propos du déterminisme sont souvent contradictoires, problématiques et très diverses. Nous verrons plus loin que les historiens utilisent le déterminisme pour garantir le statut scientifique de leur discipline, mais que chacun l'interprète à sa façon. Or, si, parmi les historiens, ceci n'est que trop évident, chez les philosophes et les savants également les idées n'ont aucune homogénéité entre elles, surtout du point de vue épistémologique. Essayons de voir alors comment l'assouplissement du déterminisme s'articule dans l'œuvre des philosophes-épistémologues qui ont mis en évidence la "nécessité" de l'histoire. Nous verrons que les deux questions sont étroitement liées.

Il n'est d'ailleurs pas étonnant que la réflexion des philosophes soit sollicité par ces problèmes, puisque l'indéterminisme met directement en cause la rationalité de la pensée scientifique, et peut-être humaine. Dans l'ordre de la prévisibilité il y a désormais une fêlure par où passe l'incertitude foncière du réel. Ce réel perd toute référence matérielle, il s'évanouit dans la connaissance, mais celle-ci se trouve dans une situation d'échec. L'objet reste mathématisé, maîtrisable par le calcul matriciel de Heisenberg, mais rien ne laisse entendre qu'il puisse récupérer sa consistance matérielle. Macrocosme et microcosme sont séparés par un abîme dont le calcul mathématique peut rendre compte sans lui rendre justice. L'hérésie indéterministe a un fondement scientifique rigoureux. Il faut que la raison puisse comprendre l'enjeu qui en découle, sans pour autant se soumettre au mysticisme de l'inconnu ou de la transcendance. Elle doit assouplir ses préjugés dogmatiques afin de pouvoir jeter un pont sur l'abîme qui s'est creusé en elle.

Brunschvicg s'est déjà confronté à des problèmes semblables qui jalonnent toute son œuvre. Il l'a fait notamment lorsqu'il a comparé la pensée de Comte à celle de Cournot.

Etant donné que le rationalisme dogmatique du positivisme s'est révélé inadéquat, il faut, pour Brunschvicg, « relever dans l'œuvre de Cournot et dans l'enseignement de Boutroux les contributions les plus vigoureuses que le XIXe siècle ait apporté à l'établissement d'un rationalisme assoupli et fécond »[1]. Il définit cet assouplissement par l'activité même de l'intelligence dans son mouvement dynamique (que nous connaissons grâce à l'histoire). C'est *parce que* la raison intelligente est toujours en mouvement que ses catégories et ses règles fondamentales ne peuvent être fixées une fois pour toutes. Mais le mouvement reste un critère rationnel, le dynamisme ouvert de la raison.

Si le rationalisme a permis à Brunschvicg d'obtenir de l'histoire la confirmation de ses idées sur le dynamisme de la raison, c'est en même temps l'histoire elle-même qui lui montre la nécessité de ce dynamisme. Il y a donc une sorte d'interaction, de mouvement croisé, qui montre l'action réciproque toujours à l'œuvre entre l'observateur et l'objet. Mais il y a aussi intersection entre des convictions différentes, un rabattement, une superposition, une bifurcation : l'histoire montre que son cours n'est jamais continu, qu'il est saccadé, multilinéaire et indéterminé ; mais l'histoire doit aussi se référer au principe unitaire de la raison pour montrer le progrès continu qui affecte exclusivement la connaissance humaine. Il y aurait autrement plusieurs histoires, ce qui est inconcevable du point de vue du principe unifiant de l'intellect. Voilà l'intersection, la superposition.

Le seul moyen d'aménagement consiste à réduire toute indétermination à la contingence, et c'est ainsi qu'il a été résolu jusqu'aux années 20. Le caractère contingent des phénomènes permet de stratifier le problème sur plusieurs niveaux, car aucun objet n'est jamais de pure contingence. Si nous pouvons en parler, si nous pouvons le connaître ou simplement le saisir, cela veut dire qu'il peut être comparé, schématisé ou rassemblé dans un ensemble quelconque. Sur la strate contingente il y a alors une strate plus générale qui permet de la maîtriser. On ne doit pas réduire la contingence aux lois, mais maîtriser les contingences par l'individuation des régularités. La tâche des lois scientifiques, de même que de l'histoire-science telle qu'elle est posée par P.Lacombe, consiste à soumettre l'indéterminé à un ensemble de constantes générales. Le particulier, l'individuel, le contingent (qui ouvre à la richesse inépuisable de notre monde, ainsi que le reconnaît Meyerson) ne peut

1. L. BRUNSCHVICG, *Héritage de mots, héritage d'idées*, Paris, 1945, p. 18.

plus être éliminé, mais il faut en déceler les régularités causales et les lois générales. La sociologie, science nouvelle pleine d'espoir, règle l'affaire.

Cependant à la fin des années 20 la mécanique quantique fait sauter l'équilibre trop faible de cette stratification et dévoile l'indéterminisme foncier qui se trouve au cœur même de la physique[1]. Tel est du moins le mode par lequel les philosophes et certains savants de l'époque ressentent ce problème. En effet, la plupart des savants y sont décidément opposés. Brunschvicg en revanche semble hésiter : restant sur un plan philosophique, il sait bien que la question est liée à des problèmes très anciens. C'est pourquoi il finit par donner enfin son "accord" à l'indéterminisme[2], qu'il interprête comme une nouvelle étape dans l'évolution de l'intelligence (dont la marche progressive bouleverse des méthodes et des théories que l'on croyait définitives). Si Einstein, par exemple, détruit « l'idole d'un temps indifférencié que Newton rapportait à l'absolu d'un sensorium divin »[3] et lui substitue un « temps propre », relatif à l'état de repos et de mouvement de l'observateur, ce bouleversement « devait se manifester avec plus d'éclat encore à l'autre extrémité du domaine scientifique [...], la physique des incertitudes »[4].

La science elle-même dématérialise l'objet, et l'imagination s'arrête au seuil de l'inimaginable : à partir de ce moment l'imagination, tout comme certains mots du langage qui se réfèrent à des concepts périmés, « deviendrait un obstacle »[5] au développement de la

1. 1927 est l'année du célèbre Conseil Solvay où l'interprétation physico-mathématique de Heisenberg et Bohr est acceptée contre celle de Schrödinger-De Broglie. Ce congrès marque le moment à partir duquel la nouvelle physique quantique devient "l'interprétation orthodoxe" de la microphysique, officiellement acceptée par la communauté des physiciens. L. De Broglie s'y "convertira" seulement quelques années plus tard.

2. A la suite de l'œuvre physique de L. De Broglie et ensuite de Bachelard, Brunschvicg comprend que l'enjeu de la physique nouvelle ressemble de près à l'enjeu de son rationalisme dynamique ; c'est ainsi qu'à la fin des années 30 et surtout pendant les années 40, il accepte l'indéterminisme. Il faut d'ailleurs considérer que le fondement de son épistémologie, la dialectique de raison positive et de *résistance négative* du réel, permet en dernière instance de rendre compte de toute indétermination (de même que Bachelard, qui pour sa part arrive à articuler indéterminisme, approximation et rationalisme).

3. *Ibid.*, p. 28.

4. *Ibid.*, p. 29.

5. *Ibid.*, p. 31. Il est remarquable que Brunschvicg utilise ici une notion, celle d'"obstacle", que G. Bachelard définit dans *La Formation de l'esprit scientifique* (1937) : il est clair que dans ce contexte Brunschvicg considère pertinente l'œuvre épistémologique de Bachelard, et l'on pourrait même se hasarder à reconnaître là une influence de Bachelard sur Brunschvicg (et pas seulement le contraire). Bachelard propose de psychanalyser la science objective pour identifier les obstacles qu'elle recèle et les éliminer.

physique. Il faut avoir en revanche le courage d'accueillir les changements qui se produisent, puisqu'ils vont dans le sens de la rationalité, de l'abstrait et du théorique. D'où la conclusion de Brunschvicg qui lui a valu d'être accusé d'idéalisme :

> La conversion de l'imagination à l'intelligence [accomplie par les travaux de Heisenberg, Bohr et L. De Broglie], triomphe de la méthode sur l'esprit de synthèse, c'est aussi la conversion du réalisme primitif à l'idéalisme si l'on veut bien entendre ce dernier mot, non dans le sens caricatural qui date sans doute d'Aristote, comme une négation du réel au profit d'un idéal chimérique, mais dans l'acception authentique qu'il a reçue de Platon : conquête du réel par la puissance de l'idée [1].

Tout "réalisme primitif", pour employer les mots de Brunschvicg, n'est qu'un obstacle face à la puissance des idéalités mathématiques dont la microphysique est une représentation éminente.

Mais dans les années 30 (moment où le débat est le plus vif) ceux qui se battent au nom de l'indéterminisme sont très peu nombreux : Bachelard, E. Bauer et L. De Broglie. Brunschvicg hésite encore en raison de l'héritage conceptuel de sa philosophie et du poids d'une tradition "scientiste" qui croit fermement au déterminisme (comme instrument rationnel). Le philosophe maintient dans cette période une position de médiation.

On a remarqué comment Brunschvicg découpe les époques historiques et les étapes de l'intelligence humaine en vue d'une philosophie de l'histoire définie comme "fonction de la raison abstraite". On a essayé en même temps de rendre manifeste la souplesse et le dynamisme du "rationalisme" brunschvicgien. Le déterminisme, tel qu'il est considéré par le philosophe, nous apporte enfin de nouvelles lumières sur cette souplesse [2] et nous permet de comprendre pourquoi il finit par accepter l'indéterminisme physique.

Déjà à partir des *Etapes*, le déterminisme ne constitue plus pour Brunschvicg le statut fondamental du monde phénoménique *à partir duquel* on peut déduire les lois. L'intellectualisme et l'intuitionnisme mathématiques s'opposent au positivisme en ceci, qu'au lieu de faire

1. *Ibid.*, p. 32. On perçoit dans ce texte, outre celle de De Broglie, l'influence de Bachelard, qui depuis le début des années 30 avait insisté sur l'instance rationnelle abstraite et "idéaliste" de la science. Les *Idéalités mathématiques* de J. T. Desanti suivent ce sillage théorique.

2. Soulignons ici que la métaphore choisie par Brunschvicg pour symboliser le développement historique des sciences est celle du fleuve, ou celle de la courbe, et non pas celle de la pyramide ou de la ligne droite. Or, la courbe, à partir de Leibniz, vaut pour le dynamisme, l'inflexion, le calcul infinitésimal tendant à l'infini, le développement d'une équation par points singuliers. Brunschvicg y voyait le mouvement de la vie de l'entendement, Bergson son évolution.

dériver le progrès de l'ordre et la dynamique du statique (le système pyramidal et bien ordonné de Comte), il fait de l'ordre logique « le produit du progrès intellectuel »[1]. C'est le dynamisme des mathématiques qui permet de comprendre leurs étapes et leur complexité.

> La science à venir n'est pas enfermée, comme l'aurait voulu Comte, comme le voulait déjà Kant, dans les formes de la science déjà faites ; la constitution de ces formes révèle un dynamisme originel dont l'élan se prolonge par la génération synthétique de notions de plus en plus compliquées [2].

Alors que dans une structure pyramidale les mathématiques restent bloquées au niveau de la base, dans un ensemble dynamique elles peuvent se transformer verticalement sans jamais atteindre de fin.

Au rationalisme dogmatique que Bachelard n'hésitera pas à appeler « rationalisme cartésien » tout court, il faut opposer un rationalisme assoupli, mobile et ouvert. Celui-ci devient une méthode, un moyen d'analyse, une dérivée de la causalité censée constituer l'entendement. Il ne constitue donc plus la base naturelle de toute réalité, tout en demeurant un moyen des facultés humaines de connaissance.

Le déterminisme de Brunschvicg dans *L'expérience humaine et la causalité physique* ne peut être qu'un déterminisme en devenir. Le déterminisme scientifique n'envisage plus la prévisibilité totale des choses[3], mais se construit au fur et à mesure que le savant organise ses

1. L. BRUNSCHVICG, *Les Etapes de la philosophie mathématique*, *op. cit.*, p. 527.

2. Idem. Pour expliquer ce qui le distingue de Comte, Brunschvicg est pour ainsi dire obligé d'en simplifier la pensée en termes systématiques. Sa stratégie lui impose de montrer uniquement les passages qui témoignent le plus de leur désaccord. Ce qui ne met absolument pas en doute l'extrême importance – et même la richesse – de l'œuvre comtienne, surtout si (dans une analyse approfondie de toute l'œuvre) l'on prête attention aux passages et aux concepts que l'on pourrait difficilement réduire à la vulgarisation qui porte le nom de "positivisme". Il est évident, ce que G. Canguilhem a montré à plusieurs reprises, que la philosophie et l'histoire des sciences de Comte ne sont pas exclusivement "positivistes". Il se référait d'ailleurs aux problèmes de la biologie et de la vie de sorte que l'on pourrait difficilement réduire sa pensée à un système positiviste fermé (à condition que la lecture critique soit libérée des préjugés tant positivistes qu'anti-positivistes). Cela suggère, enfin, que le système comtien est dans ses détails beaucoup moins rigide que sa prétention philosophique. Cf. G. CANGUILHEM, "L'objet de l'histoire des sciences" et la section "Auguste Comte" in *Etudes d'histoire et de philosophie des sciences*, Paris, (1970) 1983.

3. Toute doctrine entièrement déterministe provoque l'élimination du concept même de cause car, selon cette théorie, « l'ensemble de l'univers doit, à tout instant, être regardé comme la cause de tous les événements passés, présents ou futurs ; il n'est pas possible, en effet, de modifier un seul phénomène sans modifier tous les autres, car il faut pour cela concevoir un *autre* univers, celui dans lequel nous vivons ne pouvant, dans cette hypothèse, être conçu autre qu'il est », E. BOREL, *Le Hasard*, Paris, 1914, p. 153 (phrase citée par BRUNSCHVICG in *L'expérience humaine et la causalité physique*, *op. cit.*, p. 519).

connaissances. Un intellect divin qui, à partir du présent, aurait pu connaître, selon la formule de Laplace, tout le passé et tout l'avenir, n'aurait jamais pu exister: la connaissance se renouvelle sans cesse, et ce faisant elle modifie toute l'architecture du passé et du futur. Il s'ensuit que la science elle-même fournit par son progrès les moyens de refuser le déterminisme radical: faits et causes, dit Brunschvicg, se rejoignent, se continuent et se prolongent dans la trame unique du monde. Il est impossible d'éliminer la contingence, puisqu'elle est immanente à tout changement. Il n'y a plus de place pour l'abstraction des causes (ou des faits) et la déclaration "Tout fait a une cause" est à rejeter comme simpliste[1]. Il faut se garder de « l'absolu des correspondances exactes », puisque le sens de la vérité humaine consiste dans son évolution. Or, cette évolution est imprévisible parce qu'elle est historique[2]. Comme l'avait dit Boutroux quelques décennies auparavant, « ce n'est donc pas la nature des choses qui doit être l'objet suprême de nos recherches scientifiques, c'est leur histoire »[3].

En effet, si le déterminisme doit être assoupli, il ne peut se soumettre qu'à la contingence de ce que Cournot appelait la *donnée historique*. L'ouverture de la raison passe par la notion de donnée historique et permet à l'histoire de se constituer comme champ temporel. Cournot, toujours cité par notre philosophe, avait donc parfaitement compris comment réagir à la formule de Laplace:

> Une intelligence qui remonterait bien plus haut que nous dans la série des phases que le système planétaire a traversées, rencontrerait comme nous des faits primordiaux, arbitraires et contingents (en ce sens que la théorie n'en rend pas raison), et qu'il lui faudra accepter à titre de données historiques, c'est-à-dire comme les résultats du concours accidentel de causes qui ont agi dans des temps encore plus reculés[4].

Il s'ensuit que les lois de l'univers ne sont jamais données pour elles-mêmes, parce qu'elles sont toujours en relation « à un moment particulier de la durée où elles interfèrent avec d'autres lois ». Il n'y a pas de temps avant les événements: tout temps est déjà histoire. Nous n'avons plus la possibilité, ni le droit, de rechercher les universaux et les absolus du conceptualisme antique: il faut désormais abandonner « le déterminisme *apodictique* » de la physique classique pour s'ouvrir à

1. L. BRUNSCHVICG, *op. cit.*, p. 527.

2. « C'est donc bien parce qu'il va vers l'avenir que l'homme va vers la vérité », *Ibid.*, p. 504

3. É. BOUTROUX, *De la contingence des lois de Nature*, Paris, 1898, p. 145.

4. A. A. COURNOT, *Essai sur les fondements de nos connaissances*, (1851) 1912 p. 460 cité par Brunschvicg in *Ibid.*, p. 509.

un déterminisme «en devenir»[1], par lequel nous pourrons toujours *rectifier* le système de relations causales grâce auquelles nous constituons notre univers. Voilà en quoi l'histoire se charge d'un rôle toujours plus important.

> C'est que la science, en tant qu'elle adjoint aux principes de la théorie des faits spécifiquement historiques, comporte une vérité qui n'a pas seulement pour objet le temps, canalisé en quelque sorte et défini par la régularité de son flux, comme le temps absolu de Newton et de d'Alembert. Elle a une vérité qui naît du temps, non encore apprivoisé et capté, rendu à la spontanéité de son cours naturel [2].

L'expérience nous permettra de suivre le flux du temps ; elle sera le moyen terme entre la nécessité du passé et la contingence de l'avenir. Dans la science il y a toujours des *facteurs d'indétermination*[3] qui sont les singularités dont le monde de l'expérience est plein. Seule l'histoire peut en rendre compte (ce qui éclaire le sens de l'affirmation de Boutroux que nous avons cité plus haut).

Telle étant la conviction de Brunschvicg, il ne faut pas, selon lui, transformer la causalité scientifique (qui n'est qu'un impératif pratique) en une vérité spéculative. Il y aurait contradiction à vouloir dégager, grâce à une réflexion sur la science, certaines conditions antécédentes susceptibles d'enfermer *a priori* toute connaissance future ou passée dans des schémas statiques.

> La métaphysique que la physique actuelle implique, renonce à la prétention d'être antérieure à la science[...]. Bref, selon la terminologie à laquelle nous avons déjà fait allusion, la métaphysique de la science est *réflexion* sur la science, et non *détermination* de la science [4].

Le philosophe sépare donc la pratique scientifique du cadre des connaissances rationnelles : le déterminisme n'est ni un critère de vérité, ni un principe de raison au sens de Leibniz. Il reste une méthode propre à la causalité intrinsèque de nos moyens de connaissance. Mais cette méthode ne peut espérer épuiser la contingence du réel, car le facteur d'incertitude reste présent comme source inépuisable de tout changement. On doit toutefois la conserver en ce qu'elle représente le

1. *Ibid.*, p. 519.
2. *Ibid.*, p. 510.
3. *Ibid.*, p. 521 et «Notre idée du passé ou de l'avenir évolue sans cesse suivant la connaissance que nous avons des lois. Or, ces lois, qui engendrent la contexture spatiale et temporelle de la réalité, ne sont-elles pas susceptibles elles-mêmes de changer ?». C'est le problème que É. Boutroux s'était posé en 1874.
4. *Ibid.*, p. 557.

mouvement causal de toute connaissance scientifique. L'indéterminisme quantique n'a aucune possibilité de la mettre en cause, parce qu'en *droit* il n'affecte pas le "mode" de connaître de l'homme.

D'où un écart très important pour le développement de la pensée épistémologique de Brunschvicg. On doit distinguer – explique-t-il en 1930[1] – déterminisme *a parte rei* et déterminisme *a parte intellectus*, car le déterminisme de la nature n'est pas le déterminisme du savant. S'il y a un déterminisme des choses, un déterminisme des choses à observer, il ne faut pas négliger de considérer aussi, désormais, un déterminisme du phénomène d'observation: telles sont, en effet, les conséquences de la nouvelle microphysique. Ces deux déterminismes ont au demeurant de sérieuses difficultés à s'harmoniser, le deuxième niant le premier (mais Brunschvicg invite à ne pas considérer comme définitifs les résultats de la théorie de Heisenberg). Le déterminisme, partant, se démultiplie et se réfère à des ordres différents de causalités[2].

Face à la puissance théorique de plus en plus étendue manifestée par l'axiomatisation et la formalisation (dans les domaines de la physique et de la biologie notamment), Brunschvicg se veut partisan des faits et de l'expérience réelle. Les lois de la nature sont l'organisation donnée par l'esprit humain à la multiplicité contingente des faits. Il ne faut donc pas confondre déterminisme et nécessité. Le déterminisme consiste en réalité en ceci que l'ensemble des conditions dans lesquelles on fait une expérience doit rester très large et laisser au phénomène toutes ses manières d'être: il est l'ensemble tel quel des données, de ce qui arrive, du contingent. «Contingent, quoique déterminé – souligne Brunschvicg par la même occasion – c'est une expression qui se trouve chez Leibniz et dont Boutroux s'inspire».

Alors qu'il ne met pas en question l'hypothèse d'un indéterminisme foncier des choses, Brunschvicg veut à tout prix conserver les possibilités (ouvertures) de la connaissance. Si la science présente, à un moment précis de son développement, l'impossibilité *de fait* de déterminer l'ensemble des phénomènes, cela ne doit pas impliquer la possibilité d'ériger cette impossibilité *en droit* (c'est-à-dire en tant que principe inhérent aux choses en soi). Seule une utilisation impropre du langage permet d'en parler en termes de *principe* d'indétermination. En aucun cas l'indétermination ne peut être considérée comme un principe de raison, alors qu'elle montre exactement le contraire, à

1. E. BOREL l'avait d'ailleurs anticipé en 1920, in *Le Hasard*, Paris, 1920, p. 296 et Einstein dans sa conférence de 1929 (voir plus loin le § 3 de ce chapitre).

2. L. BRUNSCHVICG, "Déterminisme et causalité dans la physique contemporaine", in *Bulletin de la société française de philosophie*, séance du 1er mars 1930, p. 52, recueilli dans *Ecrits philosophiques*, *op. cit.*

savoir la limite de la connaissance du réel. Heisenberg, Bohr, Dirac et Eddington font l'objet de cette critique. Ce que Brunschvicg leur reproche, c'est d'ériger l'indéterminisme en principe philosophique, lui conférant la même importance gnoséologique et sémantique que le terme "déterminisme", alors que les deux termes sont de ce point de vue incommensurables. Le problème de l'incertitude semble être, plus simplement, un problème d'ordre essentiellement terminologique (on ne dispose pas encore du langage adéquat aux transformations de la nouvelle physique). Son enjeu s'enracine en revanche dans la question proprement philosophique du mouvement de l'histoire; mais une telle considération se fait à une autre échelle, qui ne débouche pas sur un mysticisme à l'allemande[1].

Ce déterminisme a pourtant perdu son aspect rigoureux. Il est désormais relativisé, assoupli par le dynamisme du monde. Les lois scientifiques continuent de déterminer les objets de la connaissance, mais elles sont modifiées à leur tour par la contingence inépuisable des faits. Ceux qui isolent l'une des deux directions afin de l'élever au rang de critère de vérité tombent dans le dogmatisme. La connaissance doit en revanche se maintenir critique; elle doit *réfléchir* sur elle-même sans s'autodéterminer. En ce sens l'apport de Brunschvicg au débat sur le déterminisme reste en fin de compte un apport éminemment philosophique.

Meyerson aussi reste philosophe. De son point de vue le déterminisme n'est qu'une question de détail qui disparaît dans l'Identité. Il faut toute une philosophie de la cause pour comprendre cela.

La philosophie de l'identité est une philosophie de la stabilité, de la certitude qui arrête le jeu fantastique d'une raison qui pourrait s'étendre à l'infini. Les causes et les effets, loin de constituer une chaîne continue tendant à l'infini, tournent autour d'une identité essentielle et d'une réalité rationalisée qui ne serait plus changeante, mais serait un

1. La question linguistique se réfère notamment au terme d'indétermination lui-même, souvent interprété en termes de liberté (alors que le déterminisme est considéré en termes de nécessité). C'est à la suite de cette confusion terminologique (mais aussi conceptuelle et philosophique) que certains physiciens comme Eddington et parfois Bohr, ont parlé d'un « libre choix de la nature » révélé par la nouvelle physique. Outre les travaux de Brunschvicg, voir sur la question linguistique et sur la tentative de résoudre la querelle entre déterministes et indéterministes en la réduisant à une question simplement linguistique, A. EDDINGTON, *Problème du déterminisme*, in *Actualités scientifiques et industrielles*, Paris, 1934, n. 112 ou P. DIRAC, *Principes de la mécanique quantique*, Paris, 1931, d'un côté, et R. S. LACAPE, *La notion de liberté et la crise du déterminisme*, in *Actualité Scientifiques et Industrielles*, Paris, 1935 de l'autre.

support inépuisable pour toute humanité[1]. Jeu éminemment dialectique, car la réalité en soi est multiple et mouvante, donc insaisissable une fois pour toutes par la raison. Le monde des phénomènes dans lequel nous devons vivre étant changeant, nous ne pouvons pas le saisir autrement. Et pourtant la science emploie des moyens gnoséologiques identitaires : connaître veut dire maîtriser le divers par l'identique, réduire le particulier au général. Une loi est scientifique lorsqu'elle s'applique d'une façon identique à un ensemble de cas différents (la chute d'une pomme, la chute d'une pierre, le plan incliné, etc.). Identité et différence sont ainsi les termes du paradoxe apparent de la connaissance. Meyerson l'indique de la façon suivante : le scientifique étudie le phénomène, "qui n'est que changement, à l'aide d'un principe qui tend à affirmer l'identité de l'antécédent et du conséquent, c'est-à-dire à nier tout changement »[2]. Contrairement à ce que pense G.Mourélos[3], le paradoxe dialectique sur lequel Meyerson construit son système philosophique ne peut pas être résolu par et dans l'épistémologie.

Sa dialectique, le jeu de l'irrationnel et de la réalité (qui est aussi le jeu de l'individu et du monde), devient compréhensible à condition de ne pas réduire son discours à une épistémologie. Nous avons vu que Brunschvicg ne met pas en cause le principe de causalité, mais se montre méfiant à l'égard du déterminisme dogmatique. Pour Meyerson le problème se pose de toute autre manière, le déterminisme ne constituant qu'un aspect particulier de la causalité. Il ne s'identifie pas avec elle. Dans *Identité et réalité* Meyerson expose sa conception de la causalité comme principe rationnel. Il ne faut pas identifier le principe de causalité avec le déterminisme des phénomènes naturels, à savoir la légalité, car il s'agit là de deux concepts différents[4]. La différence dont il s'agit est celle qui existe entre le général et le particulier : alors que le principe de causalité est un principe de raison, la légalité est un principe de connaissance de la nature. Entre les deux subsiste la même

1. Cette conception était difficilement acceptable pour la plupart des philosophes français. Cfr. les critiques de A. Lalande dans son article paru en 1922 dans la *Revue philosophique*, cit., et celles de R. POIRIER : « Un univers tournant en rond, comme une machine, dans le silence de ses engrenages et de ses chocs, sans chute et sans progrès, exactement opposé à notre expérience naturelle de l'esprit et de la mémoire, est-il satisfaisant pour la Raison? », in "Déterminisme physique et liberté humaine", in *Hommage à Gaston Bachelard*, Paris, 1957.

2. E. MEYERSON, *De l'explication dans les sciences*, *op. cit.*, p. 670.

3. Cf. G. MOURÉLOS, *L'Epistémologie positive et la critique meyersonienne*, Paris, 1962.

4. D'où tout l'effort de discerner le concept de cause en le différenciant en "causalité théologique" et "causalité scientifique", cf. E. MEYERSON, *Identité et réalité*, *op. cit.*, chap. 1, p. 19 : « Le postulat de causalité ne se confond nullement avec celui de légalité ».

distinction qu'entre le temps (sens interne) et l'espace (sens externe) kantiens. C'est que seule la causalité rend compte de la légalité [1]. Le déterminisme de celle-ci n'est possible que grâce à l'identité déterminante impliquée par celle-là. C'est par la causalité seulement que je peux démontrer l'identité fondamentale de la cause avec l'effet, c'est-à-dire l'identité fondamentale entre l'ensemble des propriétés primitives et des facteurs de changement avec les propriétés transformées : sans cette identité il n'y aurait pas compréhension. Or, puisque comprendre signifie rapporter le divers au même, il s'ensuit que « le principe d'identité est la véritable essence de la logique, le vrai moule où l'homme coule sa pensée » [2]. C'est donc par l'identité que le déterminisme est légitimé en dernière instance. Il constitue pour Meyerson « un postulat fondamental de la science » parce qu'il implique l'identification du successif avec l'antécédent : prévoir signifie dissoudre le changement apparent dans l'identité (aucun véritable changement n'est compréhensible, car il est absolument différent de tout ce qui l'a précédé, alors que le principe de raison déterminante postule le contraire).

> Le monde extérieur, la nature, nous apparaît comme infiniment changeant, se modifiant sans trêve dans le temps. Cependant le principe de causalité postule le contraire : nous avons besoin de comprendre, et nous ne le pouvons qu'en supposant l'identité dans le temps. C'est donc que le changement n'est qu'apparent, qu'il recouvre une identité qui est seule réelle [...]

et donc

> la force explicative des théories réside essentiellement dans l'application du postulat de l'identité dans le temps [3].

C'est la conviction instinctive et primordiale de la valeur des lois, la foi que les hommes ont toujours eue dans la supposition de leur existence, même quand il n'ont pas encore su la formuler. L'histoire des connaissances scientifiques le confirme sans cesse. Notre possibilité de connaître la nature est soumise à ce principe : c'est pourquoi la nature nous réserve toujours des surprises. En elle-même, elle n'y est pas soumise, mais elle s'y plie généreusement, laissant intact l'*abîme* entre l'entendement et la réalité.

1. *Ibid.*, p. 34-35.
2. *Ibid.*, p. 37.
3. *Ibid.*, p. 98 et 100.

Meyerson cite à cet égard un article de W.James, *Le dilemme du déterminisme*:

> Nous constatons que la nature se montre, dans une large mesure, *plastique*, selon l'expression de W.James, se plie à cette tendance de notre entendement; nous savons aussi qu'en poussant les choses jusqu'au bout, nous arriverons à une limite infranchissable [1],

qui est la limite de l'irrationnel, de la nature en soi (que Meyerson appelle aussi *nouménique* [2]). En fait, reconnaît Meyerson, le principe de causalité est un principe extrême qui postule la conservation de tout (alors que la légalité implique le changement): il est donc une *faculté* qui ne peut jamais se réaliser définitivement, car

> nous ne saurions jamais appliquer un seul instant la causalité avec cette rigueur. La nature existe, et ce fait seul suffit pour nous en empêcher. Donc, tout en prétendant faire profession de foi en faveur du principe causal, nous faisons aussitôt une sorte de réserve mentale: il sera applicable non pas totalement, mais partiellement [3].

Il faut par conséquent se garder de confondre les insuffisances de nos connaissances avec un état propre à la nature (comme c'est le cas avec la théorie de Heisenberg-Born). Le causalisme appartient exclusivement à la raison humaine et nous savons que la nature y *résiste* souvent [4]. Nous *voudrions* en fait que le réel soit rationnel, mais nous *sentons* également que ce désir est essentiellement chimérique et qu'il n'est pas possible qu'il soit véritablement satisfait: ce qui n'empêche pas la raison de poursuivre son effort [5].

L'effort rationnel ne peut donc pas se soustraire au principe d'identité qui le constitue. Le déterminisme correspond par conséquent à une exigence de la raison; il n'y a aucun sens à parler en termes d'*indéterminisme* et de liberté de choix dans la nature. La science reste un acte humain, l'acte humain par excellence qui dérive de la constitution adaptative de l'homme. La seule chose que nous pouvons savoir du réel qui existe en dehors de nous, c'est que parfois il se plie à nos principes, et que parfois il y résiste. Cependant nous tenterons toujours instinctivement de le ramener à une identité et de l'expliquer causalement.

1. *Ibid.*, p. 464.
2. *Ibid.*, p. 485, 489.
3. *Ibid.*, p. 489. Il est important de rappeler que dans la philosophie de Meyerson les *irrationnels* ont une grande importance – ainsi que Th. Kuhn l'a fait remarquer à la fin des années 60 – et font de son système épistémologique une théorie *sui generis*.
4. *Ibid.*, p. 326.
5. E. MEYERSON, *La Déduction relativiste*, *op. cit.*, p. 198.

Du seul point de vue philosophique les découvertes de la nouvelle physique ne posent aucun problème, car le réel quantique ne comporte nullement de rupture avec le réalisme transcendantal. L'essence inconnaissable du réel n'est pas une nouveauté, mais il est contradictoire d'en inférer l'incertitude comme principe de raison. L'indéterminisme a d'ailleurs toujours été présent en physique sous le nom de "contingent" ou de "particulier" (Meyerson cite l'exemple du *clinamen* de Lucrèce) et personne n'a jamais cru au déterminisme comme à un credo immuable. Ni Descartes, ni Leibniz, ni Comte, etc.: ici Meyerson touche une problématique très délicate, quoique très importante, concernant l'histoire de la philosophie et de la pensée scientifique[1]. Qu'on fouille les textes des philosophes les plus rationalistes ou les plus dogmatiques, on n'y trouvera jamais le déterminisme érigé en système absolu: la présence du contingent et les limites de la raison humaine n'y ont jamais été oubliées. Le déterminisme en tant que dogme n'est donc qu'un problème mal posé et un faux historique. L'indéterminisme ne met d'autre part pas en cause le travail et l'attitude des chercheurs à l'égard des phénomènes: que la réalité soit indéterminée et inconnaissable ne veut pas dire qu'elle soit inexistante. A ce sujet Meyerson est formel: la peur que l'on a de l'indéterminisme vient tout simplement d'un certain héritage positiviste qui s'identifie avec le principe de légalité (la connaissance de la nature physique doit se borner aux lois) et fait du réel quelque chose d'entièrement dominé par des lois.

C'est avec une référence au père de la physique des quanta, M.Planck, que Meyerson s'oppose à l'extériorité de l'indéterminisme et du légalisme rigoureux. Ni le dogmatisme des uns, ni l'incertitude des autres n'ont à faire avec la connaissance: celle-ci reste déterministe *en tant que connaissance*. Telle est la base de tout savoir *scientifique*, ainsi que l'affirme Planck lui-même in *Der Kausalbegriff in der Physik*. Il en sera toujours ainsi, semble ajouter le philosophe français, l'indéterminisme n'ayant été en fait découvert qu'à la suite d'un travail de réflexion scientifique parfaitement déterminé. Il s'agit toujours de chercher rationnellement en direction du réel.

1. E. MEYERSON, *Réel et déterminisme dans la physique quantique*, in *Actualités scientifiques et industrielles*, 68, Paris, 1933, p. 39: «Il nous semble bien, à vrai dire, qu'il est permis de s'étonner de la vivacité des protestations qu'a soulevées cette affirmation de l'indéterminisme quantique [...]. A ce point de vue les déclarations de M. Planck – que le fait même qu'elles émanent de l'intérieur de cette physique des quanta revêt d'une haute autorité – paraissent entièrement justifiées; il faudra certainement attendre des confirmations ultérieures avant d'admettre définitivement l'indéterminé. Mais en supposant que l'on soit obligé d'avoir recours à cette extrémité, ni le travail du chercheur, ni son attitude essentielle à l'égard des phénomènes qu'il constatera, nous venons de le reconnaître, ne se trouveraient modifiées».

La mécanique quantique appartient au progrès historique et est une théorie explicative, elle ne représente nullement une exception à la tendance fondamentale de la pensée. La nouvelle théorie n'inquiète donc pas Meyerson, pourvu qu'elle ne touche ni au principe de causalité, ni à l'existence d'une réalité objective integrée par une théorie de l'irrationnel. Mais Heisenberg et Bohr insistent pour mettre en cause l'*objectivité du réel* et la *causalité*[1], ce qui préoccupe profondément le philosophe. L. De Broglie le rappelle à l'occasion d'une conférence donnée en hommage à sa mémoire dans les années 60. Il s'était rendu chez le vieux maître à l'occasion du prix Nobel obtenu en 1929, Meyerson étant déjà très malade, pour présenter et discuter la nouvelle physique. Le philosophe, nous dit le physicien, voyait « avec étonnement et inquiétude les physiciens théoriciens paraître mettre en doute l'objectivité du monde physique et cesser de croire à une liaison causale des phénomènes qui se succèdent »[2]. Le texte-testament de 1933 serait donc une dernière mise au point sur la causalité face au bouleversement apporté par la nouvelle microphysique.

Toutefois l'importance philosophique de la réalité elle-même ne peut être encore saisie dans les années 30 en France : l'épistémologie *profonde* de Meyerson reste en marge des débats et des institutions culturelles (et elle sera violemment critiquée par Bachelard[3]). Sa pensée n'est suivie que par une élite de savants et de philosophes, et ne s'impose pas dans un milieu qui se veut rationaliste et positiviste (bien que d'un positivisme "critique", comme celui de Rey ou de Bachelard) : ce qui gêne, dans son épistémologie – laquelle a cependant un grand succès éditorial à l'occasion de la sortie de *La Déduction relativiste* – c'est le réalisme originel et originaire qui est à son fondement et qui, dans l'idéal rationnel de l'identité, impose la présence paradoxale de l'irrationnel (l'irruption de la Nature).

Chez Rey les termes sont beaucoup plus clairs et toutes les hésitations au sujet du déterminisme semblent disparaître dans ses œuvres. Alors que Brunschvicg et Meyerson refusent toute médiation

1. N. Bohr répètera en effet dans un article de 1938 ce qu'il a affirmé dès le milieu des années 20 : « Ce développement de la physique nous a obligés à changer radicalement notre attitude face à la description de la nature. Ce qui met cela peut-être le plus clairement en évidence, c'est le fait que le principe de causalité, regardé jusqu'alors comme le fondement indiscutable de toute interprétation des phénomènes naturels, s'est révélé un cadre trop étroit pour embrasser les lois toutes particulières qui régissent les processus atomiques individuels », in N. BOHR, *Physique atomique et connaissance humaine*, tr. fr. Paris, 1960, p. 35-36.

2. Louis DE BROGLIE, *Certitudes et incertitudes de la science*, Paris, 1966, p. 242.

3. G. Bachelard est le seul qui "réponde" en 1934, dans *Le Nouvel esprit scientifique*, à ce texte de Meyerson. Il lui reproche d'être fermé aux nouveautés épistémologiques et de rejeter la physique nouvelle au nom d'un réalisme du sens commun qui n'a rien à voir avec la science abstraite.

avec le positivisme, Rey se déclare sans gêne *positiviste :* il croit aux lois de la nature, il croit à l'existence de la réalité objective et il est convaincu de leur déterminisme. Les phénomènes de la nature s'organisent et se manifestent d'une façon déterminable par des lois que la connaissance scientifique trouve dans le monde physique. La science a pour Rey le même degré de certitude que l'existence de l'univers qu'elle explique, parce qu'elle nous rapproche par ses analyses des intuitions expérimentales qui ont la même valeur que les données [1]. C'est l'expérience qui oblige le physicien à démolir et ensuite à reconstruire une théorie, s'il veut que les résultats théoriques soient conformes aux résultats de l'expérience : ce qui prouve que la théorie a une valeur objective en fonction de l'expérience réelle. Par ce fondement objectif, le réalisme de Rey se laisse interpréter comme "positiviste" (mieux, comme "positif"), *parce qu'* il s'attache à une expérience qui nous fait découvrir des lois (et les lois sont toujours pour Rey des "lois de nature"). L'histoire qui nous montre la succession des réalités "construites" par les lois et les théories, constructions qui se révèlent toujours plus voisines de la vérité naturelle est elle-aussi déterministe (malgré la relativisation et l'assouplissement que Rey impose au déterminisme après les années 20).

C'est ce qui est affirmé, semble-t-il, dans ses derniers travaux historiques : la crise de l'indéterminisme semble donc ne pas l'avoir affecté profondément. Rey consacre en effet les dix dernières années de sa vie à écrire une histoire des sciences qui, dans son plan initial, aurait dû arriver jusqu'à nos jours. Une entreprise si exigeante, qui s'arrête du fait de la mort de l'auteur à la Grèce, dont l'histoire du savoir mathématique et scientifique occupe à elle seule quatre volumes [2], représente le moment le plus haut d'une philosophie vouée à la raison positive. Elle doit rendre compte d'une continuité rationnelle. L'évolution de la connaissance des lois de la nature, connaissance théorique qui se fonde sur les données expérimentales et donc en dernière instance sur la réalité sensible (« l'intelligence implique les sens »), requiert le déterminisme. Par celui-ci se justifie la continuité du progrès des sciences, leur histoire essentielle, qui n'est que l'histoire de leur objectivation.

1. A. REY, *La Philosophie moderne*, Paris, 1921, p. 352.

2. Un premier volume avait été consacré à l'*aube* de la science dans la civilisation occidentale. Voici donc la liste des cinq volumes écrits par REY : *La Science orientale avant les Grecs* (1930) ; *La jeunesse de la Science grecque* (1933) ; *La maturité de la Pensée scientifique en Grèce* (1939) ; *L'Apogée de la Science technique grecque. Les sciences de la nature et de l'homme. Les mathématiques d'Hippocrate à Platon* (1946) ; *L'Apogée de la Science technique grecque. L'essor des mathématiques* (1948), Paris, 1930-1948.

« La science – dit Rey – n'est que la poursuite de l'objectivité, la construction en même temps que la découverte [...] des lois de l'objet distinguées *peu à peu* au sein de la confuse expérience primitive ». Or, continue-t-il, l'objectivité n'est que la *détermination des choses en tant qu'elles se suffisent à elles-mêmes,* la loi du déterminisme n'étant pas autre chose que l'indépendance des choses par rapport à nous[1]. Mais alors « tout savoir est une puissance d'induction » qu'il ne faut arrêter ni sur le plan des apparences, ni sur celui des hypothèses. Les mots de Rey sont à cet égard d'une clarté exceptionnelle :

> S'arrêter à ce qu'on a constaté sans plus, serait se refuser au savoir, et nier toute prévisibilité, tout déterminisme, toute objectivité[2].

L'identification de déterminisme et d'objectivité révèle l'enjeu de la philosophie épistémologique de Rey[3]. Si l'on s'en tient à une sorte de psychologisation du travail des scientifiques, Meyerson a raison et le déterminisme reste le moyen le plus puissant et le plus utilisé dans toute recherche théorique et empirique. Qu'il suffise de demander aux chercheurs s'ils n'utilisent pas toujours des principes bien déterminés et des prévisions certaines au sujet de leurs pratiques objectives, et la réponse sera sans équivoque[4]. Mais comment concilier le déterminisme

1. A. REY, *Le retour éternel et la philosophie de la physique*, *op. cit.*, p. 292 (voir aussi le premier chapitre).

2. *Ibid.*, p. 302. Rey apparaît comme un personnage très important à cette époque. Il participe activement aux débats qui sont organisés par les diverses institutions, il écrit dans plusieurs revues et il est à la tête de nombreuses initiatives (il dirige par exemple une section de la collection des *Actualités scientifiques et industrielles* chez Hermann, et la revue *Thalès*, siège au comité directeur des congrès internationaux d'histoire des sciences, fonde un Institut d'histoire des sciences, est titulaire d'une chaire à la Sorbonne, etc.). Il est donc d'autant plus remarquable qu'il soit après sa mort, à quelques exceptions près, presque complètement tombé dans l'oubli.

3. Cet enjeu a d'ailleurs trouvé une continuation dans les années 60, ce qui témoigne des détours et des nœuds qui compliquent l'histoire du savoir et de l'épistémologie. Nous pensons à J. Ullmo (présent, dans sa jeunesse, aux discussions qui eurent lieu pendant les années 30). Dans un article de 1957, à une époque où la philosophie bachelardienne fondée sur l'indéterminisme et la discontinuité dictait sa loi, Ullmo défend le continuisme et le déterminisme avec les mêmes arguments qu'A. Rey. Il s'agit d'un déterminisme qui s'impose même en histoire des sciences, conforté par la "reconversion" de L. De Broglie aux convictions qu'il avait eues avant 1927 (donc à un "déterminisme physique caché" des phénomènes) ; voir aussi J. ULLMO, *La Pensée scientifique moderne*, Paris, 1969.

4. A ce sujet, il serait intéressant de relire dans une perspective de sociologie des sciences un livre paru en 1930 et qui est par une étrange coïncidence une véritable confirmation pratique de l'observation meyersonienne. *L'orientation actuelle des sciences* recueille en effet une série de conférences données par les scientifiques les plus réputés d'une grande partie des disciplines à l'Ecole Normale Supérieure pour les candidats à l'agrégation de 1930 (écrits de Brunschvicg, Perrin, Langevin, Urbain, Lapicque, Perez et Plantefol). La majorité des interventions (notamment biologie, physique, chimie et physiologie) montre que la pratique de la discipline fait toujours

épistémologique avec l'indéterminisme physique ? Jusqu'où l'indéterminisme peut-il faire basculer le déterminisme et la causalité ?

Conformément aux opinions de scientifiques tels que J.Perrin, P.Langevin et E.Bauer, Rey accepte l'indéterminisme d'une façon exclusivement opératoire, comme rationalisation physico-mathématique de certains problèmes physiques. Personne ne peut ignorer l'*élégance*, comme dit L. De Broglie, et l'absence de défauts de sa formalisation mathématique. Mais il suffit alors de l'accepter comme une théorie provisoire (puisque d'un point de vue épistémologique elle est insoutenable), d'autant plus qu'elle n'est pas indéterminée, ses contours étant déterminés par la valeur de la constante de Planck. Elle est donc un moment de l'effort continu que fait la connaissance pour comprendre la nature.

En tant qu'étape de l'histoire elle s'inscrit alors dans le cours global de l'histoire des sciences. Son essence n'est d'ailleurs pas une exception et ce n'est pas la première fois qu'un contenu irrationnel se présente dans le cours évolutif de la pensée scientifique. Celle-ci, nous explique Rey, a toujours été caractérisée par la présence de deux grands courants qui ont interprété le monde naturel : l'une rationnelle et réaliste, l'autre irrationnelle et hypothétique.

> Pour résumer l'évolution de la pensée scientifique depuis les Grecs jusqu'à la période actuelle, il faut dire qu'il y a eu tantôt quasi-unanimité pour admettre la représentabilité de ce qu'atteint la physique, tantôt, au contraire, l'aveu que toutes les représentations essayées aboutissent au contradictoire et à l'absurde. L'époque contemporaine reste donc placée dans un courant d'idées qui remonte très loin. On se trouve toujours en face d'une même alternative, qui maintenant se manifeste dans deux grandes questions : la relativité et les quanta [1].

C'est la relativité qui représente le courant d'idées rationnel, la théorie qui accomplit le progrès historique des sciences et qui continue et achève la physique cartésienne. Elle reste réaliste, représentable et cohérente, alors que les quanta, non-réalistes et irrationnels, interrompent la tradition historique (ce qui est plus *grave*, nous explique toujours Rey)[2]. « On croirait, à lire certaines pages des physiciens [des quanta], parmi les plus grands, retourner à un hylozoïsme qu'on pensait relégué à jamais dans les plus antiques conceptions de la philosophie »,

appel à la notion de déterminisme causal (cf. *Ibid.*, p. 62 ou 103), même si certains, comme Perrin et Perez par exemple, critiquent l'hyper-déterminisme causal rigoureux (*Ibid.*, p. 27 et 123).

1. A. REY, "Physique et réel", in IVe Semaine Internationale de Synthèse, *L'Evolution de la physique et la philosophie* (1932), Paris, 1935, p. 134-135.

2. *Ibid.*, p. 136 et 138.

ce qui n'est qu'une conséquence des conclusions hâtives que l'on tire des faits[1].

La science vraie ne peut qu'être réaliste et objective, unitaire et homogène. Malgré les remaniements et les "révolutions", l'histoire des sciences (« comme toute histoire » ajoute Rey, ce qui n'est pas sans importance à l'égard de sa conception de l'histoire) montre que quelque chose se conserve toujours et que tout changement s'appuie sur ce qui reste sous les ruines. Durant ces trois ou quatre derniers siècles les sciences ont élevé un monument « impérissable » qui correspond « à du réel ».

> Il y a eu des résultats énormes. Seulement [...] il semble que les résultats nouveaux modifient de façon profonde et nécessaire les représentations et les conceptions que nous nous sommes faites du réel, ou d'un certain domaine de réalité – pendant ces trois ou quatre cents ans : une minute, même dans la courte évolution de l'humanité[2].

Dans une histoire qui date de plus que deux mille ans, une minute a certainement son importance, mais elle ne peut ni doit être capable de changer le cours continu de l'histoire.

Une fois qu'on a éliminé le simplisme du déterminisme dogmatique, la certitude des séries causales et la prévision restent au fond de la méthode scientifique. Il en va de même pour l'histoire. Rey nous explique qu'Hérodote nous l'avait déjà enseigné, lorsqu'il présentait l'histoire non plus comme une liste ou comme une simple chronologie, « mais comme une suite de faits liés, dont les uns sont conséquence des autres », ce qui avait été perfectionné par Thucydide avec la fondation d'une « vraie histoire scientifique » caractérisée par « la recherche des causes et le tracé du cours des événements ». Il s'agit d'un « déterminisme historique, certes, mais qui, loin d'exclure les intelligences et les volontés, les supposait au plus profond de lui-même »[3].

Ce qui est important, en histoire, c'est par conséquent l'enchaînement des faits. En histoire des sciences ceci se traduit par une conception continuiste de l'évolution de la connaissance. L'identité méthodologique entre science et histoire au sujet du déterminisme nous semble toutefois remarquable. Or, même si Rey se garde bien de réduire l'une à l'autre, son enseignement risque toujours de s'engager

1. C'est contre ces conclusions hâtives que Rey veut mettre en garde les savants ; cf. A. REY, "Une opposition de tendances dans la sciences des temps modernes", in *Revue de Synthèse*, I, Paris, 1931, p. 121 et 123.

2. *Ibid.*, p. 122-123.

3. Toutes les citations sont tirées d'A. REY, *L'Apogée de la Science technique grecque*, t. I, *op. cit.*, p. 179.

dans cette direction. C'est ce qui se vérifie chez P.Ducassé, très proche de Rey, qui écrit en 1934:

> La science et l'histoire de la science ne sont plus désormais qu'un même mouvement, les étapes alternées d'une prise de conscience progressive du réel. Méthodologiquement même, *l'histoire de la pensée scientifique devient identique à la science.* Et celle-ci se présente, en fait, comme une pensée qui se développe dans le temps, et dont l'état dernier ne se comprend pas si on l'isole de ce qui le précède [1].

Cette conception extrême est cohérente par rapport aux présupposés de la philosophie de Rey, qui sont profondément différents en cela de ceux de Meyerson ou des historiens des sciences qui se sont formés dans le sillage de Bachelard[2]. Cependant l'affinité avec Meyerson (à propos de l'importance contingente de l'irrationnel) revient dans une note d'un texte tardif de 1934. Il s'agit d'une note importante qui nous explique la conception que Rey a de l'histoire et l'enjeu véritable de l'assouplissement du déterminisme[3]. Il y souligne en effet combien et comment le contingent et l'individuel font partie de cette discipline, qui est donc incompatible avec un projet exclusivement déterministe ou positiviste. C'est une sorte de mise au point de toute sa théorie de l'histoire. Celle-ci est désormais indispensable pour la compréhension du monde actuel, de *notre* monde qui «est un entre une infinité d'autres», rendu possible par des lois abstraites. Il faut comprendre que dans ce monde-ci

> entre évidemment un élément de contingence, même si nous admettons un déterminisme absolu; car d'autres univers étaient possibles [...]. Que nous connaissions ou ignorions les causes qui lui ont donné son aspect, il n'en reste pas moins que nous ne connaîtrons notre univers réel que si nous sommes capables d'en reconstituer l'histoire. En somme, rien ne nous est donné jamais dans *notre* expérience que dans son aspect particulier, concret,

1. P. DUCASSÉ, "La pensée mathématique d'Auguste Comte", in *Thalès*, 1, 1934, p. 133 (souligné par moi).

2. Nous pensons à G. Canguilhem, pour lequel l'histoire des sciences n'a absolument pas le même objet que la science. Les deux objets n'ont rien en commun, et s'il y a affinité méthodologique entre les deux, il faut toujours laisser la place à la spécificité de chacune, afin que les différences puissent s'imposer. Voir G. CANGUILHEM, *Etudes d'histoire et de philosophie des sciences*, *op. cit.*, p. 17.

3. A. REY, "Avant-propos" du premier numéro de *Thalès*, 1, *op. cit.*, p. XVII. L'importance de cette note est confirmée par le fait que le texte où elle paraît a été publié plusieurs fois par Rey: il constitue l'avant-propos du premier numéro de sa revue *Thalès* aussi bien que la première partie d'un essai publié dans le numéro 217 des Actualités scientifiques et industrielles en 1935 et reproduit dans le deuxième tome de *L'Apogée de la Science technique grecque*.

> individuel [...]. Mais alors la connaissance de ce réel n'est possible que si l'on peut *savoir* l'histoire de ces individuels [1].

La synthèse idéale n'élimine plus, pour Rey, ni le contingent, ni l'histoire de l'individuel. L'individuel s'actualise, et en s'actualisant il implique la mise en cause de sa détermination rigoureuse.

Les idées et les positions s'entrecroisent, rendant ainsi très difficile la détection d'un parcours commun ou d'une logique fixe des théories élaborées par ces philosophes-épistémologues. Les retours en arrière et la conscience d'une mise en question radicale du déterminisme mécaniste engendrent des réflexions mouvantes comme celle de Rey et alimentent les discussions. Nous le verrons maintenant dans des conjonctures particulières.

## PETITE SOCIOLOGIE DE LA PÉRIODE ET DÉBATS DES ANNÉES 30

En France, une prise de conscience générale sur le problème du déterminisme se développe à partir des années 30. Les théories des Allemands sont désormais bien connues des savants et des philosophes, qui ne peuvent plus ignorer les enjeux des nouvelles "découvertes". Elles commencent à circuler imprégnant les débats, les articles et les convictions épistémologiques du milieu savant. Le débat de l'indéterminisme, qui éclate à cette époque, aurait été inconcevable en France dans les années 20. Mais le "retard", les préjugés et l'hostilité théorique des Français à l'égard de la nouvelle physique ne sont pas seulement motivés par une différence dans l'interprétation scientifique de la nature. En effet, les motivations sont également d'ordre "politique" et idéologique (notamment pendant la première moitié des années 20). Que l'on se rappelle, par exemple, que la suppression officielle du *boycott* souscrit par les Français, les Anglais, les Belges et les Italiens contre la science et les savants allemands en 1918 au *International Research Council* date de 1926. La France s'est montrée en outre la plus intransigeante au sujet de ce boycott, et l'a maintenu tacitement même après 1926, ce qui lui coûte très cher du point de vue de la

1. A. REY, "Avant-propos", in *Thalès*, 1, *op. cit.*, p. XVI. Ce sont des affirmations très différentes de celles que Rey avait écrites trente ans auparavant, toujours sur la contingence, en 1907 (lorsqu'il écrivait qu'en histoire la contingence n'était que le développement de la nécessité et que la raison d'être du fait historique était dans une loi plus profonde, conformément à ce qu'en pensait Comte; in A. REY, "L'energétique et le mécanisme au point de vue des conditions de la connaissance", in *Revue philosophique*, LXIV, 1907, p. 495-517).

théorie physique (la seule exception, celle de P.Langevin, ne faisant que confirmer la règle)[1].

L'ouverture aux Allemands se fait seulement après 1928, quand recommencent peu à peu des échanges de chercheurs (alors que jusqu'à cette date aucun échange n'avait eu lieu et que le milieu des savants était resté très fermé sur lui-même). Nous avons vu toutefois que, du point de vue épistémologique, les questions liées au déterminisme ont été débattues depuis longtemps et que l'indéterminisme n'a pas été reçu comme un bouleversement soudain et inattendu. En fait, le milieu philosophique est plus souple. C'est cette souplesse qui permet à P.Langevin (avec L. De Broglie, le plus "philosophe" parmi les physiciens) d'inviter Albert Einstein à Paris en 1922 et de lui rendre sa visite tout de suite après (donc en plein boycott). Einstein est bien reçu au Collège de France et à la Société française de philosophie, mais il n'est paradoxalement pas reçu à la Société de Physique et à l'Académie des Sciences, qui à cette occasion désavouent ouvertement Langevin.

Un autre épisode qui révèle l'attitude des Français à l'égard de l'Allemagne s'était vérifié à l'occasion du cinquantième anniversaire de la *Société française de Physique* en 1923. Y était invitée la majorité des pays européens, sauf l'Allemagne, l'Autriche et l'Union Soviétique[2], alors que la Suède, par exemple, avait demandé à l'assemblée générale de l'*International Research Council* de supprimer le boycott dès 1922 ! Il faut d'ailleurs souligner que le milieu savant n'est pas seul responsable de cet état de choses. En fait, le milieu politique est encore plus intransigeant et l'opposition politique fait échouer en 1928 les efforts du ministère Briand pour un rapprochement politique et diplomatique avec l'Allemagne. Une très large partie de l'opinion publique considère encore l'Allemagne comme une nation ennemie, ce qui est conforté par le gouvernement lui-même lorsqu'il vote, le 29 décembre 1929, la construction d'une ligne fortifiée tout le long de la frontière franco-allemande (la "ligne Maginot").

1. A propos de P. Langevin, dont la personnalité et le savoir ne sauraient être sous-estimés, voir l'excellent travail de B. BENSAUDE-VINCENT, *Langevin. Science et vigilance*, Paris, 1987. Sur l'attitude des physiciens français dans l'entre-deux-guerres et notamment sur les conséquences du boycott et de l'hostilité envers les Allemands, cf. D. PESTRE, *Physique et physiciens en France. 1918-1940*, *op. cit.*, (en particulier le chapitre 5). Notons toutefois que Pestre s'attache seulement à la situation de la physique théorique, aboutissant à une conclusion très critique envers l'isolement de la science française et le retard qu'elle a accumulé. Notre thèse se propose au contraire d'indiquer, *sur le plan philosophique*, les aspects originaux auxquels aboutit une partie de l'épistémologie française (comme conséquence directe de son état de crise plutôt que de son isolement politique et intellectuel, mais le milieu des philosophes et des historiens n'est pas celui des physiciens).

2. Y assistent 7 représentants britanniques, 3 américains, 3 belges, 2 italiens, 2 suisses, etc. cf. D. PESTRE, *Physique et physiciens en France*, *op. cit.*, p. 151-152.

Il n'y a donc pas lieu de s'étonner des difficultés que les théories provenant d'Allemagne rencontrent pour se répandre en France. Ce n'est pas le manque d'information (le milieu savant – par nécessité et par tradition – se tient constamment au courant des progrès qui se font outre-Rhin comme ailleurs), mais le barrage idéologique qui empêche la communication. Il faut attendre les années 30 pour que ce barrage tombe et ce que le débat sur l'indéterminisme commence à rebondir dans les cercles philosophiques et scientifiques.

D. Pestre nous montre que le milieu des physiciens français ne commence à s'intéresser aux nouvelles théories qu'après 1927 *grâce* à l'attitude et aux propositions très originales de L. De Broglie[1]. Mais ce retard culturel et théorique des français par rapport au développement de la physique allemande et anglaise est dû aussi à ce que J.D.Kevles appelle la *cold war in science:* c'est seulement "très tard" que les Français commencent à se "mettre à jour". Ce qui nous intéresse, alors, c'est que cette "mise à jour" du milieu scientifique est facilitée par la création d'un instrument presque unique dans son genre: la collection des *Actualités scientifiques et industrielles* chez l'éditeur Hermann, dont le projet, qui remonte à 1927, voit le jour en 1929. Il s'agit d'une collection qui fait pendant à d'autres collections ou entreprises qui se réalisent en France après 1920[2] et qui ouvrent un espace de discussion très important et très diversifié. Alors que ces dernières se consacrent aux sciences humaines en général ou à une approche encyclopédique du savoir, les *Actualités* couvrent le domaine scientifique.

Malgré le retard que reproche D.Pestre au milieu physicien, il faut reconnaître que du point de vue épistémologique, cette collection qui présente des textes d'une très haute valeur scientifique et philosophique, exprime un caractère originel de la culture française, à savoir le rapport très strict qu'il y a entre philosophie rationaliste et science (rapport qui ouvre la voie au rationalisme expérimental et au rapport entre épistémologie et histoire). Et s'il est vrai qu'il y a du retard, ceci n'empêche pas de chercher des solutions dans un ordre épistémologique très différent de celui du monde anglo-saxon. En effet, entre 1934 et 1937 les *Actualités* publient des essais théoriques et épistémologiques consacrés aux grands thèmes du moment, la question

1. Pour un approfondissement des questions théoriques et scientifiques, des enjeux académiques et des stratégies liées aux conjonctures historiques de la période, voir D. PESTRE, *Physique et physiciens en France*, *op. cit.*, chapitres 3 et 4.

2. Nous pensons notamment à la collection dirigée par H. BERR, *L'Evolution de l'humanité* et, après 1932, à l'*Encyclopédie française* dirigée par L. Febvre, voir plus loins les chapitres 4 et 5.

du déterminisme et l'*école de Vienne*[1]. Nous verrons que c'est presque dans la même période, avec quelques années d'avance, que la *Société française de Philosophie* et le *Centre International de Synthèse* consacrent au thème du déterminisme des séances très importantes, ce qui confirme que la controverse n'éclate en France que dans les années 30. Il est donc remarquable qu'une collection scientifique qui commence par publier presqu'exclusivement des textes de physiciens plus ou moins vulgarisateurs (de 1929 à 1931) s'ouvre bientôt à l'épistémologie et à l'histoire des sciences. Cette dernière prend une place de plus en plus grande. En fait, les directeurs des sections de la collection consacrées à l'*Histoire des sciences* et à la *Philosophie et l'histoire de la pensée scientifique* sont respectivement Rey et F.Enriques (L. De Broglie étant directeur à la fois des sections *Philosophie des sciences* et *Physique théorique*), soit deux philosophes-épistémologues très sensibles à l'histoire des sciences. Mais ceci ne fait qu'indiquer la façon toute française de se poser les problèmes épistémologiques : la liaison épistémologie-histoire est *nécessaire* parce qu'elle peut répondre, d'une certaine façon, au vide laissé par les conséquences indéterministes de la nouvelle physique, sans pour autant tomber dans le logicisme et dans le néo-empirisme de l'*école de Vienne*. En ceci consiste précisément la spécificité de la pensée scientifique française par rapport à l'Allemagne ou à l'Angleterre. C'est dans ce cadre que le monde intellectuel français s'engage, sans trop de retard cette fois, dans la querelle du déterminisme. Une querelle qui, par le recours à l'histoire, aurait pu trouver une solution au dilemme que posait l'interprétation indéterministe de la nature, car il aurait permis de sauver le rationalisme tout en reconnaissant l'inéluctabilité des temps de la contingence. Cette possibilité théorique, qui exigeait une sorte d'interaction forte entre histoire, histoire des sciences et épistémologie a été effleurée, voire saisie par quelques uns (Bachelard en reste l'exemple éminent), mais elle n'a pas été approfondie, ni véritablement thématisée dans toute son originalité. Les héritages idéologiques et métaphysiques ne le permettent pas.

En effet, les détracteurs et les défenseurs du déterminisme semblent s'accorder sur un point, à savoir que le déterminisme comme tel

1. Il est vrai que la plupart des essais et des articles paraissent en 1936, la collection ayant choisi de publier les actes du premier *Congrès International de Philosophie Scientifique* (Paris, Sorbonne, 1935). En 1936, selon un tableau présenté par Pestre, (*op. cit.*, p. 121), 11 numéros sont consacrés au « débat philosophique lié aux théories nouvelles », 6 numéros en 1935 et 9 numéros en 1934, mais aucun entre 1929 et 1933. Une concomitance de dates est toutefois à souligner : en 1929 débutent non seulement les *Actualités*, mais aussi les *Semaines Internationales de Synthèse* de H. Berr et les *Annales d'histoire économique et sociale* dirigées par L. Febvre et M. Bloch.

n'existe pas. Le monde des choses, la Nature dans son obscurité propre et dans son être même, ne semble nullement déterministe (et ceci, peut-être, déjà chez Laplace). Le fond des choses, on ne sait plus ce qu'il est et des interprétations discordantes peuvent s'imposer au même moment. C'est la victoire de l'atomisme à côté de l'énergétisme ou du magnétisme. Ce sont les corpuscules de J.Perrin à côté des ondes de Maxwell (et L. De Broglie, que cherche-t-il à faire dans les années 20 avant 1927 sinon à accorder ces deux points de vue ?). Toute la physique du début du siècle glisse sur le fond des choses. La Nature, semble-t-il, n'intéresse plus dans sa réalité même, quand le réalisme ne tient qu'à un objet qui s'obscurcit de plus en plus : Poincaré le déclare avec force. C'est dans l'*a priori* de la connaissance que se cachent ses lois.

D'autre part, la réaction contre l'interprétation indéterministe vise principalement les dangers que comporte une formalisation excessive de la physique, un éloignement irréductible de la matière et une mise en cause d'une méthode, la causalité, qui s'est toujours montrée très efficace[1].

1. Ce réalisme de fond n'est pas une priorité française. Même chez les physiciens allemands la formalisation toujours plus abstraite de la physique ne va pas de soi. L'interprétation indéterministe s'impose aux savants qui l'étudient comme un choix dramatique. Ils sont hantés par ce qu'on pourrait appeler leur "conscience de physiciens". Nous savons que Hilbert se consacre intégralement à l'axiomatique et que son esprit rigoureux et formaliste envahi l'Université de Göttingen où il enseigne presque 40 ans et où travaillent Born et Heisenberg. Or, Born est probablement saisi par le nouveau langage mathématique développé par Hilbert, puisqu'il veut essayer de l'appliquer à la mécanique quantique. Heisenberg est son assistant, et il lui apprend le calcul matriciel. En fait, Pauli reproche à Born en 1925 – lorsque ce dernier l'invite à participer à ses recherches sur les matrices hermitiennes – son formalisme « ennuyeux et compliqué ». « Vous venez seulement de commencer de ruiner les idées physiques de Heisenberg – lui écrit Pauli – avec vos mathématiques inutiles » (VAN DER WAERDEN, *Sources of Quantum Mechanics*, Dover, New York, 1967, p. 37). Il faut savoir que cette attitude anti-formaliste est présente aussi bien chez Schrödinger, comme il ressort de ses recherches théoriques, que chez Heisenberg, du moins avant 1927 (voilà ce qui est plus étonnant et que les théoriciens français de l'époque ne savaient pas). Attitude qui se rattache à la "conscience" que nous venons de mentionner (P. FORMAN, "Kausalität, Anschaulichkeit and Individualität, or How Cultural Values Prescribed the Character and Lessons Ascribed to Quantum Mechanics", in *Congrès International d'Histoire de la Physique*, Lecce, Erice, sept. 1977, éd. Milano, 1980). Ce qui agace Heisenberg c'est l'*Unanschaulichkeit* (l'irreprésentabilité, la non-intuitibilité) du calcul des matrices. Il l'écrit à Pauli le 16 novembre 1925, mais le problème demeure en 1926-1927. C'est aussi le problème de Born qui voit dans son interprétation de la fonction "psi" de Schrödinger une médiation possible qui, tout en renonçant à la causalité et à la détermination des phénomènes individuels, lui permet de « maintenir les concepts familiers d'espace et de temps, dans lesquels les phénomènes se manifestent d'une façon tout à fait normale » (Forman, p. 23). Il faut montrer que l'on reste dans le domaine propre à la physique et que les théories construites grâce à certains moyens mathématiques restent *anschaulich*, c'est-à-dire imaginables, intuitives. C'est aussi la raison qui pousse

La première discussion collective touchant aux problèmes actuels de la physique quantique a lieu en 1929-1930 pendant les deux séances de la *Société française de philosophie* dont le titre est "Déterminisme et causalité dans la physique contemporaine" (titre qui nous semble par soi déjà très éloquent). C'est probablement aussi la présence d'Einstein lors de la première séance qui permet et engendre une telle discussion. En fait, tout le monde connaît son opposition aux théories indéterministes, qu'il affirme sans hésiter et avec la fermeté des convictions les plus profondes (attitude qui se conforme bien à celle du milieu savant français). Les mêmes questions sont ensuite traitées à l'occasion de la IVe et de la Ve *Semaine Internationale de Synthèse*, respectivement en 1932 et en 1933. Enfin, en 1937 une section entière du IXe *Congrès International de philosophie* est consacrée au thème "Causalité et déterminisme". L'analyse de ces trois moments répartis tout au long des années 30 montre l'attitude incertaine des philosophes face au problème et indique que la crise du déterminisme n'est pas vraiment quelque chose de nouveau, mais l'aboutissement d'un changement qui remontait au début du siècle, voire à la fin du XIXe siècle : le problème de la connaissance par excellence.

En novembre 1929, la première séance de la *Société française de philosophie* s'ouvre par une intervention de L. De Broglie qui présente la nouvelle physique indéterministe. Le physicien explique que la conception classique selon laquelle les phénomènes de la nature sont régis par des équations différentielles dont les solutions sont complètement déterminables si l'on connaît leurs variables dérivées à un instant initial, se révèle insuffisante pour la nouvelle mécanique. Le cadre classique de l'espace et du temps ne suffit plus à la physique des quanta. L'interprétation ondulatoire elle-même a changé de statut : loin d'être un phénomène physique réel – comme L. De Broglie l'a cru, avec Schrödinger, jusqu'en 1927 – elle devient la simple représentation symbolique de l'état de nos connaissances sur un corpuscule. D'autant plus que selon la nouvelle théorie l'on rend compte (mathématiquement) du fait que plus on isole le corpuscule pour en connaître la

Heisenberg à donner à son travail sur le principe d'indétermination de 1927 le titre de : "Über den anschaulichen Inhalt der quantentheoretischen Kinematik und Mechanik" (*Sur le contenu intuitif, imaginable, de la cinématique et de la mécanique quantique théorique*). Il est assez évident que le sens donné à cette qualité d'intuition est strictement déterministe : une théorie peut être dite intuitive (*anschaulich*) si elle n'a pas de contradictions internes et si elle permet de prévoir les résultats de toutes les expérimentations imaginables dans son cadre (Forman, *op. cit.*,pp. 23-24 et M. BORN, W. HEISENBERG, "La mécanique des Quanta" in *Electrons et photons* – Rapports et discussions du cinquième Conseil de physique Solvay (1927), Paris, 1928, p. 143-181). Les problèmes ne naissent que lorsque Heisenberg et Bohr commencent à traduire "philosophiquement" leurs principes, abandonnant leurs réserves intuitives.

position, moins on connaît l'évolution de l'onde de propagation à laquelle il est "accroché", et inversement. L. De Broglie conclut enfin sa communication en invitant les philosophes à réfléchir sur les nouvelles découvertes, car celles-ci peuvent les aider « à combler le fossé qui jusqu'ici semblait séparer artificiellement le monde matériel du monde moral, auquel l'idée d'un rigoureux déterminisme causal paraît si difficilement applicable »[1]. Ses propos restent tout de même très souples et l'on peut y entrevoir une sorte de petite faille qui laisse au déterminisme un dernier espoir[2].

X.Léon confirme dans une brève allocution que cette "crise" intéresse directement les philosophes, d'autant plus que la polémique devient toujours plus vive dans le milieu scientifique. Et les philosophes, nous l'avons vu, sont parmi les premiers à s'occuper de la question tout en recherchant une médiation de la querelle. Ce qui contribue d'ailleurs à augmenter leur intérêt pour ce thème, c'est la présence d'Einstein à la séance (qui ne participe pas à la deuxième rencontre, le 1er mars 1930, conçue comme la suite de la première). Les termes de la discussion sont toutefois très modérés et très loin de la polémique qui oppose Einstein à Bohr ; ils sont néanmoins clairs, car L. De Broglie est censé défendre la thèse indéterministe, alors qu'Einstein va prôner la thèse déterministe.

Ce qu'Einstein déclare en cette occasion nous semble essentiel, car nous le retrouvons comme la marque fondamentale et la caractéristique propre de tout le débat philosophico-scientifique qui va s'engager autour du déterminisme en France (où l'on voit toujours revenir les mêmes concepts). Si les faits sont ambigus et pour l'instant ne se prêtent pas à une interprétation cohérente, Einstein défend cependant le déterminisme "en droit". Sans déterminisme, dit-il, aucune attitude scientifique n'est possible. Assurément, le principe de causalité et le déterminisme ne sont pas à prendre au sens empiriste, car il faut éviter les dangers du positivisme (voir le Cercle de Vienne) : le but de « notre effort scientifique » reste à son avis « la construction d'une représentation dans laquelle l'état initial d'un système détermine entièrement ses états ultérieurs »[3], alors que si l'on y renonce, l'on abandonne le terrain sûr de la science. Cet effort correspond en fait à un "besoin intime de notre raison », suivant une opinion qu'il partage avec Brunschvicg et Meyerson et qui suscite immédiatement la quasi unanimité des participants (P.Langevin et E.Borel notamment).

1. L. DE BROGLIE, "Déterminisme et causalité dans la physique contemporaine", in *Bulletin de la Société française de philosophie*, Paris, 1929, *op. cit.*, p. 144.

2. Voir ici plus bas la note 3 p. 130.

3. A. Einstein, in *Ibid.*, p. 150.

L'indéterminisme – poursuit-il – n'exprime donc qu'une difficulté momentanée, « une imperfection dans notre manière d'envisager les choses » et il nous révèle la « nécessité d'une modification profonde dans notre construction théorique »[1].

Le propos d'Einstein démontre aux yeux des participants qu'il n'est pas du tout impossible de retrouver des lois précises. La distinction d'un déterminisme "de droit" et d'un déterminisme "de fait" permet entre autres choses de justifier la causalité théorique contre les difficultés momentanées de la causalité empirique (telle est aussi la conviction de P.Langevin et d'A.Metz). Nous avons vu comment ces termes ont été employés par Brunschvicg et par Meyerson. En fait, toutes les objections d'Einstein à l'encontre de l'indéterminisme (insuffisance et imperfection, causalité comme besoin de la raison, distinction entre "droit" et "fait", etc) ont été reprises par philosophes et savants. P.Langevin, notamment, est encore plus radical : en se référant, comme A.Metz, aux déclarations de Meyerson, il affirme que la difficulté mise en lumière par Heisenberg et Bohr n'est que provisoire et doit rester circonscrite à la seule physique (pas d'extension philosophique, donc). En revanche, l'attitude de J.Hadamard, mathématicien, et celle de R.Lenoir, philosophe, sont beaucoup plus souples : suivant la suggestion de Léon, ils essaient d'apprecier les effets philosophiques d'une telle théorie, sans la réduire à une simple conséquence de l'imperfection de notre connaissance actuelle.

Cette dualité d'opinions continue dans la séance suivante et dans les débats successifs sans jamais arriver à un véritable résultat (même si tout le monde est finalement d'accord sur le fond du problème). C'est que la différence des deux attitudes, l'une plus intransigeante, l'autre plus ouverte, révèle une différence philosophique entre ceux qui veulent garder une représentabilité réaliste et physique du monde de l'expérience, isolant la science de tout dérapage philosophique, et ceux qui commencent à s'interroger sur les enjeux posés par la nouvelle physique, et qui n'excluent pas une synthèse de la science et de la métaphysique.

Cependant se manifeste un embarras commun : comment est-il possible que, du sein même de la science, ait pu naître une théorie si contraire à l'esprit scientifique ? A partir de ce doute s'axent les différentes réponses. Les plus radicaux, tels Langevin[2], se disent convaincus que la théorie de la mécanique quantique n'est qu'un problème mal posé et excessivement anthropomorphisé. Il ne donne aucun droit

1. Idem.

2. Même s'il ne figure pas parmi les plus radicaux des scientifiques, alors qu'il l'est dans ces moments collectifs.

de parler au nom de la nature en termes de valeurs humaines et Dirac se trompe lorsqu'il parle d'un « libre choix de la nature ». Ce n'est pas le déterminisme qui est en crise, explique Langevin, mais le mécanisme : on ne doit pas oublier que l'indétermination est mesurée avec rigueur par la grandeur de h, la constante de Planck, et se révèle donc singulièrement bien déterminé. Mais il sait que le déterminisme dont il s'agit désormais ne correspond plus au vieux postulat du déterminisme empirique : il s'agit bien désormais d'un principe "de droit".

Savants et philosophes trouvent enfin une sorte d'homogénéité d'opinion à la suite de la deuxième séance de la *Société française de philosophie,* qui a lieu six mois après. Langevin se déclare parfaitement d'accord avec les propos de Brunschvicg, qui ouvre la séance par une longue communication (qui essaie de ramener le déterminisme sur le terrain *a priori* de la représentabilité de la science).

Le discours de Brunschvicg comprend deux points essentiels. Le premier concerne le langage. Le philosophe rappelle que le vocabulaire de la philosophie est souvent dépassé par la science et que de nombreux problèmes, dont le différend entre déterminisme et indéterminisme, découlent de cette situation. C'est une opinion très répandue, qu'on peut rencontrer chez Meyerson, Rey, A.Metz, L. De Broglie et beaucoup d'autres : l'indéterminisme ne témoigne que d'une faiblesse de notre langage sans pouvoir mettre en cause les fondements de la science et de la nature[1]. Le deuxième point relevé par Brunschvicg, nous avons déjà eu l'occasion de l'indiquer, se situe dans le sillage d'Einstein et se formule comme la distinction entre deux formes de déterminisme : le déterminisme *de droit* et le déterminisme *de fait,* à savoir le déterminisme du savant et le déterminisme des choses[2]. Sur ce plan, l'accord

1. Comme si le langage, en termes philosophiques, ne posait aucun problème, alors que c'est précisément dans les années 30 qu'en Europe, en Angleterre et dans les pays de langue allemande notamment, on s'interroge sur le langage et l'on y voit posées les questions philosophiques les plus profondes (Husserl, Heidegger, Wittgenstein et le Cercle de Vienne pensent qu'il constitue *la* question de la philosophie).

2. Voilà comment s'exprime Brunschvicg : « Nous nous hasardons donc à vous dire : est-ce que ce n'est pas un peu le cas lorsqu'on entend parler d'un *indéterminisme objectif,* lorsqu'on entend proclamer un *principe d'indétermination* ? A moins de se faire systématiquement l'avocat du réalisme, il n'y a aucune raison de croire que le déterminisme des choses est brutalement rompu, parce que le déterminisme des phénomènes à observer, *pris en soi* n'est pas le seul dont le savant ait à tenir compte. A côté du *déterminisme des phénomènes à observer*, il y aura lieu désormais de considérer un *déterminisme du phénomène d'observation* qui ne pourra plus être laissé de côté, en vertu, précisément, des progrès de la science, de la perfection atteinte par la technique expérimentale. Nous aurions donc à compter avec la dualité de ces deux déterminismes : l'un venant du savant, l'autre venant de la nature, qui interfèrent, en effet, dans la collision du photon et de l'électron. Mais nous aurions peut-être tort de nous plaindre si, du même coup, ils font éclater le cadre de nos préjugés qui nous

entre Brunschvicg et Langevin est total. En fait, il s'agit là de la seule possibilité épistémologique de sauver le principe sans contredire la nouvelle théorie, dont les fondements mathématiques sont indiscutables.

Les problèmes s'enchevêtrent les uns aux autres. D'un côté, il faut maintenir à tout prix un contact avec la réalité (Langevin, Rey, Brunschvicg, Einstein, etc.) et s'efforcer de donner une représentation complète des faits – quoi qu'en dise Paul Valéry, lui aussi présent à cette séance[1]. De l'autre, il faut tout de même souligner que les attributs que la science donne à la nature viennent de notre connaissance et de notre esprit, que le déterminisme dont il est désormais question n'est plus, ou n'a jamais été, celui du dogmatisme légal.

La crise de la représentabilité qui préoccupe les physiciens et hante les philosophes allemands, mais qui ne les empêche pas de s'aventurer dans le monde obscur de l'incertitude, semble trouver une solution dans les débats français par l'assouplissement du déterminisme et son élévation au niveau de principe méthodologique.

Le vrai sujet de la Quatrième et de la Cinquième *Semaine Internationale de Synthèse,* organisées au Centre International de Synthèse par H.Berr en 1932 et en 1933[2], est de rendre compte de cet assouplissement tout en explicitant le progrès de la connaissance scientifique. La querelle du déterminisme (même s'il ne s'agit pas

démontre tout à la fois ce qu'il y a d'objectif dans le savoir scientifique, comme ce qu'il y a d'infiniment fécond dans le dynamisme mathématique de nos formes intellectuelles», in *Bulletin de la Société française de philosophie*, 1930, p.55 (aussi in L. BRUNSCHVICG, *Ecrits philosophiques*, *op. cit.*, t. III).

1. P. Valéry est le seul qui soulève la question de la représentabilité du réel, qui relève de la même illusion réaliste que les problèmes du langage. «Je crois que nous en sommes à un point critique – au moment d'une crise de l'*imaginabilité*», fait-il remarquer pendant la séance. Dix ans plus tard, il écrit dans ses cahiers que «les philosophes n'ont pas eu conscience ou n'ont pas voulu consentir que leur affaire vivait et se mouvait dans le langage [...]. Ils se sont donc livrés à toutes les illusions du langage, plutôt joués par lui que jouant d'elles comme le font les poètes» (P. VALÉRY, *Cahiers*, Paris, 1973, t. I, p.722). Valéry est très sensible, en littéraire, au problème du langage et comprend qu'il y a là une question qui touche les catégories fondamentales de la science et de la pensée (y compris celle du déterminisme): à son avis, tout dépend de l'échelle selon laquelle l'on considère un problème. «Qu'est-ce qui nous prouve que la causalité a un sens – à une échelle où lumière, temps, tact, n'en ont certainement plus? Dire qu'il y a déterminisme ou indéterminisme *à cette échelle*, est-ce dire quelque chose?» (*Cahiers*, *op. cit.*, t. II, p.876). La présence de Valéry dans ce débat ne doit pas étonner, vu son intérêt pour les sciences et sa grande estime pour Einstein dont il écrit, en commentant la séance de 1929: «il se montre en grand artiste et c'est le seul *artiste* au milieu de tous ces savants» (*Cahiers*, *op. cit.*, t. II, p.875). Valéry écrit ceci pour donner libre cours à sa rage contre le comportement scandaleux de Picard qui avait refusé (en 1929!) qu'on lui présente Einstein (parce qu'il était allemand).

2. Respectivement *L'Evolution de la physique et la philosophie* (1932), Paris, 1935, et *Science et loi* (1933), Paris, 1935.

encore d'une véritable confrontation d'idées opposées) est ressentie unanimement comme le problème-clé du présent. Il est vrai que les difficultés d'ordre terminologique sont encore très aiguës, mais le discours est maintenant décidément plus "libre" par rapport à celui de la *Société française de philosophie*.

La première séance de la Quatrième semaine est ouverte par une intervention d'E. Bauer qui explique les théories quantiques et en montre la nécessité, comme L. De Broglie l'avait fait à la *Société* trois ans auparavant. Le milieu plus ouvert du Centre de Berr permet toutefois à Bauer de faire ce que L. De Broglie n'avait pas vraiment pu (ou voulu) se permettre en 1929: démontrer la faillite de l'intuition, la nécessité théorique de l'incertitude et l'existence de l'irrationnel comme «la condition même de toute connaissance»[1]. E.Bauer insiste d'ailleurs lui aussi sur les problèmes du langage, d'autant plus importants que «quel que soit l'ordre des phénomènes que nous voulions connaître, il nous est impossible de définir de manière univoque un objet indépendant du sujet qui l'observe et des instruments d'observation»[2]. Le réel devient quelque chose de très instable, une sorte de multiplicité mouvante, insaisissable par la raison dans son être même: c'est ce qui radicalise la conscience de la subjectivité fondamentale de la connaissance qui concerne toute l'épistémologie des années 20 et 30.

En 1933, au cours de la Cinquième semaine (consacrée au concept de loi), Ferdinand Gonseth exprime pour les mathématiques les mêmes exigences que E.Bauer, conforté en cela par l'appui d'E.Cartan. Il faut réviser en bloc toute la question des fondements des mathématiques, dit-il, et éliminer les notions fixes, invariables et absolues comme, par exemple, la loi de vérité. «La permanence de la loi de vérité [...] constitue toujours un obstacle essentiel», car les êtres abstraits des mathématiques «n'ont pas une signification déterminée une fois pour toutes; leur adéquation aux choses qu'ils visent n'est que sommaire» et dépend des expériences de la pensée aussi bien que des progrès de la connaissance[3]. «Les mathématiques ne possèdent pas – continue-t-il – et sont incapables de créer un schéma *ne varietur* adéquat à la notion générale de loi»[4]: tout schéma change selon le point de vue à partir duquel il est interprété. Les systèmes de lois subissent par cette position une dynamisation exceptionnelle et les mathématiques, selon une

1. Ed. BAUER, "Physique actuelle et philosophie", in IVe Semaine Internationale de Synthèse, *L'Evolution de la physique et la philosophie*, *op. cit.*, p. 22-24.

2. *Ibid.*, p. 39-40.

3. F. GONSETH, "La loi dans les sciences mathématiques", in Ve Semaine Internationale de Synthèse, *Science et loi*, *op. cit.*, p. 29.

4. *Ibid.*, p. 28.

expression de Brunschvicg, subissent elles aussi un heureux élargissement. « Aucune connaissance n'est jamais supposée avoir atteint son terme dans le concret ; aucune notion sa limite dans l'abstrait. Toute connaissance est posée *a priori* en état de devenir »[1].

Ce devenir n'est pourtant pas déterminable, puisque ainsi que le font remarquer Brunschvicg et Rey, théorie et expérience réagissent constamment l'une sur l'autre et empêchent d'en fixer la relation d'une façon définitive. Cependant le devenir ne peut pas se développer librement non plus : l'édifice de nos lois ne peut pas être menacé par l'indéterminisme, parce qu'elles poursuivent toujours la *vérité*.

Que l'indéterminisme soit accepté ou rejeté, il ne doit pas mettre en doute le déterminisme foncier de notre faculté de connaître : voilà la conclusion à laquelle aboutissent finalement les deux semaines de synthèse (les thèmes débattus vont toutefois soulever des discussions qui se poursuivront dans l'épistémologie et dans l'histoire, et ceci surtout par l'intermédiaire de Bachelard[2]). Mais conclusions et problématisations sont en substance assez homogènes : insuffisance du langage, imperfection des théories, dédoublement en droit et en fait du déterminisme, réalisme, position du sujet de la connaissance, état en devenir permanent de la science. Le problème d'une crise profonde et peut-être irréversible du statut de la réalité et de la connaissance est donc encore très faiblement saisi. La façon dont on s'en rapproche est unitaire et synthétique : l'unité de la science, des lois et de la connaissance correspond à l'unité du sujet abstrait, à l'homme idéal. Berr s'étonne par conséquent des affirmations qui mettent en doute la causalité :

> n'est-il pas acquis, par exemple, que les petits faits de l'histoire sont tout aussi déterminés que les grands ? que s'il y a des faits de hasard [...] il n'y a pas de faits sans cause ? Un fait complètement indéterminable ne pourrait être qu'un miracle. Encore un miracle aurait-il sa cause extra-naturelle [3].

1. *Ibid.*, p. 40.

2. L'insuffisance du langage, l'impureté des mots et la subjectivité de toute connaissance sont repris en effet par Bachelard dans un contexte théorique radicalement différent, où l'indéterminisme *fonde* la nouvelle épistémologie et le *nouvel esprit scientifique*. L'œuvre de 1934, *Le Nouvel esprit scientifique*, appartient à la période que nous considérons, mais elle renverse en fait toutes les idées courantes à propos du déterminisme. L'on comprendrait mal les raisons qui permettent à Bachelard d'affirmer une position si nettement opposée à celle que nous venons de présenter (qu'il renforce d'ailleurs trois ans après avec *La Formation de l'esprit scientifique*), si on ne considère pas la complexité réelle et les approches différentes du problème du déterminisme.

3. H. BERR, in Discussion finale de la Ve Semaine Internationale de Synthèse, *op. cit.*, p. 219.

Toutefois, ce qui fait la différence par rapport à l'avant 1920 et aux discussions académiques de la Sorbonne, c'est la prise en considération du devenir et de l'ouverture : à ce propos la querelle du déterminisme joue un rôle fondamental. Assurément, le déterminisme reste une notion fondamentale même parmi certains historiens qui fréquentent le milieu de Berr, mais il s'est désormais transformé en principe méthodologique qui n'exerce plus aucun droit sur la nature. La réalité se révèle toujours plus multiple et discontinue. Elle ne fait plus partie d'un ordre caché mais harmonique que la science avait pour tâche de découvrir. Elle se montre plutôt semblable à l'histoire de l'humanité, hasardeuse, saccadée, incertaine, dont les ordres multiples peuvent être saisis seulement *a posteriori*. D'où l'importance de plus en plus considérable de l'histoire des sciences, la seule qui puisse encore promettre de les relier ensemble. La défense théorique du déterminisme croise l'irrationnel de Meyerson, le devenir, la contingence et l'individu. La synthèse totale et unitaire se manifeste en fin de compte comme une illusion et l'indétermination est toujours plus considérée comme « un caractère spécifique de notre prise de contact avec le réel »[1].

Dans les phrases et les définitions, de même que dans les concepts et dans les idées qui s'enchaînent le long de ces rencontres, ce qui s'exprime c'est en réalité un trouble de fond, une *crise* qui n'est pas si "factice" que l'affirme Langevin.

Cette crise et cette problématique sont d'autant moins factices qu'elles se posent à nouveau dans la section consacrée spécifiquement à la causalité et au déterminisme du IXe *Congrès International de Philosophie*. Les propositions et les difficultés sont les mêmes que celles des années précédentes, comme s'il était difficile, après l'éclat de la découverte, de sortir de l'impasse. J. Vuillemin insiste encore sur les problèmes de langage dans une intervention qu'il intitule *Expressions à éviter dans la description scientifique du monde réel* et le londonien Sir H. Samuel considère encore l'indéterminisme « simplement comme une aberration temporaire »[2]. Les idées de Bachelard, de même que les nuances de Brunschvicg et de Rey, semblent tout à fait ignorées. L'exposé de L. De Broglie répète lui aussi des choses dites en 1929, laissant toujours une petite faille, un petit espace permettant un jour de revenir au déterminisme[3]. La seule différence véritable (évidente au

1. A. REY, in Discussion finale de la IVe Semaine Internationale de Synthèse, *op. cit.*, p. 149.

2. Cf. les *Actes du IX Congrès International de Philosophie* (le celebre "Congrès Descartes", Paris, 1937), in *Actualités scientifiques et industrielles*, n. 536, Paris, 1937, p. 27.

3. L. De Broglie a toujours laissé cette marge au déterminisme, vers lequel il retourne d'ailleurs à la fin des années 50. Voilà ce qu'il en écrit à l'occasion du

regard du caractère international du Congrès) est la présence de Ph. Franck, du Cercle de Vienne, et des biologistes H.Jordan et L.von Bertalanffy (qui plaident pour l'indéterminisme en biologie), ce qui rend manifeste l'ouverture géographique des débats et l'abandon définitif de la méfiance politique envers les savants allemands.

Dans le même Congrès – ce qui confirme l'hétérogénéité des positions en France – P.Février est la seule participante française à défendre avec L. De Broglie les thèses indéterministes. Elle propose l'abandon des logiques classiques et la création de logiques nouvelles cohérentes avec la nouvelle physique[1]. Une intervention de ce genre reste cependant isolée dans le panorama culturel français (l'autre exception est Bachelard, qui n'enseigne toutefois pas encore à Paris et n'a certainement pas la popularité qu'il obtiendra dans l'après-guerre). Le Congrès de 1937 en est la confirmation : le problème déterminisme / indéterminisme n'en sort pas très enrichi.

Aucune solution ne semble avoir la force de s'imposer et la question reste ouverte, toujours prête à être convoquée pour bouleverser des certitudes que l'on essaie, des deux côtés, de reconstruire.

## LE PROBLÈME DU DÉTERMINISME ET L'HISTOIRE

Nous avons dit que l'histoire est utilisée pour assouplir le déterminisme et pour en absorber le passage au relativisme. Or, l'histoire est indéterministe par essence, car la contingence et la particularité des faits historiques sont là pour montrer qu'aucune loi ne peut s'appliquer à cette discipline éminemment humaine et que le déterminisme, s'il peut y en avoir, serait exclusivement *a posteriori*.

Certains historiens ou philosophes, tels A.D.Xénopol et F.Rauh, récemment P.Veyne, établissent une différence *de nature* entre les sciences exactes (qui peuvent avoir des lois causales) et la discipline particulière qu'est l'histoire (différenciation qu'A.D.Xénopol, par exemple, croyait pouvoir emprunter à Rickert). Grand problème de la fin du XIXe siècle : si l'histoire est une science, elle est science *humaine* du temps. Rien ne permet pourtant de reconnaître en elle des lois que

Congrès : « L'on peut [...] supposer qu'il existe un déterminisme fondamental des phénomènes qui nous resterait *caché* et se trouverait au-delà des limites de notre science humaine, mais c'est là une hypothèse métaphysique, un acte de foi, et ce déterminisme ne serait pas celui que le physicien a seul, nous semble-t-il, le droit d'envisager et que nous avons défini par la prévisibilité rigoureuse », *Ibid.*, p. 8 (souligné par moi).

1. Son exposé appartient à la section "Logique et mathématique" sous le titre de "Les relations d'incertitude d'Heisenberg et la logique" ; cf aussi P. FÉVRIER, *Déterminisme et indéterminisme*, Paris, 1955.

l'on aurait pu établir *a priori*, par lesquelles prévoir certains de ses développements : son objet n'est qu'un fragment, une donnée dont la saisie est toujours indirecte et qu'on ne pourra jamais répéter. Ses explications sont condamnées à rester dans le vague, ses causes restent dans l'incertain, les généralités lui sont interdites parce qu'elles peuvent se démultiplier à l'infini[1].

Tout le monde n'est pourtant pas d'accord pour considérer l'évolution de l'humanité comme un déroulement accidenté, instable et saccadé (ce qui va rendre le débat sur l'histoire particulièrement vif au XXe siècle). Malgré son statut empiriquement documentaire et contingent, l'histoire subit depuis la seconde moitié du XIXe siècle une transformation destinée à lui donner une place importante dans les rangs du vrai savoir : elle devient "scientifique". Elle doit donc abandonner son irrationalisme foncier, son esprit enfantin, apologétique ou romanesque. Elle devient adulte, indépendante, légitime : mais pour que cela soit possible elle doit devenir une *science*. D'où le premier "combat" de Fustel de Coulanges. Mais science veut dire aussi explication, explication veut dire loi et loi implique cause et déterminisme (et répétition). Qu'en est-il donc du déterminisme en histoire ? Le problème est grave et sa solution n'est pas simple, si l'on songe aux controverses qu'il a engendré parmi les historiens (tous d'accord, d'ailleurs, au sujet de l'histoire-science). C'est que ni le terme de *science* ni celui de déterminisme n'ont chez eux une signification claire, ou du moins univoque. C'est que l'idée de la science, le statut de scientificité que l'on cherche pour l'histoire, renvoie à des philosophies (à des idéologies) différentes : empirisme, positivisme, nouvelles épistémologies, etc. Le concept de *causalité* que l'on adopte pour l'histoire en dépend directement et révèle souvent un mélange d'idées périmées et de convictions de bon sens qui n'aident certes pas à apaiser les querelles, mais contribue à l'hétérogénéité des "écoles" historiques en France à partir de la fin du XIXe siècle ; d'où la polémique sans merci qui a opposé les historiens des *Annales* et l'histoire "positiviste".

Ce qui nous intéresse en particulier ici c'est de montrer comment, de par l'ambiguïté du statut de scientificité attribué à l'histoire, les historiens se sont rapportés à la question du déterminisme. Nous verrons qu'il s'agit d'une question très complexe, où les idées sont vagues et les principes indéterminés. On y lit l'état de crise "immanente" dans lequel se trouvent les historiens du début du siècle :

1. Cf. P. Veyne : ceux qui souhaitent une explication causale complète se référant à des lois, poursuivent une "idée régulatrice apparentée à celle du déterminisme universel" qu'on ne peut pas mettre en pratique en histoire. P. VEYNE, *Comment on écrit l'histoire*, Paris, 1979, p. 117.

leurs discours (leurs projets) ne sont pas très éloignés des questions qui occupent les épistémologues de la même période[1]. Qu'il suffise, ici, d'en esquisser quelques traits.

Dans la deuxième moitié du XIX$^{e}$ siècle les études historiques en France se regroupent dans une tendance dite "méthodologiste" ou "positiviste" : c'est le premier pas concret vers l'histoire-science. Fustel de Coulanges avait dit : « L'histoire est une science, elle n'imagine pas ; elle voit seulement ». On ne sait pas encore que voir, c'est interpréter : pour cela il faudra attendre la fin du siècle. Mais le travail commence. La science historique doit devenir objective (positiviste ?) ; elle doit écarter toute spéculation philosophique et toute tentation poétique. Il faut devenir rigoureux, scientifiques, positifs.

> Notre revue – écrit G. Monod dans la présentation du premier numéro de la *Revue Historique* en 1876 – sera un recueil de science positive et de libre discussion, mais elle se renfermera dans le domaine des faits et restera fermée aux théories politiques et philosophiques.

Les faits seront donc rassemblés d'une façon objective et sans jugement préalable, et ils seront enchaînés dans un deuxième temps laissant à l'histoire sa fonction éminemment descriptive. Des historiens comme E.Lavisse, Ch.V.Langlois et Ch.Seignobos participent, avec G.Monod, au même effort, dont les implications pédagogiques (laïques et républicaines) avaient la même importance que les implications méthodologiques[2].

L'historien doit s'en tenir aux faits, il doit présenter les événements tels qu'ils se sont produits sans intervenir sur les documents et sans rien ajouter ni rien inventer (l'histoire-roman de Michelet, de Thierry ou

1. Il ne faut pas oublier que l'enjeu culturel des historiens plus sensibles aux nouveaux problèmes était de faire de l'histoire une science véritable, cohérente avec les nouvelles tendances des autres sciences sociales (la sociologie d'E. Durkheim avant tout, mais aussi la psychologie et la géographie) et de la théorie de la connaissance scientifique. L'ennemi principal était donc l'histoire "positiviste", celle que Berr appelera "historisante" et qui refusait toute réduction de la science historique au modèle légal des sciences naturelles. D'où, évidemment, le ton quelquefois *scientiste* des tenants du renouveau (surtout chez F. Simiand, notamment en 1903 et lors de sa polémique avec Ch. Seignobos en 1906 et en 1907 : cf. les séances de la Société française de philosophie sur "La causalité en histoire", in *Bulletin de la Société française de philosophie*, VI, 1906 et sur "Les conditions pratiques de la recherche des causes dans le travail historique", in *Bulletin de la Soc. franç. de phil.*, VII, 1907). Voir M. REBERIOUX, "Le débat de 1903 : historiens et sociologues", in *Au berceau des Annales* (sous la direction de Ch-O. CARBONELL et G. LIVET) p. 219-230 et M. MASTROGREGORI, *Il genio dello storico*, Napoli 1987, p. 32-79.

2. D'où, par exemple, la "bagarre de Fustel" de 1905 ; cf. à ce sujet J. CAPOT DE QUISSAC, "L'Action Française à l'assaut de la Sorbonne historienne", in *Au berceau des Annales*, *op. cit.*, p. 139-191.

de Guizot est à rejeter complètement). La présentation doit être neutre, comme celle des sciences exactes. L'idéal de scientificité de l'époque de Fustel de Coulanges est en fait celui par lequel les sciences se limitent « à constater les faits, à les rapprocher, à en marquer un lien »[1]. Les objets de l'historien, les documents, doivent être par conséquent les plus réels possibles, les plus maniables, les plus objectifs et empiriques, soit les documents écrits.

L'expression pleine de cette histoire-science "positiviste" – qui en est en même temps son *manuel* – est la célèbre *Introduction aux études historiques* de Ch.V.Langlois et Ch.Seignobos[2]. C'est l'exposition complète de la "nouvelle" méthode "scientifique" de l'histoire. Les auteurs sont évidemment bien conscients que celle-ci n'a pas le même statut que les sciences de la nature : sa connaissance est toujours indirecte, elle concerne des faits particuliers et ces faits sont provoqués par des phénomènes psychologiques individuels dont les causes profondes sont inconnaissables. Cela dit, le modèle déterministe des sciences exactes doit tout de même être utilisé.

Dans leur manuel, Langlois et Seignobos (le second surtout) expliquent la méthode de l'histoire en termes d'objets neutres et d'enchaînements causals sans se référer aux lois. Il y a là un déterminisme chronologique qui règle la série des accidents, par rapport auquel le rapport de cause à effet est seulement immédiat, par contact. L'objet particulier, l'accident, le "fait" historique empêche toute cause générale : suivant une marche empirique, l'historien ne peut que remonter de cause particulière en cause particulière[3]. C'est là toute sa spécificité scientifique : « le propre de la science est de n'étudier que les causes *déterminantes* » des faits[4]. L'empirisme de cet idéal ne laisse aucun espace à la valeur de l'hypothèse ou de la théorie. Ce qui n'empêche nullement l'histoire d'être scientifique dans sa méthode (science étrange, qui ne *peut* pas avoir de lois générales).

Ch.Seignobos le dit clairement : il est déterministe *en principe*, mais en pratique le déterminisme causal est impossible en histoire. Seule la méthode est déterminante. C'est que la science historique est encore trop peu développée. Elle est comme les sciences de la nature à

1. C'est une phrase de Fustel de Coulanges citée par de Quissac, *op. cit.*, p. 151.

2. Ch. V. LANGLOIS, Ch. SEIGNOBOS, *Introduction aux études historiques*, Paris, 1898.

3. « Lorsqu'on fait abstraction des conditions particulières de temps et de lieu pour chercher des successions constantes des phénomènes, on sort de l'histoire pour entrer dans la sociologie » écrit Ch. Seignobos dans sa polémique avec F. Simiand, in "Les conditions pratiques de la recherche des causes dans le travail historique", *op. cit.*, p. 264

4. Ch. V. LANGLOIS, Ch. SEIGNOBOS, *Introduction aux études historiques*, *op. cit.*, p. 247 (souligné par moi).

l'aube de la pensée grecque et doit rassembler encore beaucoup de "matériel" avant de pouvoir se poser des "questions générales". Il faut donc la laisser longtemps encore aux travailleurs empiriques, même si un jour elle atteindra peut-être des résultats généraux et précis : « de sentiment, je suis déterministe » et « jamais je n'ai exigé en histoire un type d'explication différent de celui des sciences de la nature »[1]. D'ailleurs, déjà en 1876 G.Monod écrit que le développement anti-romantique et anti-idéaliste de l'histoire « a pour but de soumettre à une connaissance scientifique *et même à des lois scientifiques* toutes les manifestations de l'être humain »[2].

Le déterminisme garantit donc la scientificité d'un discours et permet aux historiens de rester sur le terrain concret de l'enchainement factuel des causes. Comme le dit Seignobos, ce sont les faits qui déterminent l'histoire, et il ne doit y avoir d'histoire que des faits (on ignore, semble-t-il, la mise en cause épistémologique de cette notion). Certes, ce déterminisme a quelque chose de paradoxal, mais il ouvre la possibilité d'une mise en perspective de l'épistémologie et de l'histoire. C'est, en quelque sorte et de façon encore très rudimentaire, l'autre côté de la nécessité de l'histoire pour la philosophie des sciences. Les historiens laissent entrevoir l'existence de quelques présupposés théoriques à ce sujet : la confiance dans les sciences, dans leur méthode, dans leur principes. Tous récitent en vérité leur "acte de foi" par rapport au caractère déterminé du réel. Il n'y a pas de choix (théorique et préalable) et il ne doit pas y en avoir. Tout est là : il suffirait d'avoir l'entendement d'un dieu pour voir la réalité se déployer dans sa totalité.

Le *fait* historique est considéré comme une donnée réelle. C'est de l'objectif à l'état pur. Nous devons le recueillir et observer ensuite ce que ça donne. Pas de choix : cela donne une chaîne pleine de lacunes (c'est la damnation de l'histoire, l'objet perdu, irrécupérable, qui empêche l'enchaînement causal retrouvé d'être véritablement scientifique et de se projeter sur le futur), mais cette chaîne est causale. Elle

1. *Ibid.*, p. 269. « Ce sont les empiriques [...] qui ont commencé la chimie et la biologie. Aujourd'hui, après des siècles de ce travail empirique, la science [naturelle] est enfin assez avancée pour que les philosophes puissent de nouveau se poser les questions générales que les philosophes grecs avaient abordées avant d'avoir les moyens de les résoudre. L'histoire en est aujourd'hui au point où étaient les sciences dans l'antiquité : il faut la laisser longtemps encore aux travailleurs empiriques... ». P. Lacombe lui répond avec une position diamétralement opposée : « D'après vous, nous ne saurions pas assez d'histoire pour arriver à des résultats généraux [donc à des lois] [...]. Mon sentiment, c'est qu'au contraire nous savons déjà beaucoup d'histoire » pour en saisir des « lois générales » ; in "Les conditions pratiques de la recherche des causes dans le travail historique", *Bull. de la Soc. française de philosophie*, 1907, cit., p. 289.

2. G. MONOD, "Introduction. Du progrès des études historiques en France depuis le XVI^e siècle", in *Revue Historique*, 1, 1876, p. 26 (souligné par moi).

montre des morceaux du réel à propos desquels on a le droit d'appliquer un déterminisme immédiat. C'est ce "déterminisme empirique" qu'on trouve chez les historiens de la *Revue Historique*, les « aînés » dont parle Febvre et dont il cite pour la critiquer l'opinion fictive : « L'historien n'a pas le droit de choisir les faits. De quel droit ? Au nom de quels principes ? Choisir, un attentat contre la "réalité", donc contre la "vérité" »[1].

A cette illusion de l'objet pur et neutre, Febvre oppose le choix, le sujet, la théorie : à savoir, les nouvelles conceptions épistémologiques (tout fait est un fait interprété ; « sans théorie préalable [sans choix], sans théorie préconçue, pas de travail scientifique possible. Construction de l'esprit qui répond à notre besoin de comprendre, la théorie est l'expérience même de la science »[2]). Cette conception vient à Febvre par un savoir historique qui est passé par la sociologie (P.Lacombe, F.Simiand), la géographie (Vidal de la Blache) et l'épistémologie : le fait brut n'existe pas du point de vue scientifique. Les historiens doivent changer leur conception empiriste (déterminisme du réel) en approche théorique, constructive (déterminisme assoupli de la raison). Mais nous verrons que les choses n'étaient pas si simples : les présupposés déterministes classiques résistent, se croisent et se mélangent avec d'autres, se compliquent au point qu'il est très difficile d'en distinguer les contours.

P.Lacombe, par exemple, nuance l'attitude scientiste de l'histoire en fonction d'une légalité générale, s'opposant ainsi aux idées des historiens "positivistes" ; mais il plaide plus que tout autre en faveur de l'histoire-science. Certes, la connaissance scientifique reste pour lui aussi enracinée dans la possibilité de saisir les faits dans la neutralité : l'historien doit recueillir tous les documents possibles, il doit les rassembler comme un naturaliste, sans intervenir dans ce processus initial. Mais ceci n'est qu'un moment empirique. La science commence dès que l'on sélectionne, ordonne, compare et généralise à partir de ce matériel. On fait de la science dès que l'on reconnaît des similitudes et que l'on établit des relations causales. La science est donc une recherche des causes, mais celles-ci doivent être générales, faute de quoi elles n'expliquent rien. « Les sciences physiques, qui doivent toujours être présentes à notre esprit, offrent une analogie qui va nous fixer »[3].

1. L. FEBVRE, "L'histoire historisante" (1947), in *Combats pour l'histoire*, Paris, 1965, p. 116

2. *Ibid.*, p. 117.

3. P. LACOMBE, *De l'Histoire considérée comme science*, Paris, 1894, p. IX. Ce livre avait été critiqué sans pitié lors de sa parution, mais il était destiné à rencontrer la sympathie de F. Simiand, E. Labrousse, H. Berr et enfin de F. Braudel.

Le critère de scientificité de Lacombe est donc particulier. Il ne correspond plus au "positivisme" et il souligne l'importance des idées et des théories pour la constitution d'une science véritable. Il faut donc renvoyer l'histoire scientifique à la sociologie, laquelle est déjà en mesure d'indiquer des lois générales sur les hommes. C'est la raison pour laquelle Lacombe distingue événement et institution. L'événement est unique, ne se répète pas et rend par là sa cause inconnaissable : il n'est donc pas matière à science. « La science est essentiellement constitution du semblable », de ce qui se répète, de ce qui permet l'identification de régularités (et donc déterminisme). Aucun fait singulier et individuel ne peut être cause d'un autre fait : la causalité est une relation objective qu'on établit à l'occasion d'une stabilité et d'une répétition qui relie les faits entre eux. Il faut éliminer les masses de détails toujours différents pour recueillir seulement ce qui se présente toujours pareil : voilà l'institution. Lacombe fait remarquer que c'est d'ailleurs la même méthode suivie par les sciences de la nature. « Reconnaître ce qui a le droit d'être généralisé et ce qui n'y a pas le droit, tout est là » écrit-il horrifiant les historiens positivistes pour lesquels les événements singuliers étaient le fondement de la scientificité historique[1]. L'historien est donc placé devant l'alternative de la bourse ou la vie, selon la belle expression de M.de Certeau, la loi ou les faits, sans médiation.

Il faut attendre Berr pour que les choses se compliquent un peu plus, mais là aussi (comme chez les épistémologues) le déterminisme en tant que tel ne sera pas remis en question.

Les historiens semblent être en effet tous d'accord avec le *diktat* de Poincaré[2], même si chacun l'interprète de façon différente pour l'*utiliser* à ses fins méthodologiques. Seignobos, on l'a vu, l'utilise pour garantir la scientificité de la pratique "positiviste" et empiriste. Lacombe, au contraire, l'interprète correctement comme essence généralisante de la science déductive. Berr, pour son compte, recupère un certain réalisme mais critique sans merci le positivisme et accuse Langlois et Seignobos d'être des "anti-déterministes" (à cause de leur prédilection pour les événements). Il est évident que le déterminisme de l'un ne coincide pas avec celui des autres, d'où le différend.

1. « Le titre de vérité – écrit encore P. Lacombe – est réservé aux résultats généraux, expliqués au moyen de leur causes. Nous voilà bien avertis. Le règne quasi universel de la sorcellerie, s'il était rattaché à des causes, en même temps que démontré en fait, serait une des ces vérités que nous cherchons », *Ibid.*, p. IX.

2. « La science est déterministe, elle l'est a priori, elle postule le déterminisme parce que sans lui elle ne pourrait pas être », H. POINCARÉ, *Dernières pensées* (1913), Paris, 1963, p. 45

Une déclaration de Berr, le “père” de la synthèse en histoire, nous semble, à cet égard, exemplaire :

> Dans le domaine historique, comme en toute science, il faut donc que non seulement le chercheur soit animé de la conviction que les phénomènes sont soumis à un *déterminisme absolu*, non seulement qu'il ait le besoin, l'appétit, pour ainsi dire, de la loi, mais qu'elle aille, par l'hypothèse, au devant de la vérité scientifique [1].

Toute histoire qui se veut scientifique doit être déterministe (mais le déterminisme causal exact, « absolu », nous le verrons dans le chapitre suivant, sera nuancé et assoupli par Berr en fonction du rôle synthétique de l'histoire). Entre causalité et contingence il ne peut y avoir aucune différence de nature ; les deux sont essentiels à l'histoire. D'où cette note de 1934 :

> Le déterminisme demande à être nettement distingué de la nécessité. *Déterminisme*, c'est *causalité naturelle*. Parmi les causes qui, dans la nature, *déterminent* les phénomènes, il y en a des *contingentes* [2].

Sans nier l'importance ni du contingent, ni de l'événement pour l'histoire, le déterminisme de Berr cherche des lois qui puissent s'adapter aux particularités de l'objet historique.

Or, il faut que la notion de loi ne pose pas de problème en histoire pour que son statut puisse être considéré comme véritablement scientifique, ce qui n'est malheureusement pas le cas. Berr se propose alors d'identifier la notion de loi en histoire (sans loi, pas de déterminisme) et organise à maintes reprises des discussions collectives à ce sujet : d'abord en 1928, à l'occasion de l'article “Loi” écrit par R.Bouvier pour le *Vocabulaire de synthèse historique*, ensuite en 1929, dans la *Revue de synthèse historique* et enfin en 1933, à l'occasion de la cinquième *Semaine internationale de synthèse* consacrée au thème “Science et loi”.

Dans la discussion de 1928, Rey explique qu'il faut avant tout savoir si, en histoire, « il n'y a pas de Loi déterminant tout le possible. Les lois de la nature sont des lois telles, que les faits doivent nécessairement s'y conformer. La loi implique donc le déterminisme » [3]. En revanche, dès qu'il y a contingence il ne peut plus y avoir de lois, même

1. H. BERR, *La Synthèse en histoire*, Paris, (1911) 1953, p. 38 (souligné par moi) : le déterminisme absolu dont il est ici question concerne encore “les phénomènes” d'une façon réaliste, et non le principe de raison suffisante selon lequel ce réel serait à interpréter par l'entendement.

2. H. BERR, *En marge de l'histoire universelle*, Paris, 1934, p. 71.

3. Intervention d'A. Rey à la discussion du 22 fév. et du 7 mars 1928 au Centre International de Synthèse, in *Revue de synthèse historique*, XLV, 1928, appendice.

s'il faut évidemment distinguer le concept de loi dans les sciences abstraites (et la sociologie en serait une !) de celui opérant dans les sciences concrètes. Berr lui objecte que le déterminisme de la causalité "naturelle" peut prendre en charge le contingent, qui est essentiel pour l'histoire, lui permettant ainsi de rester déterministe :

> La synthèse historique ne vise pas seulement à étudier des faits en série, mais aussi à établir des Lois qu'elle trouve surtout dans le "social". Une opposition absolue entre la nature, objet des sciences des lois, et l'Histoire, objet des sciences des faits, semble en tout cas dangereuse [1].

La science est *une* et la synthèse qui la rassemble doit être *totale*. Son déterminisme serait-il donc uniforme ?

Il ne pouvait plus en être ainsi. Le déterminisme de Berr et de Rey n'est plus celui de Laplace. Il y a une différence conceptuelle qui commence à s'imposer et intervient de plus en plus dans le jeu stratégique, sans pour autant engager une transformation terminologique (d'où le besoin, pour Berr, d'un *Vocabulaire* nouveau, conforme aux exigences de la synthèse historique).

Malgré l'absolu de Berr et le légalisme de Rey, tous deux doivent *assouplir* ce "dogmatisme" au moment même où ils ont l'occasion de le proclamer (cette situation nous montre d'une façon magistrale à quel point la période est bouleversée et "critique", inextricable et contradictoire. Berr le fait dans un article de 1929 :

> il est permis de chercher – et (nous croyons...) qu'on peut trouver – de la causalité légale [rigoureuse comme celle des sciences exactes], des nécessités. Mais si l'étude de la société [...] dans la synthèse historique fait apparaître des lois, la matière historique, d'autre part, fait apparaître des causes de nature différente, des causes d'ordre contingent, des causes d'ordre logique, qu'il ne faut ni chercher à éliminer [...] ni admettre comme pis-aller [...]. La science historique plénière, la synthèse, implique, précisément, la connaissance des articulations de la causalité et s'attache à l'interaction des causes de natures diverses [2].

Rey, nous l'avons vu, le fait en introduisant son idée du *déterminisme relatif*[3]. La mentalité change, s'assouplit, modifie la stratégie discursive et s'adapte aux transformations culturelles.

Il y a donc une véritable *doxa* à propos de cette question, opinion commune qui ne correspond pas à un seul sens. Tous parlent de

1. *Ibid.*
2. H. BERR, "Note sur l'article de H. Sée", in *Revue de synthèse historique*, XLVII, 1929, p. 28
3. A. REY, *L'Outillage mental*, in *Encyclopédie française*, I, 1937, I-20-1, cit.

déterminisme pour soutenir l'approche scientifique en histoire, et les historiens semblent être les plus déterministes de tous, car ce principe semble donner des garanties idéales dont la discipline a fort besoin. Mais le déterminisme que chacun revendique stratégiquement pour soi n'est plus qu'un mot auquel tous s'accrochent de la même manière sans s'apercevoir de sa crise.

Nous ne voulons pas aplanir les divergences : nous voulons seulement montrer un élément qui apparaît comme une constante au delà des différences. Nous voulons surtout donner toute son importance à un fait qui n'a pas été mis suffisamment en lumière : dans les *Annales* de Febvre et Bloch cette utilisation stratégique du déterminisme disparaît. Contre Berr, le statut de scientificité de l'histoire ne préoccupe plus les historiens. Les sciences sont en crise, leur statut n'est plus ni homogène, ni certain, et le déterminisme est profondément remis en cause. Nous verrons dans les chapitres suivants comment cette mise en cause permet aux historiens et aux épistémologues de chercher une solution inédite dans l'entrelacement des deux disciplines. Mais nous verrons aussi que les transformations ont été douloureuses, que le déterminisme a continué de jouer un rôle important et que parmi les idées nouvelles se glissent des idées traditionnelles[1].

1. C'est le cas de L. Febvre, par exemple, qui se trouve obligé de prendre la défense de l'histoire-science lors de la *V^e^ Semaine internationale de synthèse*. Il y critique l'intervention de V. Chapot (où ce dernier défendait l'histoire accidentelle et la notion de hasard contre celle de loi) et revendique, pour l'histoire, comme pour toute science, la possibilité d'identifier des ensembles de causes pour l'explication d'un événement historique, donc la possibilité d'étudier « la lente conspiration des faits généraux qui l'ont déterminé », in *V^e^ Semaine internationale de synthèse, Science et loi*, *op. cit.*, p. 216.

CHAPITRE IV

# DE LA PHILOSOPHIE DE LA SYNTHÈSE AUX COMBATS DU "NOUVEL ESPRIT HISTORIQUE"

## H. BERR ET LA SYNTHÈSE HISTORIQUE

Il est une problématique sur laquelle convergent les efforts de la pensée française depuis la fin du XIXe siècle : c'est la "synthèse", à propos de laquelle s'élabore un ensemble de théories générales irréductibles aux synthèses kantiennes ou hégéliennes. Des philosophes et des savants vont le revendiquer comme le meilleur héritage du positivisme, mais il pourra également s'articuler aux nouvelles formes que la raison semble être obligée d'adopter. Cette notion sera en effet capable d'ouvrir son dynamisme interieur dans une perspective qui est au même temps historique, unitaire et anti-hégélienne, et elle ouvrira aussi bien la possibilité d'une rencontre entre les diverses disciplines du savoir. Il s'agit d'un de ces concepts qui rassemblent les idées et les problèmes les plus urgents d'une époque, d'un milieu pensant.

Cependant, il ne désigne ni la conclusion d'un procédé dialectique, ni la modalité d'un jugement : il exprime l'unification non réductrice de diverses disciplines du point de vue théorique comme dans leurs résultats spécifiques. En France, ce terme n'est plus compris dans un sens purement logique et philosophique, mais, côtoyant les sciences, il subit le développement et l'influence de celles-ci : il devient peu à peu une sorte de mot d'ordre en faveur de l'unité du savoir rationnel. Unité non abstraite, mais enracinée dans une réalité vivante.

Dans le cas de philosophes comme A.Fouillée ou H.Berr la notion de synthèse joue comme un fondement philosophique qui nie les prétentions de l'idéalisme et notamment celles de la philosophie de l'histoire allemande, qui vise à séparer les sciences humaines des sciences de la nature. Selon les vues de Berr, elle est destinée à changer radicalement le statut de la philosophie : de systématique qu'elle était, elle doit devenir synthétique et elle doit adopter l'histoire comme seul véritable principe d'unification. Le système hégélien n'a plus de droit (bien qu'il ait encore beaucoup de raisons) en philosophie. La synthèse est le moyen et la fin du savoir en général, si l'on accepte l'idée que la science est la forme suprême de toute connaissance. Mais cette nouvelle forme de la totalité du savoir présuppose le changement, la différence et le dynamisme. Elle est une « idée-force » qui loin de reposer sur des idées, se fonde sur les phénomènes et les vérités positives. Elle est donc l'Esprit en action dans la science.

Dans une perspective empirique, A.Fouillée l'explique de la façon suivante : la validité du principe de la synthèse est due au fait

> que *tout s'implique dans la réalité*, que tout est connexe et en mutuelle dépendance, en mutuel *déterminisme ;* mais c'est par l'expérience, encore une fois, et non par sauts dialectiques que nous voyons les contraires en relation causale et en mutuelle harmonie [...]. Toutes les synthèses, quand elles ne sont pas des constructions arbitraires de la pensée et des hypothèses en l'air, viennent de l'expérience et de l'induction [...]. A la différence de l'hégélianisme, la méthode de synthèse conciliatrice consiste à montrer, par l'appel à l'expérience et à l'observation du réel, en nous et en dehors de nous, que les thèses contradictoires expriment seulement un aspect du réel et doivent se compléter l'une l'autre en ce qu'elles contiennent de positif, d'emprunté à l'expérience intérieure ou extérieure [...]. La vraie méthode consiste à montrer d'abord les limites de nos concepts, de nos systèmes, leur inadéquation au réel, puis à les dépasser par une doctrine plus large où les contradictions apparentes se fondent en harmonies. Hegel croit en vain que c'est par la dialectique *rationnelle* qu'on peut suivre la réalité et la rendre de plus en plus intelligible ; c'est par l'*expérience* et par la *science*, qui, ignorant la dialectique, n'obéissent qu'à la logique éternelle de la nature et de la pensée [1].

Mais la synthèse n'aura pas seulement cette signification pour ainsi dire radicale et inductive, et cela surtout après les grands bouleversements des sciences physiques. Son contenu sémantique et conceptuel se transforme encore : auparavant, il était conçu dans une perspective dialectique unificatrice ; maintenant, il est compris dans la variété et la complexité de ses rapports intérieurs. Il va devenir *problème* et charnière de nouvelles approches de la philosophie et de l'histoire. Seul le *problème* de la synthèse nous permet de voir comment l'importance accrue de l'histoire peut devenir l'axe d'une nouvelle problématique et

1. A. FOUILLÉE, *La pensée et les nouvelles écoles anti-intellectualistes*, *op. cit.*, p. 111-113.

ouvrir la possibilité d'une réponse originale à la "crise de la raison", réponse cohérente avec les perspectives des philosophes-épistémologues.

Henri Berr est certainement le théoricien français qui, plus qu'aucun autre, a traité le problème de la synthèse du point de vue qui nous intéresse. Son apport est d'autant plus important pour nous, qu'il représente l'un des "lieux" qui établissent un lien entre les sciences, l'épistémologie et l'histoire (notamment entre savants, épistémologues et historiens).

Chez lui le terme-clé de synthèse relève d'un vocabulaire philosophique et montre toute sa portée stratégique. Il va en faire le fondement de sa pensée et de son activité culturelle qui, à partir de 1900, commence à exister par la fondation de la *Revue de Synthèse historique*[1]. La polémique qu'il mène contre toute idée de système sera sans merci, et malgré les rapports cachés avec la philosophie de Hegel et l'historicisme allemand, sa façon de réfuter la pensée hégélienne semble sans équivoque :

> La synthèse ne repose pas sur des "idées". La synthèse ne comporte pas une part d'idées "en l'air". Alors que le système, lui, si bien coordonné soit-il, peut contenir autre chose que des vérités positives, ou même contenir des contre-vérités [2].

La cible, outre Hegel, est évidemment aussi le système de la philosophie positive de Comte. Berr ne veut nullement tomber dans le piège de l'*a priori*. Bien qu'il soit fermement rationaliste, il est bien conscient que figer la Raison sur une idée (un système d'idées) veut dire l'anéantir. Et il cite le Nietzsche de *La Volonté de puissance :*

> Un faiseur de système est un philosophe qui a interdit à son esprit de vivre, de pousser des rameaux puissants, comme un arbre, de s'étaler insatiablement, et qui n'a pas eu de cesse qu'il n'en eut tiré cette chose morte, cet objet de base, cette bêtise bien équarrie, un système [3].

Il sait donc, de même que Brunschvicg ou Rey, que le rationalisme doit être assoupli et dynamisé.

1. Sur la *Revue de synthèse historique* (dorénavant *RSH*) voir M. SIEGEL, "H. Berr et la Revue de Synthèse", in *Au Berceau des Annales*, Toulouse, 1983 et *Id.*,, "Henri Berr's Revue de Synthèse historique", in *History and theory*, IX, 3, 1970 ; M. MASTROGREGORI, *Il genio dello storico*, Napoli, 1987 et l'anthologie dirigée par B. ARCANGELI et M. PLATANIA, *Metodo storico e scienze sociali ; la RSH (1900-1930)*, Roma, 1981 ; cf. aussi *Hommage à H. Berr*, numéro spécial de la *Revue de Synthèse* (dorénavant *RS*), 35, 1964.

2. H. BERR, *Synthèse et système*, in 15e *Semaine Internationale de Synthèse*, "La Synthèse, idée-force dans l'évolution de la pensée" (1949), Paris, 1951, p. 2.

3. Cit., in *ibid.*, p. 1.

Berr nous explique que le système prétend jeter une lumière sur le tout de l'univers mais en réalité il ne se fonde que sur des idées. La synthèse, elle, est autre chose, c'est la voie pour s'opposer à cet esprit de système qui est un esprit de mort, c'est le chemin de la raison, son assouplissement en fonction de sa vérité propre qui est la vie, donc évolution et histoire. « La Synthèse, S majuscule [...], c'est précisément la réunion de toutes les vérités établies par l'ensemble des sciences, pour aboutir à une explication du Réel »[1]. Enfin le système est une vue *a priori*, alors que la synthèse se fonde exclusivement sur des connaissances acquises. Elle « est » donc « tendance à l'unification » des données positives et « suppose nécessairement une multiplicité de choses à rassembler », ce qui est cohérent par rapport à un certain réalisme non ingénu (celui de Rey, par exemple). La synthèse est donc une sorte de synopsis qui doit être précédé d'une certaine diversité : elle n'est pas un principe qui dirige la recherche scientifique, mais la fin de toute connaissance ; elle n'est pas unité, elle est *unification* (« unification dynamique », ainsi que Berr l'appelle déjà en 1898[2]).

Les philosophes ont souvent fait le contraire, continue Berr. Ils ont cherché à construire un système pour diriger et expliquer la connaissance objective et l'histoire de l'humanité, mais ces systèmes se sont toujours heurtés les uns aux autres. Ceci leur est arrivé parce qu'ils n'ont jamais tenu compte des vérités acquises : ils ont renfermé dans le système tout le savoir, lui enlevant ainsi sa dynamique propre. La synthèse, en revanche, est une connaissance *ouverte ;* elle exprime la *tendance* profonde de l'homme intelligent, l'effort que l'on fait toujours, même dans les sciences exactes, pour ramener à l'unité

1. *Ibid.*, p. 2.

2. H. BERR, *L'Avenir de la philosophie. Esquisse d'une synthèse des connaissances fondée sur l'histoire*, Paris, Hachette, 1899 p. 361-362. Berr part en fait du présupposé que la pensée commune, collective et, en fin de compte la pensée tout court, « est essentiellement conciliatrice des points de vue opposés qu'elle découvre[...]. Elle ne se diversifie et ne s'enrichit que pour devenir harmonie et unité[...] ; et son progrès décisif est [...] de chercher consciemment à unir » (*ibid.*, p. 5). Tous les efforts que la pensée, par les sciences, fait pour connaître le détail, donc toutes ses analyses, sont déterminés par sa tendance à l'unité, par son besoin de comprendre l'univers d'une façon harmonique et cohérente, donc synthétique. Cette tendance appartient au moi, à l'être humain dans sa structure la plus intime dont la psychologie seule peut nous rendre compte. Dans le sillage de la tradition française de Maine de Biran, Bergson et Renouvier, Berr voit le moi comme « unité unifiante » (*ibid.*, p. 320). La science n'est par conséquent "analyse" que pour être plus complètement "synthèse". Et l'histoire est l'unité en devenir dans le multiple et par le changement, elle est la raison du moi en tant que synthèse (*ibid.*, p. 361). Toutes les classifications et les divisions sont provisoires et fictives : ce qui compte est l'ensemble, la cohérence et l'harmonie de tout avec tout dont seule la synthèse peut rendre compte. Et cette synthèse correspond enfin au besoin à la fois conscient et obscur de rompre les cloisons gênantes et de réaliser des combinaisons neuves et variées (*ibid.*, p. 412).

intellectuelle la complexité des faits, tant du présent que du passé. Et l'ouverture immanente à son pouvoir d'unification est due au fait qu'il « est évident que l'avenir perfectionnera, complétera, la synthèse telle qu'on peut la réaliser dans le présent »[1].

Il y a donc pour Berr une tendance, une loi fondamentale de l'histoire, qui est celle de l'unification. Et l'histoire qui est le sens profond de cette philosophie de la synthèse n'est plus le simple instrument d'une nouvelle épistémologie rationaliste. Si la nature est unité, l'histoire est unification, synthèse. Toute l'histoire a donc un sens, mais ce sens n'est saisissable que par *l'histoire toute entière*. Ce qu'il y a de faux, ce qu'il y a de dogmatique chez des philosophes comme Hegel, Cousin ou Comte c'est leur conviction de pouvoir compléter l'histoire. « Au lieu de puiser leur pensée dans l'histoire, ils ont interprété l'histoire d'après leur pensée », ils ont tiré à eux le passé[2]. « L'ambition d'un philosophe dès lors devait être d'amener la pensée humaine à maturité et d'épanouir tout le passé en lui ». Hegel, en revanche, a tenté d'interpréter l'histoire d'après son système, il a voulu la construire de toutes pièces ; il lui a donné un sens en fonction de son idée de l'Absolu, du procès de l'idée, et a prétendu l'arrêter en en montrant la fin. Voilà ce qui l'a fait échouer, malgré le relief qu'il a donné à l'hypothèse du développement et du progrès. En fait, continue Berr,

> il fallait s'attacher à l'histoire pour la faire aboutir, et ainsi ce n'était plus le philosophe qui formulait la vérité à lui seul, mais l'histoire qui la formulait en lui et qui s'achevait dans son esprit[3].

L'originalité de Berr consiste donc à donner à l'histoire son rôle, dans la synthèse, *contre* toute systématisation. Il est intéressant de constater que lorsque Berr traite la synthèse du point de vue strictement philosophique (pour en montrer la nécessité logique en tant que méthode pour les sciences humaines, historiques en particulier, l'opposition système/synthèse ne constituant que le cadre abstrait de tout son travail méthodologique), sa pensée prend une allure spéculative, alors qu'il exige pour la synthèse en général un certain “réalisme” positif. C'est que Berr, lorsqu'il fait de la philosophie, appartient toujours à la tradition philosophique française du XIX$^{e}$ siècle. D'où la complexité de sa pensée, où s'entrecroisent éléments traditionnels et idées nouvelles. Sa philosophie, en fait, est un véritable

1. *Ibid.*, p. 226 et p. 20. C'est aussi l'opinion de L. DE BROGLIE in *Matière et lumière*, Paris, 1937, p. 158.

2. H. BERR, *L'Avenir de la philosophie*, *op. cit.*, p. 45.

3. Idem et p. 176 : « Avec Hegel l'histoire tout à la fois prend un sens défini et acquiert une portée universelle : tout est histoire, et toute l'histoire tend à la philosophie, et toute la philosophie enfin tend au système de Hegel, qui est l'Idée de l'Idée ».

rationalisme de l'esprit qui ouvre à une philosophie de la vie sous le régime de la raison humaine. «Il y a toujours eu, chez moi, dans la conception de la synthèse, un rapport avec la vie, avec les besoins de la conscience, avec le problème de la destinée humaine»[1]. Il en fera une sorte de "religion" au sens comtien du terme, et l'histoire en sera le vecteur. «La raison profonde de l'histoire serait donc l'épanouissement de la vie, par la science, dans la Raison»[2]; épanouissement comme tendance, que le moi découvre comme sa loi interne, comme sa logique.

> La pensée se relie à la pensée. Le génie inventif baigne dans un milieu qui n'est pas collectif, national, social, qui est humain, impersonnel, qui est le *milieu logique*, c'est-à-dire la réalité reflétée dans la conscience et interprétée par elle [3].

L'humain n'est que l'intérieur du psychisme, dont l'exterieur est la logique. Tout sociologisme est ainsi réfuté comme un point de vue incomplet et insuffisant qui ne tient pas compte du *principe logique* de la Raison. Le réel est rationnel et le rationnel est réel, ainsi que l'a dit l'un des maîtres de la philosophie allemande (bien que pour Berr la logique de la raison soit plutôt sa "tendance" vitale). Il ajoute enfin, pour couronner ce mélange d'idéalisme et de synthétisme: «La raison, bien qu'elle se réalise dans des temps et des lieux déterminés, n'est pas liée au temps et au lieu, mais à une nécessité interne»[4]. C'est la nécessité logique de la vie, son propre principe vital. L'histoire ne peut rien sur elle, si ce n'est en montrer la manifestation toujours plus consciente: la différence par rapport au moment subjectif d'autoconscience de l'esprit hégélien n'est pas si profonde en substance.

La philosophie marque très profondément l'œuvre de Berr (qui a d'ailleurs eu une formation philosophique et littéraire): ses réflexions sur l'histoire en ressentent l'influence, et derrière son opposition aux idées de la philosophie allemande il y a quelques fois un accord de fond[5]. C'est ainsi que l'on assiste, chez lui, à une étrange combinaison

1. H. BERR, 15e *Semaine Internationale de Synthèse*, *op. cit.*, p. 219.

2. H. BERR, *La synthèse en histoire*, cit., p. 221. La rencontre de la rationalité et du vitalisme, bien que relativement tardive dans la pensée berrienne, est déjà en germe dans les œuvres initiales.

3. *Id.*, p. 221: La "logique" a toujours un sens très particulier chez Berr; elle ne s'identifie pas avec la "logique" formelle qu'élaborent à l'époque Frege, Russell, Peano, Wittgenstein ou Couturat. On retrouvera d'autre part l'humanisme dans l'œuvre de L. Febvre, et l'humain auquel Berr se refère creuse une distance profonde avec les logiciens.

4. *Ibid.*, p. 213.

5. Cf. *ibid.*, p. 212-213, où Berr, se référant à un art. de S. JANKELEVITCH, "Du rôle des idées dans l'évolution des sociétés" in *Revue philosophique*, 1908, récupère les «intuitions justes» de la philosophie de l'histoire: «en un sens, ils avaient une intuition juste, ces philosophes de l'histoire qui traitaient massivement l'*histoire de l'humanité* et y suivaient la marche de l'*Idée*». Suivant Lalande, Berr explique quelle

de postulats philosophiques qu'il est très difficile de dénouer et de rapporter dans une analyse quelque peu systématique. Or, c'est exactement cette espèce de "confusion" qui fait en même temps et la force et la faiblesse de son œuvre – non seulement de son œuvre théorique, mais aussi de son œuvre "pratique". Ses textes sont un véritable mélange synthétique des conceptions philosophiques, où les thèses différentes sont traitées de telle façon qu'elles puissent toujours entrer dans le cadre de la "synthèse générale".

La synthèse garde donc son aspect d'idée-force : elle est destinée à résoudre non seulement les problèmes liés à la spécialisation des sciences et à la prolifération des cloisonnements disciplinaires, mais de manière plus générale elle sert à régler le problème fondamental de l'humanité : celui de son progrès et de son bien-être. Elle représente enfin la seule méthode scientifique heuristiquement valable, à condition qu'elle ne se laisse pas séduire ni par le rassemblement érudit des données, ni par l'*a priori* de la philosophie de l'histoire. La poussière des faits n'est rien, l'analyse est aveugle en l'absence de principes d'ordre et de généralisations synthétiques fondés sur le savoir acquis. La synthèse doit donc faire ressortir ce qu'il y a de commun entre les diverses sciences, établir la causalité en histoire sans renoncer au contingent, dévoiler la nécessité de relier la sociologie à la psychologie historique afin de montrer que l'importance de l'individuel croît en rapport direct avec le progrès des sociétés, établir et vérifier des hypothèses explicatives amenant « les diverses équipes à mieux accomplir chacune leur tâche propre et à mieux s'entraider en concevant plus nettement l'œuvre commune »[1]. L'histoire peut ainsi dépasser les

relation lie la logique à l'Idée : « Il y a dans la pensée réfléchie, une logique interne des idées. Il est permis de concevoir et de soutenir que, au cours de l'évolution, le besoin logique inhérent à la vie qui [...] est devenu besoin de savoir, en vient à contrôler et à rectifier, dans la science, les idées que forme l'esprit, par des méthodes qui donnent de plus en plus le pouvoir ou la prévision ». Il faut ici retenir ces derniers termes (pouvoir et prévision), car ils dénotent une attitude "politique" chez Berr sur laquelle on reviendra. Ce texte est par ailleurs un des très rares lieux où Berr reconnaît d'une certaine façon sa dette envers la philosophie allemande.

1. H. BERR, "Sur notre programme", *RSH*, I, 1900, p. 6. Berr présentait en 1911 le travail de la synthèse de la façon suivante (tout en insistant sur la nécessité de séparer la "théorie de la synthèse" de la méthode effective) : « C'est travailler à la synthèse que de faire l'histoire des conceptions de l'histoire, que de chercher à dégager [...] les résultats acquis et les hypothèses valables. C'est travailler à la synthèse que d'étudier, à l'aide des faits, mais théoriquement, *in abstracto*, le rôle de tel ordre de causes, de tel élément explicatif [...]. C'est travailler à la synthèse, ou plutôt c'est faire de la synthèse historique, que de s'attacher à telle partie de l'histoire concrète [...] pour y contrôler la valeur des hypothèses, pour y préciser le rôle des éléments explicatifs. Ce sera enfin travailler à la synthèse, ou plutôt ce sera faire *la synthèse de l'histoire* que d'étudier et de préciser le rôle des divers éléments explicatifs dans l'ensemble du passée humain. L'erreur de la philosophie de l'histoire a été d'improviser une telle œuvre, alors que, pour l'accomplir, ni les faits étaient

cloisonnements disciplinaires par une méthode fondée sur l'interaction intime entre analyse et synthèse, scientifiquement solide et empiriquement valable.

Berr théorise par rapport à l'histoire générale ce que les philosophes épistémologues discutent par rapport à la philosophie des sciences. La nécessité de l'histoire est une condition indispensable pour le progrès de la philosophie, tant sur le plan épistémologique qu'on a vu auparavant, tant sur le plan proprement historique, ou philosophique-historique, comme chez Berr. L'histoire est dès lors considérée comme le réseau scientifique de toute action humaine, elle est le laboratoire vivant de notre espèce qui, à cause des effets tardifs de la révolution copérnicienne opérée par Kant, peut se substituer à l'innocence perdue de l'objectivité totale. Une nouvelle objectivité s'était en fait lentement formée au cours du XIX^e siècle [1], une objectivité humaine qui faisait du temps lui-même le sans temps : l'histoire de l'humanité, son passé, son présent, son avenir, témoignaient de l'unité et de la grandeur de l'esprit intemporel et absolu. Et c'était au sujet de l'histoire que la querelle philosophique du XIX^e siècle allait s'embraser (qu'elle eût été l'histoire des luttes de classes de K.Marx, l'histoire intime et individuelle de S.Kierkegaard, celle, lucide et pessimiste, de J.Burckhardt, ou celle des philosophes de l'histoire proprement dits du tournant du siècle). L'histoire devenant la science humaine par excellence, la différence des écoles va désormais se réduire à des interprétations particulières qui en accentuent davantage soit le terme de "science", soit le terme d'"humain", sans que personne (ou presque) ne ressente l'exigence de mettre en discussion l'essence historique de la raison.

Berr s'appuie donc sur une tradition philosophique très forte lorsqu'il revendique l'importance de l'humain dans l'histoire et dans le savoir en général. A son avis, la science doit nécessairement être envisagée d'un point de vue humaniste, et l'histoire en constitue le fondement dynamique. D'où le privilège que Berr reconnaît à la discipline historique contre l'expansionnisme durkheimien. Ce qui ne veut pas dire qu'il y ait en réalité antagonisme entre Berr et les sociologues (d'autant plus que le célèbre article de F.Simiand "La méthode historique et les sciences sociales", manifeste radical et durable de la "nouvelle histoire", est publié dans la *Revue de Synthèse historique* de Berr en 1903) ; mais bien plutôt une différence de point de vue philosophique [2]. E.Durkheim, aux yeux de Berr, est un

rassemblés et prouvés en nombre suffisant, ni les idées directrices étaient mûres », *La synthèse en histoire*, cit., p. 254.

1. Ce siècle que tout le monde appelait « le siècle de l'histoire ».

2. Voilà ce qu'il écrivait en 1899 : « Ni sociologie ni histoire ne sont des sciences véritables [...] : ce ne sont que des *points de vue*. Ce sont les deux aspects

réductionniste voulant tout rapporter aux lois sociales. En revanche, puisque la sociologie est une science exacte, elle ne peut en tant que telle épuiser toute l'histoire et a sa place dans la synthèse, à côté, et pas au dessus, d'autres démarches. Il faut donc redéfinir le rôle de la sociologie et lui retirer son rôle dominant. Le rôle de la psychologie individuelle est en effet aussi essentiel pour l'histoire que l'analyse des lois du social : l'erreur des sociologues (d'E.Durkheim en particulier) est de ne pas prendre suffisamment en compte les dispositions mentales de l'individu, sa logique interne, que l'on peut expliquer scientifiquement (Jean Piaget avait commencé à le faire dès le milieu des années 20[1]), et le jeu complexe d'action et de réaction entre l'individu et la société. La vie intellectuelle, la vie des idées, ne peut pas être réduite simplement à la société, car une grande partie des changements sociaux a toujours été profondément marquée par des "utopies" et des individus qui ne se réduisent pas totalement aux conditions sociales.

C'est donc une vraie bataille culturelle que Berr engage en 1900, lorsqu'il crée la *Revue de Synthèse historique*. « Si légitime et si importante que soit la sociologie, épuise-t-elle toute l'histoire ? Nous ne le croyons pas », écrit-il dans l'article de présentation du premier numéro de la revue. Il y ajoute :

> Il semble donc que l'œuvre historique puisse être attaquée de façons diverses. C'est rendre un réel service au sociologue [...] que de l'inviter à préciser, à restreindre sa tâche, au lieu de lui permettre d'aborder tout et de résoudre les problèmes grands et petits de l'histoire de son point de vue personnel[2].

L'héritage de la philosophie, pour le normalien Berr, n'est pas dans les mains de la sociologie, mais dans celles de l'Histoire, qui est la seule Science générale dépourvue d'intérêts particuliers et qui peut, grâce à sa liberté intrinsèque, rester cohérente par rapport à un tel héritage. Et

complémentaires d'une science plénière, à la fois spéculative et pratique, retrospective et idéale, qui doit remplacer, corriger, parfaire cette philosophie de l'histoire aujourd'hui condamnée », in *L'Avenir de la philosophie*, *op. cit.*, p.431. En ce qui concerne la sociologie durkheimienne, cf. V. KARADY, "Durkheim, les sciences sociales et l'Université : bilan d'un semi-échec", *Revue française de sociologie*, XVII, 2, 1976.

1. J. Piaget (dont des œuvres très importantes sur la logique, le langage et la représentation chez l'enfant sont publiées entre 1924 et 1927) démontre, grâce à une méthode "scientifiquement" très soignée, la valeur physiologique et psychique de certains aspects des structures de la connaissance que Kant avait envisagée du point de vue philosophique. Ses travaux sur la "logique" des enfants montrent en effet de quelle façon la pensée logique, n'étant pas préformée dans l'esprit, arrive lentement à se constituer suivant un trajet linéaire et univoque chez tous les individus, et ceci bien avant toute constitution de rapports d'ordre social. La psychologie de l'enfant, en outre, ne serait pas comparable à celle de l'individu adulte.

2. H. BERR, "Sur notre programme", en *RSH*, I, 1900, *op. cit.*, p.5-6.

pourtant, autant vaut le dire tout de suite, une des idées les plus intéressantes et originales de Berr – à savoir que dans la synthèse générale toutes les sciences et toutes les disciplines se rencontrent sur un niveau d'égalité – n'a pas pu être véritablement mise en relief à cause du privilège presque absolu qu'il donne initialement à l'histoire en réaction contre le sociologisme durkheimien qui voulait tout embrasser sous son pouvoir explicatif.

Science générale, l'histoire ne doit se soumettre à aucune philosophie qui lui imposerait une fin, une méthode et une théorie. L'erreur de toute philosophie de l'histoire consiste pour Berr en ceci : chercher toujours les concepts et les principes qui doivent la diriger et jamais sa logique propre. Or, une science générale n'est pas différente, dans sa constitution, des sciences particulières : elle procède à l'élaboration des données par une logique interne. Quelle est alors la logique de l'histoire-science ? C'est la synthèse conçue comme tendance. Toute science doit, selon Berr, pouvoir révéler son ordre interne des lois (qui sont toujours causales), mais cet ordre obéit à une logique qui est tendance à la synthèse, et qui du fait qu'elle est une tendance, reste toujours en mouvement, est "vivante" (donc historique). La philosophie de l'histoire a d'ailleurs identifié cette loi interne de l'histoire à la *finalité*. Mais il faut la traduire en termes "scientifiques". Logique est donc « l'équivalent scientifique de finalité » et Berr la considère comme l'un des trois éléments constitutifs de la science (de la Synthèse)[1], les autres étant la contingence, « qui est succession pure » et la nécessité, « qui est immobilité ou répétition » : « le propre du raisonnement, en général, est d'être une activité dirigée de l'esprit, où le résultat est le produit d'une orientation interne ». Dans l'activité humaine, tout processus de finalité est ainsi un processus logique (le raisonnement, la faculté d'inférer) qui a une raison d'être et dont le résultat est une valeur par rapport à l'être qui pense. La logique est donc un principe d'ordre qui donne un sens aux choses, elle est l'essence de toute évolution (donc de l'histoire) et elle se présente comme "*le dedans*" de

1. Il lui consacre un chapitre entier dans *La synthèse en histoire*, cit., et l'explique de la façon suivante : « Ce que, dans ce chapitre (le chapitre sur la logique), nous avons voulu établir à propos de l'activité humaine, c'est qu'un processus de finalité est un processus logique, et qu'un processus logique est essentiellement un processus qui a une *raison d'être*, dont le résultat est une valeur par rapport à l'être qui pense. Si [...] nous nous demandons comment peut être pratiquée dans la science, d'une façon générale, la recherche du même processus, nous dirions que la préoccupation logique consistera à discerner la trame continue de la causalité – car la logique ne peut que diriger le cours de la causalité, sans l'interrompre – des séries de causes et effets qui, en plus de leur détermination causale, présentent le caractère de valeur d'un dernier terme, d'efficacité des moyens termes, par rapport à un premier terme », *ibid.*, p. 145-146.

la vie. « Rien n'aurait d'intérêt, de valeur [...] ; tout s'accomplirait en vain, si la vie n'était – au lieu d'une *table rase* – une tendance à être, susceptible d'être contrariée ou satisfaite »[1].

Cette logique n'est alors aucunement catégorielle ; elle ne peut pas s'établir *a priori* mais évoluer dans la dialectique qu'elle "ouvre" entre contingence et nécessité. Berr souligne soigneusement la référence de cette logique à la théorie de l'évolution (tout en critiquant le darwinisme qui éliminerait, selon lui, la finalité et, réduisant tout à la lutte, ne comprendrait pas la valeur de l'association et de la collaboration) et peut ainsi identifier le fil évolutif au fil logique, évolution humaine et civilisation que seule la méthode synthétique peut saisir.

L'échec de la philosophie de l'histoire consiste, selon Berr, dans l'élimination du contingent et du social et, partant, dans son incapacité à saisir le cours zigzagant et troublé de la civilisation. Dans une approche synthétique scientifique, au contraire, le déterminisme des lois historiques n'élimine pas le contingent, mais le prend en compte, conscient de l'existence d'articulations diverses de causalité qui s'entrecroisent en produisant ce qu'on appelle le hasard[2]. La contingence, qui est succession pure, est donc aussi la rencontre de séries causales différentes : les lois de l'histoire ne peuvent être simples, car ce sont des lois d'évolution qui restent nécessairement en rapport avec le contingent, donc complexes et irréductibles à leurs composants élémentaires. Reconnaître une valeur à la contingence ne requiert pas l'abandon de la scientificité, mais plutôt une compréhension plus profonde de celle-ci dans la complexité intrinsèque à sa rationalité. Un fait contingent n'est pas sans cause, mais sans cause *légale* : « recueillir les faits contingents n'a rien à voir avec la science ; mais chercher quelle action exerce la contingence, dans quel rapport elle est avec les autres causes, voilà qui est scientifique »[3]. L'histoire ainsi conçue, comme dialectique réfléchie

1. Pour toutes les citations, voir respectivement *ibid.*, p. 144 et 152-153. Berr prend notamment appui sur l'article de M. BLONDEL, "Logique", publié dans le *Vocabulaire philosophique* du *Bulletin de la Société française de philosophie*, 1910 et sur l'autorité de A. Lalande, qui ne risque pas, lui, d'être confondu avec les formalistes logiques. Berr prend aussi en compte des considérations plus spécifiquement psychologiques, comme celles de E. MACH, *La connaissance et l'erreur*, tr. fr. Paris, 1908 ; de F. RAUH, dont il cite *De la méthode dans la psychologie des sentiments*, Paris, 1899 et de Th. RIBOT, *La logique des sentiments*, Paris 1905.

2. Berr ne semble pas arriver à résoudre d'une façon définitive le rapport entre contingence et nécessité *dans* la synthèse. Le problème du hasard et du contingent ne concerne pas seulement l'histoire-science, mais toute la philosophie et l'épistémologie de l'époque. BERGSON en avait parlé en 1907, dans *L'Evolution créatrice*, et devait y revenir en 1932, dans *Les deux sources de la morale et de la religion* ; E. BOREL y consacra un livre, *Le hasard*, Paris, 1914 ; en outre, plusieurs articles parus dans la *Revue philosophique*, et dans la *Revue de métaphysique et de morale*, en parlaient déjà dès le début du siècle.

3. *Ibid.*, p. 53.

logiquement entre contingence et légalité, ouvrira au chercheur le spectacle de la civilisation dans l'harmonie de son évolution. Si « le problème de la synthèse c'est l'action réciproque des causes, c'est leur mode de réarrangement », alors

> elle sera maîtresse de la vie : elle fera mieux comprendre le sens de l'action, les possibilités de l'action, les résistances qui interdisent les transformations trop rapides. Non seulement elle précisera à l'homme son rôle dans la société, mais elle l'aidera à prendre conscience de son rôle dans l'univers [1].

Il n'est pas difficile de voir ici une "promesse" qui n'appartient que très peu au discours "scientifique" et dont le sens s'explique aussi par une autre déclaration tout à fait politique celle-là, écrite en conclusion de *La synthèse en histoire* : « Nous croyons avoir, sommairement, indiqué comment s'articule la science des faits humains du passé – une science qui, ainsi conçue, donnera mieux que la prévision : le pouvoir » [2]. L'enjeu stratégique de la synthèse n'est donc pas seulement de se proposer comme une science générale méthodologiquement capable de tout relier, mais aussi comme la capacité d'exercer un *pouvoir* qui sera pour Berr la vie même, la société rationnelle et l'accomplissement de la tâche cosmique de l'humanité. La distance d'avec les résultats de la philosophie diltheyenne ne semble plus si profonde.

Ce qui reste délicat à saisir, dans les écrits de Berr, c'est la différence de niveau entre le discours philosophico-scientifique et le discours philosophico-théologique : ce dernier, sans être jamais proposé en tant que tel, est toujours sousjacent. A cette distinction il convient d'attacher une grande importance, car c'est elle qui est à l'origine de divergences avec Lucien Febvre et Marc Bloch.

La synthèse représente pour lui une sorte de croisade dont il a eu à regretter, en 1950, qu'elle n'ait pas eu de succès ; pourtant l'histoire avait tellement changé qu'il aurait été difficile de la comparer avec celle d'auparavant. C'est que pour Berr l'histoire est le tout de l'humanité et son but rationnel, ce que les nouvelles formes de la recherche historique semblent avoir oublié. D'où une critique amère. Malgré l'évolution des études historiques, écrit-il dans les dernières années de sa vie, « notre conception de la Synthèse scientifique n'a été [...] ni pleinement appliquée ni même sérieusement discutée » [3]. Le

1. *Ibid.*, p. 223.

2. *Ibid.*, p. 253. Déjà dans le premier numéro de la *RSH* il écrivait que de la synthèse historique « dépend non seulement l'intelligence du passé, mais *la direction* de l'avenir » (souligné par moi) p. 6.

3. *Ibid.*, p. 308. Berr concluait : « Il semble que de cette Synthèse en Histoire on ait approché le détail et négligé l'essentiel ». "L'essentiel" dont il est ici question est bien ce que l'on pourrait appeler la "foi" de Berr, la conviction que la synthèse

« nouvel esprit historique », ainsi qu'il l'appelle en paraphrasant Bachelard, (incarné principalement par L.Febvre, M.Bloch, F.Braudel, G.Friedmann, Ch.Morazé et P.Leuillot) aurait pu en effet *réaliser* la Synthèse, car son activité axée sur la collaboration interdisciplinaire des sciences humaines était celle-là même qui caractérisait son travail ; mais il n'a pas su pousser la méthode jusqu'au bout. Bien que Berr la prédît depuis cinquante ans et malgré les suggestions que l'on pouvait trouver dans l'œuvre théorique inachevée de Bloch – c'est toujours l'opinion de Berr – le « nouvel esprit historique » ne s'est pas suffisamment rapproché de "l'unité profonde", il n'est pas capable d'incorporer les différences dans l'histoire générale et de faire apparaître la *logique* essentielle de l'histoire, la tendance intrinsèque à l'être de l'humanité[1].

Cette tendance qui constitue la logique, représente pour Berr une véritable valeur religieuse, dans sa forme universelle et cosmique. L'unité devient totalité, la synthèse une foi dans l'énergie et la vie : il ne s'agit pas là simplement des dernières convictions de Berr, car elles sont explicites déjà depuis le début du siècle (« le règne de la Synthèse (est) l'épanouissement religieux de l'humanité » et « le Divin, c'est cette unité, entrevue confusément par la raison »[2]). Son humanisme est une religion énergétique que le « nouvel esprit historique » ne peut évidemment pas accepter. La différence entre Berr et le couple Febvre-Bloch est dès lors à chercher dans cette conciusion. L'on comprendrait mal, autrement, la constitution par Febvre et par Bloch d'une nouvelle revue en 1929 (les *Annales d'histoire économique et sociale*) et la polémique surgie entre Febvre et Berr au sujet de l'*Encyclopédie française.*

générale est "à la base de la réflexion philosophique" et qu'elle est le seul moyen pour dépasser toute crise des fondements (en situant l'individu dans l'Humanité et l'humanité dans la Totalité). Aucune référence n'est faite par Berr à la question du temps, si intimement liée à l'histoire et à l'évolution. Car le savant méthodologue ne voulait pas s'encombrer de questions "philosophiques" pouvant se transposer sur la science. Il aurait en effet couru le même risque que la philosophie de l'histoire allemande (voir note 1, p. 146). Ceci est tout de même d'autant plus remarquable que Berr, qui meurt en 1952, devait connaître les termes fondamentaux sur lesquels les "existentialistes" articulaient leur pensée philosophique. Certes, il refusait de traiter les problèmes spécifiquement philosophiques, qu'il considérait comme non pertinents dans les questions de méthode historique. Mais l'on peut se demander si la question du temps est si différente, dans son statut ontologique, de celle concernant le "rationnel" ou la "synthèse". Dans son histoire-science, Berr fait pourtant toujours jouer une conception "scientifique" du temps. Le progrès y est à sens unique et unilinéaire, (malgré ses « troubles et tâtonnements zigzagant » qu'on avait aussi trouvé chez Brunschvicg : l'image du fleuve dans *L'expérience humaine et la causalité physique, op. cit.).*

1. *Ibid.*, p. 291-292.

2. H. BERR, *L'Avenir de la philosophie, op. cit.*, p. 495 et 501.

La question reste encore celle de la méthode et de l'unité de la science et permet de saisir, dans l'œuvre de Berr, deux aspects complémentaires mais pas nécessairement indivisibles: l'unité de la méthode synthétique et l'effort de "faire de la synthèse". C'est seulement ce deuxième aspect qui a été poursuivi par le nouvel esprit historique, mais, on l'a vu, Berr ne s'en réjouit point car ainsi l'unité religieuse, méthodologique et philosophique de sa foi est perdue.

Berr y arrive par le biais de la science et par le travail sur la logique, convaincu qu'il est de la nécessité d'une méthode unique pour l'histoire. C'est lui-même qui éclaircit ce point dans quelques lignes de *La montée de l'esprit*, publiées après sa mort: «Ma conviction profonde, née de mes réflexions initiales et fortifiée par tout l'acquis ultérieur, c'était l'*unité de l'être*», car tout est Energie, force, «le vital, énergie de l'Energie, psychisme [...] tendance à être le plus possible». C'est la science qui le conduit nécessairement à cette conclusion:

> Tous les bienfaits matériels que l'homme doit à la science n'en constituent point, d'ailleurs, l'aspect qui nous intéresse ici. La science a une toute autre portée, n'hésitons pas à dire: une valeur religieuse. Elle ne nous fait pas seulement connaître l'univers: elle nous unit à lui en nous révélant sa loi, sa tendance, qui est notre tendance et qui doit l'être de plus en plus consciemment [1].

D'un point de vue théorique et spéculatif, l'épistémologie historique de Berr ne se fonde pas sur une idée "pluraliste" de la Synthèse, mais sur une conception unitaire et "totalisante" qui doit rester l'horizon philosophique de toute histoire particulière. Le niveau théologique, Synthétique (avec la majuscule, comme on parle de la Foi) reste un niveau global, une sorte de principe idéologique qui détermine ses réflexions sans pourtant les réduire à une apologétique. Le niveau local en effet, la synthèse réelle, l'effort de constituer une histoire-science qui ait ses propres lois et qui ne se limite plus à être un simple répertoire de particularités ou une narration poétique, représente chez Berr un pas en avant fondamental pour l'innovation des études historiques en France. Ce pas en avant Berr ne le réalise pourtant pas dans ses travaux historiques, mais dans son activité culturelle, à savoir dans l'esprit qu'il sait donner à la *Revue de Synthèse historique* et dans les nombreuses activités dont il est le promoteur. Mais ses écrits n'appliquent jamais véritablement la méthode qu'il utilise dans son activité d'organisateur culturel, ce qui met encore plus en lumière l'écart entre son côté "théorique" et religieux et son côté "pratique" et stratégique.

1. H. BERR, *La montée de l'esprit*, Paris, 1955 p. 139-140 et 110.

La différence la plus remarquable que l'on puisse noter entre la revue de Berr[1], où son rôle est toujours primordial, et les *Annales* – différence qui indique simplement une des raisons qui ont mené à la réalisation de l'entreprise de Febvre et Bloch – consiste précisément en ceci que Berr fait de la synthèse un principe théorique et méthodologique totalisant sur lequel il faut continuer à travailler, tandis que Febvre et Bloch considèrent la synthèse comme une activité réelle, empirique, ouverte non plus à un horizon théorique d'unité (bien qu'à ce propos ils donnent lieu à une certaine ambiguïté), mais à une réalisation fédérative des diverses disciplines autour d'une spécificité historique[2]. Or, comme tout rapport de filiation est aussi un rapport de trahison, les *Annales* paraissent trahir l'esprit philosophique afin de réaliser le projet culturel de Berr. Elles abandonnent la discussion spécifiquement méthodologique menée par la *Revue de Synthèse historique* pour exercer en pratique l'interdisciplinarité implicite de la synthèse berrienne. Si, d'un côté, Berr publie dans sa revue des approches et des suggestions méthodologiques diverses – de Croce à Windelband, de Xénopol à Simiand, de Lacombe à Carnap ou Neurath, etc. – Febvre et Bloch publient de l'autre, les approches *empiriques* et les suggestions pratiques les plus hétérogènes (géographie, linguistique, anthropologie, économie, etc.). La différenciation des deux lieux n'est pas seulement spécifique et contingente, elle est aussi axée sur une différence d'intérêts stratégiques où, d'un côté, l'on mène un combat pour l'idée de la Synthèse générale et, de l'autre, l'on conduit un combat "pour l'histoire" en tant que discipline réelle. De la part des fondateurs des *Annales,* le fait de refuser avec insistance la théorie n'implique d'ailleurs pas l'abandon d'idées directrices pour la recherche : il marque seulement la crainte que la discipline ne se trouve soumise à une théologie, une idéologie ou à une philosophie.

Si M.Siegel a raison (soutenu par une opinion semblable exprimée par F.Braudel en 1964) en écrivant qu'« au niveau philosophique tout

1. De la *RSH* au *Centre International de Synthèse,* en passant par la collection *L'Evolution de l'humanité* – nous en traiterons plus loin – Berr est toujours actif, et il n'y a ni numéro de la Revue, ni rencontre, colloque, semaine ou collection de livres qui ne soient pas préfacés ou dont il n'ait écrit l'introduction : il introduit par exemple tous le livres de l'*Evolution de l'humanité*, dans le but de rappeler l'idée de la synthèse dans laquelle ces œuvres s'intègrent.

2. Qu'il suffise ici de rappeler que l'une des déclarations les plus récurrentes de Bloch et de Febvre consistait à affirmer une volonté de ne pas trop s'occuper de théorie. A. J. GUREVICH a écrit à ce propos : « Mais quelle est la théorie qui se cache derrière la nouvelle historiographie? Lorsque nous nous posons cette question on se trouve dans une situation étrange : une théorie explicite non seulement elle n'existe pas, mais l'école s'en déclare résolument contraire », in *Medioeval Culture and mentality according to the new french historiography,* in *Archives européens de sociologie*, XXIV, 1983, p. 168.

au moins, le programme des *Annales* est toujours resté fidèle à un paradigme synthétique et inter-disciplinaire qui fut aussi l'idée-force de la carrière d'Henri Berr», il faudrait préciser cette idée en tenant compte de cette différenciation de niveau, car l'on risquerait autrement de simplifier une rupture qui eut réellement lieu entre le maître (Berr) et l'élève (Febvre) et de ne pas apprecier en quoi consiste réellement leur différence de point de vue[1].

Si l'on insiste ici sur les idéaux de Berr, c'est parce qu'ils sont dissimulés dans ses œuvres et cachés par l'existence même des *Annales*. Berr lui-même les "masque" derrière un discours anti-philosophique qu'il répète souvent (dans le but d'insister sur la différence entre la Synthèse et tout type de catégorisation *a priori*). La philosophie doit suivre les sciences – dit Berr, en accord avec les idées des philosophes épistémologues, qu'il fréquente et avec lesquels il se confronte d'ailleurs assidûment – et notamment l'histoire qui, après avoir acquis son statut de science grâce à la Synthèse, devient la science par excellence, «la science vraie et la science pleine». En tant que telle, «l'histoire [...] est à la base de la réflexion philosophique»[2], là où la Synthèse ne se veut pas une philosophie, voulant absolument éviter les erreurs dans lesquelles est tombée la philosophie de l'histoire.

Avec la Synthèse, dit Berr, «j'ai voulu faire ce que fait, dans les sciences de la nature, le logicien qui, s'intéressant à telle science [...] cherche à la rendre plus consciente, à l'acheminer vers des fins plus directement»[3]. Voilà ce qu'on pourrait appeler l'épistémologie de

1. Voir M. SIEGEL, "H. Berr et la Revue de Synthèse" in *Au berceau des Annales*, Presse de l'Institut d'études politiques de Toulouse, Toulouse, 1983, p. 214. La référence à F. BRAUDEL renvoie à son article paru dans *Hommage à H. Berr*, numéro spécial de la *Revue de Synthèse*, LXXXV, 1964, p. 25 : «L'important, au-délà des [...] cassures légères, c'est que les *Annales* soient bel et bien issues de la *Revue de Synthèse* [...]. Je sais trop bien ce que je dois à L. Febvre et à M. Bloch pour ne pas reconnaître ce que, à travers eux, je dois, nous devons tous, à H. Berr. Leur œuvre de fondateurs des *Annales*, leurs disciples, la VIe Section des Hautes Etudes, la toute jeune Maison des Sciences de l'Homme, ce que nous pourrons faire encore les uns et les autres – tout cela s'inscrit un peu, sans trop d'effort, à l'actif de H. Berr». On verra plus loin que F. Braudel lui-même et quelques autres historiens ne seront pas d'accord avec cette filiation trop directe, bien qu'ils ne se soient pas attardés sur l'analyse des différences qu'on a tenté de faire ici.

2. *Ibid.*, p. 308.

3. H. BERR, *L'histoire traditionnelle et la synthèse historique*, Paris 1921, p. 28. La théorie de la synthèse est concevable en termes de philosophie épistémologique. D'un côté, elle est fondée sur une idée-force, donc sur un principe ordinateur qui conduit "naturellement" à l'Unité ; de l'autre, elle donne lieu à une recherche méthodique du statut scientifique de l'histoire qui reconnaît la nécessité d'étudier le général et de découvrir les lois qui lui sont propres, parce que c'est cela seulement qui peut en faire une science (et non une attention excessive portée sur le particulier ou sur la simple narration). Il est certain qu'une science, pour être telle, ne peut s'occuper que du général. Mais Berr voit le degré le plus élevé de scientificité dans "l'aptitude

Berr, l'œuvre qui va être poursuivie par ses "élèves", toujours présente à côté des idéaux philosophiques qui trouvent significativement expression dans un roman publié en 1942 (*Hymne à la vie*) et dans *La montée de l'esprit* (où la religion occupe désormais une place très importante).

Il ne s'agit évidemment pas de couper en deux la personnalité de Berr (comme il faut également éviter de le faire pour Bachelard, chez qui la différence entre le "jour" et la "nuit", ainsi qu'on l'a appelée, est pourtant beaucoup plus marquée), mais de saisir une différence de niveau qui peut éclairer les identités et les différences des divers moments de la discipline historique. L'histoire-science fondée sur la synthèse générale est en effet la réponse de Berr à la *crise* qui ébranle les certitudes du début du siècle. Elle même témoigne de cette crise et de l'effort pour la dépasser, la nier ou la projeter sur les autres (pour Berr ce seront les Allemands). L'entreprise de Berr est ainsi inscrite dans un malaise : il veut constituer une science au moment où la Science (et les sciences) n'arrive plus à se situer, mais par là même il veut donner à la science un statut qui soit hors de portée de la crise. Sa théorie de l'histoire est aussi une théorie de la science et par là une théorie du savoir, *la* théorie générale du savoir, qui réside dans la Synthèse.

Or on pourrait affirmer qu'au niveau théorique Berr a échoué : il reconnaît lui-même que personne n'a véritablement appliqué ni discuté sa conception ; au niveau pratique pourtant, l'application concrète de sa conception n'a pas échoué : elle s'est développée, elle s'est transformée, elle a donné lieu à d'autres entreprises qui, comme celle des *Annales*, naissent d'une certaine idée de la synthèse et d'une conjoncture sociale très favorable. On ne doit pas oublier, en outre, que parmi les entreprises fondées par Berr lui-même il y en a certaines qui continuent encore aujourd'hui leurs activités (la revue et le Centre International de Synthèse), comme si la pratique avait une fois encore ignoré les échecs de la théorie générale tout en reprenant les conditions utiles à sa survie : la longue durée s'entrelace ici avec la différence et la discontinuité[1].

spéciale de s'élever par degrés du particulier au général", aptitude qui serait propre au peuple français et non aux Anglosaxons ou aux Allemands. La synthèse est donc la conception scientifique la plus haute, et sert à éclairer la vie humaine. Elle « doit montrer à l'humanité sa voie », cf. H. BERR, "Le cinquantenaire de la revue", *Revue de Synthèse*, LXVII, 1950, p. 38.

1. La difficulté dont F. BRAUDEL parle dans son article célèbre "Histoire et sciences sociales. La longue durée", in *Annales ESC*, 4, 1958 (reproduit en *Ecrits sur l'histoire*, Paris, 1969), est la question de « l'histoire aux cent visages » (p. 44). Nous nous posons aussi cette question dans notre tentative d'analyse des identités et des différences dans l'historiographie française de l'entre-deux-guerres.

L'esprit de synthèse est donc une pratique efficace pour franchir la crise ; il s'agit vraiment d'une idée-force autour de laquelle s'organise un espace culturel actif, alors que la philosophie de la synthèse générale reste trop "rigide" et n'arrive pas à rendre compte de l'émiettement disciplinaire et du pouvoir grandissant des savoirs locaux [1]. Ce sont les deux côtés de Berr. C'est donc vers ses *réalisations* qu'il faut orienter l'attention pour comprendre l'articulation du débat sur l'histoire qui a lieu à cette période, car la synthèse va engendrer ce changement culturel qui, axé sur l'histoire, peut être considéré comme un aspect de "la réponse française" à la crise des fondements ou des certitudes philosophiques et scientifiques.

## UN "TEMPLE POUR LA SCIENCE"

Reprenons les idées-forces. L'unité du social. L'histoire-science comme discipline fédératrice de toutes les sciences. L'hypothèse d'un "monisme" philosophique qui se substitue à la métaphysique. L'homme en lui-même, sa logique et sa psychologie, l'individu abstrait chargé d'un investissement presque totémique. La recherche de la vérité. La possibilité d'obtenir par un effort collectif une méthode qui puisse garantir la synthèse générale. L'ouverture évolutive à l'être de la vie en tant que tendance à être. Voilà l'enchevêtrement paradigmatique sur lequel Berr met en place plusieurs lieux, toujours collectifs, de travail. Berr n'est pas Karl Kraus, qui a pu fonder, gérer et écrire sa revue polémique (*Die Fackel*) tout seul, et sans collaborateurs. Il est l'un des premiers et des plus lucides partisans de l'interdisciplinarité. Mais il lui a fallu constituer un réseau qui permette d'unifier toutes les sciences (et non pas seulement les sciences humaines) autour de l'histoire. La synthèse historique, se posant comme l'unification de tout ce qui concerne l'humain, dans ses multiples aspects (intellectuels, techniques, sociaux, politiques, économiques, psychologiques, etc.), peut aspirer au projet encyclopédique de représenter toute l'*évolution de l'humanité*. Après avoir fondé la *Revue de Synthèse historique*, qui a pour but l'élaboration et la discussion de la méthode adaptée à l'histoire-science et qui reste donc un lieu de travail plutôt théorique, Berr aspire à réaliser ce qui ne doit pas rester une pure discussion de principe, mais

1. Le terme "savoirs locaux" veut désigner ici, contrairement à "particularisme", l'ouverture théorique d'une discipline particulière à son monde extérieur, sans se soumettre à aucune conception unifiante : l'ouverture reste telle, indéterminée et indéterminable, ainsi que Febvre allait le montrer en réalisant l'*Encyclopédie française*. Sur l'émiettement de l'histoire, cf. aussi J. REVEL, "Les paradigmes des Annales", in *Annales ESC*, 6, 1979 et F. DOSSE, *L'histoire en miettes*, cit.

avoir leur traduction pratique, un lieu concret où l'épistémologie va s'articuler en effet à l'histoire.

Les origines de la collection *L'Evolution de l'humanité* chez "La Renaissance du livre" (puis chez A.Michel), se situent autour de 1912, bien que le premier volume n'ait vu le jour qu'en 1920 (la guerre de 1914-1918 empêche la collection de commencer). Dix ans après le début de la *RSH* il est bien temps de « réaliser la synthèse scientifique » pour l'unité de l'histoire : une collection est une œuvre moins rapsodique et mouvante qu'une revue, elle peut aspirer à la complétude et à la constitution d'une histoire pour ainsi dire définitive (au sens de totale). La Synthèse générale, qui a son laboratoire de recherche dans la revue, peut trouver dans la collection sa mise en œuvre finale, sa *réalisation* (sans pour autant renoncer à être rectifiée par les résultats obtenus grâce à sa mise en œuvre) : les avantages d'une encyclopédie historique se conjuguent ainsi avec ceux d'une « Histoire continue de l'évolution humaine » [1]. Elle ne sera donc pas stérile comme les encyclopédies traditionnelles, considérées comme des répertoires morts de savoirs variés. Elle doit être scientifique, au sens d'une recherche permanente d'unité et d'ordre. Le plan de la collection est fixé dès l'origine afin de garantir l'unité de l'œuvre :

> Elle aura une unité réelle : non seulement l'unité du sujet – qui est l'histoire intégrale – mais l'unité du plan – qui liera fortement toutes les parties – et l'unité même des idées directrices [2].

L'unification des sciences *humaines* comme projet culturel organise donc sa réalisation autour des foyers théoriques dégagés par la

1. H. BERR, *Introduction générale* à E. Perrier, *La terre avant l'histoire*, Paris, 1920, premier volume de la collection, p. VII (cf. *RSH*, XXX, 1920, H. BERR, "Introduction à une histoire universelle"). La collection « est la mise en œuvre de notre conception » : elle avait été conçue comme une Histoire universelle, émanation de la *Revue de synthèse historique*, « destinée à en expérimenter les resultats théoriques » (cf. H. BERR "Au bout de trente ans" en *RSH*, 1930, reproduit in *Revue de Synthèse*, LXVII, 1950, p. 55). L'ouvrage devait rassembler cent volumes autonomes de dimensions moyennes, chaque tome étant confié à un seul auteur. La collection devait couvrir tous les domains de l'histoire. « Des ensembles de volumes [...] formeront – à des points de vue divers – un tout dans le tout, des synthèses partielles dans la synthèse générale". "L'entreprise sera donc comme une vaste expérience qui se réalisera peu à peu [...] pour un plus grand profit de la science historique et d'où les idées proposées à l'épreuve sortiront confirmées ou rectifiées » (*Introduction*, *op. cit.*, p. VII). Cf. sur Berr M. SIEGEL, "H. Berr et la Revue de Synthèse", cit. ; M. MASTROGREGORI, *Il genio dello storico*, Napoli, 1987 ; l'anthologie dirigée par B. ARCANGELI et M. PLATANIA, *Metodo storico e scienze sociali : la RSH (1900-1930)*, Roma, 1981 ; *Hommage à H. Berr*, numéro spécial de la *Revue de Synthèse*, 35, 1964 ; *Henri Berr et la culture du XX<sup>e</sup> siècle*, Actes du Colloque International (Paris, 1994) (A. Biard, D. Bourel, E. Brian), A. Michel / Centre International de Synthèse, Paris, 1997.

2. *Ibid.*, p. VI.

philosophie berrienne. L'humanisme a pour Berr sa plus haute expression dans les sciences, manifestation du désintérêt qui caractérise la connaissance pure ; il est à la fois la vérité en marche de la civilisation (occidentale) et le résultat d'une rationalité toujours perfectionnée. Sa saisie ne peut être alors que globale, moniste et générale, interdisant de ce fait tout cloisonnement rigide et exaltant au contraire l'effort interdisciplinaire : l'homme est l'unité de son être dans le divers de ses formes actives. Cet homme représente évidemment l'Esprit, l'esprit humain civilisé qui ne doit pas avoir de frontières ni de territoires, et dont le destin reste attaché à son évolution et à son histoire : d'où sa nature générale, paradigmatique, centrale, qui doit aboutir, dans un dernier livre (*La montée de l'esprit*), à une « conception moniste » de la science et de l'Etre[1].

L'homme comme figure centrale de la théorie et de la stratégie culturelle de Berr – qui sera améliorée et reprise dans l'humanisme déclaré de Febvre – est le premier dispositif théorique qui permet d'étendre la synthèse au-delà des limites des sciences humaines. Toute science étant humaine en tant que produit rationnel de l'intelligence, la *réalisation* de la synthèse générale doit pouvoir sortir du champ spécifiquement historique propre à *L'Evolution de l'humanité*. Si la Synthèse est l'idée-force pour la saisie unitaire et scientifique de l'esprit (humain, trop humain, aurait peut-être ajouté Nietzsche), l'exigence interdisciplinaire, limité maintenant aux sciences humaines, peut s'élargir aux sciences exactes et les faire participer au même projet : la méthode étant donnée, il faut la mettre en œuvre.

L'entreprise, qui naît en 1925, s'engage donc dans l'élargissement et le renforcement de la Synthèse. Il s'agit du *Centre International de Synthèse* (constitué, et ce n'est pas sans importance, par un Etablissement "Pour la Science", reconnu d'utilité publique par un décret du Conseil d'Etat le 26 novembre 1925) qui va devenir un des phénomènes

1. Voir, pour la question de l'humanisme, au sujet surtout des *Annales*, J. REVEL, "Histoire et sciences sociales : les paradigmes des Annales", in *Annales ESC*, *op. cit.* ; une petite référence de G. GEMELLI in "Communauté intellectuelle et stratégies institutionnelles : H. Berr et la fondation du Centre International de Synthèse", in *RS*, 2, 1987, p. 246 et J. GLENISSON, "L'historiographie française contemporaine : tendances et réalisations" in *La recherche historique en France de 1940 à 1965*, Paris, 1965, p. XIX et XX. Pour Berr l'histoire humaine « est en continuité avec celle de la Vie [...]. L'histoire, en vérité, est comme une introspection collective, où l'Humanité prend conscience de sa poussée interne, des conditions de son développement passé, des directions de son développement futur » et « ce réalisme positif, ou encore ce monisme, nous croyons que l'évolution de la pensée l'impose peu à peu » (cf. *RS*, LXVII, 1950 p. 76 et *RS*, 2, 1931, p. 7). Toujours au sujet de l'humanisme et relativement à sa genèse, voir P. DUCASSÉ, "L'inquiétude du concret ou les voies nouvelles de la connaissance" in *RS*, 8, 1934. Ce dernier fait remonter cet humanisme à "son prophète" Auguste Comte.

culturels les plus importants du monde intellectuel français de l'entre-deux-guerres. C'est ainsi que Berr présente le Centre :

> Dans l'intérêt de la Science pure, il est créé à Paris un Centre d'information et d'études pour développer l'esprit de synthèse – dont le caractère et le rôle, par la nature même des choses, seront internationaux [1].

Le Centre est censé rassembler les savants les plus éminents des différentes disciplines dans un esprit collectif de synthèse dont le but – le progrès de la Science pure – est fixé par une éthique spécifiquement humanitaire (républicaine et démocratique). En outre, Berr insiste particulièrement sur l'aspect international du Centre International de Synthèse, celui-ci étant pour lui une des prémisses fondamentales d'une synthèse véritablement *générale :* l'interdisciplinarité et la "symbiose" à haut niveau des diverses sciences ne peut être garantie que par la participation des savants étrangers à cette entreprise (pour que toutes les sciences soient activement présentes dans leurs états les plus développés). Une telle préoccupation internationale correspond du reste aux transformations de la conjoncture culturelle, politique et économique des années 20, comme en témoignent les activités de la Société des Nations, les échanges culturels et de formation, les Congrès internationaux, etc.

Berr veut toutefois créer quelque chose de différent par rapport aux organismes internationaux fondés dans le sillage de la SdN : le Centre International de Synthèse, recueillant l'expérience des différentes entreprises (la revue, la collection, etc.), est conçu comme un vrai centre de convergence dont l'intérêt prioritaire est l'unification des sciences, en opposition avec la tendance centrifuge des spécialités que provoque leur développement [2].

C'est dans ce cadre que la synthèse constitue « l'idée-force dans l'évolution de la pensée », évolution par rapport à laquelle l'unité de la pensée peut et doit toujours être revendiquée. Cette unité, qui est encore une fois celle de la Science pure et qui témoigne de l'importance primordiale de la science historique, représente aussi une tâche morale

1. Cf. *RSH*, XIV, 1925, p. 8.

2. *Ibid.*, p. 9 : « Il y a dans (les) sciences (de la nature), comme une accommodation incessante et comme une poussée interne vers l'unité. Mais la multiplication des spécialités et l'immense développement de chacune d'entre elles constituent néanmoins une circonstance retardante, un obstacle isolant [...]. On peut, semble-t-il concevoir des moyens pour activer la "symbiose" de ces sciences artificiellement séparées et classées trop empiriquement. Sans méconnaître l'importance fondamentale du travail de recherche et sans vouloir le régenter, sans doute peut-on attirer l'attention sur les problèmes où les efforts doivent converger et faire davantage intervenir la réflexion régulatrice ».

et politique pour que les sectarismes et les excès du nationalisme ne reproduisent plus une tragédie comme celle de la Grande Guerre. Les déclarations de principe qui figurent aux origines de la Société des Nations et qui sont reprises par tous les organismes internationaux trouvent dans le Centre International de Synthèse de Berr un écho particulier grâce à son humanisme internationaliste (cela malgré des polémiques anti-allemandes[1]). L'esprit communautaire ressort toujours dans les discussions qui animent la vie des Sections[2].

L'activité des Sections constitue la vie du Centre, dont l'objet et les tâches doivent être définis avec clarté, tout en respectant le présupposé synthétique et le travail rigoureusement collectif. Ainsi, toute l'organisation du savoir est reprise et corrigée. Prenons le cas, par exemple, de la *Section des sciences de la nature* :

> son objet [...] est quadruple : 1) l'établissement des répertoires bibliographiques et *analytiques* pour la méthodologie, la théorie et la synthèse, l'étude des notions fondamentales, des principes, des grandes théories, de la conception générale et de l'objet de chaque Science ; 2) l'établissement critique du vocabulaire (international) et des nomenclatures ; 3) l'examen des problèmes d'« interscience », des grandes généralisations qui dominent le champ de plusieurs sciences ou leur ensemble, et qui acheminent les sciences vers la philosophie [...] ; 4) enfin, pour dernier but, la section se propose de

1. L'internationalisme n'empêche en effet pas Berr de déclarer la "superiorité" de l'esprit scientifique français (mais l'esprit germanophobe était commun dans la décennie de 1914 à 1924 environ), ce qui suscite des réactions animées ; cf. la polémique avec J. Luchaire, cit., in G. GEMELLI, "Communauté intellectuelle..." cit., p. 249 sur les pages du programme du Centre International de Synthèse, et F. DOSSE, *L'histoire en miettes*, cit., p. 38

2. Le Centre International de Synthèse comprend des *Sections* destinées à couvrir les divers domaines du savoir, chaque Section ayant un directeur et des membres qui se réunissent périodiquement (en général deux fois par mois). La première Section, créée au sein du Centre dès 1925, est la *Section de Synthèse historique* coordonnée par Berr lui-même et par Febvre : elle doit « déterminer la place et le rôle de l'histoire dans l'ensemble des connaissances humaines » et donner au travail de l'historien « plus de méthode et d'unité ». Cette section était divisée en plusieurs commissions : histoire proprement dite et sciences auxiliaires ; théorie de l'histoire et méthodologie ; sociologie, ethnologie, démographie et psychologie dans leurs rapports avec l'histoire ; géographie historique, anthropologie et ethnographie, histoire des idées. Parmis les autres Sections prévues, la *Section des Sciences de la Nature* dirigée par Rey, ne commence ses activités qu'en 1928, faute de locaux disponibles. Toujours en 1928 s'ouvrent une *Sous-section de philosophie des sciences*, qui est « l'amorce d'une future *Section de Synthèse générale* » (dont le but était de ramener au premier plan la philosophie) et une *Section d'histoire des sciences* (cf. Conseil d'administration du 25-5-1928) dirigée par A. Mieli qui a pour Berr une importance décisive, parce que par elle Berr espère dépasser la différence toute allemande entre sciences humaines et sciences de la nature. Son "destin" va être singulier dans l'histoire du Centre International de Synthèse (cf. G. GEMELLI, art. cit., p. 250-251).

rassembler tous les éléments qui pourraient servir à établir l'histoire des sciences et de la Science [1].

Chaque Section travaille de manière autonome, mais résultats et discussions sont rapportés par le *Bulletin* du Centre International de Synthèse, qui est intégré à la *Revue de Synthèse historique.* Cette dernière se transforme en fonction des activités collectives; en 1931, elle abrége son nom en *Revue de Synthèse* et devient « l'organe du Centre ». Le rétablissement de la "Science pure" par la Synthèse générale sous le signe de l'histoire-science représente la réaction contre « la vague d'utilitarisme » qui passe sur le monde et pousse les jeunes gens à se détourner « de plus en plus des recherches désintéressées » [2].

L'unification voulue par Berr et acceptée par les membres de son entreprise se manifeste avec évidence dans les activités du Centre International de Synthèse. Son objet est donc « de développer et de coordonner les recherches de science pure, de remédier aussi aux inconvénients des spécialisations trop étroites » [3], ce qui sera rendu possible par l'organisation differenciée du Centre, toujours ouvert et perméable aux suggestions les plus avancées.

Même s'il est resté marginal par rapport aux grandes Institutions publiques et au milieu académique [4], le pari de Berr est en fait gagné par son entreprise: celle-ci n'est pas une sorte de reproduction des Instituts déjà existants, mais un lieu de rencontre, de travail et de formation pour un certain nombre de savants et de philosophes qui ne sont pas les moins importants. Berr sait rassembler les efforts les mieux construits, illustrés par des savants prestigieux, tout en leur imposant la "discipline interdisciplinaire" qui lui est chère. Jeter des « *ponts* » entre les divers domaines de la science afin de rendre plus consciente et plus

1. *Archeion*, VIII, 1927, p. 155-156. Tel était le modèle de toutes les Sections. En 1926 eut lieu en outre une réorganisation interne de la Section de synthèse historique. Divisée originairement en deux commissions (la commission du répertoire bibliographique et la commission du Vocabulaire), elle se montra tout de suite trop générique ; Berr décida donc de la diviser par *matières*, afin de rendre plus dynamique le travail de chaque commission.

2. H. BERR, "Pour la Science", *op. cit.*, p. 6. Il est ici important de noter que L. Febvre, dans les plans pour l'*Encyclopédie française* (voir chap. suivant), poursuivait les mêmes idées. Reprenant la question de l'utilitarisme, il proposait de diviser l'encyclopédie en deux parties, qui représentaient les deux grands genres de l'activité humaine : les « activités désintéressées » (les sciences exactes, mais aussi la biologie, la sociologie, l'histoire, la philosophie, la religion et les arts) et les « activités utilitaires » (l'économie, la médecine, les techniques, encore une fois la sociologie et l'histoire, la politique, les sciences de l'éducation).

3. H. BERR, "Statuts" in *RSH*, cit., p. 13 et G. GEMELLI, "Communauté intellectuelle..." cit., p. 247.

4. Voir aussi *ibid.*, les p. 227-232, pour une réflexion au sujet de la "marginalisation" de Berr et de ses activités, par rapport au milieu institutionnel et académique.

étroite la collaboration entre «ceux qui cherchent la vérité» serait possible grâce à l'organisation cohérente des activités du Centre International de Synthèse. Dans ce milieu se forment H.Metzger, A.Koyré, L.Febvre, M.Bloch, chacun à sa manière et toujours dans une liberté d'esprit extraordinaire (de là naissent d'ailleurs les projets des *Annales* ou de l'*Encyclopédie française*, même s'ils ne se soumettent pas à la philosophie du Centre). Le projet philosophique du Centre International de Synthèse est en effet suffisamment souple pour permettre aux sections de travailler dans une grande liberté, confrontant les états les plus avancés des diverses disciplines et gardant toujours un rapport d'égalité entre elles, sans qu'aucune soit plus valorisée qu'une autre. Ce qui est remarquable – et qui témoigne de la profonde ouverture d'esprit de Berr –, c'est que la pluralité des intérêts ne cesse pas d'être recherchée. Il le faut d'ailleurs bien car, dans l'intérêt de la Synthèse générale, toutes les manifestations de l'esprit scientifique doivent être prises en compte, analysées et "capturées", si possible, dans le plan général (la diversité des points de vue disciplinairs, qui dépasse l'idéologie berrienne, laquelle ne réalise pas souvent l'unité rêvée, donne lieu à un débat multidisciplinaire unique en son genre).

Deux autres activités jouent un rôle important dans l'entreprise berrienne: la rédaction d'un *Vocabulaire* et l'organisation des *Semaines Internationales de Synthèse*.

Le *Vocabulaire* reproduit d'une certaine façon ce que la *Société française de philosophie* faisait déjà depuis le début du siècle pour sa discipline, projet qui devait aboutir au Dictionnaire de A.Lalande. Le *Vocabulaire* est toutefois censé définir rigoureusement les termes de la discipline autour de laquelle doit se réaliser la Synthèse: l'histoire-science y remplace ainsi la philosophie. Le phénomène propre à tout changement "paradigmatique", de toute période de crise – à savoir la reformulation sémantique et terminologique d'une discursivité – ne manque donc point d'engager les efforts du nouveau Centre. «Sauver la Science» n'est possible que par la reformulation d'un dictionnaire et l'histoire-science (dont c'est la tâche) ne peut imposer son rôle que par la rédaction d'un *Vocabulaire historique*[1]. Il respectera un ordre

1. Vocabulaire «destiné à définir rigoureusement les termes dont se servent les historiens et à fixer, autant que possible, les notions fondamentales de leur science, en donnant l'état des problèmes théoriques et la bibliographie correspondante», H. BERR, "Pour la Science", cit., p.7. Voir aussi G. GEMELLI, *art. cit.*, p.251 Voici comment Berr présente l'activité du Vocabulaire: «nous avons fait le plan [...] d'un *Vocabulaire historique* et, avant tout, discuté en séance les candidatures [...] des mots à y admettre. Ensuite ce sont les mots eux-mêmes, traités par des collaborateurs qualifiés, qui ont été étudiés en des séances d'un intérêt très vif: l'étymologie de ces mots, l'évolution de leur sens, ont souvent donné lieu à de curieuses remarques de

alphabétique, cachant ainsi la sélection thématique préalablement opérée par Berr : le modèle rationaliste du répertoire à la fois théorique et sémantique, ordonné une fois pour toutes, doit trouver ici sa réalisation finale et reste donc encore attaché au cadre traditionnel des dictionnaires (bien qu'aucune édition du *Vocabulaire* n'ait jamais vu le jour, celui-ci se présentant plutôt comme un instrument de travail et le produit de la discussion *interne* au Centre International de Synthèse).

Le *Vocabulaire,* en outre, ne doit pas se borner à l'histoire, car il doit rendre possible la redéfinition des termes concernant *toutes* les sciences, stratégie indispensable à leur unification : les jargons spécialisés doivent se dissoudre dans le nouveau langage de la Synthèse. La langue des sciences – vieux rêve de tout logicien – doit être la plus précise possible, elle ne laissera aucun espace aux tâtonnements caractéristiques des langues courantes, car elle doit ménager l'accord des travailleurs et faciliter ainsi la solution des problèmes (le "calculamus" leibnizien vient ici à l'esprit !). Faire l'histoire des mots – et par là l'histoire des sciences – mais fixer aussi leur utilisation sémantique, déterminer le langage sans se laisser déterminer par lui : voilà l'impossible ambition de Berr (les comptes-rendus des discussions faites à ce propos en témoignent). La généralisation des objectifs du *Vocabulaire* amène, en 1932, à un *Dictionnaire historique des Sciences dans leur rapports avec la Philosophie* qui – sur l'initiative de Rey – est entrepris par la *Section de synthèse générale.* Sa finalité est à la fois de démontrer l'utilité des échanges des sciences entre elles, et avec la philosophie, de dévoiler le passé « en prenant pleine conscience du long et persévérant effort dont [le travail de synthèse] est l'aboutissement », et, enfin, de « préciser un grand nombre de termes et de concepts dont l'usage est commun – ou devrait l'être – aux savants et aux philosophes »[1].

La stratégie terminologique, fondée sur le travail collectif et l'échange réciproque des idées, présuppose l'inexistence de toute forme d'incommensurabilité entre théories et langages différents : la communauté linguistique est envisagée comme possible. C'est cette confiance qui permet, au sein du Centre International de Synthèse, de relier l'engagement pour le *Vocabulaire* avec l'organisation des *Semaines Internationales de Synthèse.*

psychologie collective. Après nous être attaqués, pour orienter l'ensemble du travail, à un certain nombre de termes importants, nous avons adopté l'ordre alphabétique pour hâter la publication d'un premier fascicule ». H. BERR, "Le XXV$^{e}$ anniversaire du Centre" in *Revue de Synthèse*, LXVII, *op. cit.*, p. 72.

1. Ce Dictionnaire suit lui aussi l'ordre alphabétique et groupe les grandes périodes selon un ordre chronologique et logique ; cf. H. BERR, "Rapport moral sur la vie du Centre", 12 juillet 1932, *RS,* 5, 1933, p. 5.

Celles-ci constituent sûrement l'effort le plus considérable du Centre International de Synthèse du point de vue de l'organisation, comme de celui du budget. Lancées en 1929[1], elles représentent le point le plus haut de l'activité berrienne, son heure de gloire et son moment culturellement le plus d'avant-garde (la marginalisation institutionnelle joue paradoxalement en sa faveur, permettant à ces assises une liberté et une ouverture théoriques difficiles à espérer ailleurs). Le *Leitmotiv* est évidemment toujours celui de la *Synthèse générale :* les *Semaines* sont censées traduire la convergence des efforts divers des Sections, les rassemblant autour d'un problème unique.

> Nous ne donnerons pas ici d'enseignement – explique Berr en ouvrant la première séance de 1929 – Nous ne donnerons pas de conférences selon la formule banale. Nous ne voulons ni d'élèves, ni un public d'amateurs. Nous ne méprisons pas les congrès, mais nous estimons qu'on peut concevoir des réunions, même internationales, où l'on ne parcourt pas soit la science, soit une partie de la science, à vol d'oiseau ; où l'effort ne s'éparpille pas sur une foule de sujets [2].

L'intention scientifique l'emporte : les *Semaines* doivent pouvoir s'intégrer dans le plan général du Centre, elles n'en sont pas une émanation isolée ou une manifestation de prestige. Elles doivent représenter, elles aussi, un moment de recherche, précisément ce moment où le Centre International de Synthèse peut se confronter avec l'extérieur, multipliant ainsi les contributions à la Synthèse. Ainsi, elle

1. Le modèle des Semaines était assez différent d'une autre entreprise du même genre (et qui poursuivait le même but, à savoir de faire se rencontrer des savants au-delà des Congrès) : les "séances" de la *Société française de philosophie*, qui commencèrent en 1900. A la différence de ces dernières – qui prévoyaient un exposé initial et une discussion conséquente et qui duraient une demi-journée – les Semaines organisées par Berr se poursuivaient pendant six jours, avec deux exposés par journée suivis de discussions. Cela permettait en effet de traiter le thème en question d'une façon satisfaisante et complète (au début ce thème avait toujours été double, partagé entre les sciences de la nature et les sciences humaines). Le siège des Semaines était permanent et leur organisation prise en charge par un groupe permanent de chercheurs. Aux assises étaient censés participer des savants dont les spécialités devaient couvrir tout le panorama des sciences. On pouvait donc voir des philosophes côtoyer des littéraires, des sociologues, des physiciens, etc., et discuter autour de thèmes comme, en ordre, *l'Evolution*, la *Civilisation*, l'*Individu*, la *Foule*, la *Relativité*, la *Notion de progrès*, *Science et loi*, la *Matière*, l'*Energie*, l'*Infini et le réel*, etc.. Ces Semaines, qui se poursuivirent tous les ans de 1929 à 1939, reprirent en 1946, tout de suite après la guerre. Pour une analyse de l'organisation du Centre, de son administration, de son budget, des financements qu'il avait obtenus et de ses relations avec les pouvoirs publics, voir G. GEMELLI, *art. cit., ;* M. MASTROGREGORI, *Il genio dello storico*, *op. cit.*, des renseignements anecdotiques dans *Hommage à H. Berr*, *op. cit.*, *Henri Berr et la culture au XX*[e] *siècle*, Colloque International (Paris, 1997), *cit.*

2. H. BERR, "avant-propos" à *L'Evolution*, 1ère *Semaine Internationale de Synthèse*, I, Paris, 1930, p. XI.

deviendront le moment concret de l'unification des sciences. En effet, alors que jusqu'en 1937 les thèmes choisis étaient liés aux questions soulevés par la rédaction du *Vocabulaire*, à partir de cette date, dit Berr,

> nous avons voulu faire mieux encore : nous avons conçu une suite de semaines liées, une Synthèse des Synthèses particulières. De 1937 à 1949 [...] c'est une explication complète du Réel, par la Science, que nous avons élaboré – complète, sous la seule réserve du provisoire qu'implique le mouvement progressif, de plus en plus rapide, de cette Science [1].

Les *Semaines* sont donc un moment de confluence théorique : les thèmes choisis sont d'actualité et les savants regroupés sont souvent très prestigieux (parmi d'autres, L.Brunschvicg, L.De Broglie, E.Cartan, F.Gonseth, J.Hadamard, P.Langevin, J.Perrin, J.Piaget, H.Wallon, etc.). Indépendamment des intentions unitaires de l'organisateur, elles permettent ainsi à chaque réunion de travail d'engendrer des discussion intéressantes et scientifiquement très précises, révélant l'état du savoir et de la recherche, les accords et les divergences théoriques. Quelqu'un a rapproché cette entreprise des *Congrès pour l'Unité de la Science* convoqués par les empiristes logiques[2] et l'on verra dans le prochain chapitre que ce rapprochement n'est pas sans fondement : l'affirmation de *la* Science ne peut en effet se réaliser, selon Berr, qu'en insistant sur les problèmes *d'interscience* qui sont – et ce n'est pas un hasard – l'un des objets essentiels de la *Section des sciences de la nature* du Centre International de Synthèse.

L'interdisciplinarité atteint ainsi son extension maximale : le Centre en est le lieu d'élection, se donnant en même temps comme terrain de l'exercice effectif d'un entrecroisement des savoirs et comme le point de rassemblement synthétique, évitant le danger d'une dispersion excessive ou d'un mélange arbitraire de théories, modèles et méthodes. « Nul n'entrera ici – écrit Berr dans le premier numéro de la RSH – s'il n'est muni de la bonne méthode » : les *Semaines* en sont la "fête" et l'ouverture, car l'intervention des savants qui viennent de régions scientifiques si diverses se fait dans un esprit de collaboration sans égal.

Cependant, la cause "moniste" et "unitaire" pour laquelle Berr combat et organise ces semaines se perd dans ces rencontres mêmes. La réalisation de la Science (au singulier) par la Synthèse (elle aussi au singulier), réagissant contre toute coupure radicale, contre toute discontinuité ontologique et réelle, s'efforçant de suivre toujours ce fil

1. *Ibid.*, "Le XXVe anniversaire du Centre", cit., p. 74.

2. Voir J. DAMBSKA, "Henri Berr et le problème de l'unité de la science", in *Hommage à H. Berr*, cit., p. 58.

rouge triomphal de la Pensée rationnelle, est submergée par la multiplication disciplinaire, par la pluralité des points de vue et des synthèses possibles, par la découverte des divers styles de rationalité qui interdisent désormais toute confiance dans un effort d'unité ou d'unification totale (surtout s'il est inspiré par la confiance en une valeur univoque et religieuse de la Vérité et de la Science). L'*Universum* au nom duquel Berr continue toujours à lutter n'est plus qu'un *Multiversum*, ainsi que l'appellent E.Bloch et W.James, où le temps se multiplie, devenant "kaléidoscopique". Cette sensibilité à la multiplication stratifiée de l'unité, il est vrai, semble être réservée aux artistes et aux littéraires (E.Bloch cite Proust, Joyce, Brecht, Mann) ou à ceux qui sont en contact avec les beaux arts comme H.Focillon[1], mais non aux scientifiques et aux épistémologues encore trop épris d'universalité. Berr n'accepterait en fait jamais l'idée d'un tel Multiversum: l'unité est pour lui la loi de l'esprit et de l'Univers (même le dualisme de la philosophie allemande de l'histoire est à rejeter). Ce qui se passe du côté des arts ne doit alors pas être confondu avec ce que doit être la tâche scientifique proprement dite: *l'unification* (que l'époque pourtant lui refuse).

L'unification des sciences, sans distinction aucune par rapport à leur objet (voilà le "monisme") est le principe intrinsèque de leur essence vitale: l'homme centre énergétique de l'univers, ou mieux encore la Pensée comme sommet cosmogonique, ne laisse d'espace à aucune différenciation ontologique (pas de différence entre *Geist* et *Natur* pour les sciences). Le dynamisme de la connaissance, tel que la Synthèse est en train de le réaliser dans son ouverture au provisoire inévitable du Réel, configure l'être simplement comme tendance (unitaire). C'est ce résultat que Berr croit pouvoir reconnaître à la suite des thèmes proposés dans les *Semaines* (dont la dernière, en 1954 – un an avant sa mort, – est consacrée de façon significative à *L'Unité de l'Etre*).

L'expérience, bien qu'elle soit extraordinairement intéressante, ne débouche pourtant pas sur un tel résultat, en dépit de ce que Berr en écrit dans ses avant-propos. La philosophie de la Synthèse générale ne dépasse presque jamais les murs de l'Hôtel de Nevers, siège du Centre International de Synthèse. Les *Semaines* sont sûrement une occasion unique à cette époque pour un travail véritablement interdisciplinaire,

1. Voir E. BLOCH, *Erbschaft dieser Zeit*, Frankfurt am Main, 1977 (première édition, Suisse, 1935) et H. FOCILLON, *Vie des formes*, Paris, (1934) 1984. Focillon écrivait: «l'histoire n'est pas unilinéaire et purement successive, elle peut être considérée comme une superposition de présents largement étendus», p.86. Cette ouverture constituait aussi le fondement des travaux conduits par l'*Institut Warburg* à Londres.

mais les œuvres mises en place par les sections du Centre ne rencontrent pas le destin que Berr a prévu. Le répertoire bibliographique, la constitution d'une bibliothèque, le *Vocabulaire*, les thèmes des assises internationales, ne continuent pas à se relier l'une à l'autre après la mort du maître. Et ils ne parviendront pas à réaliser la Synthèse. Ils aident plutôt à engendrer l'effet contraire : l'activité « d'interscience » multiplie les croisements et accentue la stratification des points de vue jusqu'à ce que la vérité synthétique se dissolve dans la multiplicité. L'interdisciplinarité, au lieu de renforcer l'idée totalisante de la Synthèse, renforce une synthèse réelle (particulière) des connaissances dans la confiance croissante que l'homme, en tant que Sujet et Pensée, n'est lui aussi qu'un point de vue, un état historique du savoir par rapport auquel l'esprit de synthèse a moins de force que son essence d'ouverture. L'histoire, qui a donné l'élan à cet effort d'ouverture, représente une des trahisons principales envers cet esprit, avec la mise en œuvre des *Annales*, cet instrument de travail dont le but principal n'est plus l'idée-force de Berr.

Le « temple de la Science » – le futur président P.Doumer définit ainsi le Centre International de Synthèse en 1924[1] – laisse évidemment des traces archéologiques, mais son culte va être bouleversé et abandonné comme c'est le destin de tout temple. La collection *L'Evolution de l'humanité* reste une des collections d'histoire les plus belles et les plus riches, sans plus ; les *Semaines*, qui sont le vrai moment de la synthèse, n'ont pratiquement pas d'influence sur l'organisation du savoir (elles en ont seulement sur les savants individuellement) ; la *Revue de Synthèse* poursuit sa tâche méthodologique, mais n'arrive pas à imposer *la* méthode. Le combat engagé en 1900 par Berr sera repris, mais dans les termes plus précis d'un combat (des combats) pour l'histoire dont la dignité disciplinaire scientifique est donnée pour acquise.

Nous verrons toutefois que la “saillance” disciplinaire de l'histoire ne montre pas simplement une discontinuité profonde par rapport aux principes de la philosophie de la synthèse, car sous certains aspects elle reste parfaitement en continuité avec ceux-ci : l'optimisme de Berr aura un destin double.

1. P. Doumer, président de la République française de 1931 à 1932 et grand ami de H. Berr, fit restaurer l'Hôtel de Nevers et le donna au Centre International de Synthèse comme siège permanent. La citation remonte à une lettre envoyée à Berr en juillet 1924.

## UN ET PLUSIEURS COMBATS POUR L'HISTOIRE

Un "combat pour l'histoire" va s'engager en 1929 grâce à la création par L.Febvre et par M.Bloch d'une nouvelle revue d'histoire: les *Annales d'histoire économique et sociale*. La nécessité d'une "histoire nouvelle" est ressentie par les deux directeurs de telle façon qu'ils ne craignent pas d'ajouter une autre revue à côté de celles qui existent déjà (la *Revue historique*, la *Revue de synthèse historique*, la *Revue d'histoire économique et sociale*): le combat qu'ils vont engager pour une nouvelle façon d'écrire l'histoire donne dès le début l'idée de l'originalité et de l'autonomie d'une revue qui va être de ce fait unique en son genre. La véritable stratégie poursuivie par Febvre et Bloch s'insère donc parfaitement dans la *crise* où se trouvent à ce moment les diverses sciences sociales, partagées entre un désir de rationalisation synthétique encore philosophique (comme celle de Berr) et une unification sociologique (comme celle dans laquelle est engagée l'école durkheimienne).

L'histoire profite de la conjoncture assez particulière dans laquelle se trouvent les sciences humaines au début du siècle: la crise elle-même, qui dure désormais depuis quelques décennies[1], n'est qu'une force efficace poussant à l'engagement d'un combat qui va ouvrir à l'histoire des espaces d'application insoupçonnés. Et l'organisation d'entreprises culturelles comme celle des *Annales* ou de l'*Encyclopédie française* à côté de celles promues par Berr soulignent toujours plus cette "nécessité de l'histoire" qu'on a vue agir du côté des épistémologues. L'ouverture dynamique des sciences humaines par rapport au statut déterministe des sciences exactes donne à l'histoire un rôle fondamental qui implique un changement d'équilibres entre les différents domaines du savoir. Donnant un statut "scientifique" à l'histoire sans l'aplatir sur l'image conventionnelle de la science exacte – c'est-à-dire sans la réduire au modèle de la physique – les théoriciens de l'histoire montrent d'une façon presque pragmatique la possibilité de discours scientifiques susceptibles de ne pas correspondre au modèle acquis. La synthèse de Berr se garde bien de s'enfermer dans un système, car elle veut maintenir vivant l'élan de sa logique propre, l'ouverture spécifique de toute force vitale (la différence par rapport au concept diltheyen de *Erlebnis* ne nous semble pas en ce cas si profonde[2]) qu'est aussi l'ouverture de l'histoire appliquée par les

1. C'est un des aspects sur lequel peu d'études ont été menées. La crise est une pluralité de situations qui commencent bien avant la "révolution" einsteinienne du 1905, et se poursuivent bien après les écrits de Husserl à son égard (1936).

2. Berr n'est jamais en désaccord avec la *substance* du discours philosophique sur l'histoire, bien qu'il en rejette une thèse très importante: la division entre sciences de

philosophes épistémologues à la connaissance scientifique elle-même. C'est que l'histoire, parmi les sciences humaines, maintient une position particulière : d'un côté elle peut se revendiquer d'une tradition très ancienne et d'une importance philosophique tout-à-fait remarquable (tant elle reste liée au problème du Temps), de l'autre côté elle reste la discipline scientifiquement la plus difficile à situer parmi les sciences humaines.

L'ouverture épistémologique à la temporalisation de l'histoire et au problème de la connaissance en général trouve dès 1900 un témoignage d'une clarté remarquable chez P.Tannery. Il montre encore une fois l'effort théorique qui prépare la réalisation des opérations culturelles des années de l'entre-deux-guerres. En parlant de l'histoire des sciences, ce point de contact entre dimensions discursives différentes, Tannery écrit : par histoire

> je n'entends nullement un achèvement définitif, qui rend désormais inutiles les efforts des travailleurs [c'est-à-dire une reconstruction définitive d'une quelconque histoire] ; l'histoire d'aucun mode de l'activité humaine n'en sera jamais là, puisque chaque siècle amène et la découverte de nouveaux documents relatifs aux temps anciens, et l'addition de nouveaux matériaux qui cessent d'appartenir au présent, enfin et surtout un *changement de perspective* qui justifierait à lui seul la refonte de l'œuvre antérieure [1].

Le travail interminable de l'historien, si proche de l'approximation inépuisable de la connaissance scientifique, est axé sur cette subjectivité non métaphysique qu'est la *perspective*, c'est-à-dire le *point de vue* sans lequel aucune interprétation de la réalité n'est jamais possible, une fois reconnu le rôle de "l'observateur" et des hypothèses dans toute connaissance de la "vérité".

Or, la conjoncture historique de l'entre-deux-guerres apporte à l'histoire une possibilité réelle de se consolider en tant que science humaine, « science vraie et science pleine » comme le veut Berr, mais aussi science dont le statut ne doit plus éliminer le contingent et la

la nature et sciences de l'esprit ; cf. *RS*, octobre 1931, entièrement consacré au problème *Sciences de la nature et sciences de l'homme*.

1. P. TANNERY, "Mathématiques", in *Histoire des sciences, Mémoires scientifiques*, Paris, 1930, t. X, p. 15 (souligné par moi). Cette citation, perdue dans un ensemble de textes où l'auteur soutient ouvertement une conception progressive de la science et même quelquefois un véritable scientisme, est tout de même extrêmement intéressante, car elle montre comment, par l'histoire, le déterminisme absolu peut être mis en cause (dans l'immanence des transformations historiques elles-mêmes). 1900 est aussi l'année qui vit s'organiser à Paris un *Congrès International d'Histoire Comparée* où la section consacrée à l'histoire des sciences était présidée par P. Tannery en personne (qui d'ailleurs commença à collaborer avec Berr dès le début de la *RSH*).

variété constitutive des perspectives. L'histoire est la science des points de vue. Elle est une connaissance approchée par excellence.

Berr le sait, et à plusieurs reprises il indique que la scientificité de l'histoire ne saurait se réduire complètement à celle des sciences exactes ; pourtant, n'étant pas épistémologue, il n'indique jamais les enjeux qu'un nouveau statut de scientificité peut avoir par rapport aux autres sciences et surtout par rapport à la stratégie du discours épistémologique lui-même. En effet, il ne devoile que peu de fois son point de vue sur la scientificité de l'histoire, et lorsqu'il le fait, le résultat est décevant. Il ne va pas au-delà d'affirmations générales : « pour qu'un travail soit scientifique il doit s'occuper systématiquement du général, et le général doit présider à la recherche du particulier » ; ou encore : « l'histoire est une science, et en tant que telle elle est une des formes de la recherche de la vérité ». Certes, il consacre un livre entier à ce sujet en 1911, *La Synthèse en histoire*, mais son effort pour organiser logiquement la discipline aboutit à la philosophie de la synthèse, sans maintenir la promesse faite dans la préface de « donner à l'histoire, si c'était possible, le statut dont elle a besoin »[1]. Mieux, ce statut ne serait donc en réalité que le statut de la synthèse, l'articulation de contingence, nécessité et logique (ou d'événement, loi et tendance) dont Berr n'explicite pas l'interaction avec les autres sciences sinon comme intégration dans l'unité qu'elle représente. Ceci ne l'empêche certainement pas de reconnaître le caractère différentiel des sciences entre elles[2], le fait évident que toute science « a ses exigences fondamentales » et que « chaque science a ses traits particuliers et comporte une logique spéciale »[3]. C'est l'effet de la double articulation entre histoire et épistémologie qui commence à agir sur les propos des philosophes. Berr soutient en fait que pour être une science l'histoire doit étudier le général, c'est-à-dire les lois. Mais il ajoute qu'à ceux qui objectent que le "général" de l'histoire

> n'a pas la même stabilité, la même amplitude que celui de telle science [de la nature], la réponse consistera [...] à étudier le concept de loi : il apparaîtra peut-être que les lois de la nature ne sont pas, pour la plupart, ces nécessités inattaquables qu'on s'imagine parfois[4].

1. H. BERR, *La Synthèse en histoire*, *op. cit.*, p. XIII.
2. « Que l'histoire-science ait sa méthode propre, son originalité dans l'ensemble des disciplines scientifiques, cela doit être et n'a rien de surprenant. On est revenu de l'erreur qui faisait calquer les sciences les unes sur les autres et subordonnait les sciences naissantes aux sciences adultes », in *ibid.*, p. 251.
3. H. BERR, *L'Histoire traditionnelle et la synthèse historique*, *op. cit.*, p. IV.
4. *Ibid.*, p. 29.

Cependant, cette "prise de conscience" ne se traduit pas complètement en acte et n'arrive pas à expliciter les enjeux qui se trouvent en puissance dans la double articulation. Donc, la transformation du milieu de pointe des travaux historiques, de la *Revue de synthèse historique* aux *Annales*, se produit à côté des projets de celui qui est considéré comme son père ; elle se produit comme une immanence pragmatique des variables en jeu dans la période de l'entre-deux-guerres, comme une réalisation d'une variété appartenant à la multiplicité virtuelle de la période en question.

L'instance du point de vue doit apporter au statut de scientificité un changement très profond et pourtant sans efficacité directe sur les discours qui vont se faire *sur* la science, car cette instance implique en outre le risque de ce "relativisme" que Berr et Febvre voient à l'œuvre dans la philosophie de Dilthey et qui enlève à la science elle-même son essence pour ainsi dire ontologique.

Elle agit pourtant dans la vie pratique de la recherche, dans la réalisation de la synthèse, ainsi qu'on le voit à l'œuvre dans les *Semaines* du Centre International de Synthèse, où chaque conférence et chaque discussion représentent le point de suture et de confrontation entre ces divers points de vue[1]. Febvre en est très fortement impressionné, car il voit s'ouvrir par là la possibilité d'engager un "combat pour l'histoire" qui attaque le cloisonnement traditionnel de celle-ci, sa méthode "positiviste" ou "historisante" et sa fermeture aux suggestions qui viennent des autres sciences humaines : voilà pourquoi, malgré les différences et les querelles, Febvre reste tout de même « le plus grand animateur des magnifiques *Semaines de synthèse* »[2]. En fait, c'est le seul lieu où l'on peut "respirer" véritablement la synthèse dans un air encyclopédique. Berr lui-même représente aux yeux de Febvre « le véritable esprit encyclopédique », celui qui a ouvert à l'histoire les autres sciences et qui a montré par son activité l'unité de l'esprit humain. Mais ce qui est incarné dans une personne, Febvre va le réaliser dans un projet réellement collectif, l'*Encyclopédie française* devant être le lieu (toujours ouvert) de rencontre thématique entre les sciences.

Le combat pour l'histoire entrepris par Berr et poursuivi par Febvre se révèle être donc de plus en plus un combat dont la fin principale est de trouver à l'histoire un statut de scientificité différent

1. A l'occasion de la 5e Semaine, *Science et loi*, cit., par exemple, s'étaient rencontrées la philosophie, l'histoire, la psychologie, la sociologie, la physique, les mathématiques, la biologie, la chimie ; sciences qui à cette époque-là – tout comme aujourd'hui, d'ailleurs – ne se rencontraient pas très souvent pour discuter autour d'un même sujet théorique.

2. F. BRAUDEL, "Hommage à H. Berr", in *Hommage à H. Berr*, *op. cit.*, p. 24.

de celui des autres sciences. Cette différence n'arrive pourtant pas à s'exposer d'une façon claire, car aussi bien Berr que Febvre (et Bloch) se réfèrent à un concept de scientificité qu'on pourrait appeler "rationaliste et déterministe" et qui ne peut pas s'appliquer complètement à l'histoire-science sans risquer – ainsi qu'il avait été démontré par E.Durkheim en 1896 – de la transformer en sociologie[1]. Comment sauver alors l'histoire totale, l'Histoire-science avec un H majuscule au sens de Lacombe, de Berr, de Febvre sans renoncer à son individualité propre, sans la transformer en science exacte ou en sociologie tout en évitant de l'assimiler à l'intuition artistique[2]? Comment faire de l'histoire « une science *sui generis,* amalgamée de préoccupations hétérogènes », selon l'interrogation de Berr ?

La question ne trouvera pas de réponse précise, mais le fait même de se poser en tant que telle lui permet de s'enraciner « dans l'action qui fait l'histoire », pour utiliser les mots de M.de Certeau[3]. Cette action se distribue en sept "événements" qui se situent précisément dans les années 20 et 30 et qui contribuent à la double articulation épistémologie-histoire : Berr arrive finalement à faire sortir le premier volume de la collection *L'Evolution de l'humanité* en 1920 et, grâce au Centre International de Synthèse fondé en 1925, il anime les *Semaines*

1. Le différend entre Berr et Durkheim a véritablement l'aspect d'un combat entre deux différents statuts de scientificité proposés respectivement par l'histoire et par la sociologie. Durkheim, de ce point de vue, est sûrement un privilégié, car la sociologie est la science qui s'occupe des lois générales concernant les faits humains, et la notion de loi utilisée par le sociologue est la même que celle qui est utilisée dans les sciences naturelles. Les faits sociaux sont considérés comme des *choses* et donc traités objectivement selon la méthode inspirée par les sciences exactes (cf. E. DURKHEIM, *Les règles de la méthode sociologique*, Paris, 1937, p. 15 et suiv.). Une telle méthode fait de la relation causale son noyau. Tout ce qui est individuel et contingent n'est pris en considération que si l'on peut le classifier selon une loi générale. L'histoire donc, si elle veut être une science, ne doit pas se distinguer de la sociologie. cf. aussi E. DURKHEIM, *Préface* à *l'Année sociologique*, 1896, p. IV. Berr pense au contraire qu'en éliminant la contingence l'on risque « de faire une métaphysique de la société » (*La synthèse en histoire*, cit., p. 128).

2. La réduction de l'histoire à l'art, présente dans les écrits des historiens allemands telles que J. G. DROYSEN, *Grundriss der Historik*, Berlin, 1864 et surtout Th. Mommsen, (dans son discours de rectorat en 1874), avait été reprise philosophiquement par Benedetto CROCE à partir de 1893. Voir sa conférence à l'Accademia Pontaniana de Naples, "Il concetto della storia nelle sue relazioni con il concetto dell'arte", in B. Croce, *Primi saggi*, Bari, 1953 (3) et ensuite in *Estetica come scienza dell'espressione e linguistica generale*, Bari, 1901 ; *Teoria e storia della storiografia*, Bari, 1917 ; *La storia come pensiero e come azione*, Bari, 1938. « La storicità [...] – écrivait Croce – non è forma, ma contenuto, non è altro che intuizione o fatto estetico. La storia non ricerca leggi né foggia concetti ; non induce né deduce, è diretta *ad narrandum, non ad demonstrandum* ; è il dominio di essa, com'è il dominio dell'arte. La storia si riduce perciò sotto il concetto generale dell'arte », B. CROCE, *Estetica*, cit., p. 32.

3. M. DE CERTEAU, *L'ecriture de l'histoire*, Paris, 1975, p. 41.

*Internationales de Synthèse* à partir de 1929 ; en 1929 toujours, naissent les *Annales* dont Bloch avait distribué le prospectus de présentation au Congrès International des Sciences Historiques d'Oslo en 1928 ; en 1929 a lieu le premier *Congrès International d'Histoire des Sciences* à Paris, dont le comité organisateur avait été formé par A.Mieli au même congrès d'Oslo de 1928 ; encore en 1929, la collection des *Actualités scientifiques et industrielles* commence à publier chez Hermann ses célèbres fascicules ; enfin, en 1935 Febvre fait publier les premiers volumes de l'*Encyclopédie française*. Il s'agit de sept événements qui sont aussi sept lieux de travail où est à l'œuvre un nouveau « faire » de l'histoire et sur lequel l'épistémologie n'a pas souvent réfléchi. « La stratégie de la pratique historique implique un statut de l'histoire » écrit encore de Certeau [1], et en effet la transformation du statut de l'histoire qui se fait dans l'entre-deux-guerres met en jeu une variété de stratégies discursives qui auraient été inconcevables auparavant [2]. L'histoire-science est désormais assez solide pour se confronter aux autres sciences et pour construire son « chemin vers la vérité ». Elle a une méthode, la synthèse (pratique), qui la protège des généralisations philosophiques abstraites ou des réductions sociologiques ; elle a aussi des instruments stratégiques, des revues, des centres de travail, grâce auxquels elle est à la hauteur des autres sciences. Les armes de ces combats sont celles forgées par Berr, la *RSH*, le Centre International de Synthèse, les *Semaines* ; qui vont se perfectionner, on le verra par la suite, avec les *Annales* et, après la deuxième guerre mondiale, avec la VI^e^ section de l'Ecole Pratique des Hautes Etudes. Ce à quoi l'on assiste en cette période est donc un grand changement pratique dans la discipline elle-même, sans que les bouleversements théoriques qui se manifesteront surtout après les années 40 aient déjà trouvé une expression claire. Le statut de la nouvelle histoire est son action, mais pas encore sa théorie.

Le choix stratégique de Berr est en ce sens différent du choix stratégique des fondateurs des *Annales* : autant Berr cherche à donner à l'histoire un statut de scientificité hétérodoxe, mais fondé théoriquement sur un nombre restreint de principes, autant Febvre et Bloch expriment leur méfiance envers toute théorie de l'histoire, toute théorisation méthodologique et toute philosophie. Il ne faut pas restreindre l'objet de l'histoire par une théorie de l'objet qui doit en déterminer le statut et l'usage possible. Il faut faire éclater cet objet,

1. *Ibid.*, p. 97.

2. Si l'on parle ici de stratégie c'est parce que l'enjeu de l'histoire nouvelle se veut un véritable "combat" et c'est ainsi qu'il est reçu par ceux qui y ont réfléchi (voir les œuvres cités de Braudel et Dosse, mais aussi A. BURGUIÈRE, "Histoire d'une histoire : la naissance des Annales", *Annales ESC*, 11, 1979).

l'élargir, montrer la souplesse de cette science qui peut toujours s'exercer dans le déplacement même de l'objectivité de l'objet jusqu'à pouvoir continuer en l'absence de l'objet lui-même. Aucune autre science ne peut le faire comme l'histoire (mise à part peut-être la psychologie) : Febvre le fait remarquer à plusieurs reprises. Dans une période où l'objet est mis en cause et où le relativisme tout comme l'indéterminisme bouleversent les certitudes qui semblaient acquises par les sciences naturelles, voilà qu'une science nouvelle va se faire sans objet. Il s'agit toujours, évidemment, de positions d'ordre stratégique où la rhétorique du combat se révèle d'autant plus efficace qu'elle vise, de façon polémique, les habitudes fatiguées de la vieille discipline. N'ayant aucun intérêt à faire une épistémologie de l'histoire, Febvre et Bloch s'en prennent seulement aux anciennes manières de faire de l'histoire, mais il font, de ce fait, une critique qui ne se limite pas à leur discipline, s'étendant à des notions qui, comme celle d'objet ou celle de progrès, se trouvent au fondement de toutes les sciences. Le paradoxe que Brunschvicg par le *négatif* et Meyerson par *l'irrationnel* imposent à la philosophie des sciences refonde ici une discipline entière[1].

Cette mise en question des cloisonnements disciplinaires est plutôt le *travail* d'historien que l'*a priori* théorique d'une science nouvelle qui doit s'affirmer. Les faits historiques et les temps de l'histoire sont destinés à proliférer. L'histoire dite positiviste ne satisfait plus son champ disciplinaire, les documents – souvent les documents écrits – ne peuvent plus rester la seule source objective du réel historique. La formule radicale, stratégique elle aussi, de Ch.V. Langlois et de Ch.Seignobos : « Pas de documents, pas d'histoire »[2] va être nuancée, élargie ou même abandonnée. Le document n'est pas une entité neutre par rapport aux questions de l'historien, car il devient de plus en plus un objet interprété sur la base d'une matrice disciplinaire[3] qui lui fait perdre sa "pureté" d'objet tout court. Tout comme dans les sciences de la nature, la mise en cause de l'objectivité totale du document n'ouvre pas les portes de la ville scientifique au chaos, mais élargit ses horizons tout en lui faisant abandonner la naïveté empiriste des faits bruts. Les « historiens historisants » ne peuvent pas accepter le danger qu'ils croient entrevoir derrière cette ouverture de la science historique qui

1. Voir le prochain chapitre. Au sujet du statut paradoxal de l'histoire, voir notamment (sous une perspective différente) H. ARENDT, *The Human Condition*, Chicago, 1958

2. Ch. V. LANGLOIS et Ch. SEIGNOBOS, *Introduction aux études historiques*, *op. cit.*, p. 2.

3. Th. KUHN lui-même a perfectionné en ces termes la notion de paradigme (qu'il avait utilisée en 1962, in *La structure des révolutions scientifiques*, cit.), in "Réflexions sur mes critiques", *Criticism and the Growth of Knowledge*, Cambridge, USA, 1970.

passe par l'abandon de la primauté (de « l'idole », diraient F.Simiand et Bloch) du document matériel écrit. A.D.Xénopol, qui refuse aux historiens la possibilité d'utiliser les moyens et les principes des sciences naturelles en raison du fait que l'histoire doit s'occuper seulement de l'individuel et de l'événement, considère les faits historiques comme régis par des lois universelles et éternelles. L'histoire est une science parce que elle se fonde sur des faits qui sont prouvés par les documents (d'où la conviction d'A.D.Xénopol que l'histoire doit s'occuper des faits pour lesquels il existe le plus grand nombre de documents, donc la politique et la diplomatie) : les lois qu'elle trouve seront de ce fait fixes et objectives, et toute critique dirigée contre cette détermination (P.Lacombe soutient par exemple que les lois sont des relations de caractère subjectif[1]) met en cause l'univers lui-même, car « si une de ces forces ou une de ces lois cessait son action, l'univers s'effondrerait dans une masse informe »[2].

Einstein aurait donc dû provoquer l'effondrement de l'univers, mais tel n'étant pas le cas, l'objet éternel de la science historique peut risquer de se déplacer sans causer trop de dégâts. Il est clair pour nous aujourd'hui que l'histoire positiviste, l'histoire historisante, restant attachée à des principes de scientificité qui sont en train d'être abandonnés par les sciences naturelles elles-mêmes, mènent une guerre d'arrière-garde[3]. La variabilité des lois et le déplacement des objets selon la ligne d'horizon qui relie la science et la réalité permettraient à

1. cf. P. LACOMBE, *De l'histoire considérée comme science*, cit., et *Id.* "La science de l'histoire d'après M. Xénopol", in *RSH*, 1900, où Lacombe soutient une polémique ouverte avec Xénopol : « Ces idées à nous, que nous exprimons par le mot loi, et qui ne sont pas sans relation avec les faits, au moins quand elles ont quelque valeur, mais qui ont été par nous extraites, abstraites des faits, ces idées de lois, dis-je, M. Xénopol en méconnaît le caractère subjectif » ; p. 32.

2. cf. A. D. XÉNOPOL, *Théorie de l'histoire*, deuxième édition des *Principes fondamentaux de l'histoire* (qui rassemble une série d'articles parus dans la *RSH* et la *Revue philosophique*), Paris, 1908. Sur Xénopol, cf. H. BERR, *La synthèse en histoire*, cit., chap. II, partie I et *Id. L'histoire traditionnelle et la synthèse historique*, cit., chap. 3 entièrement consacré à Xénopol.

3. Parmis les nombreux changements épistémologiques de la théorie des sciences, renvoyons ici seulement à celui concernant la notion de *réalité*, qui se revèle bien plus problématique de ce que l'on pensait. Cette notion va s'assouplir, elle perd sa consistance matérielle et se libère du déterminisme causal rigoureux : sa configuration devient celle d'un horizon, donc d'une limite. Elle devient une frontière d'un être de connaissance. « Le réel (devient) dans notre esprit, ce qu'il est peut-être aussi juste d'appeler : un *horizon* de réalité » (F. GONSETH, "Les concepts mathématiques et le réel", Actes du Symposium *Problèmes de philosophie des sciences*, Bruxelles, 1947, Paris, 1948, p. 49), horizon dont avaient déjà parlé des épistémologues comme Poincaré et Enriques (pour POINCARÉ, en outre, la *vérité* est « un fantôme qui ne se montre à nous un instant que pour fuir sans cesse, qu'il faut le poursuivre plus loin et toujours plus loin, sans jamais pouvoir l'atteindre », *La valeur de la science*, Paris, 1905, p. 1).

l'histoire d'occuper une place d'importance dans la réflexion épistémologique sur la crise des sciences, mais pour qu'elle puisse le faire il faut d'abord éliminer les certitudes acquises de la méthode ancienne[1].

C'est Berr, encore une fois, qui va commencer cette campagne en faveur de l'histoire, lorsque, contre A.D.Xénopol, il écrit:

> Il se peut qu'il y ait des lois universelles et éternelles, une nature permanente des choses; mais les lois, pour la plupart sans doute, sont *nées*; et une fois nées, elle ne sont pas inattaquables, elle ne restent pas immuables [2].

L'épistémologie du début du siècle, cette épistémologie que l'on appelle «rationaliste» mais qui fait de la connaissance historique son point de force principal, met en rapport lois et faits et montre comment non seulement les lois, mais aussi les faits sont soumis à la variabilité du point de vue subjectif. Le paradoxe de l'histoire devient force active. Pourquoi alors l'histoire ne peut-elle pas changer d'objet et renoncer au dogme du document écrit? Pourquoi une lettre diplomatique doit-elle être nécessairement plus objective qu'une courbe des prix? En 1949 Febvre écrit:

> L'histoire se fait avec des documents écrits, sans doute. Quand il y en a. Mais elle peut se faire, elle doit se faire, sans documents écrits s'il n'en existe point. Avec tout ce que l'ingéniosité de l'historien peut lui permettre d'utiliser pour fabriquer son miel, à défaut des fleurs usuelles. Donc avec des mots. Des signes. Des paysages et des tuiles. Des formes de champs et de mauvaises herbes [...]. D'un mot, avec tout ce qui, étant à l'homme, dépend de l'homme, sert l'homme, exprime l'homme, signifie la présence, l'activité, les goûts, les façons d'être de l'homme [3].

Il faut faire parler les choses muettes, les faire parler de l'homme, des sociétés qui les ont produites et de tout ce qu'en apparence elles ne semblent pas capables de dire. On est loin de l'apologie du document faite en 1888 par Fustel de Coulanges, lorsque celui-ci écrit que l'historien

> n'a d'autres ambitions que de bien voir les faits et de les comprendre avec exactitude. Ce n'est pas dans son imagination ou

1. La littérature critique sur la différence entre la nouvelle approche historique et l'"histoire historisante" est abondante, mais personne ne s'est véritablement interrogé sur les raisons qui ont permis à l'histoire traditionnelle de perdurer bien après la naissance des *Annales* (à tel point que les historiens des *Annales* se considèrent encore dans les années 50 comme des marginaux).

2. H. BERR, *L'Histoire traditionnelle et la synthèse historique*, cit., p. 43.

3. L. FEBVRE, "Vers une autre histoire", in *Combats pour l'histoire*, cit., p. 128.

dans sa logique qu'il les cherche ; il les cherche et les atteint par l'observation minutieuse des textes, comme le chimiste trouve les siens dans des expériences minutieusement conduites. Son unique habilité consiste à tirer des documents tous ce qu'ils contiennent et à n'y rien ajouter de ce qu'ils ne contiennent pas. Le meilleur des historiens est celui qui se tient le plus près des textes [1].

Le combat n'est toutefois pas seulement engagé entre deux écoles historiques : Berr dirige en même temps sa polémique contre une tendance philosophique, très française elle aussi, et qui s'inspire de Bergson, celle qui trouve son arme dans une autre revue, les *Cahiers de la Quinzaine*, éditée par Charles Péguy. L'on se trouve évidemment dans une autre dimension par rapport à celle de l'"histoire positiviste" : pour Péguy l'histoire est tellement proche des arts que sa méthode ne peut être qu'intuitive, car sans l'intuition elle ne pourrait jamais s'orienter dans l'infinité du détail et dans l'immensité du réel et de la vie. Mais les diverses perspectives ne sont pas si tranchées, et nous découvrons que balayer l'intuitionnisme strict de Péguy signifie pour Berr – pour la nouvelle histoire synthétique – en garder les bienfaits, à savoir l'accentuation du caractère psychologique des faits historiques, la conception vitale de la vérité et le dynamisme de la connaissance. Quelque chose de l'histoire intuitive peut donc subsister dans l'histoire-science, car « il n'est pas de science [...] qui n'exige un tour d'esprit particulier, une certaine sorte de curiosité, d'attention, de mémoire, d'imagination – des facultés innées ou acquises » [2]. Ce qui, dans l'économie de la synthèse fondée sur la « tendance à être » est l'essentiel.

Donnant une dignité à ce genre d'histoire, Berr montre son habilité de stratège, car il va par là diviser l'histoire en *degrés* et organiser la discipline selon des niveaux dont le plus haut serait celui de la synthèse scientifique et le plus bas celui de la synthèse érudite, ou de l'histoire intuitive. Ni l'histoire positiviste, ni l'histoire intuitive ne sont ainsi simplement éliminées : elle sont intégrées dans le cadre général de la synthèse historique.

Les termes se croisent et se mélangent. Péguy parle d'intuition et Berr en reprend le concept pour le transférer dans la Synthèse. Berr

1. FUSTEL DE COULANGES, *La monarchie française*, cit., in J. LE GOFF, *Histoire et mémoire*, Paris, 1988, p. 298. M. FOUCAULT traite lui-aussi de la question des documents, mais sous une perspective bien plus radicale, et faisant attention au bouleversement du rapport entre document et monument (cf. *Archéologie du savoir*, Paris, 1969 p. 14-15). Toujours à propos des document, mais dans une perspective très différente, voir Ch. PÉGUY, *Clio*, Paris, 1932, p. 195 : « L'histoire se fait aussi contre des documents. Elle se fait même surtout contre le document ».

2. H. BERR, *La synthèse en histoire*, cit., p. 246.

lui-même fait référence à la vie et au vitalisme de l'histoire tout comme Dilthey ou Simmel, bien qu'à des fins théoriques tout à fait différentes, et la recherche de la *Vérité* comme valeur éminemment scientifique est revendiquée autant par les historiens positivistes que par leurs adversaires. On verra par la suite que certains des concepts-clé mis en œuvre par les historiens des *Annales* reproduisent la même situation que l'on a rencontrée chez les philosophes épistémologues et que le changement « paradigmatique » de l'histoire ne suit pas la démarche que Th.S.Kuhn a envisagée pour les révolutions scientifiques.

La transformation advient presque en douceur et peut-être n'est-elle pas encore achevée (si jamais une transformation peut s'achever) ; de toute façon elle n'est certainement pas paradigmatique. Cependant pour Berr le combat est un combat disciplinaire (une sorte de conflit de facultés au sens kantien) ; il se tient dans son champ d'appartenance, il touche ici et là d'autres régions du savoir mais c'est plutôt pour montrer sa force que pour l'exercer, pour capturer une approche disciplinaire que pour la dominer. Ce sera la « nouvelle histoire » comme *idée de l'histoire* qui engendrera le changement et qui se posera comme le changement lui-même, comme la limite sur laquelle doit se tenir cette discipline dans la conjoncture qui caractérise notre société "développée" occidentale. Ce qui se passe dans l'entre-deux-guerres est comme un dernier combat où une discipline qui a pour objet la transformation s'approprie des facteurs de transformation qui lui sont nécessaires pour constituer son discours, pour pouvoir continuer à s'écrire et à se parler : ces facteurs sont la limite du silence, ce qui se dit et ne se dit pas, une courbe statistique et le manque d'un document d'archive, une trace effacée ou jamais produite et la trace évidente, le discours de la folie à côté du discours de la raison.

CHAPITRE V

# PROBLÉMATIQUE ET MULTIPLICITÉ UNE HISTOIRE "NOUVELLE"

## UNE AUTRE SYNTHÈSE DE L'HÉTÉROGÈNE : L'ENCYCLOPÉDIE FRANÇAISE

Vers la fin des années 20 les *combats pour l'histoire* deviennent plus décisifs et spécifiques, ils s'affranchissent de plus en plus des principes philosophiques et s'aventurent davantage en proposant des projets culturels. Mener un combat pour l'histoire du côté de la science signifie savoir ce qu'est la science et comment la "prendre" pour renouveler l'histoire. C'est le projet des *Annales d'histoire économique et sociale*, qui inaugurent une pratique historique sans précendent, où les sciences sont "utilisées" par l'histoire et non pas l'inverse. Le cadre de référence se transforme, aussi bien que les milieux. Nous avons examiné jusqu'ici les positions des philosophes épistémologues, qui sont caractérisées par l'utilisation instrumentale de l'histoire en vue de l'ouverture épistémologique de la philosophie et de la dynamisation de la raison, et la position de Berr, philosophe-historien et opérateur culturel qui fait de l'histoire l'axe principal de son idée synthétique et unitaire. Il s'agit maintenant d'examiner ce qu'il se passe dans un milieu différent, celui des historiens de profession, et de ces historiens, en particulier, qui ont contribué le plus à la transformation de leur discipline tout en rapportant directement cette transformation à ce qui se passait dans les autres milieux (ce sont des groupes qui se fréquentent et qui discutent entre eux, car ils appartiennent souvent à une même communauté *savante*). Voici que l'histoire n'est plus utilisée (pour dynamiser l'épistémologie ou pour fonder une philosophie synthétique), mais qu'elle utilise "pour elle-même" les autres formes du savoir. L'utilisation qu'elle en fait sera différente toutefois, n'étant pas apodictique ni subordonnante mais *problématique* et problématisante.

En ce sens, la transformation de la conception générale de l'histoire qui se produit par exemple entre Febvre et Berr, peut être résumée sous la forme du passage de l'*histoire-science* à l'*histoire-problème*[1].

Cependant, le "combat" mené par ces historiens n'est pas refermé sur lui-même: continuant et modifiant en partie les propos de Berr, Febvre devient lui même un opérateur culturel important grâce à une entreprise grandiose et non-historique, qui s'étend sur l'ensemble du savoir et engage une politique culturelle fondée sur une conviction générale qui est synthétique sans pourtant être moniste: il s'agit de l'*Encyclopédie française*. Nous partirons d'ici pour comprendre comment les "combats pour l'histoire" dont parle Febvre se sont diversifiés et entrelacés, tout en se présentant chaque fois comme des entreprises collectives de grande haleine dont le modèle reste toutefois celui – extrêmement ouvert – que Berr avait proposé. C'est à partir d'entreprises de ce genre, plus que d'auteurs particuliers, que l'on peut saisir et encadrer ce qui est en œuvre à cette époque, dans l'ouverture de l'articulation réciproque des disciplines qui est la proposition épistémologiquement innovative des sciences humaines.

L'*Encyclopédie française*, en fait, comme le Centre International de Synthèse, va constituer avant tout un espace de travail et de recherche où des disciplines diverses peuvent se rencontrer et confronter leurs objets, leurs méthodes et surtout leurs problèmes[2].

1. Voir G. LEFEBVRE, *La Naissance de l'historiographie moderne*, Paris, 1971, p. 9: «Seconde révolution de l'histoire [...], celle qui s'inscrit dans les années 1920 et 1930 sous les noms de H. Pirenne, de L. Febvre, de M. Bloch. Au découpage paresseux d'une donnée supposée homogène, elle substitue l'histoire problème; au culte passif de la pseudo-objectivité, la critique de la notion de fait historique; au soliloque de l'historien, le dialogue et l'échange». Sur l'histoire-problème, cf. G. MASSICOTTE, *L'Histoire-problème. La méthode de Lucien Febvre*, St. Hyacinthe-Paris, 1981, et le §2 de ce chapitre.

2. Dans une conférence qui a lieu à Nice le 31 juillet 1932, le Ministre de l'Education nationale Anatole de Monzie annonce au nom de l'Etat la décision de préparer une *Encyclopédie française* du XXe siècle. Toujours en juillet 1932, A. de Monzie présente au Conseil des ministres une note qui indique les principes, les buts et les enjeux du projet. Gustave Monod, directeur au Ministère de l'Education Nationale, s'occupe pendant cette période de tout l'aspect préparatoire. Il est chargé de la phase préliminaire de l'entreprise et lorsqu'il contacte les scientifiques censés collaborer à l'élaboration du projet, il propose d'abord, pour la direction de l'entreprise, André Lalande, ensuite Lucien Febvre. G. Monod veut en effet rester «le fourrier» de l'encyclopédie (voir Bibliothèque Nationale, Manuscrits, NAF, Don 22777 du 20 avril 1970 (dorénavant *Don 22777 B. N.)*, deux cartons numérotés I et II). Une première réunion est organisée à la Sorbonne le 15 novembre 1932 afin de discuter le premier projet de l'*Encyclopédie française*. Un siège universitaire est retenu pour montrer que l'entreprise ne doit pas subir le contrôle du Ministère. Les plus grandes personnalités du monde académique et culturel y sont présentes (et ce fait témoigne de l'importance que l'on accordait à l'entreprise). Le 5 décembre 1932, une Commission chargée de rédiger le statut juridique de l'Encyclopédie Française est instituée au Ministère (Febvre, Monod, Tissier, Souchier, Abraham, Cain et Rames) et elle prépare un statut

Par rapport aux rencontres de la Société française de philosophie, où le débat ne s'engage que sous le contrôle de la philosophie, ces lieux garantissent une plus grande liberté interdisciplinaire, et aucune discipline en particulier ne jouit d'une priorité particulière, pas même l'histoire. Pour la première fois peut-être en France, une grande partie des domaines et des disciplines scientifiques et humaines peuvent se confronter sans être assujettis *a priori* à une forme de discours déterminée. Si, au Centre International de Synthèse de Berr, les rencontres tendent, du moins idéalement, en direction de la Synthèse générale, l'*Encyclopédie française*, elle, se présente comme un espace de libre échange des idées, un véritable champ de travail collectif où chacun, sans aucune prééminence, apporte sa contribution pour donner le cadre le plus complet de l'état du savoir de l'époque. Par l'*Encyclopédie Française*, Febvre conçoit un projet et propose une mise en œuvre originaux, périodiquement mis à jour, et qui ne soient surtout pas

approuvé par un décret du Conseil de l'Etat qui reconnaît le Comité de l'Encyclopédie Française « d'utilité publique » le 25 avril 1933. La structure de l'Encyclopédie Française est désormais arrêtée : elle se divise en un Comité, qui a en charge l'œuvre même, et en une société, la "Société de Gestion" (par la suite "Société nouvelle"), qui est créée par A. de Monzie afin de soutenir financièrement l'opération. C'est au mois de mars 1933 que l'Encyclopédie Française commence effectivement à travailler : un Comité d'honneur est élu (y figurent, parmi beaucoup d'autres, Brunschvicg, Rey, Berr et Bergson), une campagne publicitaire est engagée et le plan général est discuté. La discussion est tout de suite très vive, et Febvre modifie le plan (qu'il rédige personnellement) à plusieurs reprises : l'incertitude majeure concerne le classement des disciplines et leur distribution. Ce qui reste constant est toutefois le choix de réaliser une œuvre qui soit mobile et dynamique et qui refuse tout ordre alphabétique ou de répertoire, car le but doit être « la diffusion du savoir, du vrai savoir, celui des savants et non pas des vulgarisateurs mercantiles » (*Don 22777 B. N.*, I, 180, 8 décembre 1934). Les savants les plus connus sont appelés à collaborer aux divers tomes pour faire de l'Encyclopédie Française un ouvrage de haut prestige : ainsi H. Wallon pour la psychologie, P. Langevin et L. De Broglie pour la physique, etc. L'horizon des connaissances garde toutefois toujours l'homme comme centre commun : toute science a en effet droit à l'appellation de « science humaine » et doit refuser la « froideur abstraite et la systématisation formelle » (*ibid.* 179. 1). Après bien des remaniements, le plan définitif est fixé en 1934 (l'« outillage mental », qui dans les plans de 1933 venait après la section sur les groupes humains et l'histoire, prend la première place donnant ainsi toute leurs importance aux formations mentales de l'homme : logique, mathématiques et langage). En décembre 1934, tous les chefs de rubrique sont désignés et 15 volumes sur 20 sont en chantier (manquent les 2 sur l'histoire (!) et les 3 sur l'économie). En 1935, les deux premiers volumes sont finalement publiés (le t. X sur l'Etat et le t. XVI sur les Arts et la littérature). Les années suivantes – malgré l'aggravation progressive des difficultés financières – les volumes sortent assez régulièrement (3 en 1936, 3 en 1937, 1 en 1938 et 2 en 1939, année pendant laquelle 5 volumes déjà épuisés sont reimprimés). La guerre empêche la poursuite de l'œuvre, si bien que 11 volumes sur 20 sont parus en 1939. (Après la guerre les difficultés s'aggravent et le dernier volume paraîtra seulement en 1960). Le succès est très supérieur aux attentes et en 1935 les souscriptions dépassent de quatre fois les prévisions de vente, situation qui déclenche une vive protestation de la part des concurrents privés (voir plus loin, 3, p. 185).

soumis à un système métaphysique, à des ordonnements académiques ou à des classements alphabétiques hiérarchisés. Il ne s'agit pas de proposer une liste de choses matérielles, pure liste objective et passive des matériaux du savoir, selon le modèle conventionnel des encyclopédies du XIXe siècle (il suffit de penser à la *Grande Encyclopédie* de Berthelot, qui est pour Febvre l'exemple d'un classement alphabétique stérile et aseptique des faits et des contingences). Son œuvre se veut ouverte et vivante comme le savoir humain qu'elle est censée représenter. Il est toutefois conscient de ce qu'elle ne peut que donner un tableau du présent historiquement située, où ce même savoir est discipliné et multiforme, institutionnalisé et *mouvant*, toujours destiné à être dépassé et rendu inactuel par l'écoulement inéluctable de l'histoire. Cette contingence historique montre que l'objet même de l'encyclopédie, le progrès des sciences et de la société, entraîne nécessairement le vieillissement précoce de tout état de choses encyclopédique. Par rapport au passé, le nouveau projet doit prendre en compte ce paradoxe en s'assouplissant et en se rendant plus sensible au temps: il doit assumer sa propre instabilité en la considérant une richesse, et non plus une limite. Et tout cela au nom de l'homme, de l'homme vivant sans limites et toujours ouvert à son devenir propre, noyau dur et constant de tout le projet de Febvre: «Le point de vue, au centre [de l'*Encyclopédie Française*], n'est ni la Race, ni l'Etat, ni la Classe [comme c'est le cas d'autres encyclopédies nationales, l'italienne et la soviétique notamment] – mais l'Homme, "centre commun"...», l'homme et sa vie[1].

L'enjeu pour Febvre est de faire de l'*Encyclopédie* un coup d'œil jeté sur l'esprit humain (dont les instances principales restent la science, la vérité, l'unité et la réalité). Pour qu'elle soit active et vivante, elle doit être en mesure de réagir contre la rigidité cadavérique qui caractérise toute table générale et prétendument exhaustive du savoir; elle doit donc être à la fois point de départ et point d'arrivée. Elle doit pouvoir rester consitutivement inachevée, selon la leçon épistémologique de la connaissance approchée et de la réalité conçue comme limite: tel est l'enseignement que l'épistémologie contemporaine donne aux sciences humaines. Elle doit comprendre la crise des diverses formes du savoir, réagir à l'esprit de spécialisation et être capable de dépasser les classifications abstraites que recouvre le terme de "sciences", au sens plein, comme division disciplinaire de domaines qui

1. L. FEBVRE, présentation générale de l'*Encyclopédie Française* écrite en 1934 et publiée en 1935 sous le titre "Une Encyclopédie: pourquoi, comment?", (brochure), Encyclopédie Française, I, 1. 04-12, mais sur l'humanisme de Febvre, les citations sont très nombreuses (cf. par exemple sa leçon inaugurale de 1933, in *Combats pour l'histoire*, Paris, 1965, p. 12).

ne communiquent pas entre eux. « Je ne fais pas une *Encyclopédie des sciences* », tient à préciser Febvre dans une lettre de 1933. Et montrant les principes qui dirigent l'œuvre, il ajoute :

> *Non*, pas les *sciences* – ces combinaisons circonstancielles et locales d'éléments associés souvent arbitrairement. Briser les cadres abstraits, aller droit aux *problèmes* que l'homme non spécialisé porte en lui [...], tel est le but dès l'origine, dès la première petite note rédigée à la diable, en octobre 1932, qui est le germe de l'*Encyclopédie*. Par là l'unité de l'esprit humain, l'unité de l'inquiétude humaine devant l'inconnu sera rendue sensible à tous [1].

Unité, donc, mais aussi inquiétude : l'esprit dont parle Febvre ne supporte pas les structurations, et ses cadres abstraits doivent être brisés si l'on veut comprendre ce qu'est *le problématique* de (dans) l'homme. Passer de la certitude au problème, de la confiance à l'inquiétude, voici ce qui se présente comme une transformation culturelle dans les projets mêmes de l'organisation du savoir. C'est aussi l'*histoire-problème* de Febvre et des *Annales*, la “méthode” que l'historien tire de sciences comme la linguistique ou la géographie.

L'entreprise que Febvre dirige (à la différence de Berr : il ne s'agit déjà plus d'une œuvre “de” Febvre, en ce qu'elle se présente comme une entreprise rigoureusement interdisciplinaire) incarne ce passage culturel vers le “problème”. Bien qu'on en reconnaisse l'étonnante modernité, elle reproduit en réalité, à une échelle beaucoup plus grande, ce que Berr a essayé de réaliser – malgré lui – dans un contexte extra-académique et non institutionnel. Febvre joue lui aussi le rôle d'opérateur culturel [2], mais son projet vise haut. L'*Encyclopédie Française* est en effet une initiative de la Troisième République, conçue en premier lieu pour la nation française dont il faut illustrer la gloire face au reste du monde civilisé. Mais elle est tout aussi explicitement une reponse concrète à l'esprit de crise qui menace l'Occident, réponse qui rassemble les efforts que l'on fait au nom du nationalisme, de la politique et de l'organisation du savoir [3].

1. *Id., Combats pour l'histoire*, cit., p. 105.

2. Voir la lettre de A. de Monzie au Président du Conseil Eduard Herriot du 30 juillet 1932 (*Don 22777 BN*), et A. DE MONZIE, “La Civilisation écrite”, *Encyclopédie Française*, t. XVIII, 1939, où il souligne la nécessité que toute nation propose sa synthèse du savoir (il cite l'exemple de l'Italie fasciste et de l'URSS) : c'est pour la France démocratique et républicaine un très important enjeu si elle veut viser la culture universelle.

3. Parmi les rares travaux sur l'*Encyclopédie Française*, malgré son énorme succès, voir G. GEMELLI, “L'Encyclopédie française e l'organizzazione della cultura nella Francia degli anni '30”, *Passato e Presente*, 11, 1986, où l'auteur montre d'une façon très documentée le rapport entre l'*Encyclopédie Française* et les stratégies

Dans la conjoncture de la crise – comme le note G. Gemelli –, l'esprit encyclopédique s'affirme tant en France que dans les autres pays d'Europe, comme si le savoir voulait se reconstituer, ou du moins se rassembler contre les tendances sectorielles et centrifugues des diverses disciplines. L'entreprise à laquelle Febvre est associé ne naît pas du hasard, elle appartient à son temps, si bien qu'elle engage les travaux des Instituts proches de la Société des Nations (par exemple, l'Institut dirigé par J.Luchaire) et, singulièrement, le Centre International de Synthèse de Berr. Febvre y est d'autant plus sensible qu'il est un membre actif du Centre International de Synthèse, où l'idée de la synthèse s'apparente beaucoup à celle d'encyclopédie. Et ce n'est certes pas un hasard si, en 1932 (l'année même où Febvre est contacté par G.Monod pour proposer un projet pour la nouvelle encyclopédie), Berr est le promoteur d'une exposition intéressante à la Bibliothèque Nationale sur "L'Encyclopédie et les encyclopédistes".

L'encyclopédie était en réalité une vieille idée d'Henri Berr, et elle était en quelque sorte à l'origine de *L'Evolution de l'humanité* comme

culturelles de l'époque, très attentives à l'identité nationale de la France. Cf. aussi J. ROBICHET, "L'Encyclopédie française", in *Cahiers d'histoire mondiale*, IX, 1966, p. 819-831. Parmi les nombreux textes ayant pour objet le rapport entre l'Etat et la communauté intellectuelle en France, outre les travaux de G. Gemelli, cf. P. GRUSON, *L'Etat enseignant*, Paris, 1978 ; T. STOIANOVICH, *French historical method: the Annals paradigm*, Ithaca et Londres, 1978 (avec une préface de F. BRAUDEL) ; A. BURGUIÈRE, "Histoire d'une histoire : la naissance des Annales", in *Annales ESC*, 6, 1979, p. 1347-1359 ; R. F. KUISEL, *Capitalism and the State in Modern France*, Cambridge, 1981 ; J. P. RIOUX, "Les élites en France au XX$^{e}$ siècle" in *Italia contemporanea*, 153, 1983 ; enfin certains des travaux rassemblés dans le recueil *Au berceau des Annales*, cit.. L'intérêt de l'Etat pour l'entreprise de l'*Encyclopédie Française*, bien que masqué par la rhétorique ministérielle, qui devait balayer les réserves des conservateurs ou des partisans de l'entreprise privée, notamment à cause des dégrèvements fiscaux accordés à l'ouvrage (publiée par Larousse, que les autres éditeurs considéraient comme favorisé). Le représentant le plus intransigeant des éditeurs, A. Quillet, qui publiait le *Grand Dictionnaire Quillet*, considérait l'entreprise comme une ingérence de l'Etat dans le marché privé et protesta tant auprès du Président du Conseil, Flandrin, que publiquement, par des articles dans les journaux (*Le Temps*, 18 janvier 1935). Monzie fut donc obligé d'écrire lui-aussi au Président du Conseil pour rappeler que l'*Encyclopédie Française* « n'avait pas de but lucratif » et qu'elle devait rester une « œuvre désintéressée », à la différence des autres dictionnaires ou encyclopédies. Le problème était toutefois ressenti profondement depuis le début de l'entreprise, selon le témoignage des discussion qui ont accompagné la préparaton de *l'Encyclopédie Française* en 1933 (cf. *Don 22777 BN*, I, 120-20). Remarquons que la defense proposée par A. de Monzie se fonde sur la réthorique typique du scientisme et du neutralisme du XIX$^{e}$ siècle, qui présentait les œuvres de la culture et de la science comme hautement désintéressées, objectives, guidées par la seule recherche de la vérité, de la synthèse du savoir et du progrès (l'*Encyclopédie Française* est « un acte de foi en la Science », elle est une œuvre « de la science française » dont le but est d'« élever un monument à la seule Science » qui, seule, permet « l'accord de tous » en se plaçant « au dessus des partis pris pour parler un langage effectivement universel » – tous les textes d'A. de Monzie concernant l'*Encyclopédie Française* ont été rédigés par G. Monod).

du plan général du Centre International de Synthèse : la Synthèse générale en est la traduction philosophique. Voilà pourquoi Febvre, conscient de sa dette à l'égard de Berr et de l'analogie de leurs idées, tente d'associer le Centre à la préparation de l'*Encyclopédie Française*. Dans une lettre du 29 décembre 1934, Febvre remarque qu' « entre le Centre et la *Revue de Synthèse* d'une part et l'Encyclopédie de l'autre, les parentés d'idées et d'intentions sont évidentes » ; il ne voit donc pas d'obstacles à ce qu' « une collaboration étroite puisse s'établir à ce propos ». Pourquoi, en effet, « le Centre gardant son individualité [...] ne pourrait-il pas constituer entre autres choses l'organisme de consultation scientifique de l'Encyclopédie ? » [1]. Mais la chose paraît impossible à Berr, qui espérait probablement avoir lui même l'honneur de réaliser la tâche qui désormais incombe à Febvre. Le fait que ce dernier ait tenté d'impliquer le Centre International de Synthèse dans le projet plus vaste de l'*Encyclopédie Française* paraît insupportable au maître : Berr se sent le vrai père de l'idée et proposera pour son compte, à partir de 1936, une revue, *Science*, qui se présentera comme « une encyclopédie périodique des sciences » avec les mêmes buts et les mêmes finalités de l'*Encyclopédie Française* (et ce sera le tour de Febvre d'accuser *Science* de faire « double emploi » avec l'Encyclopédie) [2].

Berr refuse donc l'alliance entre milieux intellectuels proposée par Febvre, ce qui entraîne un certain refroidissement dans leurs rapports. Certes, Febvre n'aurait pas pu prendre en charge la direction de l'Encyclopédie s'il n'avait assimilé les idées de Berr en collaborant étroitement avec lui. Cependant, il se distingue du maître sur deux points : d'une part, il ne refuse pas la possibilité d'institutionnaliser ses idées et d'en faire la matière d'une stratégie culturelle publique [3] ; de

1. Lettre conservée dans les *Archives du Centre International de Synthèse* et partiellement reproduite par G. GEMELLI in "Communauté intellectuelle...", cit., p. 225, n. 56. Outre l'analyse des conjonctures et des stratégies qui se nouent à cette époque, que Gemelli considère attentivement, il serait intéressant d'étudier les transitions *théoriques* qui ont lieu entre les acteurs de cette réalité culturelle. C'est ce que nous essayons de faire ici, tout en restant conscients des limites de notre travail.

2. Sur le rapport Febvre-Berr à l'occasion de la publication de *Science*, voir G. GEMELLI, "Communauté intellectuelle...", cit., p. 256-257, et *Ibid.*, "L'Encyclopédie française e l'organizzazione della cultura...", cit., p. 68. *Science*, dont Febvre aurait du être le co-directeur, puisqu'il avait été le co-auteur du projet avant d'en demissioner, était conçue de la façon suivante : 104 feuilletons (dont 52 consacrés aux sciences de la nature et 52 consacrés aux sciences humaines), étaient censés présenter au public les problèmes et les résultats de *toutes les sciences*. *Science* aurait ainsi constitué un inventaire scientifique périodique dont le plan sommaire était divisé en trois secteurs : Nature, Humanité et Synthèse des connaissances.

3. Febvre a travaillé depuis sa période strasbourgeoise dans un milieu institutionnel, alors que Berr restait aux marges du monde universitaire académique (sa candidature au Collège de France avait échoué deux fois). Après la guerre, en 1946,

l'autre, il lutte pour une conception plus pluraliste du savoir, où les diverses approches ne seront plus soumises à un principe général mais conserveront leur identité pour ainsi dire régionale, multiforme et circonstanciée. Ainsi, lors de la première publication de *Science*, Febvre démissionnera de la direction de la Section de synthèse historique du Centre International de Synthèse, s'affranchissant définitivement de l'influence directe de Berr.

L'*Encyclopédie Française* devient un révélateur de la différence entre Febvre et Berr, ainsi que le montrent les documents relatifs aux remaniements des plans et des projets de la phase initiale. En 1932, Febvre apporte déja des changements assez substantiels aux premières esquisses de G.Monod et A.de Monzie. Ceux-ci restaient encore attachés à une idée très proche de la synthèse générale berrienne et, bien que prônant "l'ouverture", ils tendaient à une conception universaliste du savoir et des sciences enracinée dans une confiance profonde dans la science pure et indépendante de tout pouvoir temporel. Dans la note explicative que de Monzie présente au Conseil des Ministres en 1932, il souligne ainsi la nécessité d'une synthèse pour établir « une vision de la Science *une* », neutre et désintéressée, afin de « ranimer le courage intellectuel » face à une crise qui n'affecte plus uniquement les sciences, mais également les valeurs, la vie réelle et l'économie[1]. L'esprit de synthèse devait en effet servir à représenter l'esprit français qui, grâce à cet effort d'unité, se montrait capable de fournir un tableau général et exhaustif du savoir scientifique positif.

Le langage que Febvre emploie, en revanche, est un peu différent et la synthèse dont il parle n'est plus celle de Berr : dans ses lettres, dans ses projets et dans les comptes rendus des séances et de ses conférences l'objectif premier du ministre se trouve en partie modifié. Les sciences sont considérées comme toutes égales entre elles sans aucune priorité hiérarchique, et le cadre fixe de la synthèse générale est transformé en une synthèse mouvante, toujours en marche, et ouverte aussi bien à la transformation des problèmes qu'à celle des sciences elles-mêmes. Chaque discipline peut et doit échanger des suggestions avec les autres ;

Febvre fondera la VIe Section de l'Ecole Pratique des Hautes Etudes, qui devient tout de suite institutionnellement importante. G. Gemelli accorde beaucoup d'importance à cette différence entre Berr et Febvre, et « en particulier [aux] stratégies de réaffirmation du monopole universitaire de la recherche et de l'organisation de la culture [...]. Enfin, et surtout, je reviens [...] à mon hypothèse initiale sur les limites de la réussite sociale de Berr, bien qu'insérée dans les réseaux de sociabilité académique et universitaire, la petite société du Centre se trouvait à l'écart des stratégies de régulation de la concurrence intellectuelle du monde universitaire », *ibid.*, p. 256.

1. *Don 22777 B. N.*, cit., I, 102-4, où de Monzie en appelle, contre l'américanisme et l'utilitarisme envahissants, un retour à une conception théorique et libre de la science.

elle peut et doit interagir, réagir, se modifier en fonction des rapprochements, des frictions et des différences qu'elle saisit par rapport à celles qui se trouvent au même niveau, sans qu'elles soient encore codifiées et distribuées en grandes catégories (sciences humaines, naturelles, etc.) qui ne communiquent pas entre elles. Si en 1932, dans la « petite note rédigée à la diable » [1], Febvre explique que l'*Encyclopédie Française*, en tant que synthèse, doit être « un vaste tableau du Monde moderne », il ajoute immédiatement qu'un tel tableau ne saurait être statique, parce qu'il devra se tenir continuellement à jour se contentant d'être fidèle à son principe générale et à son humanisme foncier [2].

Il s'agit là d'un aspect très important de tout le projet de Febvre, parce qu'il revèle ensemble les différences et les continuités qu'on peut déceler par rapport aux idées de Berr: la "synthèse totale" n'est pas exorcisée, mais problématisée. Le changement auquel on assiste n'est pas une révolution, mais un assouplissement :

> Une tentative pour repenser, ensemble, un monde impensable parce que "impensé" ; à cette heure où trop souvent l'esprit critique démissionne, un vigoureux effort pour remettre la pyramide sur sa base : au sommet, non pas la machine, mais dans sa dignité de travailleur et d'inventeur, l'homme qui raisonne, rêve et crée [...]. Certes, personne ne nourrit l'illusion qu'un tel effort suffise pour un tel rétablissement [...]. En préparant des éléments d'une *synthèse totale*, rendre visibles à tous, et d'abord aux savants eux-mêmes, l'*analogie* des méthodes et des problèmes, la *convergence sensible* des résultats [3].

Tout cela doit être fait sans réductionisme facile, car analogie n'est pas égalité et communauté n'est pas identité. La critique épistémologique des sciences exactes a désormais montré qu'il n'y a plus de modèle dominant du savoir, et que le rôle du "sujet", le "point de vue sur le réel", est une instance de la connaissance dont il faut tenir

1. Cette « petite note » dont Febvre parle dans la lettre de 1933 publiée dans *Combats pour l'histoire*, cit., avait été rédigée par Febvre le 30-10-1932 sous le titre "Conception générale de l'Encyclopédie" ; cf. *Don 22777 B. N.*, cit., I, 179-1.

2. Depuis le début, G. Monod et P. Abraham parlent eux aussi d'un « humanisme nouveau » à réaliser en maintenant l'Encyclopédie « ouverte » et dynamique. C'est à cette fin que l'on propose le modèle d'une encyclopédie-fichier (cf. *Don 22777 B. N.*, cit., I, 102-12 et 102-15). La tâche de Febvre est de réaliser une fusion entre la conscience du caractère relatif et circostanciel de tout tableau général du savoir et de la nécessité d'une synthèse de celui-ci : l'*Encyclopédie Française* doit être la mise en œuvre de ce tableau. Elle doit donc rendre manifeste l'effort de la connaissance, son ouverture dynamique, la possibilité pour le tableau lui-même de se tenir à jour et de savoir changer sa propre structure sans pour autant perdre en unité.

3. L. FEBVRE, "Une Encyclopédie française : pourquoi, comment?", *Encyclopédie Française*, I, cit., 1. 04-13/14

compte. L'unité de la pensée humaine que l'Encyclopédie doit démontrer en dernière instance dans ses 20 volumes passe par la différence spécifique de ses articulations. Tout doit réagir sur tout: il n'y a rien qui ait besoin de se confondre dans un ensemble unique et homogène, ni qui puisse s'exposer seulement dans un répertoire figé. L'*Encyclopédie Française* sera donc une véritable *encyclopédie humaniste*, autre nom que lui donne Febvre, capable de s'attacher aux idées (intermédiaires entre l'homme matériel et le milieu naturel), à la critique des faits, à ce qui est profondément humain. L'homme en est le *centre commun*, le présupposé et la fin, selon une réthorique qui était chère à Berr et qui a soulevé le scepticisme du philosophe A.Lalande, qui y décèlait un excès de simplisme[1].

Et peut-être est-il justifié de parler de simplisme, car le discours se maintient toujours à mi-chemin entre la stratégie, la rhétorique et l'exercice actif d'une opération de grande envergure. Cependant, Lalande ne comprend pas que la synthèse humaniste, pour Febvre, est un combat pour la pensée en mouvement, pour l'esprit exerçant activement son ouverture, et donc pour la problématique qui en constitue la véritable «nourriture»[2]. C'est un combat pour une nouvelle manière de faire de l'histoire, de la culture, de la science, etc., qui se réalise en ouvrant les discours aux espaces et aux temps humains qui les suscitent. Cette ouverture s'explique, chez Febvre, par le fait qu'il reconnaît en historien les moments de l'histoire, l'histoire présente, l'histoire vivante qui fait de la «synthèse totale» une limite impossible à atteindre, toujours poursuivie mais jamais atteinte. L'historicité du savoir et des sciences les rend provisoires et les réfère à une réalité dont le visage change d'expression à chaque instant. La photographie ne doit

1. A. Lalande – comme Febvre, on l'a consulté en 1932 pour la direction de l'entreprise, et il en avait présenté un plan plutôt "classique" – reste sceptique au sujet du plan de Febvre et juge "peu pensée" la centralité de l'homme (lettre de Lalande à Monod du 13 novembre 1932, in *DON 22777 BN*, II, 189-4). Les choses n'allaient d'ailleurs pas de soi, si l'on prête foi aux réactions négatives de savants comme Lemoine et Langevin, qui accusaient Febvre d'une certaine «négligence» à l'égard des sciences naturelles, de trop s'en tenir aux idées et d'éliminer les faits et le concret. Mais Febvre rétorque que ce qui fait le plus défaut, c'est précisément une «critique des faits»: les faits eux-mêmes, on pouvait au contraire les retrouver dans d'innombrables ouvages, et il était inutile que la recherche fît double emploi. Ce qui manque, insiste Febvre, c'est «une encyclopédie des idées», une œuvre explicative et non un répertoire. «Il a lui-même donné l'exemple» – déclare-t-il stratégiquement – parce que, étant historien, il a jeté «par dessus bord toute histoire contingente qui emplissait la moitié des colonnes de la Grande Encyclopédie»: le but n'est pas de renseigner, mais d'enseigner (*Don 22777 B. N.* cit., I, 179-1, *Encyclopédie Française*, I, 1. 04-11, et les comptes rendus du Comité de l'*Encyclopédie Française* du 25 mai 1933 et du 29 juin 1933)

2. L. FEBVRE, "Encyclopédie et encyclopédistes", in *Encyclopédie Française*, XVIII, 1939, 18. 24-10.

pas faire penser que son temps historique puisse s'arrêter. L'*Encyclopédie Française* ne doit pas devenir un instantané de la culture, mais proposer un point de vue exhaustif, bien que provisoire. Et de même que l'histoire se dirige sans fin vers ce que le temps laisse reconnaître de l'homme, en revoyant et en relisant chaque chose sans prétendre la résoudre d'une façon définitive (car toute idée et toute hypothèse passent avec ce même temps), le savoir se transforme et évolue, il introduit partout des éléments de renouvellement. Le temps est la multiplicité des points de vue. Même si l'on veut tendre vers une fin, on ne peut jamais l'atteindre (elle en serait autrement anéantie). Certes, notre historien ne présente pas tout cela philosophiquement ; mais il le vit dans sa pratique.

La connaissance approchée de Bachelard en est le pendant épistémologique. Le caractère relatif de l'histoire, ce présent inquiétant et problématique que revendique Febvre dans la lettre de 1933 et qui va donner en quelque sorte le ton de l'œuvre, reste le point fort de son extraordinaire modernité. Febvre saisit ainsi – avec quelle conscience, on ne peut le savoir – la prégnance de l'historique dans la relativisation et l'ouverture qui caractérisent l'encyclopédique. L'encyclopédie comme *point de vue,* c'est une mise en œuvre du pluralisme et peut-être, aussi, l'exercice d'une multiplicité immanente au savoir et sans limites dimensionnelles. A. de Monzie l'avait fait remarquer en soulignant que l'initiative ne devait être qu'un témoignage de la conscience moderne, réalisé par ceux qui savent « ce qu'il y a de relatif et de provisoire dans (leur) vision du monde », et G. Monod l'avait résumé dans la formule « Encyclopédie ouverte ». Les prémices de la transformation sont bien là, d'autant plus qu'un philosophe comme Abel Rey, écrivant que la diversité des sciences permet d'atteindre « le progrès continu de notre savoir et de notre pouvoir », ajoute que la pensée contemporaine annonce en même temps « une nouvelle libération », donc « un ordre toujours temporel et relatif [...] [qui] se renouvelle en changeant s'il le faut ses bases mêmes »[1]. Ce ne sont encore que des traces, des idées, voire des opinions, jetées sur le papier pour être discutées. Le changement qu'introduit Febvre consiste à saisir ces traces et à les inscrire dans les lignes directrices du projet lui-même. Faire exister la multiplicité des points de vue, tisser l'interdisciplinarité dans une œuvre ouverte, "horizontaliser" Babel : tels sont, pour lui, les points communs avec l'initiative des *Annales* entreprise quelques années auparavant avec Marc Bloch.

1. A. REY, "De la Pensée primitive à la pensée logique", *Encyclopédie Française*, I, 1-20-10

L'encyclopédie devient ainsi un atelier, un laboratoire géré de façon autonome, un lieu de rencontres et d'expériences, de problèmes et de solutions temporalisées; elle offre l'analyse des divers formes et états du savoir, chacun avec sa découpe, son héritage et son outillage à utiliser activement plutôt qu'à suivre passivement ou à synthétiser d'une façon compilatoire. Ce qui intéresse Febvre, ce n'est plus particulièrement la synthèse totale, mais plutôt l'organisation des renvois réciproques d'une discipline à l'autre: il faut laisser à chaque science, à chaque discipline, voire à chaque démarche, sa dimension propre. En même temps, il s'agit pourtant de les faire coexister, de les comparer, de créer un réseau de relations qui puisse permettre de mettre un ordre dans le chaos des savoirs particuliers.

Rendre sensibles «la liaison réciproque de toutes les disciplines, le jeu infini de leurs emprunts et de leurs avances, de leurs prêts et de leurs dettes» signifie lier entre elles connaissance et compréhension, rendre sensible l'unité de l'Univers et de la Science dans l'ordre de la pensée, qui est l'*outillage mental* dont l'homme dispose, et dans lequel tous les «instruments» ont la même importance[1] (mais également là où les conflits, les erreurs et les échecs que l'histoire y rencontre sont essentiels pour comprendre la faiblesse d'une conception évolutive linéaire de cet esprit qui reste toujours, comme son outillage, «relatif à une conception du monde»[2]). La synthèse générale du savoir coordonnée par la très française *Encyclopédie Française* est le développement problématique de cet *outillage* dont la présentation ouvre le premier tome: tout est rassemblé dans un état de réciprocité vivante. Les autres tomes en seront l'épiphanie.

On ne doit pourtant pas imaginer qu'une création si neuve soit une exclusivité française. On peut trouver des réflexions analogues à l'etranger, et une comparaison peut se réveler intéressante. A cause probablement de l'état de crise qu'on perçoit un peu partout, même hors de la France, on assiste à des tentatives très résolues pour proposer

1. La notion d'«outillage mental» – dont Febvre n'est pas encore tout à fait satisfait en 1933 (voir le compte rendu du 29 juin 1933, in *DON 22777 BN*) – devient par la suite une des notions fondamentales de la nouvelle encyclopédie et le titre du premier tome (1937). Elle est mise en œuvre par Febvre dans le deuxième livre du *Rabelais* (1942). Cette notion, dont l'importance n'est pas limitée à l'histoire, implique le concept d'un «réseau de relations» dans l'esprit-même de l'homme qu'on ne peut pas isoler de son développement. Certes, le concept d'outil «suggère l'existence quasi objective d'une panoplie d'instruments intellectuels [...] à la disposition de la pensée» (R. CHARTIER, "Histoire intellectuelle et histoire des mentalités. Trajectoires et questions", in *Revue de Synthèse*, 111-112, *op. cit.*, p. 285), mais l'accent est désormais mis sur le pensable et ses possibilités, comme ouverture des limites qui faisaient du savoir un tableau fixé une fois pour toutes; cf. aussi *Combats pour l'histoire*, *op. cit.*, p. 289.

2. Cf. A. REY, "De la pensée primitive à la pensée logique", *op. cit.*, 1. 20-11

des orientations synthétiques et générales au nouvel état du savoir. Les mutations en acte doivent être réunies dans des synthèses que l'esprit de système ne satisfait plus ; et on use de l'opposition synthèse/système, déja chère à Berr, comme d'une réponse nécessaire aux problèmes posés par la nouvelle adéquation entre pensée et sciences. Toutes les synthèses ne sont pourtant pas équivalentes entre elles. Pendant que l'*Encyclopédie Française* prend son élan, une autre grande entreprise encyclopédique consacrée aux sciences, qui se propose des buts analogues, débute elle aussi au milieu des années 1930 et rompt avec toutes les traditions qui l'avaient précédée : c'est l'Encyclopédie Internationale de la Science Unitaire (the *International Encyclopedia of Unified Science*).

Le Comité de cette encyclopédie comprend les représentants les plus célèbres de l'empirisme logique : O.Neurath, R.Carnap, Ph.Franck, Ch.Morris, J.Joergensen et L.Rougier. Or, malgré des différences importantes et évidentes (l'unité de langage, par exemple, est recherchée sans la moindre crainte de réductionnisme), les principes généraux sont curieusement semblables à ceux que developpent les Français et révèlent une stratégie née d'une problématique commune à l'état du savoir des années 30. La démarche proposée par les empiristes logiques est toutefois plus proche de la philosophie de Berr que des procédures de Febvre (ce qui, à certains égards, peut éclaircir les affinités et les divergences entre les deux Français). Berr publie d'ailleurs dans le numéro d'octobre 1936 de la *Revue de Synthèse* un important article de O.Neurath ("L'encyclopédie comme modèle").

Présentant le projet de l'*Encyclopedia of Unified Science* lors du Premier Congrès International de Philosophie scientifique qui se tient à Paris en 1935, O.Neurath débute ainsi : « On peut dire que, du point de vue de l'empirisme scientifique, ce n'est pas la notion de "système" mais celle d'*encyclopédie* qui nous offre le véritable modèle de la science prise dans son ensemble »[1]. Une encyclopédie, pour O.Neurath, doit être considérée comme le modèle du savoir humain, comme le seul programme possible émergeant de la crise des tentatives analytiques et néo-positivistes, parce qu'elle intègre les différentes affirmations scientifiques sans pour autant en nier les différences et les difficultés[2].

1. O. NEURATH, "Une Encyclopédie internationale de la science unitaire", in *Actes du Congrès International de Philosophie Scientifique*, Actualités scientifiques et industrielles, 389, Paris, 1936, p. 54.

2. Cf. aussi *Encyclopedia of Unified Science*, I, Chicago, 1938 (tr. it. Milan, 1958, p. 44-45), et O. NEURATH, "L'encyclopédie comme modèle", in *Revue de Synthèse*, XII, 1936, p. 187-201. En 1935, la revue de Berr avait publié des articles de R. Carnap et de C. Hempel.

Seule l'encyclopédie – comme la synthèse générale de Berr – peut finalement résoudre les difficultés nées du développement de sciences portées à consolider (dans la spécialisation) leur propre langage et donc à s'isoler. La Science a besoin d'un langage unifié, qui ne peut trouver que dans l'Encyclopédie son milieu naturel : c'est en fait le développement de la logique qui rend cette dernière possible (chez Berr ce besoin devait être satisfait par l'activité du *Vocabulaire*)[1]. Par cet effort, que seul permet un travail collectif garanti par « une large coopération entre spécialistes des différentes disciplines », l'encyclopédie « internationale » pourra « montrer toute la large et profonde unité de l'idée générale de la science ». Unité dans la différence, donc, comme dans l'entreprise de Febvre. L'analogie ne s'arrête pas là. L'idéal encyclopédique, continue O.Neurath, ne consiste plus à se référer à un système, « s'opposant ainsi expressément au pseudo-rationalisme de toutes les philosophies centralisées » (Berr aussi insistait beaucoup sur son opposition à tout système) ; il doit être d'instaurer « une sorte d'*instrumentarium* de la science en général » (et à ce propos la notion d'"outillage" de l'*Encyclopédie Française* vient immédiatement à l'esprit). « Ce nouvel ouvrage devra montrer surtout dans quelle direction s'ouvrent des voies nouvelles, où gisent les problèmes », sans s'arrêter à une simple « synthèse rétrospective », à un répertoire. L'Encyclopédie repousse, entre autres choses, le classement alphabétique, en lui préférant un classement par matière, ne souhaitant pas « présenter chaque discipline en un tableau achevé, mais montrer précisément les lacunes et les insuffisances du savoir actuel. Il y aura lieu de souligner ce que toute recherche a de *contingent*, et le fait que toute science dépend des conditions historiques ». Elle devra donc être conçue comme une œuvre ouverte, « toujours rajeunissante » comme l'aurait dit Febvre pour son propre projet, « précisément comme une *Encyclopédie en marche* », écrit O.Neurath[2]. Ce sont là des phrases et

1. O. NEURATH, *op. cit.*, p. 56, et R. CARNAP, "Über die Einheitssprache der Wissenschaft. Logische Bemerkungen zum Projekt einer Enzyclopedie", in *Actes du Congrès International de Philosophie Scientifique*, *op. cit.*, p. 61 (la nécessité de constituer un vocabulaire nouveau ou une langue unifiée renvoie au même état de crise du savoir).

2. Pour toutes les citations, cf. O. NEURATH, "Une Encyclopédie internationale de la science unitaire", cit., p. 55-59. Et encore : « L'Encyclopédie sera quelque chose de vivant et non pas un fantôme [...]. C'est ainsi que l'*Encyclopédie internationale de la science unifiée* espère éviter de devenir un mausolée ou un herbier, afin de rester au contraire une force vive intellectuelle surgie des nécessités réelles des humains et dirigée au service de l'humanité », O. NEURATH, in *Encyclopedia of Unified Science*, I, p. 52. Cf. aussi *Id.*, "Mensch und Gesellschaft in der Wissenschaft", in *Actes...*, cit., p. 40, où Neurath déclare que l'encyclopédie « n'est pas quelque chose de fini, car elle se montre à nous avant tout comme quelque chose en devenir ». Ch. MORRIS, ignorant les efforts de Berr et de Febvre, invitait à reprendre l'exemple du *Vocabulaire de*

des formules que l'on ne s'étonnerait pas de trouver sous la plume de l'historien français.

Tous deux, par ailleurs, déclarent vouloir « une encyclopédie vivante », en mouvement, et non fossilisée dans la présentation passive des connaissances.

Si les deux initiatives encyclopédiques se veulent axées sur les problèmes et repoussent l'idée du répertoire, et si les analogies sont décidément surprenantes au regard des différences théoriques, épistémologiques et culturelles entre les membres des deux comités, il convient toutefois de souligner que dans l'*Encyclopedia of Unified Science*, l'unification et le réductionnisme ("physicaliste") demeurent le véritable enjeu, alors que l'*Encyclopédie Française*, malgré ses efforts tendant à une synthèse totale, reste multiplie, et son dessein n'est pas aussi fortement marqué par la possibilité logique de construire *le* langage unifié de la Science. Il s'agit là cependant d'une différence que l'on pourrait presque qualifier d'involontaire, car s'il est vrai que le physicalisme de Neurath risque d'éliminer les différences spécifiques entre les diverses disciplines, Febvre a lui aussi prétendu centraliser le discours sur *la* Science, pour penser les sciences « dans le cadre de la Science »[1], sans vouloir renoncer à la perspective d'une synthèse totale.

Il n'en reste pas moins que Febvre est certainement plus conscient de la faiblesse de toute prétention à l'unification, et sa Science évoque l'indéterminé du temps historique.

Il y a donc une sorte de dédoublement du discours : d'une part, l'unité de la science dans la tendance à une synthèse totale, de l'autre la multiplicité réelle des savoirs et des disciplines qui, dans la variété de leurs relations, donnent vie aux diverses formations discoursives. Ce dédoublement – que l'on retrouve dans les deux encyclopédies, où coexistent des exigences réductionnistes, unifiantes et des exigences problématisantes et interdisciplinaires – montre peut-être le point d'intersection du projet stratégique avec la conjoncture historique d'une époque de crise et sa dynamique du savoir. Du côté des empiristes logiques, le choix unitaire se traduit par la réalisation de ce que Neurath et Carnap nomment la réduction physicaliste, tout en conservant, pour des raisons stratégiques, l'ouverture qui est nécessaire aux progrès scientifiques ; du côté des auteurs de l'*Encyclopédie Française* et de Febvre, au contraire, le choix unitaire semble plutôt être défendu stratégiquement sur le versant de la "Science", en vue

*philosophie* qui était en discussion à la Société française de philosophie et prônait l'interdisciplinarité, témoignant ainsi d'un problème qui était commun (Ch. MORRIS, "Remarks on the Proposed Encyclopedia", in *Actes*..., cit., p. 71-72).

1. L. FEBVRE, "Contre l'esprit de spécialité", in *Combats pour l'histoire*, *op. cit.*, p. 105.

d'une sorte de «pluralisme cohérent» (pour extrapoler une définition bachelardienne) qui agit dans la situation toujours ouverte d'une multiplicité d'hétérogènes (sciences, idées, etc.).

L'*Encyclopédie Française*, finalement, réalise ses finalités parce qu'elle sait accepter la contradiction intrinsèque à sa forme spécifique: la prétention à unifier ce qui reste irréductiblement distinct, toujours en mouvement. Fixer dans une synthèse totale le savoir qui, à tout moment, se désintègre pour se reconstituer sous d'autres formes, c'est aussi le métier de l'historien, selon une perspective sur laquelle le regard de l'historien se déplace toujours en diagonale. Febvre et Bloch appliquent cet exercice d'intersection à leur discipline afin de mettre en évidence des problèmes plutôt que des résultats. L'Encyclopédie symbolise donc aux yeux de son directeur la pertinence du *problématique* dans toutes les formes du savoir: l'opacité originelle, l'incertitude fondamentale du référent de l'histoire qui a longtemps alimenté la polémique sur son statut, artistique ou scientifique, trouve dans la conjoncture de la "crise" sa valorisation théorique. L'histoire-science est désormais une histoire problématique: grâce à l'ouverture, à l'approximation et au dynamisme, les faits et les vérités ne sont plus des certitudes fixes à répertorier, mais des problèmes[1].

## LUCIEN FEBVRE: HISTOIRE, SCIENCE ET HERMÉNEUTIQUE DU PROBLÉMATIQUE

Aller droit aux problèmes: telle est la tâche de l'historien selon Febvre. L'histoire-tableau, que l'on suppose objective alors qu'elle est simplement démonstrative, est affectée par la rigidité cadavérique de tout répertoire. Dans *le problématique*, au contraire, réside ce que Berr lui-même appelait l'inquiétude de l'homme, un espace de croisement où rien n'est donné, où toute chose n'est que trace, où l'on ne sait jamais si ce avec quoi on a à faire est signe, symbole, ou simple chose.

> C'est que poser un problème c'est précisément le commencement et la fin de toute histoire. Pas de problèmes, pas d'histoire. Des narrations, des complications[2].

L'histoire n'a de sens que si elle pose le *problématique* comme sa raison (son début et sa fin): la certitude objective des faits, même

1. La "modernité" de l'*Encyclopédie Française* est confirmée par la façon dont l'*Enciclopedia Einaudi* est conçue vers la fin des années 1970 en Italie (cf. t. I, Turin, 1977, p. XV).

2. L. FEBVRE, "Vivre l'histoire", in *Combats pour l'histoire*, cit., p. 22

lorsqu'on accepte qu'elle puisse constituer une référence essentielle pour les sciences exactes – ce que ne confirme pas, d'ailleurs, la période dans laquelle Febvre écrit –, est une illusion de l'imagination. Les faits de l'histoire n'évitent pas le *problématique ;* ils le constituent. Eux-mêmes sont des problèmes plus que des certitudes : parce qu'ils sont humains, temporalisés, interprétés. L'histoire devient de plus en plus une discipline herméneutique (comme en Allemagne chez Dilthey et Heidegger, bien que sur un plan philosophique très différent[1]), et c'est précisément l'herméneutique du *problèmatique* qui en constitue un des sens les plus profonds. Le mirage positiviste, selon lequel on pouvait exorciser l'arbitraire propre à toute interprétation grâce à ce que la factualité a d'impératif, et pour lequel s'en tenir aux faits signifiait les rendre *wie es eigentlich gewesen*, se heurtait en premier lieu à la difficulté concrète de sa réalisation. En deuxième lieu, toutefois, ce qui le rendait immédiatement inadéquat, c'était une difficulté d'ordre théorique, à savoir l'obstacle épistémologique que constituait l'intrication des choix subjectifs du chercheur, des interprétations différentes, des variables temporelles et des traductions intrinsèques à un document donné (quel type d'information donne un document ?). Opposer une *histoire-problème* à une *histoire-tableau* signifie alors pour Febvre créer la possibilité d'approfondir et de transformer un ensemble de concepts de base qui constituent la “matrice” de la discipline. Cela signifie également mettre l'histoire au rythme de l'époque.

Les historiens ressentent profondément les questions épistémologiques les plus urgentes de l'époque, et traduisent l'objectivité perdue du donné et du fait, le renoncement à une vérité définitive et le caractère approché de la connaissance en une révision critique du rapport entre passé et présent. Le problème comme tel ne se pose pas dans la facticité historique et documentaire comme quelque chose à

1. La question philosophique de l'herméneutique, en relation avec l'histoire, remonte à W. Dilthey, qui propose de fonder sur l'herméneutique toutes les sciences de l'esprit. Voir par exemple W. DILTHEY, *Die Entstehung der Hermeneutik*, in *Gesammelte Schriften*, V, Leipzig und Berlin, 1914-1936, (tr. fr. *Origine et développement de l'herméneutique*, in W. DILTHEY, *Le Monde de l'esprit*, Paris, 1947) ; mais il faut tenir compte des développements critiques ultérieurs de M. Heidegger et de H. G. Gadamer. Le problème d'une complémentarité entre herméneutique et ontologie, posé d'une certaine façon par Dilthey et éliminé par Heidegger en vue de sa fondation ontologique, a été récemment récupéré par R. RORTY, *Philosophy and the Mirror of Nature*, Princeton, 1979, et par P. RICŒUR, *Temps et récit*, I, Paris, 1983 (mais, sur histoire et herméneutique, cf. aussi H. WHITE, *Metahistory*, Baltimore, Londres, 1973). La question est de mettre en relation l'obsolescence de la valeur de vérité avec la centralité de l'interprétation. L'histoire, en tant que discipline, participe de ce « destin épistémologique » : toute réalité est une réalité interprétée, tout fait est une construction. Febvre ne parle évidemment jamais d'herméneutique, mais dans ses écrits il utilise souvent le mot « interprétation ».

résoudre. C'est au contraire l'indice du présent sur le passé, le facteur de différenciation temporelle, l'*interrogation* spécifique qui caractérise toute forme de connaissance, toute époque, toute conjoncture culturelle (selon le souhait de Lord Acton au siècle précédent: «Etudiez des problèmes et non pas des périodes»[1]). Toute science, qu'elle soit exacte ou humaine, *doit* "interpréter". Bloch l'énoncera clairement: «Jamais, dans aucune science, l'observation passive n'a rien donné de fécond»[2], car même si cela était possible, son résultat serait une liste stérile de ce qu'on suppose des "données" et qui serait sans utilité et fort peu intéressante. L'histoire comme herméneutique du problématique est en revanche une science qui fait du problème l'axe d'une nouvelle épistémologie.

Le document comprend dès lors tout ce qui peut se révéler interprétable: de la lettre diplomatique à la forme des champs, tout ce qui porte la trace de l'humain fait sens pour l'histoire.

> Les textes, sans doute: mais *tous les textes*. Et pas seulement ces documents d'archive en faveur de qui on crée un privilège [3].

Comme la physique dont avait parlé Poincaré au début du siècle, et, plus recemment, la géographie de l'école de Vidal de la Blache, l'histoire en tant que science d'interprétation ne peut se soustraire au danger nécessaire des hypothèses.

Dans la discipline historique, la polémique est dirigée contre l'histoire "positiviste" à la Ch.Seignobos, pour qui «la notion même de problème [...] demeure étrangère, [et] "répugnante" celle d'hypothèse»[4]: il fait trop confiance à sa conception stérile et naïve du donné et du fait, fondée sur une notion de l'objet comme entité externe, inerte et maniable. Mais une telle conception est désormais périmée, et la philosophie des sciences a démontré comment, même dans la pratique, la recherche commence toujours à partir d'une hypothèse première et

1. Lord Acton est cité par H. I. MARROU in "Le métier d'historien", in *L'Histoire et ses méthodes*, Encyclopédie de la Pléiade, Paris, 1961, p. 1507.

2. M. BLOCH, *Apologie pour l'histoire ou métier d'historien*, Paris, (1949), 1974, p. 63: «Car les textes [...], fût-ce les plus clairs en apparence et les plus complaisants, ne parlent que lorsqu'on sait les interroger». L'objectivité du répertoire n'est qu'une chimère, d'autant plus fictive que l'objet-même de la science en question est "humain" (donc sujet à la constitution d'un sens). Cette conception marque très profondément les réflexions actuelles sur l'épistémologie et sur l'histoire. Cf., par exemple, M. DE CERTEAU, "L'opération historique", in *Faire de l'histoire*, t. 1, Paris, 1974, p. 5: «Les "faits historiques" sont déjà constitués par l'introduction d'un sens dans "l'objectivité". Ils énoncent [...] des "choix" qui lui sont antérieurs, qui ne résultent donc pas de l'observation».

3. L. FEBVRE, "Examen de conscience d'une histoire et d'un historien", in *Combats pour l'histoire*, cit., p. 13.

4. L. FEBVRE, "Entre Benda et Seignobos", in *Combats pour l'histoire*, *op. cit.*, p. 98.

organise son objet en fonction du problème à considérer. Ce n'est pas la recolte simple des données, mais l'hypothèse qui rend scientifique une discipline[1]. Les événements qui, dans leur unité et leur spécificité – ils ne peuvent se répeter – constituaient le point fort de toutes les théories de l'histoire historisante, se voient dénier toute légitimité scientifique. L'épistémologie de Febvre est naturellement actuelle :

> Du donné ? Mais non, du créé par l'historien, combien de fois ? De l'inventé et du fabriqué, à l'aide d'hypothèses et de conjectures, par un travail délicat et passionant[2].

Ainsi se forme l'architecture de toute recherche possible, comme Gaston Bachelard le proclame à l'époque. L'historien doit se tenir au courant des théories les plus avancées à propos de la connaissance scientifique : il pourra alors renouveller positivement sa discipline. Febvre explique qu'il aurait suffi à n'importe lequel des historiens historisants, des positivistes rigoureusement attachés à l'objectivité factuelle,

> de mettre [...] son œil à l'oculaire d'un microscope et de regarder une préparation d'histologie pour s'apercevoir aussitôt qu'il ne s'agissait pas pour l'histologiste d'*observer* mais d'*interpréter* ce qu'il faut bien nommer une abstraction[3].

Il faut savoir interroger les faits, il faut savoir les interpréter et les construire pour pouvoir faire de l'histoire une science « pleine et vraie » comme le voulait Berr. Dans toute science, le fait[4], finalement, est déjà et toujours une « reconstruction rationnelle », pour citer une

1. G. MASSICOTTE, *L'Histoire problème*, cit., p. 33 « En histoire, comme dans les autres sciences, la vérité scientifique n'est qu'une question d'adéquation entre l'idée ou l'hypothèse, la théorie ou la loi et le fait à l'étude – l'hypothèse étant l'idée sous sa forme interrogative et la théorie ou la loi l'hypothèse vérifiée ».

2. L. FEBVRE, *Combats pour l'histoire,* cit., p. 7 ; pour la critique du positivisme, cf. *ibid.*, p. 27 ; mais aussi M. BLOCH, *Apologie de l'histoire*, cit., p. 31 et suivantes ; et M. CEDRONIO, "Le *Annales* attraverso le pagine delle *Annales*", in M. CEDRONIO, F. DIAZ, F. RUSSO, M. DEL TREPPO, *Storiografia francese di ieri e di oggi*, Napoli, 1977, p. 4-5.

3. *Ibid.* p. 22

4. FEBVRE, ayant libéré l'histoire « du dogme jusqu'alors intangible de l'objectivité » (cf. J. GLÉNISSON, "L'historiographie française contemporaine : tendances et réalisations", *op. cit.*, p. XIX), met en discussion les deux notions fondamentales de l'« histoire positiviste » : le fait et le document. La mise en question du fait, radicalisée par l'épistémologie (Cf. F. ENRIQUES, *I problemi della scienza*, Bologna, 1906 (tr. fr. partielle, Paris, 1908), chap. 2, § 2), connaîtra par la suite en histoire un succès remarquable. R. ARON, de son côté, le confirme in *Introduction à la philosophie de l'histoire*, Paris, 1981, p. 147 : « Le *fait construit*, limité à ses traits saisissables de l'extérieur, échappe à toute incertitude, mais cette objectivité est pensée, non pas donnée ». Cf. aussi Ph. ARIÈS, in *Les Temps de l'histoire*, Monaco, 1954 : « Le fait est bien chez l'historien, mais il n'était pas avant lui dans le document : il est une construction de l'historien », p. 280.

formule introduite par Brunschvicg et Bachelard, et reprise plus tard par I.Lakatos. En introduisant le problématique dans l'histoire, Febvre se réfère à cette tradition épistémologique avec laquelle, d'ailleurs, il est en contact par le biais du *Centre International de Synthèse*, en particulier avec Rey, auquel, comme nous l'avons dit, il va confier une des parties de l'Encyclopédie les plus importantes du point de vue épistémologique, la première, qui traite de l'outillage mental. Mais tout cela se réalise par degrés.

L'histoire-science connaît une transformation que la crise a déjà introduite dans les sciences exactes, et qui agite les esprits dans la polémique autour du déterminisme. Et c'est par une critique du déterminisme que se constitue chez Febvre ce qu'on pourrait bien appeler l'épistémologie de l'histoire nouvelle, problématique, interdisciplinaire et dynamique. Mais le changement ne se fait pas d'un coup, et l'historien y est confronté au rythme lent de l'évolution des sciences humaines et à la suite d'une maturation graduelle qui laisse dans ses œuvres les traces évidentes d'un mode vieilli de penser la science. Chez Febvre aussi, on peut trouver de convictions qui renvoient à des concepts périmés à côté d'autres qui, en revanche, s'engagent dans des conceptions plus modernes, ouvertes par les innovations épistémologiques de l'époque, et cela parce qu'il ressent encore de la nécessité de combattre pour une histoire-science qu'il présentera par la suite comme acquise[1].

Jusqu'aux années de la Première guerre mondiale, ses travaux restent très proches des questions posées par Berr et se rattachent au besoin d'une histoire-science solide du point de vue méthodologique, avec ses lois propres et ses objectivités, suivant le modèle de rationalité que tous, à cette époque et dans ces milieux, considèrent unanimement comme valide[2]. Dans sa leçon inaugurale de 1919, qui souligne pourtant l'originalité de l'histoire comme science, il se réfère explicitement à la méthode de Descartes pour indiquer le chemin que

1. Ce sont des problèmes qui n'ont jamais été résolus, si bien que P. VEYNE, in *Comment on écrit l'histoire*, Paris, (1971) 1978, p. 169, peut affirmer péremptoirement l'impossibilité, pour l'histoire, d'être une science et alimenter ainsi une querelle qui se poursuit depuis deux siècles. « En résumé, on n'arrive jamais, en histoire [...], à trouver ce que Wittgenstein appelle le dur du mou, dont la saisie est la condition et le début de toute science ».

2. Le modèle dominant de la rationalité scientifique de l'histoire est celui proposé par P. LACOMBE, *De l'Histoire considérée comme science*, Paris, 1894 ; par Ch. V. LANGLOIS, Ch. SEIGNOBOS, *Introduction aux études historiques*, Paris, 1898 ; Ch. SEIGNOBOS, *La Méthode historique appliquée aux sciences sociales*, Paris, 1901 ; ou G. MONOD, *La chaire d'histoire au Collège de France*, Paris, 1905.

l'histoire-science doit suivre[1]: l'histoire comme discipline se sent encore stratégiquement faible à l'encontre des autres sciences et son objectif est d'en atteindre la dignité méthodologique. L'optimisme scientiste qu'on peut déceler dans certains textes de Febvre du début du siècle révèle, en fait, la persistence d'un complexe d'infériorité des historiens envers les sciences exactes:

> Mais qu'elle vienne vite[...] l'heure bienfaisante, l'heure espérée d'une mainmise progressive de la science sur l'univers – l'heure où, dans le désordre universel, s'introduira un peu de cet ordre bienfaisant qu'engendrent la connaissance et l'application des lois[2].

A côté du scientisme, on commence en fait à percevoir des signes de crise que Febvre est capable de saisir et d'élaborer de façon critique. La réflexion sur l'histoire-science menée par Berr lui permet de ne pas suivre simplement les objectifs qui tendent philosophiquement à la recherche de la vérité et à la réalisation de l'unité de la connaissance rationnelle selon le modèle des sciences exactes, même si adapté en quelque sorte à l'histoire: la spécificité de la discipline s'ouvre en fait à de nouvelles perspectives épistémologiques qui, bien que jamais exposées de façon cohérente dans une œuvre entièrement consacrée aux questions théoriques, apparaissent ici et là dans nombre d'écrits de l'historien[3]. La leçon de 1919 en évoque quelques unes qui reflètent encore un idéal scientiste de la rationalité typique de l'histoire-science naissante du début du siècle (inspirée directement de Fustel de Coulanges), et d'autres qui sont proches plutôt de ce qui par la suite deviendra *l'histoire-problème*[4].

1. L. FEBVRE, "L'histoire dans le monde en ruine", leçon d'ouverture du cours d'histoire moderne à l'Université de Strasbourg en décembre 1919, publiée dans la *Revue de Synthèse historique*, XXX, 1, 1920, p. 14-15.

2. *Ibid.* p. 6.

3. Paradoxalement, le seul texte entièrement consacré à une réflexion théorique sur l'histoire, celui de M. BLOCH, *Apologie pour l'histoire*, est resté inachevé (Bloch lui-même explique d'ailleurs que l'origine du livre n'est pas dûe au besoin de mettre un ordre dans la méthode historique, mais seulement au fait qu'étant en captivité, il n'avait que la possibilité d'une réflexion intérieure sur son métier d'historien).

4. Febvre explique les difficultés heuristiques de l'histoire de la façon suivante: elle est « l'une des deux ou trois disciplines les plus compliquées et les plus délicates [...], l'une de celles où la détermination des causes, en raison même de leur nature et de leur complexité, souffre de difficultés telles qu'elles peuvent paraître insurmontables [...], une de celles, enfin, dont les progrès apparaissent les plus étroitement subordonnés à ceux d'autres sciences voisines, encore dans l'enfance », ("L'histoire dans le monde en ruine", cit., p. 7). A l'encontre des sciences exactes, Febvre semble être ici bien conscient de ce que les sciences humaines peuvent se développer seulement par leurs relations réciproques (ce qui est à l'origine du projet des *Annales*). Ce principe n'était pourtant pas partagé par ses collègues psychologues et

Le pas décisif, Febvre, le fait dans *La Terre et l'évolution humaine*, publié en 1922 mais déjà prêt avant la guerre. La polémique contre l'histoire positiviste et la géographie classique se lie ici à une critique explicite du déterminisme et à une organisation pratique du travail de l'historien tout à fait renouvelée et presque totalement libérée des complexes d'infériorité de l'histoire face aux autres sciences. La force de l'histoire lui vient de sa liberté : certes, différente de celles-ci, elle ne dispose pas encore d'une méthode qui puisse garantir la scientificité de ses résultats ; « elle ne croit même pas encore, toute entière, à sa qualité de science [...]. De quoi sans doute elle n'a pas lieu de se féliciter naïvement, au contraire. Mais cette infériorité n'est pas sans quelque avantage » ; avantage qui consiste en effet en la liberté critique dont jouit l'historien.

> L'histoire n'est pas liée par une solidarité de doctrine, ni avec un corps de théories historiques à allure pseudo-scientifique qui restreindrait sa liberté de jugement individuelle – ni avec un ensemble de doctrines préconçues [...]. En d'autres termes, ce que le géographe sans doute concevrait comme un tableau [...], rien ne s'oppose que l'historien en fasse une libre étude critique [...]. Sans aucune rigidité dogmatique : on l'a vu. Ni dans le plan, qui sera souple, ni dans les conclusions, qui ne seront point arrêtées. Dégager un esprit, ce n'est pas le recréer, le reconstituer logiquement. C'est d'abord, le saisir en pleine opposition, en pleine lutte avec les esprits qui le combattent [1].

C'est pour cette raison que le travail de l'historien doit être un travail problématisant, interprétatif, capable de saisir ce qui se cache derrière l'apparence de conséquences déterminées et supposées objectives.

> Il est bien vrai qu'au point de départ de toutes les conceptions neuves [...], il y a ce grand drame de la relativité qui est venu secouer, ébranler tout l'édifice des sciences [2].

Tel est l'*incipit* de l'œuvre de 1922 qui relève la leçon de la crise, réalisée par la suite dans les *Annales*. De la géographie à la linguistique, de l'économie à la religion, de la sociologie à la psychologie, Febvre n'hésite pas à recueillir nombre de stimuli, instruments, lectures et clefs conceptuelles, pour écrire une histoire libérée désormais du souci

sociologues : dans l'*Année sociologique*, par exemple, la sociologie maintient sa prétention dominante.

1. L. FEBVRE, *La Terre et l'évolution humaine*, Paris, 1922, (p. 41-42 de l'éd. de 1970).

2. Ivi, Introduction, p. 8.

d'édifier un système unitaire du passé[1]. Objectifs et perspectives sont totalement changés. La construction d'une grande Mémoire finalisée par l'auto-légitimation d'un présent qui s'érigerait comme point culminant de son "développement" est aussi loin de l'histoire "nouvelle manière" qu'il est possible (bien que Berr y tendit par l'*Evolution de l'humanité*). Il importe de restreindre le champ de l'interprétation critique, de commencer par un problème bien délimité, sans engager préalablement le discours dans des références et des principes pensés comme absolus.

Certes, ni Febvre, ni les *Annales* ne résument toute la discipline historique de cette période[2], mais il est intéressant de noter à quel point cette nouvelle façon de faire de l'histoire cherche véritablement dans l'épistémologie contemporaine ce que celle-ci croit pouvoir trouver dans la tradition des études historiques. Considérons maintenant, assez rapidement, du côté des historiens ce que nous avons rencontré du côté des philosophes épistémologues, avec tous les conflits de valeurs marqués, les convictions et les idées anciennes et nouvelles qui cherchent à s'harmoniser entre elles. Et la leçon de l'épistémologie sera décisive.

Dès ses premières études sur la Franche-Comté[3], Febvre a abandonné le déterminisme rigoureux d'enchaînements causaux, mais il n'a pas pris explicitement position à ce propos. La critique claire et nette du déterminisme représente en revanche le premier pas d'une histoire méthodologiquement affranchie, et l'ouvrage de 1922 polémique sans complexes contre ce qui pour Febvre est l'arrogance de géographes qui, comme F. Ratzel, sont convaincus que « les faits [...]

1. Ni H. D. MANN, in *Lucien Febvre. La pensée vivante d'un historien*, Paris, 1971, ni G. Massicotte in *L'histoire problème. La méthode de Lucien Febvre*, cit., ne semblent pas donner toute son importance à la multiplicité méthodologique chez Febvre et à sa signification philosophico-épistémologique, qui s'ouvre tant à l'épistémologie pluraliste de Bachelard qu'aux développements d'une philosophie de la multiplicité qui se constituera beaucoup plus tard en France, à partir des années 1960 (Deleuze, Guattari, Foucault, Serres, etc.).

2. En cette première moitié du XX^e^ siècle coexistent diverses "écoles" historiques, dont les différences, les demarches et les thématiques réciproques n'ont toutefois jamais été l'objet d'une comparaison analytique. On dispose essentiellement de l'étude d'O. DUMOULIN, *Profession historien 1919-1939*, thèse dact. de 3^e^ cycle, EHESS, Paris, 1983, dont l'auteur a tiré l'article "La professionnalisation de l'histoire en France (1919-1939)" in *Historiens et sociologues aujourd'hui*, éd. du CNRS, Paris, 1986 ; cf. aussi W. R. KEYLOR, *Academy and community: the foundation of the French historical profession*, Cambridge, Mass., 1975 ; A. CORBIN, "La Revue Historique : analyse de contenu d'une publication rivale des Annales", et Ch. O. CARBONELL, "Les professeurs d'histoire de l'enseignement supérieur en France au début du XX^e^ siècle", in *Au berceau des Annales*, cit. ; F. DOSSE, *L'histoire en miettes*, Paris, 1987.

3. L. FEBVRE, "La Franche-Comté", RSH, X, 1905, et surtout la grande thèse sur *Philippe II et la Franche Comté*, Paris, 1911

exercent sur la vie des hommes une action purement mécanique, aveugle et empreinte de fatalité»[1]. L'historien se réfère ici à une conception nouvelle de la géographie, refondée par Paul Vidal de la Blache qui, bien avant lui, avait pris la mesure des nouvelles problématiques épistémologiques et les avait appliquées à sa discipline. Febvre y est particulièrement sensible, parce que, comme l'avait déjà remarqué Berr, dans la géographie de Vidal de la Blache se trouvent des concepts méthodologiques très innovateurs par rapport à la tradition de la géographie physique qui, bien que scientifique, se limitait simplement à une sorte de compilation[2]. Du fait de l'indéterminabilité du genre humain, la «possibilité» que des causes apparemment semblables produisent des effets différents subsiste toujours. Febvre pense la géographie sur le modèle de la «géographie humaine» prônée par Berr et déjà réalisée par Vidal de la Blache et ses élèves, parmi lesquels A.Demangeon qui aura une certaine importance lors de la fondation des *Annales*. L'attention n'est plus concentrée sur le milieu naturel comme donnée objective, mais sur le paysage rural et sur le milieu régional comme lieux humanisés, dont le déterminisme peut être tout au plus local et délimité, mais toujours ouvert à des possibilités et à des adaptations qui contredisent le "nécessitarisme" de Ratzel[3].

La critique du déterminisme est le résultat d'un choix qui pousse l'historien à privilégier un «fédéralisme» des sciences sociales au nom d'un savoir éminemment humaniste, fondé sur le «possible», l'intersection et l'ouverture. Berr et Vidal de la Blache sont ses points de repère les plus solides, car c'est d'eux qu'il tient la leçon. Vidal de la Blache modifie en fait le statut de scientificité de la géographie (en harmonie avec les philosophes épistémologues qui lui sont contemporains[4]) sur la base de la relativité des points de vue que chaque science peut adopter pour aborder un même thème (ou problème): la géographie doit définir son objet et sa méthode, énoncait-il, en sachant que les points de vue, les "perspectives" d'où l'on peut considérer un

1. L. FEBVRE, *La Terre et l'évolution humaine*, *op. cit.*, p. 393.

2. H. BERR, dans *La Synthèse en histoire*, cit., reprend les thèses de Vidal de la Blache et s'emploie à leur donner une sorte de rigueur épistémologique, en en soulignant les aspects les plus importants résumés par la formule de "géographie humaine" (cf. p. 88).

3. Sur la "nouvelle géographie" et ses rapports avec Berr et les historiens, cf. N. BROC, "Les séductions de la nouvelle géographie", in *Au berceau des Annales*, cit., p. 255 et suiv.; J. REVEL, "L'histoire sociale dans les *Annales*: une définition empirique", in *Historiens et sociologues aujourd'hui*, Paris, 1986; M. MASTROGREGORI, *Il genio dello storico*, *op. cit.*, p. 101-124, et F. DOSSE, *L'histoire en miettes*, *op. cit.*, p. 52 et 72-74. Sur Vidal de la Blache, cf. V. BERDOULAY, *La formation de l'école française de géographie*, Paris, 1981.

4. Cf. V. BERDOULAY, *La formation de l'école française de géographie*, cit., passim (notamment le chap. IV).

problème peuvent être divers, tant dans la discipline elle-même (c'est pourquoi, loin d'exagérer avec les généralisations, il faut localiser et délimiter), que hors d'elle (d'autres sciences considèrent le même problème sous des angles divers, et toutes doivent "interagir" entre elles)[1]. Il faut élargir ses propres vues et rassembler les données en vue des liaisons que peuvent avoir entre eux les divers résultats. Une région peut alors se présenter comme un terrain spécifique de la recherche, et les caractéristiques géo-morphologiques doivent être rapportées aux caractéristiques sociologiques, économiques, linguistiques, anthropologiques, etc., et réciproquement. Le géographe (et l'historien, ajoutent Febvre et Bloch) doit apprendre à reconnaître les rapports entre les choses, à déceler les relations entre des faits qui n'avaient pas été mis préalablement en rapport entre eux et qui lui permettront de formuler des problèmes nouveaux et auparavent inimaginables : voilà la nouvelle méthode, la véritable observation scientifique[2]. Seulement la synthèse selon Berr est en mesure, dans ces années, de s'engager philosophiquement dans un projet semblable, parce qu'elle sait revaloriser une certaine contingence mesurée et rejeter nettement toute indication de causalités définitives et toute répartition rigide des disciplines. L'histoire-tableau, de même que la géographie compilative, n'est donc plus possible pour celui pour qui une société, un événement, un individu, un ensemble de faits, etc., doivent être saisis comme des « organismes » complexes, vivants et multiples, irréductibles à un schéma simple et fixe. Il faut "rendre la complexité" sans démembrer l'ensemble artificiellement, en séries causales sans rapport entre elles[3].

1. *Ibid.*, p. 185. Remarquons que P. VIDAL DE LA BLACHE a publié un article important dans la revue de Berr, "La géographie humaine, ses rapports avec la géographie de la vie", RSH, 7, 1903, où il souligne le rapport non uniforme, ni unilinéaire ni déterministe, entre milieu physique et milieu humain. Ce n'est donc pas un hasard si chez J. Brunhes, un disciple important de Vidal de la Blache, récupérant un thème qui était cher au maître et à Berr, on trouve cet énoncé épistémologiquement très actuel : « le réel est un, mais nous le considérons alternativement sous des points de vue divers et nous en classons les aspects sous des rubriques différentes » (cit., in V. BERDOULAY, *op. cit.*, p. 193).

2. L. FEBVRE, *Pour une histoire à part entière*, cit., p. 43-51 et 147-166 (qui reproduit deux articles publiés dans la RSH en 1909 et 1923 sur Vidal de la Blache). Sur la "méthode" de Vidal de la Blache, voir aussi les critiques de N. Broc dans l'article cité plus haut.

3. C'est ce que Febvre cherche à faire depuis son *Philippe II et la Franche-Comté* jusqu'à ses derniers écrits, s'engageant dans une voie originale qui permet de concilier les règles de la méthode cartésienne (qui reste toujours pour lui un point de repère) avec l'unité complexe de l'humain. L'objectif polémique de Febvre est avant tout le vieux mode de faire de l'histoire ou de la géographie, car celui-ci sépare les diverses recherches dans un ordonancement qui empêche de passer aisement de l'une à l'autre : « C'est ce que j'ai coutume d'appeler "le système de la commode" [...]. Si bien rangée, et en si bel ordre! Tiroir du haut, la politique : "l'intérieure" à droite, "l'extérieure" à gauche, pas de confusion. – Deuxième tiroir : le coin à droite, "le

Les *Annales* marquent une date décisive, parce qu'elles rassemblent tout ce que les deux directeurs ont, jusque là, appris de ces maîtres divers et avaient eux mêmes fait d'une façon plus dispersée. Elles deviennent l'outil interdisciplinaire d'une *pratique* vouée à mettre en œuvre les changements méthodologiques et épistémologiques qui sont en train de se réaliser, plutôt qu'à faire de la théorie. L'abandon du déterminisme schématique va de pair avec l'exercice effectif, toujours plus conscient et critique, d'une discursivité scientifique rationellement réformée, fondée sur la valeur des hypothèses et des théories qui prime les faits supposés objectifs.

L'histoire, pour Febvre, ne se constitue plus en fonction des événements, selon le cours temporel continu de leur succession, parce que le *sens* d'une forme du savoir lui est donné par les problèmes qu'elle est en mesure de poser. La science, pourrait-on dire, consiste *à réécrire* la réalité, et, à cet égard, le seul critère de vérité possible d'un point de vue épistémologique est celui qui se réfère à la dynamique du rapport entre la complexité objective du réel et sa reconstruction rationnelle (ce qui est d'ailleurs la conséquence des théories de Brunschvicg, de Rey et de celles, plus radicales, de Bachelard)[1].

Voilà pourquoi le *problématique* est la “raison” de la “nouvelle” histoire, en bref la légitimation épistémologique d'une tendance qui parcourt l'ensemble du savoir. On ne doit être en mesure de résoudre les problèmes que pour en proposer d'autres qui ne se limitent pas à «décrire» la réalité, mais la «construisent». La connaissance évolue et s'accroit seulement par cette voie. Et ceci dans toute les formes du savoir scientifique, des mathématiques à la sociologie, de la physique à l'histoire, parce que la raison est *une* et si quelques disciplines se

mouvement de la population”; le coin à gauche, “l'organisation de la société”», écrit Febvre contre Ch. Seignobos, dont il critique aussi l'anti-humanisme, car «l'homme ainsi défini, on peut bien le saisir, pour la commodité, par tel ou tel membre, par la jambe ou par le bras plutôt que par la tête: c'est toujours l'homme tout entier qu'on entraîne dès qu'on tire. Cet homme, il ne se laisse pas découper en morceaux»; L. FEBVRE, *Combats pour l'histoire*, cit., p. 72 et 21.

1. Cf. F. FURET, *L'atelier de l'histoire*, Paris, 1982, p. 76. Le champ de référence culturelle est, pour Febvre, constitué par les philosophes et les physiciens qui, comme P. Langevin et Rey, feront partie de l'*Union Rationaliste* fondée en 1930 et à laquelle adhèreront aussi M. Mauss et F. Simiand. Pour eux, la science est la forme la plus élevée de la connaissance rationnelle. En tant que telle, elle doit être maintenue dans son essence constructive et hypothétique, selon les termes de Poincaré: «on dit souvent qu'il faut expérimenter sans idée préconçue. Cela n'est pas possible; non seulement ce serait rendre toute expérience stérile, mais on le voudrait qu'on ne le pourrait pas» (H. POINCARÉ, *La Science et l'hypothèse*, cit., p. 159). En 1934, G. Bachelard souligne lui aussi que «l'activité spirituelle de la science moderne s'attache à construire un monde à l'image de la raison»(G. BACHELARD, *Le Nouvel esprit scientifique*, cit., p. 13).

reforment en son nom, les autres doivent nécessairement en suivre l'exemple.

> Si les sciences de la Nature ont subi dans les deux dernières décades les effets d'une véritable révolution idéologique ; si elles ont vu s'effondrer, par suite des progrès [...] de la physique, toute la construction théorique élaborée au cours du XVII$^{e}$, XVIII$^{e}$ et XIX$^{e}$ siècles par des générations de savants [...] ; si rien, finalement, de ce qui est essentiel n'a échappé à cette révision : ni la conception du fait scientifique, ni celle de la loi, ni celle de la nécessité, ni celle de la contingence, ni, au total, celle des sciences mêmes et de la Science [...] : l'histoire ne peut pas s'abstraire de tels bouleversements. Qu'elle le veuille ou non, elle y est impliquée [1].

En ce sens, l'objectif de l'histoire ne doit pas être la *description*, mais l'*explication* et la *compréhension* projetées par l'hypothèse initiale et par le problème à résoudre. Si « tout fait scientifique est "inventé" – et non pas donné brut au savant » [2] (c'est une des conclusions de la V$^{e}$ Semaine Internationale de Synthèse de 1933 consacrée au thème *Science et Loi*) on peut renoncer à la distinction entre sciences exactes et sciences humaines parce que, d'un point de vue épistémologique, les objets des sciences – les faits – ont le même statut pour toutes, et les lois peuvent se présenter comme hypothèses rationnelles pour les disciplines nomothétiques comme pour les disciplines idiographiques.

Dans un article de 1936, Febvre se montre particulièrement enthousiaste vis-à-vis de cette possibilité, c'est-à-dire lorsqu'il peut enfin recueillir les fruits de son activité à la lumière des grandes

1. L. FEBVRE, *Combats pour l'histoire*, *op. cit.*, p. 57.

2. L. FEBVRE, *Combats pour l'histoire*, *op. cit.*, p. 57. Febvre avait été frappé par un article de H. LÉVY-BRUHL, "Qu'est-ce que le fait historique?", in *RSH*, XLII, 1926, qui défendait l'objectivisme. Pour ce qui concerne le terme conceptuel de *compréhension*, qui est celui qu'utilise Dilthey (et que R. Aron récupère par la suite), Febvre – qui est toujours resté hostile à l'égard de toute abstraction philosophique – l'entend comme processus visant la solution de problèmes préalablement posés en tant qu'hypothèses. La compréhension est, partant, la conséquence d'une procédure scientifique ; elle se réfère à un ensemble de théories qui guident la recherche historique. Le terme "comprendre" est employé soit d'une façon polémique, contre tout "descriptivisme" rigide, soit, plus rarement, en tant que concept fort de l'ouverture intrinsèque au savoir (sans qu'il y ait distinction entre "compréhension" et "explication") ; cf. par exemple, L. FEBVRE, *Le problème de l'incroyance au XVIe siècle. La religion de Rabelais*, Paris, 1942, p. 18. Sur la compréhension en histoire, P. Veyne, *Comment on écrit l'histoire*, *op. cit.*, chap. II et R. ARON, *Introduction à la philosophie de l'histoire*, cit., p. 497-501 et section 7, chap. I. (Aron, in *La philosophie critique de l'histoire*, Paris (1938), 1978, p. 68-73 et note H, invite à ne pas confondre le terme français "comprendre" avec le terme allemand "*verstehen*", beaucoup plus riche). Cf. aussi W. DILTHEY, *Studien zur Grundlegung der Geisteswissenschaften*, in *Gesammelte Schriften* ; *op. cit.*, VII, p. 187. De même que chez Berr, on ne trouve chez Febvre aucun approfondissement du concept de "vie", qui est pourtant utilisé en relation avec le *comprendre* de l'historien (comme chez Dilthey).

transformations que connaît la Science (avec un grand S, c'est-à-dire tout le savoir rationnel dans toutes ses manifestations les plus élevées)[1]. Ce n'est plus seulement la relativité, comme dans l'œuvre de 1922, mais la mécanique quantique elle-même, ou du moins le débat qu'elle a soulevé, qui semble lui venir en aide pour effacer la différence entre sciences de la nature et sciences de l'esprit posée par Dilthey sur des bases objectives, et réduite par Windelband à une distinction purement méthodologique. Il n'y a de différence, ni d'objet ni de méthode. Lorsque la problématique est la marque de la scientificité, le sens de l'histoire se donne alors dans la mesure intellectuelle des possibilités qu'offre l'hypothèse.

Au cours de sa carrière d'historien, Febvre, qui au début semblait parfois croire à la recherche de lois dans l'histoire, affine épistémologiquement sa réflexion en précisant qu'aucune loi ne pourra jamais épuiser l'infinie complexité du réel. La science est un *outil mental* qui ne peut en aucun cas être séparé de la vie (mais à ce sujet la position de Febvre n'est pas toujours très nette) ; et si, d'un côté, les problèmes scientifiques sont fonction de la vie, de l'autre, les réponses à ces problèmes sont fonction de la science dans un rapport dialectique que l'épistémologie des sciences naturelles s'efforce d'éclairer par la théorie de la connaissance approchée (Enriques, Brunschvicg, Langevin)[2].

La position qui voit dans les faits une construction rationnelle et dans la compréhension (ni description, ni information) le but spécifique de la science reste décisive. Parce que comprendre signifie compliquer, abstraire, construire – le langage de Febvre pourrait être celui de Bachelard – « c'est enrichir en profondeur. C'est élargir de proche en proche. C'est mêler à la vie »[3]. L'objet de la science "histoire" est en effet l'homme "entier", dans sa vitalité passée, vue à la lumière de sa vitalité présente. La recherche ne doit pas la faire disparaître par la description, mais la révéler dans ce qu'elle est : inquiétude, effort continu, tension dynamique pour la pensée.

> L'homme, objet de l'histoire, fait partie de la nature. Il est pour l'histoire ce qu'est la roche pour le minéralogiste, [...] l'étoile pour

1. L. FEBVRE, "Les recherches collectives et l'avenir de l'histoire", RSH, XI, 1936, et *Combats pour l'histoire*, cit., p. 55-60, où l'auteur renvoie de façon explicite à la Ve Semaine Internationale de Synthèse, *Science et loi*.

2. Parmi les innombrables exemples que l'on peut citer à ce propos, qu'il suffise de renvoyer à la conception "dialectique" de P. Langevin (réciprocité entre expérience et abstraction dans la notion d'objet) ; cf. Ve Semaine Internationale de Synthèse, *Science et loi*, cit., p. 227).

3. L. FEBVRE, *Combats pour l'histoire*, cit., p. 76.

l'astro-physicien : quelque chose à expliquer. A faire comprendre. Donc, *à penser* [1].

L'interprétation et la problématisation sont donc les axes autour desquels tourne l'histoire, constitutivement ouverte aux transformations de leur mise en œuvre. C'est donc en fonction du caractère "humain" de l'histoire, comme de toute science, que son essence herméneutique et constructive est exaltée en raison des objets qu'elle manie.

« Faire penser » est le but des formes les plus élevées du savoir : l'histoire, « science du mouvement », doit être la première à savoir s'y adapter. Ayant le privilège d'être « science de l'homme, science du passé humain [et] non point science des choses ou des concepts », elle peut s'édifier « sans exclusion, avec tout ce que l'ingéniosité des hommes peut inventer et *combiner* pour suppléer au silence des textes, aux ravages de l'oubli... Entre disciplines proches ou lointaines, négocier perpétuellement des alliances nouvelles : sur un même sujet concentrer en faisceau la lumière de plusieurs sciences hétérogènes » [2].

La combinaison et l'intersection des différentes sciences, le croisement des hypothèses et des problèmes, l'effort de penser la complexité des réseaux factuels et des relations dévoilent le mouvement réel de l'histoire. Poser un problème signifie alors se placer dans une perspective particulière, choisir un point de vue en fonction duquel seront assemblés et construits les objets de la recherche. Cela implique aussi, toutefois, que l'on fasse apparaître son propre point de vue, et, comme le disait Tannery, qu'on l'ouvre à une possibilité de transformations inépuisable. Etant donné la complexité organique du réel, l'unité de l'homme (individu et société) et l'irréductibilité de l'interaction entre expérience et théorie, aucune science humaine ne peut prétendre se fermer aux autres, sauf à risquer de stériliser son objet dans une unité abstraite privée de sens (c'est ce que Febvre reprochera au livre de Bloch sur la société féodale). Febvre, dans son effort encyclopédique, tente de réaliser cette difficile co-appartenance de toutes les sciences en fonction de l'unité complexe de l'humain. L'incertitude et l'indétermination des lois historiques n'avouent donc pas une faiblesse de leur statut scientifique, mais manifestent une force herméneutique qui reste entièrement à exploiter. Ainsi, l'histoire se

1. *Ibid.* p. 117. Que l'on songe ici aux phrases de Bachelard concernant les mathématiques : « Et l'on s'aperçoit, à méditer le travail mathématicien, qu'il provient toujours d'une extension d'une connaissance prise sur le réel et que, dans les mathématiques mêmes, la réalité se manifeste en sa fonction essentielle : faire penser » (G. BACHELARD, *Le Nouvel esprit scientifique*, *op. cit.*, p. 5).

2. L. FEBVRE, *Combats pour l'histoire,* cit., p. 13-14 (souligné par moi).

présente comme une des disciplines les plus stratifiées, les plus sujettes aux croisements et, pour cette raison, les plus proches de l'humain.

Une combinatoire des formes du savoir ne doit toutefois pas se limiter à l'étude de l'objet, mais affecter la méthode. De même que l'économie, la sociologie, la psychologie, la géographie, la linguistique, etc. ont contribué à changer la façon de faire de l'histoire générale comme science humaine, les sciences exactes doivent elles aussi pouvoir agir sur cette dernière. Febvre rappelle à plusieurs reprises qu'il importe de prêter attention aux développements de la physique, de la biologie, des mathématiques (sa principale référence reste toujours Langevin). L'histoire des sciences doit donc être considérée comme la voie de communication la plus adéquate, et comme le lieu où l'histoire générale doit assimiler les transformations qui adviennent dans cette période. Si la Science n'est pas « un empire dans l'empire », si elle n'est pas non plus séparée du milieu social dans lequel elle s'élabore, mais subit, au contraire, « les contraintes des contingences multiples qui pèsent sur son développement », alors l'histoire des sciences « représente [...] un chapitre vivant de l'histoire générale de la pensée humaine », en ce qu'elle retrace le rapport de l'homme avec les choses et la prise de possession sur son milieu [1]. L'histoire des sciences, que dans le *Rabelais* Febvre lit à la lumière de l'histoire des mentalités [2], et dont il regrette le peu d'attention qu'elle prête aux efforts des *Annales*, doit plus qu'une autre pouvoir manifester les transformations de l'esprit humain, parce qu'elle indique la nature inépuisable d'un savoir constamment en quête de vérité (mais cet échange ne se fera jamais).

Cela signifie toutefois que les sciences exactes, de même que la philosophie, doivent sortir de leur tour d'ivoire :

> elles ont pour ouvriers des hommes qui baignent dans la vie, et leur activité rejoint, qu'ils le sachent ou non, toutes les autres activités des hommes du même temps et du même milieu. Relier l'histoire des sciences, relier l'histoire de la pensée aux autres histoires – celle de l'art, celle des mœurs, celle des Etats, de l'économie ou de la religion : rien de plus légitime [3].

1. *Ibid.* p. 56. Sur le rapport science-milieu-société, L. FEBVRE, "Un débat de méthode : Techniques, Sciences et Marxisme", in *Annales*, 1935, repris dans le recueil *Pour une histoire à part entière*, cit., voir encore sur ce thème, le livre collectif *A la lumière du marxisme*, Paris, 1935 (rappelons que Febvre a toujours rejeté les thèses marxistes).

2. Sur le rapport de Febvre à l'histoire des sciences, cf. P. REDONDI, "Science moderne et histoire des mentalités. La rencontre de L. Febvre, R. Lenoble et A. Koyré", in *Revue de Synthèse*, 111-112, 1983.

3. L. FEBVRE, "Fondations économiques, superstructure philosophique : une synthèse", in *Annales*, 1934, p. 373.

En même temps, cependant, l'histoire doit adapter à son tour ses moyens, ses théories et ses méthodes au progrès et aux « révolutions idéologiques » des autres sciences. Telle est la double articulation histoire-épistémologie : du côté des historiens également, les idéaux de la Raison unitaire sont désormais affaiblis, tandis que se fait sentir de plus en plus le lien entre science, mentalités et changement. En bon historien, Febvre sait que la vérité n'est qu'un présupposé qui change dans le réseau de relations qui à chaque fois la constituent[1].

## MIMÉTISME ET DIFFÉRENCIATIONS : À PROPOS DE MARC BLOCH

Bloch aussi sait que la vérité change, qu'elle ne correspond plus à un tableau dont on fixe le cadre une fois pour toutes. L'avenir de la recherche est marqué par les innovations épistémologiques du savoir scientifique, et tous ceux qui cherchent encore une vérité ne peuvent l'ignorer : il n'y a plus de panacée pour la connaissance qui, dans toutes ses formes, doit trouver les méthodes, les demarches et les objets appropriés sans réclamer plus des idées ou des normes prédéterminées (donc sans réductionisme) :

> Or, notre atmosphère mentale n'est plus la même. La théorie cinétique des gaz, la mécanique einsteinienne, la théorie des quanta ont profondément altéré l'idée qu'hier chacun se formait de la science. Elles ne l'ont pas amoindrie. Mais elles l'ont assouplie [2].

1. Soulignons toutefois que l'ensemble des concepts fondamentaux que Febvre hérite du milieu gravitant autour de Berr, s'organisent en une combinatoire originale destinée à changer toujours davantage le sens de l'histoire, sans modifier pour autant la portée sémantique de chaque concept pris individuellement. Avec Febvre, il se produit à propos de l'histoire ce qui arrivera avec Bachelard et l'épistémologie : si on les considère individuellement, les concepts ne semblent pas marquer une différence notoire par rapport à ce qu'ils sont dans leur contexte usuel, et ils ne sont caractérisés par aucune radicalité transformatrice (unité, science, vie, humanité, objet, restent inchangés). Mais si on les caractérise par leurs interactions plurilinéaires dans les œuvres et les problématisations, ils révèlent alors cette originalité que les critiques n'ont jamais manqué de relever. Ce qui change, c'est un des modes du savoir. Comme chez Berr déjà : non plus la constitution d'une science autour de concepts-clé qui en déterminent le sens et le destin (mais en est-il vraiment ainsi?), mais la condensation d'une procédure du savoir autour d'agglomérats problématiques qui, d'emblée, en signalent l'ampleur.

2. M. BLOCH, *Apologie pour l'histoire*, cit., p. 29, mais aussi : « Nous ne nous sentons plus l'obligation de chercher à imposer à tous les objets du savoir un modèle intellectuel uniforme, emprunté aux sciences de la nature physique ; puisque, là même, ce gabarit a cessé de s'appliquer tout entier. Nous ne savons pas encore très bien ce que seront un jour les sciences de l'homme. Nous savons que pour être – tout en continuant, cela va de soi, d'obéir aux règles fondamentales de la raison – elles n'auront pas besoin de renoncer à leur originalité, ni d'en avoir honte ». De même que pour Febvre, pour Bloch aussi « les règles fondamentales de la raison » restent

Assouplissement dont les sciences humaines peuvent profiter mieux que les sciences exactes, dans le sens qu'elles peuvent mieux interférer et s'entrelacer grâce à la souplesse et au caractère indéterminé de leurs objets. Pour Bloch, et pour Febvre, les échanges interdisciplinaires doivent se réaliser dans un esprit de collaboration et d'égalité à tous les niveaux. C'est seulement ainsi que l'on mesurera toute l'efficace scientifique de la méthode comparative.

La méthode comparative, que Bloch, à la suite d'une longue élaboration, présente publiquement lors du Congrès international des sciences historiques de Oslo en 1928, s'impose à son avis d'une façon particulièrement urgente à l'histoire, en raison de l'efficacité remarquable qu'elle a démontrée dans diverses autres sciences (notamment dans la linguistique de Meillet)[1]. Bloch s'attache à montrer en historien comment de nombreux problèmes ne peuvent être résolus voire posés que par une approche plus vaste et plus complexe de la réalité : on ne se limite plus à des domaines restreints et locaux, mais on compare entre eux des pays, coutumes, habitudes, groupements humains, situations économiques, techniques agricoles, etc., qu'ils soient proches ou lointains, en confrontant, superposant et interprétant les uns par les autres. A propos de deux réalités sociales voisines, une telle démarche permet de poser des problèmes nouveaux, de reconnaître des analogies et surtout des différences, de saisir les caractères distinctifs et partant les plus vitaux. Les historiens ne doivent donc plus se limiter à des monographies, mais élargir leur attention à des œuvres concernant d'autres situations politiques et nationales, d'autres pays et d'autres réalités : en fait,

> dans ces lectures, ils trouveront les éléments de leur questionnaire, et peut-être les hypothèses directrices, propres à guider la recherche [...] ; en même temps, ils se feront une sensibilité aux différences spécifiques [2].

La "théorie de la méthode", chez Bloch, est donc un problème qu'on doit résoudre scientifiquement, pour que l'histoire puisse « aboutir à des conclusions de fait à la fois beaucoup moins hypothétiques et beaucoup plus précises »[3]. Si Febvre oscille souvent entre la ferme revendication d'une scientificité modelée sur les sciences

valables et sont à sauvegarder (sans qu'elles soient pourtant spécifiées ultérieurement), malgré le refus lucide de tout réductionnisme physicaliste. Bloch avait bien compris, au début des années 1940, l'originalité "scientifique" de l'histoire : on ne pouvait plus la réduire aux sciences exactes (cf. aussi *id.*, p. 126).

1. M. BLOCH, "Pour une histoire comparée des sociétés européennes" (RSH, déc. 1928), repris dans *Mélanges historiques*, Paris, (1963)1983, I, p. 16-40.

2. *Ibid.*, p. 38.

3. *Ibid.*, p. 19.

exactes, d'un côté, et la riche complexité de l'humain de l'autre, Bloch est d'emblée sûr de la bataille à mener – dans le sillage de F.Simiand – aux côtés de la sociologie. Il n'est pas d'autre choix pour une histoire qui se veut scientifique. Soulignons la condescendance avec laquelle Berr et Febvre considèrent l'individualité comme un résidu qu'il faut éliminer, l'héritage d'une philosophie qui ne doit pas se cacher plus longtemps derrière la pratique historienne: dans l'individu, finalement, il faut séparer les aspects sociaux des aspects individuels, afin que l'originalité biographique d'un personnage ne se confonde pas avec les caractéristiques sociales qui agissent sur son comportement. Cela ne signifie pas que Bloch s'accomode de « l'éternel parti-pris du sociologue » comme il le spécifie en 1935 dans une lettre à Febvre[1], ni qu'il accepte de se soumettre aux lois de la sociologie, comme le voulait Durkheim. Pour Bloch, on risque simplement, avec l'individu, de perdre de vue le problème historique par excellence, à savoir les phénomènes collectifs de l'humanité en mouvement que seules peuvent traiter la sociologie (et la psychologie collective de Ch.Blondel), et qui sont ceux que la méthode comparative peut aider à resoudre scientifiquement. Il devient ainsi possible d'écrire des livres d'histoire totalement dénués de personnages principaux, tels *Les rois thaumaturges, Les Caractères originaux de l'histoire rurale française*, ou *La société féodale* (où l'étude ne part pas d'un individu particulier ou emblématique, contrairement à ce que tente Febvre avec Luther, Rabelais ou Marguerite de Navarre, mais s'y réfère accessoirement).

Dans ses recherches, Bloch a la certitude qu'un régime discursif se distribue sur le plan collectif laissant l'individuel comme un potentiel de tranformation et de différenciation qu'on ne peut pas spécifier historiquement. La psychologie joue en fait un rôle essentiel dans l'analyse historique parce qu'elle aide à éclaircir ces phénomènes *mentaux* qui constituent l'histoire des mentalités (dont Bloch est considéré comme un des fondateurs[2]). Et la mentalité est certainement

1. Lettre du 1. 5. 1935, citée par M. Mastrogregori, *op. cit.*, p. 188, mais cf. aussi les comptes-rendus de BLOCH in *Annales*, 1935, p. 315.

2. Cf. par exemple Ph. ARIÈS, "L'histoire des mentalités", in *La Nouvelle histoire* (sous la direction de J. LE GOFF, R. CHARTIER, J. REVEL), Paris, 1978 ; J. LE GOFF, préface à M. BLOCH, *Les Rois thaumaturges*, Paris, 1983 ; A. BURGUIÈRE, "La notion de 'mentalités' chez Marc Bloch et Lucien Febvre : deux conceptions, deux filiations", in *Revue de Synthèse*, 111-112, 1983. En général, sur Bloch, outre les œuvres déjà cités de Mastrogregori, Dosse et le recueil *Au berceau des Annales*, voir Ch. E. PERRIN, "L'œuvre historique de M. Bloch", *Revue Historique*, CIC, 1948 ; J. STENGERS, "M. Bloch et l'histoire", *Annales ESC*, 1953 ; G. LUZZATTO, "L'opera storica di M. Bloch", introduction à la tr. it. de M. BLOCH, *Lavoro e tecnica nel medioevo* (recueil d'articles), Bari, 1959 ; L. FEBVRE, "M. Bloch et Strasbourg", in *Combats pour l'histoire*, cit. ; C. GINZBURG, "A proposito della raccolta di saggi storici di M. Bloch", in *Studi medievali*, 1, 1965 ; G. ARNALDI,

un phénomène purement collectif; elle intéresse le social dans ce qui tient à son histoire, d'une façon plus nette, sans aucun doute, que la sensibilité chère à Febvre.

A.Burguière a particulièrement insisté sur ce qui différencie Bloch de Febvre sur ce problème précisément[1]. Cependant, si les différences sont importantes, en ce qu'elles indiquent dans quelles voies la recherche historique s'est engagée dans le sillage des *Annales*, les affinités ne le sont évidemment pas moins; tout d'abord, en ce qui concerne l'exigence de créer la revue dont l'esprit devait être ouvert et international (exigence qui tient particulièrement à cœur, peut-être plus encore à Bloch qu'à Febvre, davantage ancré dans la politique académique et dans les rapports de pouvoir qui le mèneront à diriger l'*Encyclopédie française*). Les *Annales* se veulent le lieu critique et concret d'une histoire renouvelée, attentive aux autres disciplines, hostile à toute idée de «parti-pris», et engagée dans la recherche pratique de problématisations nouvelles. L'esprit profond et la véritable démarche sont encore la méthode comparative, qu'on ne doit pas limiter à un domaine disciplinaire spécifique (la linguistique, l'histoire, etc.). L'accord entre les deux directeurs[2] permet, en période de crise, d'aborder la question de l'histoire dans la variété de son exercice réel, et de garantir à la revue une unité critique qui ne se rencontre peut-être nulle part ailleurs, sinon dans l'*Année sociologique*. On a dit, et nous l'avons rappelé ici, que les *Annales* sont venues combler un vide culturel[3], en s'insérant d'autorité dans le panorama intellectuel et en bouleversant les équilibres déjà fragiles entre les disciplines. Il est un autre trait, qui caractérise les historiens «réformés» des années 1930, et en premier lieu Febvre et Bloch. A la différence des sociologues de

introduction à la tr. it. de M. BLOCH, *Apologie pour l'histoire*, Turin, 1969; C. FINK, "M. Bloch. A life in History", Cambridge, 1989.

1. Cf. l'art. cit., de A. BURGUIÈRE et L. FEBVRE, *Annales*, II, 1940, p. 39-43 et 1941, p. 125-130, recueilli dans *Id., Pour une histoire à part entière*, *op. cit.*, p. 413-427. Febvre accuse Bloch d'avoir été séduit par des abstractions sociologisantes et d'avoir négligé la sensibilité et l'affectivité individuelles. Cf. F. DOSSE, *L'histoire en miettes*, *op. cit.*, p. 78-79, 83, 84 et H. D. MANN, *La pensée vivante d'un historien*, *op. cit.* p. 110; mais aussi M. CEDRONIO, "Le *Annales* attraverso le pagine delle *Annales*", in *Storiografia francese di ieri e di oggi*, *op. cit.*

2. L'accord entre eux n'éliminait évidemment pas les divergences, d'où l'effort permanent de se critiquer réciproquement pour renforcer le projet commun et le rendre de plus en plus vivant. Voir la correspondance entre Bloch et Febvre, *Archives nationales*, Boites ABXIX, 3796-3852, ainsi que le volume déjà publié, *Correspondance* de M. Bloch et L. Febvre, édité par B. MÜLLER, t. 1 (1928-1934), Paris, Fayard, 1994. Sur l'histoire des *Annales*, outre les travaux déjà cités, cf. aussi L. ALLEGRA, A. TORRE, *La nascita della storia sociale in Francia*, Torino, 1977, K. POMIAN, "L'heure des Annales", in *Les Lieux de la mémoire* (sous la direction de P. NORA), Paris, 1986.

3. A. BURGUIÈRE, "Histoire d'une histoire: la naissance des *Annales*", *op. cit.*

l'*Année sociologique* et des savants d'origines diverses qui écrivent dans la revue de Berr et se réunissent au *Centre International de Synthèse* (sans parler des assises de la Société française de philosophie), les historiens *vivent* plus profondément la crise de l'époque, car il en saisissent "en professionnels" tous les aspects. Ils ne la nient pas, et y réagissent en recourant au mimétisme, à l'irruption dans les régions les plus disparates du savoir, rejetant toute théorie générale présupposée. La méthode comparative est la stratégie du mimétisme, interdisciplinarité problématique et active à l'état pur.

> L'historien – remarquera plus tard F.Braudel – s'est voulu et s'est fait économiste, sociologue, anthropologue, démographe, psychologue, linguiste... [1],

et il peut faire ainsi de sa discipline une véritable science de la complexité. Telle est la principale ligne de force de l'histoire "nouvelle" des *Annales*: non plus la détermination rigide et circonscrite de la spécificité de sa discipline, mais l'ouverture à tout ce que l'homme est dans la multiplicité de ses relations avec son milieu.

L'univers mental, l'univers économique, l'univers social, technique, linguisitique, géographique, tout un complexe stratifié de formes qui se sont concrétisées dans les branches du savoir les plus disparates se révèle à ces historiens dans son immense richesse encore inexplorée. Le mimétisme et l'ouverture permettent en effet de passer d'une strate à l'autre, de coudre des morceaux ensemble, d'étudier la trame, de créer de nouvelles objectivités et de faire défiler ensemble le qualitatif et le quantitatif, pour aboutir non pas à *l'*Histoire, ou à *une* Histoire, mais à *des* histoires et à des différenciations.

> Il n'y a pas *une* histoire, *un* métier d'historien – soutient encore Braudel – mais des métiers, des histoires, une somme de curiosités, de points de vue, de possibilités [2].

C'est pourquoi les *Annales* représentent un moment de transformation. La collaboration et l'éveil réciproque des problèmes font émerger de la revue non plus l'œuvre d'un seul chercheur, mais un travail de groupe, toujours plus coordonné et efficace dans son projet culturel effectif[3].

Encore une fois, cependant, ce discours reste implicite à la pratique critique des auteurs de la revue. L'interdisciplinarité mimétique et

1. F. BRAUDEL, *Ecrits sur l'histoire*, *op. cit.*, p. 103.

2. *Ibid.*, p. 97.

3. Rappelons que dans le premier comité de rédaction de la revue ne figurent pas seulement des historiens, mais sur cinq membres (en plus des directeurs) il y a un géographe (A. Demangeon) et un sociologue (M. Halbwachs).

comparative en tant que "technique opérative" n'est jamais mise en discussion d'un point de vue épistémologique. Bien au contraire. Dans tous les écrits méthodologiques de Bloch (même si c'est de façon de moins en moins "orthodoxe" au cours des années), le système épistémologique auquel il fait référence pour rendre compte du caractère scientifique de l'histoire est souvent assez traditionnel et se fonde sur des conceptions générales dont on attendrait qu'il les considère lui-même comme dépassées.

C'est pourquoi l'on retrouve très forte encore, chez Bloch, la conviction de l'unité de l'homme[1], de ses expériences et de son action dans le monde. Et cette unité est garantie par la continuité qui lie entre eux les faits de l'histoire, malgré la discontinuité inéluctable des temps historiques. L'historien ne peut, en fait, se dispenser d'adopter une vue d'ensemble unitaire :

> Dans ce continu qu'est l'évolution des sociétés humaines, les vibrations, de molécule à molécule, se propagent à si longue distance que jamais l'intelligence d'un instant, quel qu'il soit, pris dans le cours du développement, ne s'atteint par le seul examen du moment immédiatement précédent [2].

Si, avec Bloch, l'histoire gagne en rigueur et en érudition et devient de plus en plus consciente de son fondement indéterminé, indéfini parce qu'indéfinissable, approché, elle n'abandonne pas pour autant de cela les points fermes de la raison. Continuité et discontinuité, causalité et indéterminisme semblent rapprochés dans une sorte de voisinage problématique (le problème de la continuité se pose dans la mesure où l'on veut garder l'unité de l'homme tout en refusant tout déterminisme causal rigoureux).

> Seule l'étude du passé – écrit-il en 1937 – donne le nécessaire sens du changement ; parce que seule l'expérience ainsi prolongée permet d'analyser des cas assez divers pour que l'effet des différents facteurs apparaisse au grand jour ; parce que enfin l'évolution humaine est une *coulée continue*, où les ondes sont susceptibles de

1. Pour une critique de la place centrale occupée par *l'homme* dans les diverses formes du savoir moderne, cf. M. FOUCAULT, *Le Mots et les choses*, Paris, 1966, p. 398 : « L'homme est une invention dont l'archéologie de notre pensée montre aisément la date récente. Et peut-être la fin prochaine ». Cf. aussi les observations de G. CANGUILHEM in "Mort de l'homme ou épuisement du Cogito?", *Critique*, 242, juillet 1967.

2. M. BLOCH, *Les Caractères originaux de l'histoire rurale française*, Paris, (1931) 1988, p. 267. Sur la coexistance chez Bloch d'idées anciennes et nouvelles, cf. M. MASTROGREGORI, *Il genio dello storico,* cit., p. 158-159.

se propager des molécules les plus lointaines aux molécules les plus proches [1].

L'unité globale de l'histoire humaine conçue comme coulée continue n'élimine pourtant pas ses propres différenciations dans une sorte d'harmonie abstraite du progrès. Au contraire, elle doit les exalter (tel est le sens véritable de la méthode comparative). Bloch a en effet le mérite de concéder très peu d'espace à cette idéologie désormais en déclin (le progrès), qui inspire pourtant encore les analyses finales des *Rois thaumaturges* (1924), où la *mentalité primitive* reste encore un critère (emprunté à L.Lévy-Bruhl) pour la compréhension "rationnelle" de la croyance dans le pouvoir thaumaturgique des rois.

Mais le continuisme est seulement un concept qui ne prétend pas épuiser de façon déterministe tout le domaine de la recherche. Pour échapper au déterminisme, il faut élargir la perception de la réalité, élaborer des concepts nouveaux ou entrecroiser des lectures différentes d'un même phénomène. Les unités qu'adoptent par exemple des disciplines comme la démographie ou la sociologie ne sont peut-être pas nécessairement immuables. Les objets peuvent être interprétés à plusieurs niveaux, ils doivent être modifiés en fonction des problèmes que l'on a posé préalablement comme hypothèses directrices. L'histoire est à certains égards l'unité d'un flux continu qui se confond avec l'unité rationnelle de la conscience humaine, comme cela ressort de certaines considérations "rationalistes" des *Rois thaumaturges* (ouvrage qui vise encore une « explication totale » [2] d'un phénomène, à propos duquel, cependant, Bloch refuse d'accorder le moindre privilège aux composantes traditionnellement plus nobles de la recherche historiographique) ; mais à d'autres égards, elle est la stratification géographique d'une région, la multiplicité inépuisable de la collectivité, la diversité des consciences elles-mêmes, des besoins et des mentalités, et finalement des points de vue qui l'observent. Déjà, *Les rois thaumaturges* donnent une idée de ce que sera la méthode adoptée par Bloch : la notion d'histoire générale est étendue à toutes les sources et à tous les objets possibles pour faire d'une anecdote une histoire et d'une superstition jusque là méprisée un moment de psychologie collective, un "fait" de la mentalité [3].

1. M. BLOCH, "Que demander à l'histoire?" (1937), in *Mélanges historiques*, cit., p. 14-15 (souligné par moi). La ressemblance évidente avec certaines idées de Brunschvicg et les théories de L. De Broglie d'avant la révolution indéterministe est frappante.

2. M. BLOCH, *Les rois thaumaturges*, cit., p. 21.

3. *Ibid.* p. 18. « Avec ce qui n'était jusqu'à présent que de l'anecdote, j'ai estimé qu'on pouvait faire de l'histoire ». Contribuer à l'histoire politique de l'Europe, au sens large, veut dire savoir que les faits sociaux, mentaux, etc. sont "essentiels" pour

Se référant en outre à la possibilité de donner une information "totale" (le sujet de la critique est la « synthèse totale » que Febvre ambitionne d'atteindre dans le projet pour *l'Encyclopédie française*), il écrit en 1934 :

> Est-il besoin de démontrer que le concept même de cette totalité est vide de sens ? Toute recherche se résume en un effort pour résoudre un problème, un groupe de problèmes [1].

On retrouve l'ouverture du *problématique* dont on a traité plus haut : elle interdit de se fermer dans une totalisation. C'est l'un des nombreux exemples possibles qui montrent la co-présence, chez Bloch, de concepts en conflit entre eux : pourquoi celui de totalité devrait-il être vide de sens (bien qu'il l'ait invoqué dans son œuvre de 1924), alors que tel ne serait pas le cas pour celui du temps comme durée, ou, pire encore, celui de l'évolution humaine comme coulée continue ? L'auteur ne nous le dit pas et la présence de la pensée bergsonienne n'est peut-être pas ici à sous-estimer, car elle pourrait nous éclairer en partie sur la complexité problématique de cette époque.

Bloch énonce une conception essentiellement unitaire (qui ne limite pas, mais engage à la recherche des différences) en termes de "synthèse" plutôt que de totalité. Il ne faut cependant pas la réduire à l'influence de Berr, qui a certainement été déterminante dans les années de formation de l'historien [2]. Si l'interdisciplinarité berrienne a toujours été fondamentale pour Bloch (parce qu'elle rend possible le mimétisme), il n'a toutefois jamais déclaré explicitement son accord avec la synthèse générale de Berr : des affinités plus profondes, si elles sont à chercher, se trouvent plutôt du côté de Durkheim et des sociologues. Dans les pages d'introduction aux *Caractères originaux de l'histoire rurale française,* cependant, Bloch parle encore d'une synthèse, mais il en parle dans les termes d'une *synthèse prématurée* (dont le rôle épistémologique est analogue à celui des hypothèses). L'histoire croise ici à nouveau l'actualité de l'épistémologie :

> Dans le développement d'une discipline, il est des moments où une synthèse, fût-elle en apparence prématurée, rend plus de services

rendre compte d'une entité historique telle que la *monarchie*. Bloch propose ici une comparaison avec les sciences exactes : « En biologie, rendre compte de l'existence d'un organisme ce n'est pas seulement rechercher ses père et mère, c'est tout autant déterminer les caractères du milieu qui à la fois lui permet de vivre et le contraint à se modifier. Il en va de même – *mutatis mutandis* – des faits sociaux », ivi p. 21.

1. M. BLOCH, *Annales*, 1934, p. 583, cit., in M. MASTROGREGORI, *op. cit.*, p. 180.

2. M. SIEGEL, "Henri Berr et la Revue de synthèse historique", in *Au berceau des Anales,* cit., p. 208. Bloch a commencé à collaborer à la *RSH* en 1913, avec une monographie sur l'Ile-de-France, reprise in *Mélanges historiques*, cit., p. 692-787.

que beaucoup de travaux d'analyse, où, en d'autres termes, il importe surtout de bien énoncer les questions, plutôt, pour l'instant, que de chercher à les résoudre [1].

Bloch connaît l'inévitable prix théorique de l'élargissement interdisciplinaire de l'histoire : c'est le prix que les autres sciences ont déjà payé, c'est-à-dire la réduction de l'objectivité à de plus justes dimensions et l'irruption des théories, des hypothèses et du *problématique*. L'histoire ne jouit d'aucune priorité par rapport aux autres disciplines et l'on sait désormais que l'unité synthétique de toute recherche est toujours affectée par une certaine part d'arbitraire, presque capricieux, inséparable du choix de l'hypothèse initiale (qui est donc prématurée). Dans une lettre à Febvre, Bloch écrit à propos des *Caractères :*

> Je tiens, si vous le voulez, à avoir été un peu fol, car il faut dans une "synthèse" un grain de folie à côté d'une honnête dose de sagesse [2].

Ce grain de folie est cependant très important pour la recherche, puisque il lui permet de s'ouvrir à des possibilités et à des développements inattendus et, en tant qu'hypothèse, il peut diriger le travail sans jamais abandonner le plan pratique. « Après tout, ne doit-il pas toujours être entendu qu'en matière de science toute affirmation n'est qu'hypothèse ? » [3].

Il y a comme une sorte d'approche lente, dans la pensée historique de Bloch, orientée vers l'indétermination (mieux, l'incertain) et l'ouverture, surtout dans ses écrits des années 1930 où cela devient plus sensible [4]. En ce sens, l'expérience des *Annales* doit sans doute être considérée comme fondamentale, car elle exige des deux directeurs un effort continu de travail critique et de comparatisme. Bloch l'anticipe pourtant en quelque sorte dans des écrits de jeunesse. Aux étudiants du lycée d'Amiens, où il enseignait en 1914, il expliquait que

> l'esprit critique n'eût-il pas pour lui que d'être, en face de l'inertie satisfaite d'elle-même, l'effort, la fatigue, l'incertitude sur le résultat, qu'il mériterait, par cela seul, notre admiration et notre respect [5].

1. M. BLOCH, *Les Caractères originaux de l'histoire rurale française*, cit., p. 45.
2. Lettre du 4 octobre 1933, cité in M. MASTROGREGORI, *op. cit.*, p. 154.
3. M. BLOCH, *Les Caractères originaux de l'histoire rurale française*, cit., p. 46.
4. Il faut cependant remarquer que les concepts restent en certains cas ambivalents et oscillent entre une conception vieillie et une conception nouvelle de la science : ainsi dans l'*Apologie pour l'histoire*. Cf. à ce propos C. GINZBURG, "A proposito della raccolta di saggi storici di M. Bloch", cit., qui remarque une différence profonde entre le Bloch d'avant 1914 et celui de l'*Apologie*.
5. M. BLOCH, "Critique historique et critique du témoignage", *Annales ESC*, 5, 1950, p. 3 (discours prononcé par Bloch en 1914 aux étudiants d'Amiens).

Tout travail scientifique créatif est caractérisé par l'effort, la fatigue et l'incertitude. Febvre se plaît lui aussi à répéter que l'inquiétude est le moteur même de la recherche[1], car elle ouvre des possibilités et des problèmes toujours nouveaux qui ne s'effacent pas une fois la solution trouvée. La formule de Brunschvicg revient ici à l'esprit (« capacité indéfinie de progrès, inquiétude perpétuelle de vérification »), car l'ouverture, qui est l'un des paradigmes efficaces de l'épistémologie française qui triomphe avec Bachelard et Gonseth, est également à l'ordre du jour dans les sciences humaines qui cherchent le plus à se consolider dans une perspective interdisciplinaire.

Bloch, l'écrit de façon incontestable dans l'*Apologie pour l'histoire* : « L'inachevé, s'il tend perpétuellement à se dépasser, a, pour tout esprit ardent, une séduction qui vaut bien celle de la plus parfaite réussite »[2]. Le *work in progress* est donc aussi une attitude mentale, un point de vue sur la science. « Le spectacle de la recherche est rarement ennuyeux. C'est le tout fait qui répand la glace et l'ennui »[3]. L'histoire problème est une quête continue qui ouvre à l'étonnement la possibilité d'en tracer une série de parcours. Le grain de folie, la position de problèmes non habituels et la synthèse prématurée correspondent à la capacité qu'a l'historien de s'étonner devant ce qui semble trop banal pour mériter la réflexion.

Maintenir la capacité d'étonnement : tel est l'enjeu le plus fascinant de l'esprit critique. Ne pas accepter la certitude confortable des traditions, ni la routine du recueil de documents, mais rester éveillés à l'émergence de ce qui pourrait ne pas s'inscrire dans le cadre d'un ordre préconstitué. Poser un problème et hasarder une hypothèse, cela signifie faire de l'étonnement un point de départ que rien n'impose. Bloch conjugue le lieu commun de l'étonnement avec l'inépuisable, et pourtant perfectible, recherche historique. Non dans le sens, bien entendu, d'un présupposé métaphysique de style irrationnalisant, mais comme limite et frontière des aspirations au rationalisme le plus éclairé[4]. C'est la condition *sine qua non* pour que soit opérante non

1. Cf. par exemple L. FEBVRE, "L'histoire dans un monde en ruine", cit., p. 5 : inquiétude perpétuelle, action, capacité de s'adapter avec une rapide aisance aux situations nouvelles et changeantes sans s'enfermer dans des formules, ouverture aux suggestions venues des coins les plus divers du savoir, etc. Cf. aussi *Id.* "Vivre l'histoire", *Combats pour l'histoire*, cit., p. 20.

2. M. BLOCH, *Apologie pour l'histoire*, cit., p. 30.

3. *Ibid.* p. 68 ; mais aussi dans *La Société féodale*, Paris, (1939)1968, où l'auteur spécifie qu'il indique les limites de la recherche historique à bonne fin, car « ce sera au contraire à dépeindre sous un aspect faussement sclérosé une science *toute de mouvement* qu'on risquerait de répandre sur elle l'ennui de la glace » (souligné par moi), p. 17.

4. « Car il n'est d'enquête féconde que celle qui, partant d'un problème – toute science, dirais-je volontiers, naît de la surprise – se déroule suivant un questionnement

seulement l'interdisciplinarité, mais aussi l'hétérogénéité des sources, qui utilisent, outre le texte écrit, la médaille, les listes des prix, la forme des champs, etc. Le regard de l'historien devient *infans*, comme l'a écrit M.de Certeau, pour découvrir dans les choses les plus disparates une trace, un témoignage, qui puisse donner une orientation à un problème. Parlant des *Caractères* et de l'histoire de campagnes si souvent parcourues, Febvre écrit à propos de Bloch : « Il fallait, ici comme ailleurs, recréer l'étonnement. L'étonnement fécond sans quoi point de curiosité, partant point de science »[1] : apprendre à voir ce que l'on ne sait plus voir à force de l'avoir sous les yeux.

L'élargissement de l'histoire se fait à ces conditions : prolifération des objets, classement des phénomènes, multiplication des problèmes. Briser les cadres abstraits pour faire surgir le concret, mais tout le concret, dans son inépuisable complexité. L'unité du social dont la saisie doit être globale (totale) n'est jamais que le champ indéfini du réel pour l'histoire, de même que la réalité extérieure n'est jamais que le chaos matériel dont la vérité ne peut être appréhendée que par approximation et toujours reconstruite. C'est parce que le temps est une coulée continue, et la société des hommes *une* dans son évolution, que Bloch et Febvre considèrent que l'inquiétude sert la vérité, et qu'ils conservent l'*espoir* d'une explication globale de l'unité du social (grâce à l'alliance de toutes les sciences humaines)[2]. Et pourtant, comme le fait remarquer J.Revel en plaçant sur le même plan Febvre, Bloch, et Braudel,

> attentifs aux permanences, aux solidarités, ces historiens cherchent moins à restituer des évolutions qu'à marquer des ruptures qui signalent le passage d'un système à un autre ou, plus exactement, identifient l'écart entre deux systèmes successifs[3].

Faire de l'histoire, c'est inscrire la différence.

Le lien étroit de l'histoire avec le temps et avec toutes les articulations de l'humain dans son mouvement fait d'elle une discipline

établi, dans ses grandes lignes, dès le principe, et, par la suite, constamment perfectionné », affirme Bloch en niant la supposition que le *problématique* et l'*hypothétique* conduisent nécessairement à des « vues théoriques, métaphysiques de l'histoire », M. Bloch, compte rendu de P. HARSIN, *Comment on écrit l'histoire?*, in *Annales*, 1937, p. 52.

1. L. FEBVRE, "Marc Bloch et Strasbourg", cit., p. 396.

2. « Peut-on espérer qu'un jour l'étude du passé nous amène à établir les lois de l'évolution? », M. BLOCH, "Que demander à l'histoire?", cit., p. 14. Bloch renvoie à F. Simiand (dont le célèbre article de 1903 reste un point de repère essentiel pour toute l'expérience des *Annales*) et montre un espoir : « L'effort en lui même a agrandi notre horizon, et je n'ai pas cru devoir m'interdire le plaisir de faire allusion [...] à une éventualité d'espérance ».

3. J. REVEL, "Les paradigmes des Annales", in *Annales ESC*, *op. cit.*, 1371.

toujours plus attentive aux constantes (pour être scientifique sur le modèle de Simiand), mais – ce en quoi consiste sa spécificité irréductible – afin de mettre l'accent, précisément, sur les différenciations. L'unité du social est donc seulement un "horizon" face auquel les historiens choisissent la différence *pratiquement*.

> Le temps humain, explique Bloch, [...] demeurera toujours rebelle à l'implacable uniformité comme au sectionnement rigide du temps de l'horloge. Il lui faut des mesures accordées à la variabilité de son rythme et qui, pour limites, acceptent souvent, parce que la réalité le veut ainsi, de ne connaître que des zones marginales. C'est seulement au prix de cette plasticité que l'histoire peut espérer adapter, selon le mot de Bergson, ses classifications aux "lignes mêmes du réel": ce qui est, proprement, la fin dernière de toute science [1].

Une grande partie de la méthode de Bloch se trouve résumée dans ces phrases extraordinaires: contre la glace de l'uniformité, c'est en effet la variabilité du temps qui empêche que la discipline ne soit prise au piège. La discontinuité et l'hétérogénéité constituent donc une alternative conceptuelle à la continuité. La vérité se perd dans sa pluralisation de même que l'uniformité temporelle se différencie dans la diversité des durées. Tel est le résultat que le mimétisme de la comparaison nous permet d'atteindre: individuer les caractères originaux, les éléments différenciels des unités que l'on étudie. Faire de l'histoire sans la réduire à la sociologie, c'est saisir les problèmes et en proposer de nouveaux pour que les différences se dégagent de la recherche analytique des régularités causales.

Ce dernier n'est pas, bien sûr, le seul discours de Bloch, mais il en est *un*. Dans la multiplicité des analyses historiques et des réflexions théoriques suscitées par ses idées, c'est peut-être l'apport le plus important et la conclusion qui a ouvert à des perspectives les plus neuves: la prise de conscience de ce que «le vrai réalisme en histoire, c'est de savoir que la réalité humaine est multiple» [2] et que les faits humains sont si complexes qu'ils requièrent, pour leur analyse, l'utilisation simultanée de divers outils dissemblables. L'encyclopédisme, qui pendant les siècles passés était l'objet de quelques savants

1. M. BLOCH, *Apologie pour l'histoire*, *op. cit.*, p. 153. Sur le rapport entre évolution sociale et technique, qui s'est répercuté sur la perception-même du temps, cf. aussi *Ibid.* "Technique et évolution sociale: réflexion d'un historien", (*Europe*, 1938), repris in *Mélanges historiques*, cit., p. 835-836.

2. *Ibid.*, p. 838. L'évolution des techniques «révèle aussi qu'il n'existe point de train d'ondes causales privilégié; point d'ordre de faits toujours et partout déterminants, opposés à des perpétuels épiphénomènes; qu'au contraire toute société, comme tout esprit, est issue de constantes interactions».

singuliers, ne peut plus être considéré comme suffisant. Il est désormais nécessaire de remplacer la multiplicité des compétences concentrées en un seul homme par « une alliance des techniques pratiquées par des érudits différents » ; alliance qui rende possible une étude comparée des objets, des problèmes et des méthodes utilisées pour déceler les caractères originaux des réalités diverses, sans se limiter plus à l'individuation de similitudes, ainsi que le voulait Durkheim. L'histoire doit donc devenir *artisane* (*l'Apologie pour l'histoire* ne veut être considérée que comme « le memento d'un artisan »), mimétique, elle doit pouvoir s'adapter aux divers points de vue, aux techniques de fabrication des objets, aux mentalités les plus lointaines. Ce n'est pas par hasard si dans son introduction à *l'Apologie pour l'histoire*, G.Duby y retrouve l'influence de H.Focillon, si attentif, dans le domaine des arts, aux discontinuités et aux différences[1]. Bloch lui même invite d'ailleurs les historiens à *multiplier les points de vue*, qui sont les responsables de l'inachèvement constitutif de toutes les recherches :

> La science ne décompose le réel qu'à fin de mieux l'observer, grâce à un jeu de feux croisés dont les rayons constamment se combinent et s'interpénètrent. Le danger commence seulement quand chaque projecteur prétend à lui seul de tout voir ; quand chaque canton du savoir se prend pour une patrie [2].

Différenciation et multiplication, discontinuité, comparaison, problématique : que signifie une telle prolifération ? Quel est son rapport avec ce qui se passe du côté de l'épistémologie et de l'histoire des sciences ? Une chose est certaine : le passé n'a plus un sens homogène et l'histoire n'en représente plus la mémoire apaisée. En tant que science, elle ne peut que le *juger* (et la métaphore du juge d'instruction revient souvent chez Bloch) en relation avec le présent, comme cela s'est fait à toutes les époques (l'historien est fils de son temps). Passé et présent sont donc face à face comme la recherche et son hypothèse initiale, comme l'expérience et la théorie : s'il n'est pas possible de comprendre le présent sans comprendre le passé, il est également impossible de comprendre le passé si l'on ne comprend pas le présent. C'est l'objet de deux sections importantes de l'*Apologie*, mais l'idée est fondamentale aussi pour Febvre et pour toute l'expérience des premières *Annales* (qui, certaines années, ont consacré

1. G. DUBY, Introduction à M. BLOCH, *Apologie pour l'histoire*, cit., p. 14 ; mais aussi M. BLOCH, "Que demander à l'histoire", cit., p. 6 et 8.
2. M. BLOCH, *Apologie pour l'histoire*, cit., p. 126.

plus de la moitié de leurs articles au présent)[1]. La seule façon de donner vie à la recherche historique, c'est de l'ancrer sur les problèmes du présent, parce qu'une recherche qui se fonderait exclusivement sur le passé serait condamnée à n'être qu'« un squelette décharné ».

L'historien ne peut poser les problèmes qu'il formule qu'en fonction de la société et de l'époque dans lesquelles il *vit*. Il n'est pas un archéologue, rappelle Bloch en rapportant une observation de H.Pirenne, et souvent c'est précisément la vitalité du présent qui fournit des enseignements pour la compréhension du passé (ainsi dans les réflexions de Bloch *en tant qu'historien* sur les fausses nouvelles de la guerre[2]). Il s'agit d'un principe que l'épistémologie hérétique de Bachelard radicalise, bien qu'il soit fondé épistémologiquement sur le rôle des hypothèses, parce qu'elle bouleverse sans médiation le rapport du passé et du présent. C'est un des autres paradigmes principaux des *Annales*, un point de repère théorique que l'on pourrait définir comme "histoire récurrente", ou "méthode récurrente"[3]. Elle permet de conjuguer la continuité avec l'hétérogénéité, et de fonder sur une même base ce qui perdure et ce qui change dans le grand plasma du temps, où le miroir magique de l'histoire universelle reste comme un rêve désormais interdit.

1. A. BURGUIÈRE, "Histoire d'une histoire : la naissance des Annales", *op. cit.*, p. 1354.

2. M. BLOCH, "Réflexions d'un historien sur les fausses nouvelles de la guerre" (1921), in *Mélanges historiques*, cit.

3. A. Burguière parle lui-aussi d'histoire "récurrente" (in *art. cit.*, p. 1355), mais il la considère comme une procédure qui est restée lettre morte, même si elle avait été préconisée par les fondateurs des *Annales*. En reliant la "récurrence" au *problématique*, nous voulons seulement suggérer ici la possibilité d'une analogie avec l'« histoire récurrente » de Bachelard (qu'A. Burguière ne mentionne pas), ce qui témoignerait, une fois de plus, de la double articulation entre histoire et épistémologie.

CHAPITRE VI

# QUÊTE ET MÉCONNAISSANCE D'UNE MULTIPLICITÉ

## UNE RENCONTRE MANQUÉE OU UNE MISÈRE DE L'HISTORICISME ?

Dans les chapitres précédents, on a pu reconnaitre le jeu d'une relation étrange entre histoire, épistémologie et histoire des sciences. L'évolution parallèle de l'histoire générale et de l'épistémologie et la double articulation entre elles sont plus complexes que ce que l'on croit généralement, car les intersections et les captures se jouent tant en profondeur qu'en surface, et souvent d'une façon qui n'est pas totalement symétrique. Les transformations de l'épistémologie exigent de l'histoire une transformation *nécessissante*, puisque le statut rationnel des théories repose sur les sables mouvants de la subjectivité, et qu'à tout moment la certitude objective peut être mise à mal. L'histoire générale, quant à elle, cherche au contraire dans les sciences un modèle et une méthode qui puisse lui donner cette certitude, cette ouverture et cette “scientificité” qui font de toute science une procédure rationnelle et positive (visant à la vérité et à l'explication globale des phénomènes). L'on assiste à une sorte de court-circuit, où une discipline et une réflexion théorique sur d'autres disciplines cherchent un fondement réciproque, mais creusent un tunnel en direction l'une de l'autre sans se rencontrer en chemin. L'histoire des sciences, qui aurait dû incarner la rencontre, révèle au contraire l'écart qui sépare les deux tunnels parallèles.

Les deux disciplines reposent en effet sur une sorte de non-dit, à savoir l'évolution et le progrès, qui, en dernière instance, est considéré comme continu. Le réel (y compris l'humain) est un ensemble chaotique qui échappe à une connaissance exhaustive. Mais, en tant qu'ensemble, il reste dans une certaine mesure unitaire, ordonné et il obéit à des lois non-ambiguës, qui sont les lois de l'entendement humain. Le problème par excellence réside en fait, du moins à partir de Kant, dans ce paradoxe : plus la domination (et le contrôle) de la connaissance sur la nature (le réel) semble se renforcer, moins ce réel semble correspondre aux modes et aux structures selon lesquels opère la connaissance elle-même. Toutefois, à partir du XIXe siècle – dans le monde occidental civilisé, ou, *grosso modo*, le monde européen –, l'analogie entre l'évolution de la connaissance et l'évolution philogénétique, voire ontogénétique, de la nature et de l'homme devient plus que possible : elle devient nécessaire et efficace, parce qu'elle "démontre" rationnellement la place qui revient à l'homme depuis l'aube des temps (cette place précisément que lui assigne dans la Genèse le Dieu des hébreux et des chrétiens). L'histoire de l'humanité sera l'histoire de son progrès civil : son écriture est une tâche relativement facile lorsqu'il s'agit de reparcourir dans leurs grandes lignes les modes d'agrégation sociale (tribu, société, état national, ou bien village, ville, métropole), mais plus difficile lorsque l'on veut identifier une ligne d'évolution éthico-politique cohérente (liberté-servitude ?, monarchie-oligarchie-démocratie ?). Personne, à quelques exceptions près, n'a jamais remis en question le constat apparemment banal selon lequel les société civiles et industrielles d'aujourd'hui sont plus développées que celles d'hier, et le paradigme du "développement" se retrouve, avec toute sa charge sémantique, dans les politiques économiques de notre époque. Dans leurs grandes lignes, l'histoire et les sciences sont donc en ce sens extrêmement solidaires. Le modèle d'un développement évoluant vers le mieux correspond au modèle rationnel de la connaissance, image de l'esprit humain en marche. Le temps est fléché par une eschatologie de la perfection.

Nous avons vu que ce modèle a commencé à vaciller, surtout au début du XXe siècle, grâce aux nouvelles découvertes des mathématiques et de la physique, grâce à la psychanalyse, et grâce aussi à certaines entreprises dans le domaine artistique. Dans les chapitres précédents, nous avons cherché à décrire de quelle façon cette "crise" s'est manifestée tant chez ceux qui, philosophes de métier, pensaient qu'il convenait de tenir compte des transformations des pratiques du savoir, que chez les historiens qui ressentaient plus le besoin de renouveler leur discipline. Il fallait donc s'attendre à ce que, devant une difficulté de même nature (la crise), l'épistémologie et l'histoire, désormais liées par la réciprocité qu'elles revendiquaient, se rencontrassent jusque dans les réflexions et les procédures que chacune d'elles mettait en œuvre. Pourtant, la rencontre n'a pas eu lieu. Les épistémologues ont rarement tenu compte de ce qui se passait du côté des historiens dans la période de l'entre-deux-guerres, et les historiens, de leur côté, exception faite de quelques références trop vagues pour être significatives, ont ignoré ce qui se passait dans l'épistémologie et dans l'histoire des sciences à la même époque.

En ce qui concerne les historiens, R. Chartier fait remarquer à quel point cette non-rencontre, cette

> méconnaissance [...] du modèle proposé à toute démarche d'histoire intellectuelle par l'épistémologie, celle de Bachelard, de Koyré ou de Canguilhem, [a été] lourde de conséquences: elle a privé, en effet, les historiens français de tout un ensemble de concepts susceptibles de les mettre en garde contre les certitudes trop frustes tirées de l'enquête statistique [1].

Dans les *Annales* on ne trouve qu'un seul compte-rendu d'une œuvre de Bachelard. Et si l'on songe à l'importance qu'ont eu les compte-rendus dans la stratégie de la revue, surtout dans l'entre-deux-guerres, l'on se rend compte à quel point cette absence est grave et, à certains égards, inexplicable [2]. Alexandre Koyré, par exemple, qui pourtant est d'abord un historien des idées religieuses, et seulement ensuite des idées scientifiques, n'a rien publié dans les *Annales* avant 1960, et la même chose vaut pour la *Revue de Synthèse* de Berr [3], où Bachelard ne publie que de rares notes (et un article) et Koyré deux articles seulement. L'attention de Febvre est, en effet, davantage axée sur les historiens-philosophes des sciences de la génération de Rey et Berr, qu'il fréquente et estime, tandis que sur les fiches de lecture de Bloch on trouve des références aux ouvrages de P.Duhem, L.Brunschvicg, A.Metz ou E.Meyerson, mais non à ceux de Bachelard ou de Koyré.

1. R. CHARTIER, "Histoire intellectuelle et histoire des mentalités. Trajectoires et questions", in *Revue de Synthèse*, 111-112, 1983, *op. cit.*, p.295.

2. Il s'agit d'un compte rendu de La *Psychanalyse du feu*, 1939, une œuvre qui ne se place d'ailleurs pas au centre théorique des considérations épistémologiques de Bachelard, mais qui rend compte d'un point de transition dans sa réflexion. Il faut rappeler que les premières œuvres, si révolutionnaires, de G. Bachelard sont publiées à partir de la fin des années 20: *Essai sur la connaissance approchée* en 1928, *Le Nouvel esprit scientifique* en 1934 et *La formation de l'esprit scientifique* en 1937 (pour ne citer que les livres les plus connus).

3. Koyré est introduit au Centre International de Synthèse par H. Metzger en 1934 (il publie au cours de la même année le premier livre du *Des révolutions des orbes célestes* de Copernic, dont il signe l'introduction et les notes; à partir de 1933 Koyré commence en effet à s'occuper d'histoire des sciences et non plus seulement de pensée religieuse ou philosophique). A. Mieli, qui dans le Centre a une grande importance, n'aime guère ses théories et ses reconstructions historiques, qu'il trouve trop audacieuses et iconoclastes; voir la polémique in *Archeion*, 21, 1938, p.249 (cf. aussi A. KOYRÉ, *De la mystique à la science*, cours, conférences et documents 1922-1960, édités par P.REDONDI, Paris, 1986).

Du côté de l'épistémologie, les choses ne vont pas mieux. Ni Brunschvicg ni Rey ne semblent avoir tenu compte, comme ils l'auraient pu le faire, des transformations méthodologiques proposées par les *Annales*. Leur références à l'histoire en général et a l'histoire des sciences en particulier reflètent souvent un système de valeurs plutôt traditionnel et encore très *philosophisch*.

A ce sujet, les observations de Meyerson sur l'histoire dans son *Du cheminement de la pensée* (1931) sont particulièrement intéressantes. Le contenu de l'épistémologie rationaliste fondée sur l'identité s'applique à l'histoire considérée comme science (mais historisante). Le milieu philosophique n'est certes pas favorable aux historiens, perçus comme arrogants, et ignorants tout à la fois, si pédants avec leur culte de l'érudition et leur imitation des sciences positives que D.Parodi les attaque dans une polémique d'une violence surprenante[1] (par ailleurs, les historiens répondent en repoussant avec vigueur tout philosophisme). Meyerson, au contraire, veut envisager la possibilité d'une rencontre, mais l'histoire et les historiens qu'il prend brièvement en considération sont déjà en soi révélateurs du caractère extrêmement partiel de la rencontre en question.

Ni Berr, ni Febvre, ni Bloch ne sont jamais mentionnés: les remplacent, outre des références aux classiques tels que Taine ou Renan, H.Sée, Ch.V.Langlois et Ch.Seignobos. Si l'on pense au rôle que Meyerson attribue à l'histoire «pour connaître les principes directeurs de la pensée humaine»[2], ces choix ne sont pas sans importance. S'inspirant des réflexions de H.Sée, Meyerson montre comment l'histoire repose également sur le raisonnement causal et sur le raisonnement par vraisemblance, à savoir comment elle obéit elle aussi à la logique fondamentale de l'identité.

> Quand nous invoquons explicitement le réel familier, ce que nous entendons faire, c'est établir une analogie entre des phénomènes qui nous avaient d'abord paru différents d'essence, assimiler le comportement du moins connu à celui du mieux connu: c'est dire que nous effaçons un divers, que nous identifions[3].

1. Voir D. PARODI, *La Philosophie contemporaine en France*, Paris, 1919, p.63. Cf. aussi E. GOBLOT, *Traité de logique*, Paris, 1918, p.383, où, du point de vue du rationalisme logique, l'histoire est considérée une pseudo-science.

2. E. MEYERSON, *Du Cheminement de la pensée*, cit., p.85. C'est un choix précis, car il n'est pas possible de penser que Meyerson ignore ce que Berr cherche à réaliser dans la *Revue de Synthèse historique* et au Centre International de Synthèse, d'autant que diverses personnes qui se retrouvent périodiquement chez lui (H. Metzger, A. Metz) fréquentent aussi le milieu de Berr.

3. *Ibid.* p.634.

Ce qui pour Bloch est un point fort, à savoir l'étude des différences *en tant que différences*, ne peut être intégré dans la pensée de Meyerson. Privilégier la logique de l'identité dans l'histoire comporte le risque d'une fermeture que Bloch veut précisément éviter. Il ne s'agit pas de remplacer une logique par une autre, cependant, mais de porter l'attention de la pensée critique sur la différence en tant que telle. Bloch fait jouer là quelque chose de très moderne : quelque chose qui ne peut être dit qu'après qu'on ait renouvelé et enrichi la conception traditionnelle du *fait* historique (conçu comme erreur, variation, signature quelconque). C'est ce qui a permis à M. de Certeau d'écrire : « le fait, c'est la différence »[1], même si cette différence n'est pas encore ressentie dans toute sa portée *philosophique*. Tant pour l'épistémologie que pour l'histoire, la radicalité de la différence reste accolée à la course au progrès, soit, en dernière instance, à la possibilité de structurer un discours de vérité d'une façon univoque pour une humanité univoque (au point que Valéry se sent obligé d'accepter cette situation sans grand enthousiasme : « En somme, il se fait une sorte d'accomodation à la diversité, à la multiplicité, à l'instabilité des *faits* »[2]).

D'autre part, le modèle épistémologique rationnel acquis par la philosophie n'est pas radicalement remis en question par les historiens, et leur sujétion à la science renforce ce rationalisme, laissant "impensées" les innovations effectives que l'histoire pousse toujours plus en avant *également* sur le plan rationnel. La double articulation entre épistémologie et histoire semble en apparence être à sens unique,

1. M. DE CERTEAU, *L'Ecriture de l'histoire*, *op. cit.*, p. 94. Voici le texte si beau où de Certeau considère ce qu'est désormais devenu le fait historique dans les années 70 : « le "fait" dont il s'agit désormais n'est pas celui qui offrait au savoir observateur l'émergence d'une *réalité*. Combiné à un modèle construit, il a la forme d'une *différence*. L'historien n'est donc pas placé devant l'alternative de la bourse ou la vie – la *loi* ou le *fait* [...]. Il tient de ces modèles mêmes la capacité de faire apparaître des écarts. Si pendant un temps il a espéré une "totalisation" et cru pouvoir réconcilier divers systèmes d'interprétation, de manière à couvrir toute son information, il s'intéresse maintenant en priorité aux manifestations complexes de ces différences. A ce titre, la place où il s'établit peut encore, par analogie, porter le nom vénérable de "fait" : le fait, c'est la différence ». Une des différences entre M. de Certeau et les philosophes tels que H. Berr ou les historiens comme Febvre, réside dans le refus sans condition de toute "totalisation" – ainsi que l'auteur le spécifie dans une note. Mais on a pu vérifier dans le chapitre précédent que Bloch aussi, dès 1934, exprimait la même opinion. Les difficultés d'une histoire totale dérivent de la prise en charge de la différence. Celle-ci ne permet aucune totalisation car, restant opératoire (la différence étant l'institution d'un rapport quelconque), elle interdit à tout système de se figer en identité. Le fait lui-même, devenu différence, change le statut de l'objectivité rendant mouvant l'ensemble des relations dans lequel il est pris.

2. P. VALÉRY, "Introduction à la méthode de Léonard de Vinci", Variétés, *Œuvres*, I, Paris, 1957, note de 1930, p. 1174.

car le modèle dominant de rationalité scientifique garde encore un pouvoir décisif.

Il est donc révélateur que l'histoire des sciences reste une discipline de première importance, sans pour autant susciter un intérêt spécifique de la part des historiens de métier : la science continue d'intimider même dans une période où ses certitudes semblent vaciller quelque peu. Il ne s'agit pourtant pas d'une suprématie épistémologique du rationalisme positiviste comtien, celui que l'on rencontre si fréquemment dans les diverses formes de la pensée française à partir du XIX$^{e}$ siècle, et qui est animé par deux âmes complémentaires : historique, et scientifique. Lorsque ces deux âmes se sont trouvées confrontées à la nécessité stratégique de s'unir, l'hégémonie ne s'est pas exercée à sens unique. L'historicisme, qui pour les savants considérés jusqu'ici est presque davantage un sens (*Empfindung*) de l'histoire qu'une philosophie, devient de plus en plus au XX$^{e}$ siècle la leçon rationnelle du temps humain. On ne reconnaît donc aucune priorité absolue à la Science en tant que telle. Cette dernière est en effet minée par l'histoire qui à tout moment peut en transformer les méthodes et les contenus. Raison et Science ne s'identifient donc pas totalement. Et s'il est vrai que les sciences représentent l'aspect le plus élevé de la raison humaine, elles ne l'épuisent pas. Meyerson, nous l'avons vu, laisse ouvert l'espace vide et potentiel de l'irrationnel. Brunschvicg présente au contraire dans l'histoire et dans le négatif de l'expérience l'irréductible ouverture de la raison elle-même, l'irruption du réel[1]. Tous semblent pourtant soucieux de sauvegarder l'unité de la raison et la continuité de sa tradition, faisant ainsi de l'âme "scientifique" l'unique objet *véritable* de la pensée. Le principal effort théorique vise en effet à éviter les apories possibles que l'histoire comporte dans l'ouverture de la raison : la possibilité de rationalités multiples, différentes et croisées est à peine mentionnée, jamais approfondie.

Ce n'est qu'avec Bachelard que la philosophie commence à s'interroger sur les possibilités qu'ouvre cette profonde *conscience historique*, comme si l'histoire arrivait à imposer finalement sa raison, en restant toutefois attachée à un « discours de la vérité » qu'il convient de reconnaître dans son cours fondamentalement progressif.

C'est pourtant une histoire différente qui commence de se constituer. Plus que d'une histoire, il s'agit en fait de l'histoire qui se fait discours, alors que son caractère différentiel prend de plus en plus forme. L'attention se déplace vers la discontinuité (et qu'est-elle sinon l'exercice de la différence ?), la rupture et la stratification du temps.

1. Cf. L. BRUNSCHVICG, *L'expérience humaine et la causalité physique*, p. 607-609, cit., où le réel est interprété comme "résistance" et "négation".

Bachelard devient le point de référence éminent de cette radicalisation ultérieure. L'histoire discontinue devient un chemin à parcourir pour saper la fonction fondatrice du sujet.

A cet égard, la spécificité de l'épistémologie est particulièrement intéressante, car elle intègre les valeurs nouvelles à l'image totalisante, solide et unitaire de la raison. Elle n'invite pas à insister sur la "misère de l'historicisme", comme le fera K.Popper dans les années suivantes, mais à construire cette scientificité de l'histoire qui lui permet de rester en même temps rationnelle et ouverte (tout comme la raison elle-même). Une telle scientificité n'aurait pas de sens si elle ne s'accompagnait d'une radicale historisation des sciences. Si, donc, les historiens ont l'ambition de construire une histoire-science, en revanche certains ont cherché à donner de la cohérence au binôme inverse, science-histoire, ou, mieux, science historicisée. Koyré a une formation d'historien de la philosophie, mais Bachelard est un savant-philosophe qui s'est depuis toujours consacré aux problèmes des sciences. La "misère de l'historicisme" ne concerne pas *cette* histoire-là.

Il faudrait pouvoir imaginer l'analyse de K.Popper appliquée à cette histoire toute française. De quelle façon pourrait-on en effet concilier la non-scientificité que K.Popper voit dans toute forme d'histoire, et l'ambition de scientificité que Berr, par exemple, ou Febvre, Bloch, et Bachelard reconnaissent à la discipline ? Aujourd'hui, il est de plus en plus facile de critiquer le radicalisme de K.Popper, mais ce qui est intéressant, c'est de saisir le lieu théorique de ce qui sépare l'épistémologie anglo-saxonne et l'épistémologie française. L'histoire y joue un rôle clé dont les philosophies de Kuhn ou de Feyerabend ne rendent compte qu'en partie. Il manque encore la problématisation radicale que l'historicité *en tant que telle* pose à l'unité de la raison, à l'unité de la pensée et de l'humain. La crise de la période de l'entre-deux-guerres indique encore une fois la réalité des problèmes : étudiée transversalement, la crise de l'unité rationnelle, même si elle n'est pas reconnue comme telle, bat son plein et l'étude de l'histoire la rend toujours plus mouvante et indéterminée.

Dans les deux chapitres précédents, nous avons cherché à le démontrer à propos des historiens de profession. Mais dans les années trente, quelque chose vient s'ajouter à ce débat sur la nécessité de l'histoire et la possibilité d'en atteindre *la* vérité. Il s'agit d'une épistémologie nouvelle qui engage une façon inédite de faire l'histoire des sciences, plus riche et plus profonde. L'histoire est rapprochée de la philosophie comme histoire de la pensée d'une façon qui radicalise sa nécessité comme expression immanente du mouvement propre à toute pensée. C'est le mouvement même de la vérité en train de se dire, qui ne peut se rendre que sous une forme historique.

Nous avons vu comment Febvre et Bloch insistaient sur l'inévitable entrelacement qui lie passé et présent dans une réciprocité sans exception. Bachelard en fait l'un des axes cardinaux de son épistémologie historique, faisant basculer la rigidité du passé sur la contingence d'un présent presque exclusivement problématique. Lire l'histoire à la lumière des problèmes du présent : cette formule célèbre (et considérée comme révolutionnaire) de l'épistémologie bachelardienne n'est certainement pas étrangère, nous l'avons vu, au milieu des historiens des *Annales* (c'était la notion de la récurrence). Le *problématique* se pose avec insistance, dans son statut d'exception, comme une voie d'accès privilégiée à la vérité. C'est ce qui fascine à la fois Koyré et Bachelard.

Et pourtant, il n'y aura pas dans l'entre-deux-guerres de contact réel et constructif entre historiens de métier et épistémologues. La situation telle qu'elle nous apparaît aujourd'hui, semble être celle d'un mouvement parallèle de formes voisines du savoir, qui soulèvent en même temps les mêmes problèmes mais dont chacune ignore les solutions que l'autre propose. Il reste que l'observation de R.Chartier précédemment citée est surtout vraie pour les périodes postérieurs, car dans les années 1920 et 1930 les différences entre les solutions et les innovations de l'histoire et de l'épistémologie sont moins marquées : les conquêtes et les illusions sont souvent analogues, de même que les mots-clé. Mouvement, changement et approximation, de même que problématique et ouverture sont des termes théoriques partagés : la misère de l'historicisme n'est pas la misère de l'histoire. L'apparente faiblesse épistémologique de l'histoire comme discipline constitue au contraire un élément de force potentielle, d'ouverture à la virtualité d'un présent qui offre une prise chaque fois *contingente* du passé.

Ce qui se produit alors, c'est un changement épistémologique. La recherche de nouveaux champs problématiques pour l'enquête historique devient celle de nouveaux espaces discursifs, plus conformes à l'état du langage dans lequel ils se trouvent. La vérité se déplace, se laisse dire autrement, croise d'autres manifestations du savoir en organisant des rationalités toujours plus éloignées des formes traditionnelles. C'est la discipline elle-même qui échappe à ses théoriciens et emprunte des voies insoupçonnées. Mais la virtualité de l'histoire est intrinsèque à son ouverture : c'est elle qui engendre les transformations, leur possibilité historique, et en même temps, la limite qui la caractérise de l'intérieur. Si les virtualités *sont* son ouverture, elles ne sont historisables, ou énonçables qu'en s'enfermant dans l'actualité de leur être.

Or, tandis que, du côté des historiens, le champ d'application de leur discipline s'étend laborieusement en payant le prix d'un fondement épistémologique instable, pour les historiens des sciences, les questions semblent déjà acquises. Ce qui pour Febvre et Bloch est une conquête est pour Koyré et Bachelard une donnée presque acquise et, de toute façon, le point de départ indispensable à partir duquel on peut réécrire ou approfondir l'histoire des sciences (grâce aux notions de *problème*, de *pluralité*, ou d'*ouverture*). Le champ de l'histoire est limité à un domaine particulier, extrêmement spécifique, dans lequel la réflexion sur la méthodologie historique se mêle aux conceptions philosophiques ou épistémologiques qui l'utilisent et le déterminent. L'humain sur lequel insiste Febvre trouve ici une traduction *forte* dans le rationnel, mais l'histoire subit une sorte de spasme, une contraction qui la réduit aux abstractions conceptuelles, aux théories scientifiques et aux étapes de la mathématisation. Appliquée aux sciences, la recherche historique de la période de l'entre-deux-guerres se trouve confrontée à la profonde transformation épistémologique dont nous avons parlé. L'unicité de l'humain, cette identité qui semblait garantir la possibilité, pour les hommes, de se référer à ce qui les caractérisait de façon essentielle, à savoir la *ratio*, n'a plus la sûreté d'un lent développement continu d'auto-réalisation. Derrière l'apparente sécheresse technique du développement des sciences, ces révolutions apportent le vent neuf du changement et forcent le penseur à s'interroger sur des *problèmes* qui sont en mouvement. Ce n'est plus la succession d'idées et de faits expérimentaux, mais la prolifération et le déplacement des problèmes qui éveillent désormais l'intérêt de tous : ce sont les différences, les ouvertures, les obstacles, les erreurs qui racontent cette histoire particulière de la raison scientifique pour laquelle ce n'est plus *ce qui est* mais *ce qui se dit* qui a un sens.

L'histoire des sciences cesse d'être entendue uniquement comme l'histoire des efforts accomplis par la raison pour atteindre la vérité : elle parcourt le mouvement et les temps du discours sur la vérité. En tant que réalités discursives[1], les sciences ont une histoire, qui est l'histoire du mode sur lequel se sont dites vérité et nature : « histoire du rapport progressif de l'intelligence à la vérité »[2], où l'intelligence inscrit de temps à autre une valeur de vérité dans le réel.

1. Voir, à ce propos, G. BACHELARD, *Le Nouvel esprit scientifique*, Paris, 1934, p. 12 : « On ne peut arriver à l'objectivité qu'en exposant d'une manière discursive et détaillée une méthode d'objectivation » ; cf. aussi p. 142.

2. G. CANGUILHEM, *Etudes d'histoire et de philosophie des sciences*, Paris, (1968), 1983, p. 20. Canguilhem s'inspire de Bachelard : « L'objet en histoire des

Il s'agit d'une histoire particulière, privilégiée, et qui, du fait de ce privilège, occupe une place à part par rapport à l'histoire humaine en général. Dans un article consacré à l'œuvre de G.Canguilhem où il cite Koyré et Bachelard, M.Foucault l'explique de la façon suivante :

> L'histoire des sciences n'est pas l'histoire du vrai, de sa lente épiphanie ; elle ne saurait prétendre raconter la découverte progressive d'une vérité inscrite de toujours dans les choses ou dans l'intellect, sauf à s'imaginer que le savoir d'aujourd'hui le possède enfin de façon si complète et définitive qu'il peut prendre à partir d'elle la mesure du passé [...]. On ne peut pas, dans l'histoire des sciences, se donner la vérité comme acquise, mais on ne peut pas non plus faire l'économie d'un rapport au vrai et à l'opposition du vrai et du faux. C'est cette référence à l'ordre du vrai et du faux qui donne à cette histoire sa spécificité et son importance. Sous quelle forme ? En concevant des discours qui se rectifient, se corrigent et qui opèrent sur eux-mêmes tout un travail d'élaboration finalisé par la tâche de "dire vrai" [1].

Cela signifie considérer *les problèmes* du discours véridique, c'est-à-dire interroger cette formation discursive particulière à la lumière d'un contexte problématique toujours ouvert, construit sur le présent. Cela signifie également, toutefois, reconnaître la multiplicité des voies qui ont conduit aux différents modes du "dire vrai", la pluralité des temps et la stratification des procédures qu'il faut toutefois rapporter à la priorité des mathématiques. Ici se creuse par exemple la différence entre Koyré et Bachelard que nous allons aborder dans les prochaines sections. A une phénoménologie de la raison mathématique s'oppose une phénoménotechnique du rationalisme appliqué ; à une histoire objective, une histoire sanctionnée et jugée. Le statut du passé sera pour l'un l'indice d'une contingence différente concernant une autre discursivité, alors que pour l'autre elle représentera l'ouverture à un horizon normatif de la vérité, ouverture qui reste tissée d'obstacles.

sciences n'a rien de commun avec l'objet de la science. L'objet scientifique, institué par le discours méthodique, est second, bien que non dérivé, par rapport à l'objet naturel, initial [...]. L'histoire des sciences s'exerce sur ces objets seconds, non naturels, culturels, mais n'en dérive pas plus que ceux-ci ne dérivent des premiers. L'objet du discours historique est, en effet, l'historicité du discours scientifique », *ibid.* p. 17.

1. M. FOUCAULT, "La vie: l'expérience et la science", in *Revue de Métaphysique et de morale*, 1, 1985, p. 8-9.

## LE DÉPLOIEMENT DE L'HISTOIRE ÉPISTÉMOLOGIQUE

Le point fort de l'épistémologie bachelardienne consiste dans l'affirmation, issue des bouleversements qui ont eu lieu dans les sciences elles-mêmes et dans la philosophie scientifique, que *c'est la science qui crée son objet*. Chez Bachelard, cette certitude devient l'axe autour duquel doit se construire le discours philosophique : la radicalisation de l'épistémologie comporte alors une réformation complète de toute philosophie, qui doit *dorénavant* se faire en fonction de l'état actuel des sciences (c'est d'ailleurs une conviction que l'on retrouve aussi chez Bergson). « La raison [...] doit obéir à la science »[1], car elle montre que c'est dans le pluralisme et dans la variété des faits (dont la philosophie ne tient pas compte dans son effort d'unification absolue) que réside le sens intime et efficace de la pensée. Jusqu'à présent, en effet, le philosophe a toujours demandé aux sciences des exemples pour prouver et pour illustrer l'activité harmonieuse des fonctions spirituelles, mais sans jamais les développer et souvent en les comprenant mal[2].

Dans la science les questions à poser ne doivent plus être formulées dans les termes empiristes des "données de l'expérience sensible". La science construit ses objets, et en ce sens elle est une activité proprement rationnelle : elle « suscite un monde », « transcende l'immédiat », manifestant l'œuvre de la « raison thaumaturgique ». C'est la même conviction qui a radicalisé l'œuvre de Febvre et de Bloch, en posant que l'histoire-science construit dans l'espace indéterminé du réel un domaine problématique, sans subir passivement une réalité supposée dont les limites et les déterminations n'existent pas sous forme absolue.

Ce ne sont pas les faits qui s'imposent immédiatement au scientifique comme émergences empiriques (de même que, pour l'historien, ce ne sont pas les documents qui génèrent l'étude et la reconstruction) : ceux-ci n'ont de sens que s'ils sont *interrogés*, lus et critiqués d'une certaine façon. C'est ainsi que l'on retrouve sous la plume de Bachelard

1. G. BACHELARD, *La Philosophie du non*, Paris, (1940)1981, p. 144-145.

2. C'est le cas, par exemple, de la relativité qui dégénère souvent en relativisme philosophique. Nous donnons pour acquise, dans ce chapitre, la pensée bachelardienne, étant donné l'importance de la littérature critique qui lui a été consacrée. Les travaux généraux les plus significatifs pour cette étude sont : P. QUILLET, *Bachelard*, Paris, 1964 ; F. DAGOGNET, *Gaston Bachelard*, Paris, 1965 ; P. GINESTIER, *Pour connaître la pensée de Bachelard*, Paris, (1965)1981 ; D. LECOURT, *L'épistémologie historique de G. Bachelard*, Paris, 1969 ; *Id. Bachelard, le jour et la nuit*, Paris, 1974 ; M. VADÉE, *Bachelard ou le nouvel idéalisme épistémologique*, Paris, 1975 ; P. REDONDI, *Epistemologia e storia della scienza*, Milan, 1978 ; Collectif, *Présence de G. Bachelard*, Librairie de l'Université d'Aix-en-Provence, Aix-en-Provence, 1988 ; D. GIL, *Bachelard et la culture scientifique*, Puf, 1993.

des phrases que nous avons déjà commentées et qui résument l'esprit critique de l'épistémologie: «L'homme, animé par l'esprit scientifique désire sans doute savoir, mais c'est aussitôt pour mieux interroger»[1]. Le fait brut n'existe pas plus pour les historiens que pour les épistémologues: interprété, on le nomme problème. Et Bachelard insiste lui aussi sur le *problématique*, en lui donnant un fondement épistémologique.

Il faut donc remonter quelque peu en arrière. L'épistémologie non-cartésienne proposée à la fin du *Nouvel esprit scientifique* montre la limite de la méthode de Descartes et du doute qui la fonde: c'est un doute trop réductif et donc trop simple (incapable de saisir la complexité réel sous l'apparence du simple)[2]. C'est la variété relationnelle du réel dans sa complexité qui est le *primum* pour la science, et non plus l'intuition. «Il faut restituer au phénomène toutes ses solidarités», écrit Bachelard, car «loin que ce soit l'être qui illustre la relation, c'est la relation qui illumine l'être». Pour cette raison, «toute intuition procédera d'un choix», ambiguë dans son essence parce que toujours sujette aux transformations possibles de la connaissance[3]. Et pourtant c'est là le lieu même de l'objet de la connaissance, complexe, problématique, relationnel.

Dans le *Rationalisme appliqué* (1949), il l'explique ainsi:

> Le doute universel (cartésien) pulvérisait irrémédiablement le donné en un amas de faits hétéroclites. Il ne correspond à aucune instance réelle de la recherche scientifique. La recherche scientifique réclame, au lieu de la parade du doute universel, la constitution d'une *problématique*[4].

Déjà dans un article de 1931 publié dans les *Recherches philosophiques*, il écrivait à propos de la microphysique que venait de révolutionner la physique quantique:

> La microphysique est non plus une hypothèse entre deux expériences, mais bien plutôt une expérience entre deux théorèmes.

1. G. BACHELARD, *La Formation de l'esprit scientifique*, Paris, (1937) 1983, p. 16.

2. G. BACHELARD, *Le Nouvel esprit scientifique*, Paris, (1934)1960: «La méthode cartésienne qui réussit si bien à *expliquer* le Monde, n'arrive pas à compliquer l'expérience, ce qui est la vraie fonction de la *recherche objective*», p. 138-139.

3. *Ibid.* p. 141-144.

4. G. BACHELARD, *Le Rationalisme appliqué*, Paris, (1949) 1962, p. 51 ; et *Ibid.* "La dialectique philosophique des notions de la Relativité", in *Etudes*, Paris, 1970, p. 125.

Elle commence par une pensée, elle s'achève en un problème [1].

C'est à cette transformation que Febvre et Bloch, par ailleurs, se réfèrent lorsqu'ils invitent les historiens à tenir compte des grands changements méthodologiques et théoriques des sciences contemporaines. Pour s'émanciper des absolus du doute cartésien et des règles méthodologiques qui lui sont associées, il faut que la recherche de la connaissance (la dynamique de la raison) devienne un choix problématique. Ni Brunschvicg, ni Meyerson ne l'avaient exprimé avec une telle clarté, et, surtout, ils n'avaient pas retenu cette idée pour en fonder une nouvelle épistémologie: c'est seulement avec Bachelard que la philosophie des sciences abandonne définitivement les assomptions de la méthode cartésienne et s'érige comme une philosophie *négative et dialectique* (la philosophie du non), comme une philosophie de l'inexact, dynamique et ouverte aux possibilités de la mathématisation. C'est le choix problématique qui fait alors de la connaissance scientifique une connaissance rectifiée, pluralisée dans les procédures discursives respectives [2].

« Avec Bachelard, tout fut balayé d'un coup, de Francis Bacon à Emile Meyerson », écrit P.Quillet [3]. L'innovation épistémologique du philosophe français est en effet jugée un point de non-retour pour toute forme de pensée scientifique et philosophique. Bachelard lui-même, d'ailleurs, le revendique avec fougue en demandant que soit restituée « à la raison humaine sa fonction de turbulence et d'agressivité » [4]. Cependant, malgré ce qui l'en sépare en profondeur, Bachelard ne rompt pas totalement avec la tradition et continue, développe ou approfondit les ouvertures théoriques qui avaient été avancées dans les premières décennies du siècle. Il s'agit toujours de mettre en lumière les modes selon lesquels épistémologie et histoire ont commencé à faire sortir de ses gonds "l'épistémologie cartésienne" [5], sans craindre d'en

1. G. BACHELARD, "Noumène et microphysique", in *Recherches philosophiques*, I, 1931, maintenant aussi in G. BACHELARD, *Etudes*, cit., p. 15-16.

2. G. BACHELARD, *Le Rationalisme appliqué*, cit., p. 54 et 55: « Tout va s'éclairer si nous plaçons l'objet de connaissance dans une problématique, si nous l'indiquons dans un processus discursif d'instruction », coupé de nombreuses rectifications et non plus désigné de façon immédiate et intuitive.

3. P. QUILLET, *Bachelard*, cit., p. 17.

4. G. BACHELARD, " Le surrationalisme", in *L'Engagement rationaliste*, Paris, 1972, p. 7.

5. C'est à partir de ses premières œuvres que Bachelard souligne sa détermination anti-cartésienne. L'esprit bien réglé de système qui caractérise la philosophie cartésienne selon Bachelard représente l'obstacle par excellence de tout effort rationnel de connaissance. Une épistémologie non-cartésienne doit dès lors privilégier la complexité, contre le privilège que l'épistémologie cartésienne donne à la simplicité. Les idées simples, qui sont considérées par Descartes comme le fondement de la connaissance, ne suffisent plus à caractériser la pensée scientifique contemporaine.

déceler les limites réelles. Il importe, entre autres choses, de mettre en lumière l'intrication entre continuité et innovation que nous avons déjà rencontrée à propos de l'histoire, la non-tranquillité du changement et la coexistence – elle-même problématique – de concepts nouveaux et de concepts anciens, dont les plans se recoupent en accentuant la pluralité interne du savoir (fut-il philosophique).

En faisant ressortir la tradition du *point de non-retour* à laquelle l'œuvre de Bachelard renvoie, on risque de trop insister sur son originalité et de négliger la complexité de la pensée française dans son ensemble pendant cette période. Bachelard lui-même, bien que discret à l'égard de Brunschvicg, Rey, Meyerson, indique explicitement qu'une des sources de sa réflexion a été l'œuvre de F.Enriques[1], qui entretient un rapport privilégié avec les Français. En réalité, seul Bachelard a réussi à synthétiser de façon magistrale l'ensemble des trouvailles théoriques et des ouvertures qui ont été faites au cours de ces années. Et l'histoire des sciences, utilisée jusque là comme l'indice d'une ouverture progressive de la raison vers un horizon de vérité déterminable par le rationalisme, est désormais réécrite et réformée. Elle devient (comme nous le montrerons plus précisément dans la section suivante) la raison profonde de la connaissance scientifique.

Contre la philosophie meyersonienne de l'identité, qui pour Bachelard n'échappe pas au scandale de la staticité, l'histoire des sciences indique cette vérité du rationalisme qui réside dans son mouvement dialectique. On ne demande plus à l'histoire de confirmer une intuition philosophique ou de corroborer le progrès d'une pensée ouverte aux transformations, celles-ci fussent-elles radicales (comme c'était le cas, par exemple, pour Brunschvicg). L'histoire qui intéresse Bachelard, c'est cette reconstruction particulière d'un processus rationnel de connaissance scientifique qui s'inscrit dans la « temporalité de la science », à savoir dans l'accroissement et dans l'approfondissement de la cohérence de la vérité. C'est une histoire rectifiée et pédagogique, qui guide l'épistémologie tout en la servant.

Elle est toutefois discontinue, tout comme l'est le progrès du savoir scientifique. C'est ce qui rend ce dernier pluriel, régionalisé. Le dynamisme qui le caractérise ne permet pas, en effet, de tracer une ligne d'évolution continue des origines à nos jours. La connaissance ne

Voir, à ce propos, G. BACHELARD, *Le Nouvel esprit scientifique*, cit., dernier chapitre intitulé "L'épistémologie non-cartésienne", p. 135-179.

1. Par exemple dans *La Formation de l'esprit scientifique*, cit., p. 243 ou *Le Nouvel esprit scientifique*, cit., p. 48. Voir à ce propos M. CASTELLANA, "Enriques e Bachelard : due epistemologie razionalistiche", in *Il Protagora*, 85-86, Lecce, 1973, p. 50-65 ; et M. CASTELLANA, "Il surrazionalismo di G. Bachelard", in *Il Protagora*, 91-92, Lecce, 1974, p. 11-149.

cesse de se heurter à des obstacles et à des erreurs qu'il faut surmonter d'un saut, par un changement soudain, par une révolution de la pensée (ce que Bachelard appelle une *rupture*).

Bachelard montre l'inadéquation des théories qui croient pouvoir reconnaître une identité dans les processus rationnels propres aux différentes époques de la science (Meyerson et Comte). C'est toute la raison scientifique, au contraire, qui se transforme, de telle sorte que l'état actuel n'est pas comparable à l'état précédent[1]. C'est le mode d'interrogation des choses qui change, et les problèmes.

> Ainsi, même dans l'évolution historique d'un problème particulier, on ne peut cacher des véritables ruptures, des mutations brusques, qui ruinent la thèse de la continuité épistémologique.

Dans le cas de la lumière, par exemple, il y a *hétérogénéité complète* entre les conceptions de Goethe, qui reste attaché au prédicat sensible de la lumière, et celles de Fresnel, par qui le problème est déplacé sur un prédicat substitué, la mécanique vibratoire.

> La science ne répond pas toujours aux questions laissées en suspens par les savants d'une époque précédente. Chaque temps a ses problèmes comme ses méthodes[2]:

il se construit lui-même ses objets et ses techniques. Etant donné qu'il n'y a aucune identité dans le mode de raisonnement, aucune définition du réel ne pourra jamais être parfaite, achevée, définitive. La thèse fondamentale de l'*Essai sur la connaissance approchée* reste l'un des moments les plus solides et les plus influents de toute la pensée bachelardienne: le postulat de l'inachèvement fondamental de la connaissance. Ainsi, en observant l'histoire saccadée de la précision, par exemple, il est possible de déterminer une épistémologie fractionnée qui se double d'une ontologie de l'approximation, d'une ontologie justement provisoire.

1. Voir G. CANGUILHEM, *Etudes d'histoire et de philosophie des sciences*, cit., p. 179. De l'électricité sensualiste du XVIII^e^ siècle, il ne reste absolument rien « dans la culture scientifique dûment surveillée par la cité électricienne » (G. BACHELARD, *Le Rationalisme appliqué*, cit., p. 141) ; de même, en ce qui concerne la chimie, l'état d'esprit d'un chimiste pré-lavoisien n'est point comparable à l'état d'esprit d'un chimiste contemporain (ivi p. 9). Il s'agit d'un principe d'*incommensurabilité* qui se retrouve dans les œuvres de Th. S. KUHN, *The Structure of Scientific Revolutions*, Chicago, 1970 (tr. fr. Paris, 1983) et qui sera radicalisée par P. K. FEYERABEND, dans *Against Method*, London 1975, (tr. fr. Paris, 1979).

2. G. BACHELARD, *Essai sur la connaissance approchée*, Paris, 1928 p. 270. Bachelard reprend ici une thèse de W. JAMES : cf. le *Précis de psychologie*, tr. fr. Paris, 1915, où le philosophe américain introduisait dans le discours philosophique la discontinuité radicale des concepts (p. 26).

Voici donc que le langage même de la science se révèle fallacieux, surchargé de significations et de termes qui remontent à des époques révolues, dont les problématiques et les difficultés ne correspondent plus à celles du présent (il suffit de penser au terme "atome"). Le langage lui-même, par conséquent, doit s'ouvrir à la discontinuité, il doit être « en état de révolution sémantique permanente » [1]. C'est la forme de la raison scientifique qui l'exige. L'esprit, pour Bachelard, a une structure variable, il est en quête continue. Connaître, cela signifie en fait rectifier sans cesse la pensée devant le réel (réel inépuisable, dit Bachelard, qui sollicite sans cesse l'esprit) ; cela signifie également réaliser dans un objet une théorie pour ensuite la perfectionner sur la base de cet objet. C'est le mouvement dialectique de la pensée scientifique, son dynamisme interne et son caractère intrinsèquement polémique.

> A notre point de vue, ce n'est pas le monde qui vivrait d'oppositions et de réconciliations successives, mais l'esprit lui-même [...]. A tous les niveaux de la connaissance, l'opposition ferait correspondre un objet, la réincorporation de cet objet dans le compris se ferait par des méthodes élargies qui tomberaient à leur tour en défaut, du fait d'une nouvelle opposition, et ainsi de suite [2].

Cette marche saccadée de la connaissance s'identifie véritablement à cette dialectique que *Le Nouvel esprit scientifique* veut mettre en évidence. Pour elle, il faut postuler une épistémologie non unitaire [3], déjà prise, toujours, dans un mouvement dialectique parce que toujours ouverte à une connaissance qui a un passé. L'observation scientifique est en effet toujours « polémique », car elle confirme ou infirme une thèse posée antérieurement. C'est la raison pour laquelle la phénoménologie scientifique ne peut être qu'une phénoménotechnique : elle s'instruit par ce qu'elle construit. C'est pourquoi la connaissance scientifique est toujours une reconstruction, jamais une construction originelle. Le rationalisme « est une philosophie qui *continue* ; il n'est jamais vraiment une philosophie qui *commence* » [4]. Tout problème n'est résolu que pour en ouvrir un autre : « pour l'esprit scientifique, écrit encore Bachelard, tracer nettement une frontière, c'est *déjà la*

1. G. BACHELARD, *Le Matérialisme rationnel*, Paris, 1953, p. 125.
2. G. BACHELARD, *Essai sur la connaissance approchée*, cit., p. 186.
3. G. BACHELARD, *Le Nouvel esprit scientifique*, cit., p. 14. Voici une des plus belles expositions de la thèse pluraliste de Bachelard : « c'est que l'unité de la science, si souvent alléguée, ne correspondait jamais à un état stable et qu'il était par conséquent bien dangereux de postuler une épistémologie unitaire », idem.
4. G. BACHELARD, *Le Rationalisme appliqué*, cit., p. 54.

*dépasser*»[1]. «Le risque de la raison doit être total». Et si, dans une expérience, on ne met pas en jeu sa raison, cette expérience ne vaut pas la peine d'être tentée. «Autrement dit, dans le règne de la pensée, l'imprudence est une méthode».

Dans la nouvelle épistémologie, cette raison toujours en mouvement ne peut être que plurielle, inachevée: «au rationalisme fermé fait place le rationalisme ouvert»[2]. La métaphore philosophique de l'ouverture joue ici un rôle extrêmement important, car elle rassemble, dans sa révolution épistémologique, les meilleures contributions de Brunschvicg et de Rey. C'est seulement parce qu'elle est ouverte à la dialectique, à la discursivité, au risque de l'expérience et du réel, que la connaissance reconnaît la pluralité des rationalismes et leur nécessité. Le monde posé dans ces termes reste ouvert, imparfait. S'il était figé une fois pour toutes, il n'échapperait pas à cette fixité glaciaire immobile que Bloch dénonce dans l'histoire traditionnelle. C'est en se mettant à l'écoute des sciences, de leur état d'incomplétude actuelle, de la tension polémique qui les détermine, que la pensée peut donner forme à un «*rationalisme ouvert*».

> Nous voulons définir la philosophie de la connaissance scientifique comme une *philosophie ouverte*, comme la conscience d'un esprit qui se fonde en travaillant sur l'inconnu en cherchant dans le réel ce qui contredit des connaissances antérieures [3].

L'absolu et l'unité sont ainsi bannis de l'épistémologie. L'être peut être dit seulement au pluriel. L'ontologie ne doit plus répéter les erreurs du passé, mais être sensible à ce nouvel état de l'être, elle doit devenir une «ontologie morcelée», provisoire, elle aussi en mouvement discontinu.

Cette ouverture n'a toutefois de sens qu'à l'intérieur de la connaissance scientifique, c'est-à-dire seulement si – comme nous le verrons bientôt – elle permet le progrès de la vérité scientifique. La dynamique reconnaît une direction, un sens, un discours qui élève la science au-dessus des autres formes du savoir.

L'épistémologie de l'inexact que l'*Essai sur la connaissance approchée* réalise en 1928 débouchera, dans les années 1950 et comme une conséquence logique de l'approximation, sur cette *ontologie*

1. G. BACHELARD, "Critique préliminaire du concept de frontière épistémologique", (1934), in *Etudes*, cit., p. 80.

2. G. BACHELARD, "Le Surrationalisme", (1936), in *L'Engagement rationaliste*, cit., p. 12.

3. G. BACHELARD, *La Philosophie du non*, cit., p. 9 et *Id. Le Nouvel esprit scientifique*, cit., p. 175, et p. 19 : «Nous devons mettre en évidence le jeu dialectique qui a fondé le non-euclidisme, jeu qui revient à *ouvrir* le rationalisme, à écarter cette psychologie d'une raison close, fermée sur des axiomes immuables».

*provisoire* qui est propre à la microphysique. Les entités physiques qui, pour Bachelard, s'offrent de moins en moins comme êtres et de plus en plus comme forces ont abandonné depuis longtemps le caractère "objectif et simple" d'une existence donnée par nature[1] : la phénoménotechnique montre comment il est possible, pour la philosophie, de continuer à comprendre le monde (des sciences). C'est pour cette raison que seule une "polyphilosophie" peut espérer pouvoir s'orienter dans la multiplicité des faits construits par les théories[2].

Quel sens aurait une histoire toujours fondée sur des critères ontologiques de stabilité ou d'identité ? Et, surtout, se demande Bachelard, en quoi serait-elle utile à la science ? Il est clair qu'ici on ne pose pas le problème de l'histoire *en tant que telle*, mais seulement celui de l'histoire des sciences ; et pourtant, puisqu'il s'agit malgré tout d'histoire, ses conclusions ne sauraient être sous-évaluées. Pour le philosophe, en effet, l'histoire est liée à l'épistémologie aussi bien que l'inverse (de sorte qu'il est possible de parler à cet égard d'*épistémologie historique*). Pourtant, la synthèse des deux subit une tranformation paradoxale, car l'histoire en général, « celle des empires et des peuples »[3], est considérée comme non-comparable, dans son misérable destin de science humaine, à l'épistémologie, qui est le véritable exercice de la philosophie à partir de l'état actuel des sciences, triomphe de la raison théorique. C'est en effet l'union de l'épistémologie et de l'histoire qui constitue une *ontologie provisoire forte*, parce que tout objet scientifique construit rationnellement (le spin, par exemple), peut aussi bien bouleverser le cours de l'histoire qu'être éliminé comme un obstacle au progrès de l'histoire elle-même. Le caractère provisoire de l'ontologie de la réalité scientifique (dialectique) lui vient de son historicité, de la *dynamis* qui la distingue de toutes les autres formes de l'histoire et du savoir : raison raisonnante, pour paraphraser Spinoza. Son activité, qui se concrétise dans « l'acte épistémologique »[4], c'est la voie du progrès que la philosophie ne peut

1. G. BACHELARD, *L'Activité rationaliste de la physique contemporaine*, Paris, 1951, p. 177 : « On pourrait donc, par certains côtés, parler d'une *ontologie provisoire* d'une ontologie des êtres physiques de notre temps ».

2. Le terme « phénoménotechnique » apparaît pour la première fois dans l'article "Noumène et microphysique", *Etudes*, cit., Il devient, à partir de 1934, un des mots clés de Bachelard : « Aucun phénomène n'est de premier aspect, aucun n'est *donné*. Il faut le *constituer* et en lire les caractères *indirectement*, avec une conscience toujours éveillée de *l'interprétation* instrumentale et théorique », *Id. L'Activité rationaliste de la physique contemporaine*, cit., p. 128. En ce qui concerne la polyphilosophie, qui l'implique, cf. ivi p. 126 et 37.

3. *Ibid.*, p. 35.

4. Bachelard parle pour la première fois de "l'acte épistémologique" dans *L'Activité rationaliste de la physique contemporaine*, *op. cit.*, p. 36, proposant ce terme pour dialectiser celui d'*obstacle épistémologique*. Il exprime le caractère positif de la

reconnaître que comme une pluralité discontinue dans le temps pourtant unitaire dans son essence (l'histoire des sciences, c'est la reconstruction jugée à la lumière du présent d'un *effort* de la raison qui, en tant que telle, est inépuisable ; la « recherche de la vérité » traduirait alors, comme une métaphore profonde, cet effort).

Or, la vérité à laquelle se réfère Bachelard n'a pas de statut fixe ; elle oscille sensiblement entre une forme discursive et une ontologie : la pédagogie épistémologique bachelardienne semble faire de cette oscillation un moment essentiel de la réécriture de l'histoire des sciences. C'est seulement à la lumière de la vérité comprise dans son sens *ontologique* (comme l'horizon de référence le plus éloigné vers lequel tend la connaissance rationnelle, à savoir l'horizon mathématique) que les vérités comprises dans leur sens *discursif* peuvent donner lieu à une histoire jugée. C'est grâce à cette oscillation, difficile à déceler dans les œuvres épistémologiques, que subsiste cette « coupure franche et définitive [...] de l'histoire en général à l'histoire des sciences » que M.Serres a critiquée[1]. La pluralité n'a alors qu'un territoire particulier, circonsrit par ce que Serres nomme « la morale » de Bachelard et qui oblige la multiplicité à rester un concept somme toute secondaire par rapport au progrès et à sa puissante linéarité.

Certes, l'histoire des sciences ne peut se dire qu'au pluriel. Elle doit être démultipliée dans les différents parcours rationnels qu'a suivis toute science, dans les obstacles qu'elle doit surmonter, et dans les problèmes qu'elle est en mesure de poser. La genèse théorique des concepts ne peut être dissociée de la discipline à laquelle ceux-ci appartiennent, et toute question doit être lue en relation avec les valeurs intellectuelles et psychologiques de la science à laquelle on se réfère. En effet, c'est ainsi seulement qu'il sera possible à l'historien de comprendre et de reconnaître les sauts rationnels, la discontinuité et les révolutions qui se produisent dans des sciences telles que la physique ou la chimie, que Bachelard a toutes deux analysées en profondeur[2]. Et pourtant lorsqu'il commente ces histoires, le philosophe de la vérité

connaissance scientifique, à savoir la créativité du génie, qui permet à la dialectique progressive de cette connaissance de faire des bonds en avant : « La notion d'actes épistémologiques que nous opposons aujourd'hui à la notion d'obstacles épistémologiques correspond à ces saccades du génie scientifique qui apportent des impulsions inattendues dans le cours du développement scientifique : alors, il y a un *négatif* et un *positif* dans l'histoire de la pensée scientifique », qui engendrent sa dialectique.

1. M. SERRES, *Hermès II, L'Interférence*, Paris, 1972 p. 124-125.

2. En ce qui concerne l'histoire de la physique, cf. *La Formation de l'esprit scientifique*, cit., *Etude sur l'évolution d'un problème de physique : la propagation thermique dans les solides*, Paris, 1928 ; *Les Intuitions atomistiques*, Paris, 1933 ; *L'Activité rationaliste de la physique contemporaine*, cit. ; et, en ce qui concerne l'histoire de la chimie, *Le Pluralisme cohérent de la chimie moderne*, Paris, 1932 ; l'article "Lumière et substance", in *Etudes*, cit., et *Le Matérialisme rationnel*, cit.

épistémologique prime le philosophe de l'ouverture dynamique, et la discipline reste soumise à la rigueur de la raison abstraite.

## BACHELARD : RAISON ET MULTIPLICATION POUR LA SCIENCE ET POUR L'HISTOIRE

C'est le côté intransigeant, rationaliste et en quelque sorte dogmatique de Bachelard que nous allons maintenant interroger (comme si chez lui l'épistémologie de l'ouverture et de la pluralité était contrebalancée par une éthique de la vérité à laquelle l'histoire doit se soumettre).

Alors que l'histoire générale commence à élargir le spectre de son champ d'application en embrassant les mentalités, les idées, les superstitions, Bachelard "normalise" l'histoire, la rend pure, artificielle et fonctionnelle. Serres[1] insiste particulièrement sur cet aspect pour ainsi dire victorien de Bachelard. L'histoire jugée et rectifiée – de la même façon que la connaissance objective psychanalysée – répond à une éthique de la réalité objective rationalisée qui rejette comme non-pertinentes (comme pré-histoire ou comme pré-science) ce qu'on ne peut pas conformer aux normes de la raison. On ne peut considérer comme connaissance scientifique que ce qui est conforme aux normes objectives et abstraites de la raison. La notion d'"obstacle épistémologique"[2] est utilisée en un sens absolu, comme ce qui bloque le chemin virtuellement progressif de la raison pure scientifique. La connaissance rectifiée est l'absolu de la raison, *parce qu'* elle nourrit le progrès vers la Vérité. La réalité concrète de la matière, qui relève encore au début du siècle d'un imaginaire naturaliste, doit être éliminée. La psychanalyse bachelardienne est une psychanalyse de la terreur et de l'hégémonie normative. La matière réelle ne peut être autre chose pour lui que la matière mathématisée: c'est seulement en ce termes que son histoire peut être réécrite et libérée des liens aveugles et des obstacles qui jusque là en obscurcissaient ou évitaient la norme.

Bachelard ne permet pas à d'autres normes de subsister. Toute l'histoire qui concerne la version précédente et variée du problème, son caractère indéterminable et son incertitude, sont effacés par un cours unique, heureux et linéaire du progrès. Celui qui se consacre au passé psychanalysé ne peut le faire que pour son plaisir, mais son travail est

1. Voir M. SERRES, *Hermes II. L'Interférence*, *op. cit.*, p. 211-212.

2. Sur la notion d'obstacle épistémologique, cf. *La Formation de l'esprit scientifique*, cit., chap. I: obstacle est tout ce qui empêche le développement de la connaissance rationnelle, à savoir les métaphores, le substantialisme, les idées du passé, les présupposés inconscients qui sont toujours à l'œuvre, etc.

inutile, marginal, et au fond inintéressant, sans valeur. Ce n'est plus de l'histoire, c'est de la préhistoire, de la paléontologie. Les passages qui l'énoncent, chez Bachelard, sont dramatiques. L'histoire est dès lors seulement histoire de la Vérité (dans la science), parce que, seule, « la vérité scientifique est, par essence, une vérité qui a un avenir »[1]. C'est là que réside la différence entre histoire *périmée* et histoire *sanctionnée*. La connaissance scientifique a une histoire parce qu'elle se fonde sur la valeur de la vérité (laquelle, dans la mesure, précisément, où elle a un avenir, s'ouvre à l'histoire du futur) : cette histoire, qui seule peut être *histoire vraie*, a par conséquent une indubitable valeur pédagogique. Elle montre en effet les « concepts indestructibles » qui, bien qu'ils se soient formés au cours du temps, ont maintenant valeur de normes définitives, « pour toujours », utilisés désormais pour juger les erreurs des autres histoires[2].

C'est à partir de ces concepts que l'histoire est jugée. Toute l'ouverture bachelardienne s'enferme ici dans la tyrannie des concepts indestructibles, que l'auteur croyait peut-être avoir rendu invulnérables grâce à la psychanalyse. Tout engagement rationnel, épistémologique ou historique, envers des théories périmées ou erronées est en somme stigmatisé comme effort érudit inutile, comme une névrose de la connaissance. Celui qui se consacre au phlogistique, par exemple, doit le faire en tant qu'épistémologue, pour indiquer un obstacle, une erreur (un complexe) sur laquelle exercer la psychanalyse de la connaissance objective[3] ; sinon il ne peut s'y intéresser qu'avec « une certaine mauvaise conscience », s'il est un véritable rationaliste. Si c'est un historien des sciences, en revanche,

1. G. BACHELARD, *L'Activité rationaliste de la physique contemporaine*, cit., p. 40.

2. *Ibid. p.* 37-38. Une fois qu'on est arrivé à la formulation « pour toujours » de tels concepts, ils perdent toute historicité contingente et se transforment en normes rationnelles qu'on ne doit plus abandonner : « Il y a des concepts si indispensables dans une culture scientifique qu'on ne conçoit pas qu'on puisse être amené à les abandonner. Ils cessent d'être contingents, occasionnels, conventionnels. Ils se sont formés dans une atmosphère historique obscure sans doute. Mais ils sont devenus si précis, si nettement fonctionnels, qu'ils ne peuvent craindre un *doute instruit*. [Ce doute ne peut entamer] le serment rationaliste qui attache une culture à des concepts indestructibles, serment qui affirme "*pour toujours*" une valeur épistémologique précise. La raison a des thèmes de fidélité. Elle distingue fort bien les notions qui engagent un avenir de pensées » (souligné par moi).

3. Une fois qu'on a psychanalysé une théorie et qu'on a individué l'obstacle épistémologique qui la hantait, on l'élimine (on élimine également tous ses résidus inconscients) et il ne faut plus y revenir, son intérêt historique étant épuisé pour l'épistémologie.

> il doit savoir qu'il travaille dans la paléontologie d'un esprit scientifique disparu. Il ne peut espérer avoir une action sur la pédagogie des sciences de notre temps [1].

Il est donc condamné à faire un travail inutile et sans intérêt, pour l'histoire normative de la vérité objective.

Il convient alors de se demander comment Bachelard aurait jugé la prolifération d'études historiques portant sur des questions de moins en moins traditionnelles (coutumes, climat, parfums, mythes, etc.), que l'on peut pourtant difficilement réduire à des travaux simplement érudits [2]. Et toujours à la lumière de cette perspective, il n'est pas aisé d'émettre un hypothèse quant à son opinion sur Koyré, qui consacre une série d'études aux mystiques allemands du XVIe siècle, à Copernic, à Galilée, sans pour autant filtrer ses concepts au tamis de la psychanalyse. (Au contraire, Koyré, dans le cas de Paracelse, ose même déclarer que sa mystique et son alchimie sont importants pour *comprendre* la théosophie des temps modernes [3]).

On ne peut bien entendu pas réduire Bachelard à la figure caricaturale d'un tyran de la raison. Ses travaux sur la poésie et sur l'imaginaire expriment au contraire la complexité de sa pensée et de sa personne. Pourtant, sa théorie épistémologique et historique apparait si rigide, unilinéaire, et progressive, qu'on en reste souvent surpris. L'histoire des sciences, écrit Bachelard, doit « sans cesse former et reformer la dialectique d'histoire périmée et d'histoire sanctionnée par la science actuellement active ». Il reconnaît que « le combat n'est jamais fini », et que chaque génération doit faire le point du rationalisme, puisque « parfois la dialectique entre l'histoire abandonnée et l'histoire intégrée dans la science est très délicate » [4], mais il souligne que c'est seulement avec la mathématisation qu'un rationalisme régional, comme la physique de l'électricité par exemple, peut entrer dans l'histoire [5]. L'espace restant est un espace vide, non-géométrisable,

1. G. BACHELARD, *L'Activité rationaliste de la physique contemporaine*, cit., p. 37.

2. Nous savons, en revanche, qu'il a été impressionné très favorablement par l'histoire de la folie de M. Foucault en 1961 (cf. lettre de Bachelard à Foucault du 1 aout 1961, in *M. Foucault, une histoire de la vérité*, Paris, 1985, p. 119). On voit par là que Bachelard n'était pas défavorable aux manières nouvelles de concevoir l'histoire, et qu'il était malgré tout ouvert aux nouveautés.

3. A. KOYRÉ, *Mystiques, spirituels, alchimistes au XVIe siècle allemand*, Paris, 1971, p. 129.

4. G. BACHELARD, *L'Actualité rationaliste de la physique contemporaine*, cit., p. 37-39.

5. « La croissance de l'esprit mathématique est bien différente de la croissance de l'esprit scientifique dans son effort pour comprendre les phénomènes physiques. En fait, l'histoire des mathématiques est une merveille de régularité. Elle connaît des

divisé par la limite extrême et infinie qu'est la vérité. C'est l'espace du concret – l'espace de l'histoire elle-même – stratifié et multidimensionnel, qui dans son écriture et ses discours ne possède pas de concepts indestructibles et dont la vérité s'inscrit au contraire dans les virtualités qui *se font pratiques* de vérité. C'est l'espace de l'imaginaire : à ce dernier tout un livre est consacré, *La poétique de l'espace*, mais qui ne peut franchir la limite de la connaissance, et il ne peut pas être reconnu comme une *autre* connaissance. Il n'est que le côté nocturne de la connaissance rationnelle.

L'écriture de l'histoire des sciences est donc une réécriture. Quelle histoire, d'ailleurs, ne le serait pas ? Réécrire est cependant une question de choix, en premier lieu de choix de langage. Ecrire est en effet un *mode* du langage, et réécrire en est un autre. Mais on ne peut écrire en dehors du langage : l'écriture est comme un langage dans un langage, dans toutes ses formes. Réécrire signifie trouver une autre voie pour les mots, une autre perspective, une autre langue. Le problème est donc un problème de langage. Mais la langue universelle de la science est pour Bachelard la langue mathématique[1]. Le pluralisme est en elle. En son sein peuvent exister des régions plus ou moins perfectionnées linguistiquement, ou qui choisissent des dialectes différents. Sortir de la langue signifie, pour Bachelard, sortir du progrès et entrer dans la rêverie. La psychanalyse de la connaissance objective qui permet de reconnaître et d'éliminer les obstacles épistémologiques, permet aussi d'indiquer ce qui appartient rationellement à la science et ce qui ne lui appartient pas. Dans la différence entre le jour et la nuit, sur laquelle D.Lecourt[2] a attiré l'attention, il n'y a ni *espace*, ni temps pour l'aube ou pour le crépuscule. Le royaume du jour équivaut au royaume de la nuit : tous deux sont isomorphes, comme le soutient F.Dagognet. La différence entre eux consiste uniquement dans le choix du point de vue. Sans croisements, sans stratifications multidimensionnelles, la langue rationnelle de Bachelard parle de clarté, de pureté, de luminosité, sans se rendre compte que, dans le

périodes d'arrêt. Elle ne connaît pas des périodes d'erreurs. », (*La Formation de l'esprit scientifique*, cit., p. 22).

1. Je préfère parler ici de *langue* et de *langage*, bien que Bachelard ait déclaré son hostilité profonde envers ces termes appliqués aux mathématiques : il faut rompre avec ceux qui ne voient dans les mathématiques qu'un *langage*, car « la mathématique est une *pensée*, une pensée sûre de son langage » (le physicien n'*utilise* pas, mais *pense* par les mathématiques) ; ivi p. 42. C'est pourtant Bachelard lui-même qui parle de connaissance *discursive* à propos de la pensée rationnelle ; cf. l'*Essai sur la connaissance approchée*, cit., p. 39, 170 et 258 ; *Formation de l'esprit scientifique*, cit., p. 12 et 142 ; *Le Rationalisme appliqué*, cit., p. 55 ; *Le Matérialisme rationnel*, cit. p. 212.

2. D. LECOURT, *Bachelard, le jour et la nuit*, cit., p. 138-144.

bagage métaphorique que ces mots portent avec eux, il reste une intersection entre le jour et la nuit, il reste des dimensions d'aubes ou de crépuscules qui ne s'intègrent ni à l'un ni à l'autre. Il n'y a pas d'ambiguïté, chez Bachelard, entre rationalité et rêverie. La ligne qui les sépare, toutefois, ou peut-être qui les enveloppe, c'est tout le murmure des croisements, la contingence de l'histoire, le caractère fugitif et l'extrême adaptabilité des mots eux-mêmes. Ce sont la philosophie et l'histoire qui restent à faire et que Bachelard n'a pas faites, bien qu'il ait énoncé les concepts avec lesquels le discours scientifique lui-même allait se transformer[1].

Peut-être le Bachelard d'avant la guerre – ou du moins d'avant la *Formation de l'esprit scientifique* – est-il à ce propos plus radical et plus émancipé des valeurs tyranniques de la rationalité que celui qui suivra. Plus tard, l'ordre se fera moins rigide, l'espace plus ouvert et l'absence de privilèges épistémologiques l'emportera[2]. L'histoire sera moins soumise à l'épistémologie. La philosophie de l'inexact promettait une transformation plus importante que celle qui s'est produite par le biais du rationalisme appliqué. Il ne s'agit évidemment pas de minorer le grand apport épistémologique dû à Bachelard grâce, précisément, au concept de "rationalisme appliqué" ; mais de le lire dans la perspective du rôle réservé à l'histoire, puisque nous nous bornons, ici, à des considérations concernant l'épistémologie de l'histoire. Et l'utilisation épistémologique de l'histoire subit de plus en plus l'instance normative de la raison abstraite.

L'histoire devient récit du progrès et perd l'autonomie et l'ouverture que les historiens, dont nous avons parlé dans le chapitre précédent, cherchent à lui assurer. Voici alors que réapparaissent les

1. Qu'il suffise de penser au terme conceptuel de « complexité », auquel Bachelard attachait une grande importance, et qui ouvrira après plusieurs décennies un débat épistémologique très vif; cf. I. PRIGOGINE, I, STENGERS, *La Nouvelle alliance*, Paris, 1981 ; les trois livres de E. MORIN sur *La Méthode*, Paris, 1977, 1980 et 1986, et bien d'autres auteurs.

2. Dans l'*Essai sur la connaissance approchée*, par exemple, il n'y avait pas de privilège absolu entre abstraction et réalité, entre effort discursif et effort intuitif: « Aucune des deux opérations ne doit être privilégiée. La fonction de l'abstraction, qui doit fournir une image unique ne saurait en particulier primer la direction de la réification qui tend à retrouver une prolixité de caractères », p. 261. Le caractère pluraliste de la connaissance est également une fonction de la différence entre les points de vue: « La conscience est [...] fonction de la mobilité et par conséquent du nombre des points de vue [...]. Mais pourquoi poserait-on comme définitivement étrangères les multiplicités de la sensation et celles de la réflexion? L'objet multiforme et mobile nous apparaît déjà comme une occasion suffisante de la vie multiple et mouvante de la pensée. Dès qu'on veut connaître on se dispose à agir, on modifie l'objet, on modifie le sujet. La connaissance est une des figures du changement, c'est l'union de l'autre au sein du même », *id.*, p. 259 (cf. C. VINTI, "L'uomo di scienza", in *Il protagora*, 1987, notamment p. 135-136).

grands cloisonnements dans l'histoire de l'intelligence humaine et l'on voit proliférer les déterminations – plus ou moins tempérées par l'aveu de leur caractère générique et grossier[1] -: *état préscientifique* (de l'antiquité classique au XVII<sup>e</sup> siècle); *état scientifique* (du XVIII<sup>e</sup> au début du XX<sup>e</sup> siècle); *état du nouvel esprit scientifique* (de 1905 à nos jours) pour la pensée scientifique en général. Pour la formation individuelle d'un esprit scientifique, on trouve: l'*état concret* (philosophie ingénue de la Nature); l'état *concret-abstrait* (philosophie de la simplicité); l'état *abstrait* (philosophie rationnelle de la complexité), qui se traduisent en termes psychologiques en: *âme puérile et mondaine* (curiosité naïve); *âme professorale* (dogmatisme immobile dans sa première abstraction); *âme en mal d'abstraire ou de quintessencier* («conscience scientifique douloureuse [...] jouant le jeu périlleux de la pensée sans support expérimental stable»).

La flèche du temps scientifique, irréversiblement tournée vers le progrès, indique dans ces tripartitions son pouvoir philosophique. Mais cette loi des trois états n'est applicable qu'au savoir scientifique. Aucune autre histoire ne peut prétendre à un tel "privilège", une telle valorisation qui la place au sommet le plus élevé de l'*humanitas*.

> L'histoire des sciences ne peut être tout-à-fait une histoire comme les autres. Du fait même que la science évolue dans le sens d'un progrès manifeste, l'histoire des sciences est nécessairement la détermination des successives valeurs de progrès de la pensée scientifique[2].

Interne à la raison scientifique, elle n'en retrace pas toutes les étapes dans toutes leurs évolutions. Mais doit seulement en dessiner l'itinéraire rationnel, en insistant sur les moments éminemment progressifs du savoir, sur les ruptures épistémologiques qui ont permis des sauts qualitatifs fondamentaux et sur les révolutions qui, dans la discontinuité de leur succession, font l'évolution de la science (dans son aspect global et unitaire).

1. Pour les tripartitions énumérées, voir G. BACHELARD, *Formation de l'esprit scientifique*, cit., p. 7-9 et *Id. Le Rationalisme appliqué*, cit., p. 8 et 102.

2. G. BACHELARD, "L'actualité de l'histoire des sciences", in *L'Engagement rationaliste*, cit., p. 129. «Au surplus, rendons-nous bien compte à quel point l'obligation de décrire un progrès est caractéristique pour l'histoire des sciences. L'histoire de l'art, par exemple, est, sous ce rapport, entièrement différente de l'histoire des sciences. Dans l'histoire de l'art le progrès serait un simple mythe. En effet, l'histoire de l'art se trouve devant des œuvres qui peuvent avoir, à toute époque, un sens d'éternité [...]. De telles œuvres immobilisent la méditation, centralisent l'admiration [...]. Bien entendu j'aurais trop beau jeu si je comparais l'empirisme de la notion de progrès dans l'histoire politique au rationalisme de cette notion de progrès dans l'histoire des sciences. Dans l'histoire politique, ce qui est progrès pour un historien est bien souvent déclin pour un autre historien» (*ibid.*, p. 140).

Incertitude, inexactitude et indéterminisme sont donc les mots d'ordre d'un nouveau discours qui exclut tout croisement avec ce qui l'entoure, avec ce monde extérieur impossible à épuiser, fait de restes, d'histoires périmées, de rêves et de contingence. C'est une autre dimension de la complexité : Bachelard la connaît pour l'avoir exorcisée (même si, répétons le, il a fourni les concepts pour la penser).

Au cours des années 1930, en effet, Bachelard apporte à l'épistémologie une réforme radicale qui conserve toutefois les valeurs de vérité et d'unité que défendaient déjà ses prédécesseurs. La plupart des études dont il a fait l'objet le confirment, fût-ce avec des accents divers [1]. Mais c'est Bachelard lui-même qui le souligne, en faisant en sorte que seules les divergences polémiques par rapport à l'identité meyersonienne et à la durée bergsonienne soient argumentées [2]. La nécessité de l'histoire se mue en jurisprudence épistémologique, et c'est peut-être, entre autres choses, ce qui a empêché la confrontation que R.Chartier appelait de ses vœux. Malgré le pluralisme, la discontinuité, l'ouverture, « l'éparpillement et la fragmentation thématique » [3], vérité et unité se disent d'une seule façon. Les histoires, au pluriel, font partie du réel, lequel est, pour Bachelard, synonyme de désordre et donc d'indicible. Elles n'appartiennent pas à l'idéal de la science.

Il faut lire les œuvres attentivement pour ne pas se laisser prendre au double piège de l'idéalisme et du pluralisme. Bachelard n'est en effet ni idéaliste ni pluraliste, bien qu'il déclare tantôt être l'un ou l'autre, de sorte qu'il est difficile de démêler sa *vis polemica* des énoncés philosophiques. Il ne s'agit pourtant pas d'opposer Bachelard à Bachelard, ni

1. P. REDONDI, in *Epistemologia e storia della scienza*, cit., insiste sur la continuité de la pensée bachelardienne par rapport à celle de Rey et Brunschvicg, notamment en ce qui concerne l'interprétation rationaliste de la réalité. Bachelard est rapproché aussi de la pensée tardive de Ed. Le Roy, qui insiste lui-aussi sur la discontinuité du progrès scientifique (*Ibid.*, p. 54-64) ; voir aussi Ed. LE ROY, "Ce que la microphysique apporte ou suggère à la philosophie", *Revue de métaphysique et de morale*, 42, 1935 ; *Id. Essai d'une philosophie première*, Paris, 1956-1958. J. Hyppolite insiste lui-aussi sur le voisinage entre Bachelard et Brunschvicg et reconnaît l'analogie entre le régionalisme bachelardien et les ontologies régionales de Husserl ; J. HYPPOLITE, "G. Bachelard, ou le romantisme de l'intelligence", in *Hommage à G. Bachelard*, Paris, 1957. Voir aussi V. COTESTA, "G. Bachelard, filosofo del nuovo spirito scientifico", *Nuova corrente*, 64, 1974, M. CASTELLANA, "Il surrazionalismo di G. Bachelard", cit. ; G. SERTOLI, *Introduction*, à G. BACHELARD, *La ragione scientifica*, tr. it., Verone, 1974. Même G. Canguilhem remarque quelques affinités, in G. CANGUILHEM, "Bachelard et les philosophes", in *Etudes d'histoire et de philosophie des sciences*, cit. ; et "Sur une épistémologie concordataire", in *Hommage à G. Bachelard*, cit.

2. G. BACHELARD, "La philosophie scientifique de L. Brunschvicg", in *L'Engagement rationaliste*, cit., et *Matérialisme rationnel*, cit., chap. 4.

3. F. BERÇU in *Bachelard*, *L'Arc*, 42, 1970, p. 62-63, rapproche Bachelard et Proust en tant que témoins de la dispersion et de l'absence qui caractérisent la modernité.

de déplacer sur un autre plan le dualisme jour-nuit. Il n'aurait aucun sens opposer à l'idéologie du progrès et de la vérité une idéologie indéterminée du multiple et du pluriel encore à construire.

On se trouve pour finir devant une difficulté : il faut s'orienter dans cette philosophie polyédrique sans se laisser séduire par sa richesse. Plus encore que pour les autres pensées étudiées jusqu'ici, il est impossible de classer celle de Bachelard dans un discours unique. On peut, en revanche, en recueillir un écho, mettre le doigt sur un problème, saisir une suggestion, un fragment, un morceau de philosophie : rabattre sur eux-mêmes le polyphilosophisme et l'ouverture à l'hétérogénéité. Bachelard lui-même nous invite à procéder de la sorte, et c'est ce qu'il fait vis-à-vis des autres philosophies : il s'agit pour lui de capter non pas le système dans son ensemble, mais des fonctions philosophiques isolées particulièrement signifiantes en fonction de ses propres buts (« Nous réclamerons le droit de nous servir d'éléments philosophiques détachés des systèmes où ils ont pris naissance »[1]). Fichant remarque que la conception bachelardienne de l'histoire des sciences « risque à tout moment de se dissoudre dans l'épistémologie actuelle » à cause de « l'indice anhistorique d'un "pour toujours" » qui représente l'impérialisme de l'épistémologie face à l'histoire[2]. Cette histoire peut alors se référer uniquement à ce qui est non-pertinent ou faux sur le plan épistémologique. Pourtant, en appliquant Bachelard à Bachelard – c'est ce en quoi consiste le travail historique de G. Canguilhem –, Fichant montre comment il est possible de ne pas se laisser détourner par une lecture anhistorisante.

> Sans doute l'histoire critique selon Bachelard trouve les normes de sa juridiction et de sa *sanction* dans la rationalité actuelle du travail de la science. Mais toutes choses égales, elle tombe sous le coup de la même mise en question, que si l'on isole le passé actuel du passé périmé et exclu, il reste que ce faux a pu être tenu pour vrai [3].

Semblable rat, ce qui est jugé vrai aujourd'hui pourrait se révéler faux demain.

Bachelard ne cesse pas d'insister sur ce point, comme nous l'avons vu à propos du dynamisme ouvert de la raison (c'est une sagesse toute philosophique, qui porte sur l'ouverture, dont on peut faire remonter les origines jusqu'à Kant[4]). A la fin de sa vie, il en arrive même à une

1. G. BACHELARD, *La Philosophie du non*, cit., p. 11.
2. M. FICHANT, M. PÉCHEUX, *Pour l'histoire des sciences*, cit. p. 108.
3. *Ibid.*, p. 111.
4. Je me permets simplement de signaler la profondeur d'un passage que l'on trouve dans l'*Introduction* d'E. KANT à sa *Kritik der Urteilskraft* (1790), tr. fr. *Critique de la faculté de juger*, Paris, Bibliothèque de la Pléiade, par. VI, p. 944 (qu'on

quasi-théorie de la *double-vérité*, scientifique et poétique, qui semble modifier ou du moins rabaisser les prétentions de la vérité comme valeur épistémologique[1]. Cependant cette dernière résiste, et sa résistance est d'autant plus forte qu'elle discipline l'histoire. C'est l'autre dimension, le point de repère aussi bien de la rêverie que du dynamisme. Intérêt et valeur: choix stratégiques qui n'ont aucune innocence en ces temps de *crise*.

La stratégie de la rigueur psychanalytique est exaltée dans la *Formation de l'esprit scientifique*, où l'on trouve une distinction nette entre histoire et épistémologie, qui se définissent selon leurs champs d'intérêt respectifs:

> L'histoire doit prendre les faits comme des idées, en les insérant dans un système de pensées. Un fait mal interprété par une époque reste un *fait* pour l'historien. C'est, au gré de l'épistémologie, un *obstacle*, c'est une contre-pensée [2].

Même si, à la fin, on reconnaît que «le savant devient de moins en moins avide de ces joies totalitaires», Bachelard renonce à la distinction entre histoire et épistémologie et les unit en un destin commun:

> à côté de l'histoire de ce qui fut, ralentie et hésitante, on doit écrire une histoire de ce qui aurait dû être, rapide et péremptoire. Cette histoire *normalisée*, elle est à peine inexacte. Elle est fausse socialement, dans la poussée effective de la science populaire [...]. Elle est *vraie* pour la lignée des génies, dans les douces sollicitations de la *vérité objective* [3].

Le critère de la vérité rationnelle surplombe alors la ligne de vie et supplante l'intérêt pour la vie par l'intérêt pour l'esprit. L'histoire de cette vérité abstraite de la connaissance doit donc être réécrite. Mais cette réécriture ne doit être faite qu'à partir du présent: il n'y a pas une double direction, contrairement à ce que l'on voyait chez Bloch (et, comme nous le verrons, chez Koyré). C'est seulement ainsi que la raison dans toute sa pureté peut indiquer le chemin de son progrès. C'est une histoire sublimée du vrai: jugée (qui distingue l'erreur de la vérité, le nuisible du fécond), sanctionnée (le faux ne doit pas lui

me pardonne de renvoyer sur ce point à mon étude, "L'apertura kantiana nel labirinto della molteplicità", in *Il Cannocchiale*, 3, 1990).

1. P. QUILLET, *Bachelard*, cit., p. 116.

2. G. BACHELARD, *La Formation de l'esprit scientifique*, cit., p. 17.

3. *Ibid.*, p. 251 (souligné par moi). La notion beaucoup plus récente de «reconstruction rationnelle» proposée par I. Lakatos dans les années 1960 vient ici à l'esprit; cf. I. LAKATOS, "History of Science and its Rationals Reconstructions", in R. BUCK and R. S. COHEN, *Boston Studies in the Philosophy of Science*, 8, 1971, p. 91-195.

appartenir), reconstruite. Bachelard l'appelle aussi *récurrente*: «une histoire qu'on éclaire par la *finalité du présent* [...] et [qui] découvre dans le passé les formations progressives de la vérité»[1]. On ne peut s'y tromper, et pour preuve objective de ce que l'histoire des sciences doit bien se faire ainsi, Bachelard cite les préambules historiques des livres de science actuels, dont la stratégie auto-valorisante est très claire. Il est évident que pour cette histoire-là, la rationalité représente la valeur la plus élevée et la plus noble de l'homme. «L'histoire des efforts scientifiques le prouve assez; les problèmes les plus beaux se posent au sommet de la culture»[2], puisque «tout devient clair, net, sûr, quand cet intérêt de la connaissance est l'intérêt spécifique pour les valeurs rationnelles»[3]. Certes, des faits historiques tels, que la décadence d'une culture,

> réagissent sans doute sur le progrès de la science [...], arrêtent le progrès de la science [...] [mais] ces descriptions (restent) *extérieures* à la science, elles n'appartiennent pas proprement à l'histoire *toute positive* de la science,

qui est en revanche celle d'«un accroissement du nombre des vérités»[4]. Dans cette «positivité du progrès scientifique», l'historien connaît la vérité irréfutable. Toute histoire particulière se connecte donc à une telle «vérité sans cesse accrue», de sorte que Bachelard peut finalement écrire: «tout historien des sciences est *nécessairement* un historien de la Vérité» (avec un "V" majuscule)[5].

On pourrait multiplier les références, car la vérité dont il est ici question n'est jamais quelque chose de défini une fois pour toutes (et ceci devrait déjà faire réfléchir sur le fait qu'elle ne peut pas être posée «pour toujours», qu'elle est «dans son essence» multiple et indéterminable, plutôt choix que sommet du savoir). La dynamique historique, pour Bachelard, reste celle d'un vecteur orienté entre les valeurs du bien et du mal, du vrai et du faux, de la croissance et de la décadence. La *cité scientifique* est alors bien protégée en son sein. Si une période de régression culturelle prend le dessus, au point de

1. G. BACHELARD, *L'Activité rationaliste de la physique contemporaine*, cit., p. 38. Dans le cas de la relativité, les notions de Lorentz et de Einstein viennent avant l'électromagnétisme et l'expliquent, même si elles se sont formées après celui-ci (ce qui ne concerne pas le *rationalisme instruit*). Cf. G. BACHELARD, "La dialectique philosophique des notions de la Relativité", in *L'Engagement rationaliste*, cit., p. 129.

2. *Ibid.*, p. 223.

3. G. BACHELARD, *Le Rationalisme appliqué*, cit., p. 122.

4. G. BACHELARD, in "L'actualité de l'histoire des sciences", in *Engagement rationaliste*, *op. cit.*, p. 139.

5. G. BACHELARD, *Le Matérialisme rationnel*, cit., p. 86.

fissurer cette citadelle (en baillonnant ses représentants, par exemple), il n'y a pas lieu de s'inquiéter:

> Dans les périodes de régression générale, il semble que la vérité attende. Elle attend une renaissance. Pour un historien des sciences, une vérité trouvée est la conclusion d'une histoire [...]. L'historien des sciences a accompli sa tâche quand il a décrit l'histoire d'une vérité [1].

Mais c'est cette vérité seule qu'il faut suivre. Bien entendu, les erreurs ont leur importance. Ce sont elles que l'on rencontre en premier, et c'est à partir d'elles qu'il faut commencer, mais l'histoire, juge épistémologique, doit les chasser de son chemin comme l'on chasse (ou comme l'on contourne) un obstacle. Elle ne doit pas s'y arrêter. L'attention est portée ailleurs, distraite par l'abstrait: « l'historien des sciences ne peut que traverser d'un trait » les périodes durant lesquelles la vérité, cachée, attend de pouvoir ressurgir, les temps obscurs durant lesquels la vérité est oubliée [2]. La certitude qu'elle recommencera tôt ou tard à resplendir et à progresser est inamovible; tel est l'unique sens selon lequel « l'histoire des sciences peut avoir une action positive sur la pensée scientifique ». Il s'agit d'une façon toute autre de faire de l'histoire, qui s'élabore parallèlement à celle des *Annales*.

Bachelard construit des concepts nouveaux qui lui permettent d'inaugurer une "épistémologie de l'inexact", une philosophie provisoire, mais il maintient l'histoire sous le poids de l'épistémologie. Berr, en revanche, a essayé de la libérer par la synthèse, mais lui aussi était trop épris de totalisation philosophique. Brunschvicg, Rey et Meyerson ont cherché à résoudre la crise de la raison par le recours à l'histoire, mais ils ne lui ont pas reconnu de dignité philosophique. Febvre et Bloch restent donc sceptiques et incertains. Ils ne savent pas bien où trouver les instances théoriques et conceptuelles qui leur servent. Pour bien comprendre la période de l'entre-deux-guerres, il faut donc mettre en lumière l'agencement labyrinthique qui le caractérise: il est impossible de discerner un fil conducteur chronologique, parce qu'il n'y a pas "évolution" d'une période à l'autre, mais déplacement, retour, nostalgie et stratégie. La tension avec ce que nous avons exposé dans les chapitres précédents se fait plus forte, plus complète, plus critique. L'histoire et l'histoire des sciences sont, à cet égard, à la fois très

1. G. BACHELARD, *L'Engagement rationaliste*, cit., p. 138.

2. *Ibid.*, p. 138-139: « Sans doute des temps peuvent venir où une vérité trouvée sera oubliée. L'historien des sciences ne s'intéresse guère au processus de cet oubli. Il reprendra sa tâche positive quand cette vérité oubliée sera retrouvée. Mais alors, après une période d'inefficacité, la vérité scientifique reprendra son action spécifique d'essentielle croissance », p. 139.

proches et très éloignées l'une de l'autre (et Bachelard semble répondre à la crise en restant dans la crise). L'histoire dans son autonomie reste impensée, disciplinée et moralisée par la finalité de la connaissance objective. C'est cette "normalisation" qui explique en partie qu'il ne pouvait pas y avoir d'échanges entre des historiens et des historiens-épistémologues qui ont travaillé souvent côte à côte. L'épistémologie de Bachelard n'a pas su reconnaître la radicalité de la discipline qu'elle a voulu assujettir, empêchant par là-même l'occasion d'une confrontation conceptuelle.

## MULTIPLICITÉ ET RÉDUCTION PHÉNOMÉNOLOGIQUE A. KOYRÉ

D'une façon différente de Bachelard, Koyré ne consacre pas l'histoire par l'épistémologie, mais il ouvre la philsophie à la contingence factuelle de l'histoire, sans pour autant proposer des thérapies épistémologiques permettant de la réécrire. En ce sens, il est l'héritier le plus proche des philosophes-épistémologues dont nous avons parlé dans les premiers chapitres de ce livre: la philosophie devient une problématique foncière qui réconnaît l'irréductible nécessité de l'histoire, mais qui sait l'orienter et la faire agir. On peut rapporter toutes les recherches historiques de Koyré – concernant les idées religieuses autant que les idées scientifiques – à un horizon théorique très précis, phénoménologique et rationaliste; ce qui permet de comprendre dans quelle mesure toutes ses études (philosophie, réligion, science) peuvent appartenir d'une façon cohérente à un même "plan" problématique.

En effet, alors que la spécificité de l'histoire (aussi-bien histoire des faits concrets qu'histoire des faits de la pensée) lui démontre le contraire sur le plan de la contingence et que l'historien doit dévoiler le chaos des singularités discontinues et différentes, Koyré est toujours resté un partisan convaincu de l'unité de la pensée humaine: « Dès le début de mes recherches, j'ai été inspiré par la conviction de l'unité de la pensée humaine »[1]. Contre ces théories philosophiques qui semblent la mettre en cause, explique-t-il, il faut au contraire « sauvegarder l'unité et l'individualité de la personne humaine, du composé humain », sans se laisser séduire par le désir de « séparer en compartiments étanches » les formes du savoir (« la mystique de Böhme est rigoureusement incompréhensible sans référence à la nouvelle cosmologie créée

1. A. KOYRÉ, "Orientation et projets de recherches", in *Etudes d'histoire de la pensée scientifique*, Paris, 1973 (1966), p. 11.

par Copernic »)[1]. L'idée de l'unité est donc le présupposé fondamental de toute sa pensée, le point de départ de ses recherches historiques.

De quelle unité s'agit-il ? Cette idée n'est certes pas une exception dans le panorama culturel français, et nous l'avons déjà rencontré à plusieurs reprises dans les œuvres des philosophes ou des historiens étudiés précédemment. Du fait de la formation philosophique de Koyré, nous savons en outre qu'elle lui vient de la leçon de Kant d'une part, et de celle de Husserl de l'autre[2]. De quelle unité s'agit-il, si Koyré s'est toujours montré lucide et conscient de l'ouverture de l'histoire (ce à quoi Husserl n'était nullement intéressé) ? Là encore, histoire et philosophie s'affrontent dans un rapport qui ne se résout pas facilement dans la subordination de l'une à l'autre. Cela dit, comment concilier l'unité de la raison et l'histoire de ses manifestations ? C'est l'argument central de la polémique lancée par Julien Benda contre tous ceux qui se faisaient les promoteurs d'une conception dynamique du rationalisme.

Koyré, comme on le sait, résout le problème en privilégiant le *théorique* sur le concret, et se consacre à une histoire des conceptualisations. Ce sont les idées qui déterminent les transformations des sciences, et en particulier cette *révolution scientifique* à l'étude de

1. *Ibid.*, p. 49 et 11.

2. Ayant suivi les cours de Hilbert et de Husserl en 1908 à Göttingen, Koyré a été celui qui a présenté dans les années 1920, en France, la phénoménologie de Husserl (dont il dirigea la traduction française des *Méditations cartésiennes*). Koyré appartenait à ce groupe d'intellectuels slaves qui s'étaient établis en France et y poursuivaient des études philosophiques qui autrement seraient restées inconnues : A. Kojève, E. Minkowski, A. Gurwitsch, G. Gurvitch et, naturellement, la personnalité éminente de E. Meyerson (qui appartenait à la génération précédente). Koyré est d'ailleurs resté toujours très attentif à la phénoménologie (de même qu'à son évolution chez Heidegger, par exemple, ou chez Sartre et dans l'existentialisme) et il y a consacré plusieurs articles, traductions et comptes rendus malgré l'intensité de son travail d'historien de la pensée scientifique. A propos de la phénoménologie, il appréciait dire qu'il s'agissait selon lui non pas d'une métaphysique mais d'une méthode. Il aimait aussi une partie de la pensée de Dilthey (voir les comptes rendus qu'il lui a consacré au début des années 1930 dans la *Revue philosophique*). Une fois établi définitivement en France, il y connut, parmi d'autres, Bergson, Lalande, Brunschvicg, Meyerson. Il a d'ailleurs ouvertement déclaré avoir subi leur influence, ainsi que celle de savants très différents comme P. Tannery, P. Duhem, A. Hannequin, P. Boutroux. Sa formation philosophique ne l'a toutefois jamais abandonné, même lorsqu'il est devenu historien de la pensée scientifique (l'auteur, pour s'entendre, qui a écrit un livre de succès comme *Du monde clos à l'univers infini*) : le contraire serait d'ailleurs incompréhensible, vu l'éventail d'influences qu'il a lui-même soulignées. Voir P. ZAMBELLI, *Introduzione* à la traduction italienne de *Du monde de l'à-peu-près à l'univers de la précision*, Turin, 1967 et, plus récemment, le *Colloque international Alexandre Koyré, Science : la renaissance d'une histoire*, qui s'est tenu à Paris en juin 1986 (notamment l'exposé de E. COUMET, "Alexandre Koyré : la révolution scientifique introuvable?", et celui de K. SCHUHMANN, "Alexandre Koyré et les phénoménologues allemands", in *History and Technology*, 4, 1987).

laquelle il s'est consacré jusqu'à sa mort. L'histoire des sciences qui l'intéresse est donc l'histoire de la *pensée* scientifique conçue dans son sens le plus "élevé" (les idées mathématiques surtout, au point qu'un platonisme mathématisant mérite, à ses yeux, une certaine sympathie). C'est le domaine philosophique qui le retient en dernière instance. Et c'est là que l'unité a un sens.

Contrairement à Bachelard, Koyré ne s'occupe pas explicitement d'épistémologie. Il la possède déjà[1]. Il doit à sa formation philosophique de manier avec sûreté les concepts et les idées, sans pour autant ressentir la nécessité de les réformuler pour les rendre normatifs, comme c'est le cas pour Bachelard (il est, à cet égard, certainement plus proche de Febvre ou de Bloch). Sa référence essentielle, à ce sujet, reste Meyerson, qu'il intègre toutefois au dynamisme rationnel de Brunschvicg[2]. Mais l'origine de sa conception unitaire de la pensée et de ses préoccupation philosophiques est à rechercher d'abord du côté de la phénoménologie.

Selon K.Schuhmann, Koyré fonde (en 1931) avec A.Spaier et H.Ch.Puech, la revue *Recherches philosophiques* dans l'intention de l'introduire en France[3]. Pour les mêmes raisons, il participe, entre autres, aux Journées que la Société Thomiste de Juvisy consacre en 1932 à "La Phénoménologie". Il y explique sa position à l'égard de ce qu'on appelait le "virage idéaliste" de Husserl, c'est-à-dire le passage à la phénoménologie transcendantale. D'après Koyré, le meilleur dans la phénoménologie husserlienne se trouve dans les *Recherches logiques*, où le réalisme occupe encore une place importante, et où la *méthode* de la réduction phénoménologique peut permettre d'accéder au monde des essences, aux choses mêmes, qui sont le pendant nécessaire de la conscience intentionnelle. Reprenant les conceptions de A.Reinach, Koyré explique que la phénoménologie n'est pas une métaphysique mais une méthode, une méthode pour saisir la difficile articulation entre essence et formes de la vérité. C'est seulement ainsi que le monde des choses peut être compris comme une ontologie, comme un

1. Sur l'épistémologie de Koyré voir notamment G. JORLAND, *La Science dans la philosophie. Les recherches épistémologiques d'Alexandre Koyré*, Paris, 1981 ; mais aussi le jugement de G. CANGUILHEM in *Etudes d'histoire et de philosophie des sciences*, *op. cit.*, p. 13-14, où en ce qui concerne la mathématisation il ne voit pas de différence profonde entre Bachelard et Koyré.

2. L'accord avec les idées de Meyerson marque une autre différence avec Bachelard, qui était très hostile envers cette philosophie; cf. notamment G. JORLAND, *La Science dans la philosophie*, *op. cit.*, p. 89-102 ; l'introduction citée de P. ZAMBELLI, *passim* ; Y. BELAVAL, "Les recherches philosophiques de A. Koyré", in *Critique*, 207-208, 1964 (voir aussi son intervention au Colloque Koyré 1986 cité plus haut).

3. K. SCHUHMANN, "Alexandre Koyré et les phénoménologues allemands", cit., et P. ZAMBELLI, "Introduzione", *op. cit.*, p. 24-26.

ensemble de connexions essentielles qu'il est possible de connaître de façon "pure", éidétiquement. Ceci est possible dans l'histoire, parce que celle-ci devient histoire de la vérité dans laquelle nous somme déjà toujours là, avec notre science et notre ontologie qui se dessine dans le cadre de cette vérité.

G.Jorland suggère que c'est là, dans cette situation épistémologique-phénoménologique, qu'il faut chercher la raison profonde pour laquelle Koyré s'est consacré presqu'exclusivement à l'histoire de la pensée dans ses diverses formes – où toute forme révèle évidemment son ontologie. Ce n'est qu'en restant en situation, et donc historiquement, que l'on peut connaître phénoménologiquement quelque chose du monde des choses : l'origine essentielle de la vérité nous est forcément inaccessible, non parce qu'elle se trouverait dans un lieu qui nous resterait mystérieusement caché, quasi mystique, comme un au-delà négatif, mais parce que c'est un non-sens que de chercher l'origine de la vérité. C'est dans ses formes historiques que nous pouvons la trouver, ces formes auxquelles il convient d'appliquer la *méthode* (Koyré accuse Heidegger d'avoir posé les conditions de possibilité de la vérité dans le *Da-sein*, et sur ce point il reste donc plus proche de Husserl : « c'est elle – la vérité – la condition de possibilité de toutes les conditions de possibilité », inconnaissable en tant que telle, car elle est aussi condition de notre pensée)[1].

L'histoire, dans ce cas, doit être rendue à son authenticité, parce que c'est seulement ainsi que l'on pourra comprendre la vérité en train de se dire (et se faire). Il faut donc comprendre l'histoire des sciences, dans son sens le plus profond, comme histoire de la mathématisation, qui est la forme idéale de la science. C'est une forme qui restera toujours ouverte, toutefois, parce la vérité en est la condition. S'engendre ainsi ce que G.Jorland appelle un « paradoxe épistémologique », « celui d'une pensée à la recherche de la vérité, par définition atemporelle, qui ne peut être découverte que dans le temps »[2]. La différence avec Meyerson s'approfondit en ce point (et Koyré se rapproche de l'épistémologie de Brunschvicg) : « la pensée est recherche non de l'identité mais de la vérité, elle ne réduit pas l'Autre au Même, mais réalise le Même dans l'Autre »[3].

Ce dynamisme ouvert à la vérité en train de se constituer dans l'histoire est analogue, comme l'on peut le remarquer, à celui de Meyerson, de Brunschvicg ou de Bachelard. Si le rapport avec la vérité

1. A. KOYRÉ, "L'évolution philosophique de Martin Heidegger", in *Etudes d'histoire de la pensée philosophique*, Paris, 1971, p. 304.

2. G. JORLAND, *La Science dans la philosophie*, cit., p. 96.

3. *Ibid.*, p. 93.

peut donner à l'*itinerarium mentis in veritatem* (qui est la connaissance humaine) une cohérence linéaire, logiquement "progressive", sa réalité historique ne doit pas nécessairement y correspondre. Au contraire, comme nous le verrons par la suite, elle ne peut être que discontinue, partielle, circonscrite à la situation dans laquelle elle se trouve toujours. Cela n'enlève rien, toutefois, à la certitude de l'unité de la pensée que la phénoménologie peut décrire et dont peut s'approcher la recherche historique. De fait, l'histoire *sert* à la philosophie et à la pensée :

> nous ne savons pas, ou nous savons à peine, comment nous pensons : la description phénoménologique est une chose difficile, et dans la pensée actuelle la forme et le fond se trouvent inextricablement mêlés. Aussi, non seulement est-il malaisé de nous rendre compte de ces présuppositions inconscientes, de l'axiomatique sous-jacente qui la porte et l'informe, mais il est presque inévitable d'en confondre la forme présente, peut-être passagère et qui n'aura qu'un temps, avec sa forme et sa structure essentielles. Et il est beaucoup plus facile de dégager cette dernière, en analysant et en étudiant une pensée qui nous est étrangère, des théories qui ne sont plus les nôtres, surtout si l'on poursuit cette analyse sur des périodes de temps longues, de sorte que la variété des contenus fasse ressortir l'unité des opérations [1].

C'est une tâche difficile, tissue de paradoxes et d'irréductibles ouvertures. L'essence et la forme s'entrelacent, et leur mélange est une condition de la manifestation de la vérité : l'histoire est aussi ce mixte. Pour que tout cela soit possible, il faut respecter la vérité des choses et accorder une attention particulière à la reconstruction des formes historiques de cette pensée, cherchant à s'y maintenir le plus fidèlement possible et en évitant de tomber dans l'anachronisme (soit la lecture du passé *exclusivement* à la lumière du présent, ou de ce qui est arrivé après). La méthode devient donc véritablement historiographique, ce qui rend possible et légitime un parallèle avec les historiens actifs dans la même période.

Or, l'auteur avec lequel Koyré a eu le plus de contacts, même si cela n'apparait clairement qu'après la Seconde Guerre mondiale, c'est Febvre. L'ouverture phénoménologique permet à Koyré de poser les problèmes peu ou prou de la même façon que le directeur des *Annales*. Cela dit, il ne faut pas, contrairement peut-être à ce que suggère G.Jorland, réduire tout le travail historique de Koyré aux présupposés philosophiques qui lui venaient de A.Reinach et avaient été passé au "filtre" de la philosophie de Meyerson, et, en partie, de celle de

1. A. KOYRÉ, cit., in *ibid.*, p. 101.

Brunschvicg et de Bergson. L'histoire revêt en effet pour Koyré une importance exceptionnelle qui va définitivement au-delà de toute “explication” philosophique. C'est en son sein seulement que l'on peut suivre les présupposés de la théorie, parce que c'est seulement à partir d'elle que l'on peut reconnaître ce fond auquel, par ailleurs, Koyré n'a jamais accordé tellement d'attention (l'histoire qui l'intéresse, il convient de le rappeler, reste l'histoire des formes principales de la *pensée*).

La grande question de l'anachronisme nous fournit un exemple révélateur de la proximité théorico-méthodologique entre Febvre et Koyré, c'est-à-dire entre l'histoire “nouvelle” des *Annales* et cette histoire des sciences. C'est un problème qui occupe naturellement les historiens de métier, parce qu'il met en lumière la limite objective de toute recherche, mais il oblige en même temps à situer et à comprendre une série d'événements dans la période même où ils sont survenus, sans risquer trop d'extrapolations ni les projeter dans une perspective téléologique. P.Redondi fait remarquer à ce propos à quel point Febvre et Koyré s'opposent fermement à la méthode de Duhem (qui interprétait l'histoire à la lumière de son devenir, et trouvait ainsi au Moyen Age des précurseurs de Galilée)[1]. En 1927, Febvre écrit que l'histoire doit désormais « se prémunir ainsi contre ces redoutables anachronismes [...] qui [...] font [...] de Rabelais un libre-penseur..., ou de Lamarck un darwiniste avant la lettre »[2]. Koyré construit lui-aussi toute son œuvre d'historien des sciences en réfutant catégoriquement le concept de précurseur : on ne doit pas interpréter les événements et les idées à travers des concepts qui à cette époque n'existaient pas, qui n'étaient pas encore formés[3]. Il faut au contraire comprendre et

1. P. REDONDI, “Science moderne et histoire des mentalités. La rencontre de L. Febvre, R. Lenoble et A. Koyré”, *op. cit.*, p. 317-318. Febvre a d'ailleurs écrit l'introduction du livre de Koyré sur les *Mystiques allemands du XVI$^e$ siècle*, paru la première fois dans *Les cahiers des Annales*, en 1955. En 1950 il a déjà montré son intérêt (et ses réserves) pour l'œuvre de Koyré dans son article “De l'à-peu-près à la précision en passant par ouï-dire”, in *Annales*, V, 1950, repris dans *Au cœur religieux du XVI$^e$ siècle*, EHESS, Librairie Générale française, Paris, (1957)1983.

2. L. FEBVRE, “Un chapitre d'histoire de l'esprit humain. De Linné à Lamarck et à Georges Cuvier”, *RSH*, XLIII, 1927, repris dans *Combats pour l'histoire*, cit., p. 334.

3. Tel est le cas, par exemple, de Copernic, qui est utilisé trop librement par Meyerson lui-même dans l'appendice III de *Identité et réalité*, cit. Cf. aussi A. KOYRÉ, *Introduction* à la réédition de N. COPERNIC, *Des révolutions des orbes célestes*, Livre I, Paris, 1934, p. XI, repris dans A. KOYRÉ, *La révolution astronomique. Copernic, Képler, Borelli*, Paris, 1961, p. 79. Dans son essai sur Paracelse, dès 1932 donc, Koyré se méfiait de cette conception : « La manie de la recherche des précurseurs a bien souvent faussé l'histoire de la philosophie », in *Mystiques, spirituels, alchimistes du XVI$^e$ siècle allemand*, cit., p. 77, (cf. aussi l'essai sur V. Weigel, *ibid.*, p. 149-150). Voir, évidemment, du même, *Etudes galiléennes*, Paris, (1939) 1966

reconstruire l'univers mental de la période concernée, et, comme l'écrit encore Febvre, « recomposer par le passé, pour chacune de ces époques, le matériel mental des hommes de cette époque »[1]. La préoccupation spécifiquement historique est ici d'importance primordiale, sans aucune finalité pédagogique et donc sans aucun présupposé quant à sa réécriture rationnelle.

Cela implique également, toutefois, d'ouvrir l'histoire à des possibilités dont il est aujourd'hui impossible de rendre compte. Cela signifie reconnaître une légitimité de pensée, une légitimité logique et rationnelle dans une certaine mesure, à des philosophies (et à des histoires) que Bachelard aurait sans aucun doute qualifiées de périmées : ainsi du phlogistique ou de Paracelse. La stratégie de Koyré est en revanche beaucoup plus circonspecte et, s'inspirant sans doute en partie des théoriciens allemands du XIX$^{e}$ et du XX$^{e}$ siècle (de Droysen et Mommsen à Dilthey et Weber[2]), elle invite à oublier les vérités acquises pour mieux comprendre ce qui pouvait être rationnel à l'époque. Il faut se soustraire à la tentation d'expliquer les phénomènes si l'on ne s'est pas livré auparavant à ce travail de compréhension. Dans son essai sur Paracelse (1932), il invite précisément à cet "oubli" pour éviter d'enfermer les auteurs du passé « dans les dilemmes qui, contradictoires pour nous, ne l'étaient peut-être pas pour eux »[3]. La ligne historique de la pensée n'est pas continue, et peut-être n'est-ce même pas une ligne : le progrès n'est pas un processus implicite dans les

p. 15-16, et G. CANGUILHEM, *Etudes d'histoire et de philosophie des sciences*, cit., p. 21-22.

1. L. FEBVRE, in *Combats pour l'histoire*, cit., p. 334.

2. R. Aron a probablement joué un rôle important en ce sens, étant celui qui introduisit la "philosophie de l'histoire" en France en 1938 (et il fréquentait le même milieu intellectuel que A. Koyré dès 1930). Voir R. ARON, *Mémoires*, Paris 1983 ; G. Canguilhem, intervention finale au Colloque A. Koyré 1986, cit., et E. Coumet, "La révolution scientifique introuvable?", cit., p. 507-514 : « Des preuves concordantes permettent [...] d'assurer qu'est présente, chez A. Koyré, plus ou moins explicitée, une *philosophie critique de l'histoire* en consonnance sur de nombreux points avec celle de R. Aron », *ibid.*, p. 513.

3. A. KOYRÉ, *Mystiques, spirituels, alchimistes*, cit., p. 77-78. Il s'agit là d'une conséquence que Koyré considère, d'un point de vue phénoménologique, comme un danger pour l'unité et l'identité stable de la raison. Dans une note de cet essai sur Paracelse, après avoir indiqué la limite du concept de "précurseur" et après avoir invité à abandonner les jugements de valeur sur la vérité du passé, Koyré précise : « Pour éviter les malentendus, disons de suite que nous n'admettons point la variabilité des formes de la pensée, ni l'évolution de la logique » (*ibid.*, p. 78 n. 1). P. Redondi invite à y prêter attention dans l'*art. cit.*, p. 326, car il reconnaît ici « l'élève de Husserl qui prenait ses distances à l'égard du psychologisme positiviste "nouvelle manière" en histoire ». On verra par la suite qu'il nuancera cette conviction (en parlant par exemple de structures intellectuelles qui changent ou de "mutations intellectuelles"), sans pour autant spécifier jamais pourquoi et comment l'identité unitaire du sujet serait possible (il abandonne par exemple le causalisme de Meyerson).

formes de la pensée humaine. L'histoire des sciences, sous cet aspect, ne diffère en rien des autres histoires. Sur ce point, Bachelard et Koyré ne pourraient diverger davantage[1].

La différence par rapport à Bachelard devient radicale lorsque, insistant sur la conception du travail historique que nous venons d'exposer (qui confirme que Koyré est plus proche de Febvre que de Bloch), il apparaît clairement que d'après lui «jamais l'historien ne peut juger car ce n'est pas lui qui assure les fondements [...]. L'historien ne peut que comprendre, et c'est ce qui le justifie»[2]. L'information directe que fournissent les textes a donc un rôle de première importance, et l'historien doit renoncer à toute tentative pour expliquer les faits et les causes: son effort principal doit en fait consister à rendre dialectique cette bidirectionalité de l'histoire dont Bloch parle dans l'*Apologie*. Passé et présent restent deux références "idéales", qui ne se prêtent jamais à une conclusion définitive. D'un côté, il est clair désormais que l'«historien projette dans l'histoire les intérêts et l'échelle des valeurs de son temps – et les siennes propres»[3], et que lorsque le présent change, ce sont aussi les points de vue par lesquelles on lit l'histoire (les "perspectives" de Tannery) qui changent. D'un autre côté, toutefois, le passé est une réalité qui a son ontologie propre et qui, d'une façon ou d'une autre, a influé sur le présent: pour le comprendre il ne faut donc jamais se contenter d'une seule lecture ou d'une seule interprétation, parce que, comme toute réalité, il la déborde inévitablement, il change et se transforme avec la mutation des temps historiques. C'est d'ailleurs ce qui, précisément, fait de l'histoire une ouverture à la multiplicité d'un jeu sans fin. C'est ce qui empêche toute totalisation, tout continuisme, toute synthèse définitive et toute

1. Qu'il suffise de se référer ici à la manière très différente selon laquelle Koyré et Bachelard interprètent la physique cartésienne. Bachelard la condamne à une "solitude historique", sans valeur pour l'épistémologie psychanalysée. Koyré la valorise, en revanche, au nom de la fécondité de l'histoire des sciences (in *Etudes galiléennes*). Sur le Koyré historien des sciences, cf. F. RUSSO, "A. Koyré et l'histoire de la pensée scientifique", in *Archives de Philosophie*, 28, 1965; J. ULLMO, "Remarques sur l'histoire conceptuelle et le positivisme", in *Hommage à A. Koyré*, Paris, 1965; Th. S. KUHN, "A. Koyré and the History of Science", in *Encounter*, 34, 1970; R. TATON, "Filosofia e rivoluzioni scientifiche nell'opera di A. Koyré", in *Annuario EST, Scienza e Tecnica '76*, Milan, 1976; et enfin certains des articles recueillis in *History and Technology*, 4, 1987 (actes du Colloque Alexandre Koyré, juin 1986).

2. G. JORLAND, *La Science dans la philosophie*, cit., p. 78. Selon Jorland, la méthode de Koyré est *l'empathie*, due à l'influence de Th. Lipps; mais on pourrait y voir aussi l'influence de W. Dilthey, surtout en ce qui concerne la *compréhension*.

3. A. KOYRÉ, "Perspectives sur l'histoire des sciences", communication au Colloque d'Oxford, 1961, repris dans *Etudes d'histoire de la pensée scientifique*, cit., p. 392.

« évacuation du fait ». L'histoire, ce sont les histoires, les changements de perspective, la réécriture infinie.

Bachelard et Koyré se rejoignent cependant sur le plan de la discontinuité. Tous deux la lisent au sein de cet univers si difficile à circonscrire qu'est la raison théorique, abstraite. En tant qu'historien, encore une fois, Koyré privilégie les différents moments selon lesquels la théorie s'est élaborée. Bien que l'on sache qu'elle est fausse, la physique aristotélicienne, par exemple, n'en reste pas moins une théorie, riche par sa cohérence, son élaboration, sa rigueur. Elle est donc digne d'estime parce que, bien qu'appartenant à une *Weltanschauung* différente de la nôtre, elle est parfaitement raisonnable, c'est-à-dire qu'elle témoigne d'un effort théorique parfaitement rigoureux. Cet effort ne saurait être réduit, contrairement à ce qui s'est fait à diverses reprises, à un simple prolongement du sens commun étayé par une imagination naïve[1]. La différence discontinue qui se déploie entre les grandes époques de la pensée scientifique (marquée par des révolutions), et entre les penseurs eux-mêmes, est une différence relative à l'ontologie. L'histoire des sciences doit être rapportée à l'histoire de la pensée et au privilège dont le théorique jouit par rapport au pratique. De même que les découvertes sont des théories réalisées, les instruments scientifiques ne sont que la matérialisation des théories. Koyré l'écrit dans une phrase qui rappelle trop celle de Bachelard dans le *Nouvel esprit scientifique* pour que cela soit le fruit du hasard. Cette conviction est par ailleurs compréhensible chez quelqu'un qui, comme lui, a été formé par la phénoménologie et qui continue tant bien que mal de s'y référer.

L'échec de Kepler vis-à-vis de la nouvelle dynamique, plus précisément en ce qui concerne les lois d'inertie, pour ne prendre qu'un exemple, est dû, selon Koyré, à sa métaphysique, à sa philosophie (et donc à sa vision du monde) : le mouvement et le repos n'avaient pas pour lui, en effet, le même statut (le mouvement étant un être et le repos une privation). Toutes les difficultés mises en évidence par les coperniciens, de Copernic à Galilée en passant par Bruno et Kepler, deviennent intelligibles si l'on ajoute au point de vue « strictement scientifique » une dimension philosophique : « c'est en effet de philosophie, d'ontologie, de métaphysique qu'il s'agit dans tout ce débat. Non de science pure »[2]. De telles différences ontologiques

1. A. KOYRÉ, *Etudes galiléennes*, cit., p. 17 et 280.

2. *Ibid.*, p. 186. Il continue ainsi : « Ce sont des raisons philosophiques, bien plus que des raisons purement scientifiques, qui ont arrêté Kepler [...] et l'ont empêché de poser les fondements de la dynamique nouvelle ».

représentent, à l'échelle macroscopique, les différents âges de la science.

Koyré distingue donc lui-aussi trois stades: la physique aristotélicienne, la physique de l'*impetus*, et la physique mathématique (Archimède, Galilée). En ce qui concerne l'astronomie, par exemple, il suffit de voir comment l'idée du Cosmos, à l'origine celle d'un monde clos, s'est transformée en celle d'un univers ouvert et infini [1], pour prendre la mesure de la « mutation intellectuelle » qui s'est produite avec la révolution scientifique (et qui l'a rendue possible). Koyré lui consacre la plus grande partie de ses études sur l'histoire des sciences (sur une période qui va de Copernic à Newton). Il reprend à Bachelard le concept de « mutation intellectuelle » [2], mais en l'appliquant à ces périodes de révolution scientifique, il en retire une vision profondément discontinue. La discontinuité est en réalité philosophique, c'est une discontinuité de pensée. Ce sont les « cadres de l'intelligence elle-même » qui changent avec la géométrisation de l'espace et la dissolution du cosmos.

> La physique classique sortie de la pensée de Bruno, de Galilée, de Descartes, *ne continue pas*, en fait, la physique médiévale des "précurseurs parisiens de Galilée": elle se place d'emblée sur un plan différent [3].

La même chose vaut pour Machiavel, que Koyré cite en exemple dans un essai de 1930 (donc avant sa "conversion" à l'histoire de la pensée scientifique). Là aussi la discontinuité est radicale. Grâce à lui, ecrit-il, c'est le Moyen Age qui disparait, et bien plus, c'est comme si le Moyen Age n'avait jamais existé. Tous les problèmes sont différents. Toutes les valeurs ont changé.

On ne doit pas entendre, par là, que la complexité des changements et des transitions soit réduite à une simple coupure et que les périodes ne se croisent pas entre elles. Il serait simpliste d'indiquer une date ou une situation précise comme marquant la rupture entre une époque et l'autre (ce que Bachelard n'hésite pas à faire), puisque « les courants de pensée se poursuivent, s'entrecroisent » et que « l'histoire de l'évolution spirituelle de l'humanité présente un complexité incompatible avec les

1. In *Etudes galiléennes*, cit., p. 165 et 172; mais surtout in A. KOYRÉ, *From the Closed World to the Infinite Universe*, Baltimore, 1957 (tr. fr. Paris, 1962).

2. Dans une note de la première page des *Etudes galiléennes*, Koyré déclare ouvertement emprunter cette notion à G. BACHELARD, *Le Nouvel esprit scientifique*, cit., et à *La Formation de l'esprit scientifique*, cit.

3. *Ibid.*, p. 15-16 (souligné par moi).

divisions tranchées», même si «à une certaine distance, *grosso modo*, les distinctions apparaissent bien nettes»[1].

Les études sur Galilée et Descartes le confirment: la révolution scientifique s'est accomplie avec eux, mais en même temps elle s'est accomplie du fait de la persistance, en eux, de concepts et d'idées encore médiévales[2].

La complexité de l'histoire réserve donc d'innombrables surprises. C'est ainsi qu'elle exprime son pouvoir de dispersion, si l'on peut dire, arythmique, et, surtout, anti-dogmatique: Koyré a le courage de montrer les limites ontologiques de Galilée et de Descartes, et il attribue une importance considérable à l'étude des erreurs (qui sont souvent des vérités qui appartiennent à des ontologies différentes). Il peut ainsi mettre à bas le piédestal hiératique sur lequel on juche généralement ces penseurs, et, parce qu'il se réfère rigoureusement aux textes, il peut indiquer la multiplicité des croisement théoriques qui subsistaient même chez des savants aussi insignes. La vérité n'appartient pas à une chimérique «souche de génies» et l'homme de science est lui aussi immergé dans son histoire, comme le fait remarquer Y.Elkana[3] (il ne pourrait d'ailleurs pas en être autrement, puisque la vérité ne peut se réaliser que dans l'histoire). Il devient alors très important d'insister sur le fait que Galilée n'a pas "découvert" le principe d'inertie, séduit par une métaphysique encore partiellement naturaliste, ou que Descartes n'a pas "compris" les "principes" de Beckman (sur la conservation du mouvement), retombant ainsi, avec le concept de *force*[4], dans la conception classique de la physique de l'*impetus*. La sévère autorité de ces auteurs, la façon dont ils se distinguent dans l'histoire de la pensée parce qu'ils sont considérés comme les fondateurs d'une méthode scientifique ou philosophique, tout cela est revu et mis en question. D'où l'hostilité d'Aldo Mieli. Sa réaction scandalisée indique à quel point le travail critique de Koyré a œuvré en profondeur, et surtout révèle la nouveauté de sa méthode historique anti-positiviste. Mieli saisit parfaitement les implications iconoclastes de cette histoire. En montrant les limites de Galilée, en insistant sur le fait que ce dernier s'est essentiellement fondé sur des

1. A. KOYRÉ, "La pensée moderne" (1930), in *Etudes d'histoire de la pensée scientifique*, cit., p. 17 et 21-22.

2. En ce qui concerne la *révolution scientifique* et sa localisation spatio-temporelle dans l'œuvre de Koyré, voir E. COUMET, "La révolution scientifique introuvable?", cit. Dans cet article, Coumet s'interroge sur les déplacements que Koyré fait subir à la caractérisation de la révolution scientifique.

3. Y. ELKANA, "A. Koyré: Between the History of Ideas and Sociology of Science", in *History and Technology*, 1987, cit.

4. *Etudes galiléennes*, cit., p. 258 et suivantes, pour ce qui concerne Galilée et p. 118-119 pour ce qui concerne Descartes.

expériences *mentales* jamais mises en pratique, et en expliquant que c'est foncièrement « la transformation des "fondements" (théoriques) qui permet et provoque l'éclosion de la physique classique [...] et non le donné expérimental »[1], Koyré donne à voir dans la complexité de l'histoire la primauté du théorique sur le pratique.

C'est seulement grâce à cette modalité critique de l'histoire des sciences que Koyré peut reconnaître le présupposé essentiel de la science moderne : la mathématisation. La subsistance dans l'histoire de voies qui s'entrecroisent, d'histoires qui se chevauchent, ne pose pas de problème, car elle témoigne du rôle théorique fondamental de la mathématisation pour la révolution scientifique. C'est à son propos que la vérité se manifeste comme inépuisable condition de possibilité. C'est vers ce nœud théorico-rationnel que Koyré fait converger toutes les histoires, en en faisant un véritable présupposé philosophique pour toute recherche possible. Le potentiel de dissipation de l'histoire se cristallise alors autour d'une idée. La raison reprend le dessus, ou, plutôt, elle montre que cet ordre présupposé est nécessaire face à l'anarchie plurielle des croisements historiques, à la « faiblesse théorique » de l'histoire comme discipline. La mathématisation, de même que l'abstraction, indique *dans* l'histoire (et dans les histoires), le processus progressif de la raison humaine, « l'élan créateur de la pensée »[2] dans son cheminement vers l'unité et la vérité.

Dès les années 1930, l'histoire des sciences que Koyré développe suit certaines idées-force posées philosophiquement. Si, d'un côté, il parle de la nécessité pour l'historien d'oublier sa vérité présente et de se situer dans celle du passé, de l'autre il démontre qu'il est parfaitement conscient de ce que l'histoire objective, valable une fois pour toutes, est quelque chose d'absurde et d'impossible.

> L'histoire n'est pas immuable. Elle change avec nous [...]. C'est pourquoi chaque période historique, chaque moment de

1. A. KOYRÉ, "Les années d'apprentissage de Galilée", conférence lue à la séance du 22 janvier 1936 de la section d'histoire des sciences du Centre International de Synthèse, in *Archeion*, 18, 1936 et recueilli dans A. KOYRÉ, *De la mystique à la science*, cit., p. 39. A la suite de la communication de Koyré au IX Congès International de Philosophie, Paris, 1937 (connu comme "Congrès Descartes"), maintenant in A. KOYRÉ, *Etudes d'histoire de la pensée scientifique*, cit., Mieli polémique en ces termes : « Dernier venu, A. Koyré apporte sa voix pour proclamer que "Galilée n'a pas fait l'expérience de Pise et ne l'a même pas imaginée". Tous les raisonnements, les élucubrations de Koyré nous semblent des conjectures, et à vrai dire sans aucun poids », *Archeion*, 21, 1938, p. 249.

2. A. KOYRÉ, "De l'influence des conceptions philosophiques sur l'évolution des théories scientifiques"(1954), in *Etudes d'histoire de la pensée scientifique*, cit., p. 258, et "Orientations et projets de recherches", *ibid.*, p. 14.

l'évolution en est à réécrire l'histoire et à rechercher, à nouveau, ses ancêtres [1].

Cela signifie que l'histoire se conjugue inévitablement avec la philosophie de l'époque dans laquelle elle se situe, mais qu'elle reste insaisissable si certains principes directeurs théoriques – certains "types idéaux", suggère E.Coumet[2] – n'en guident pas l'interrogation et la problématisation. Ces principes sont et ne peuvent être qu'*idéaux*, ils sont inhérents à la structure mentale humaine, et ils témoignent du privilège dont jouit la théorie non seulement dans l'histoire de la pensée sous toute ses formes, mais aussi dans la *façon* même de *faire* cette histoire.

C'est alors qu'il devient essentiel de croire à l'*unité* de la pensée humaine : elle est le regard du philosophe de la raison sur la multiplicité des histoires, l'idée qui lui sert de guide. Elle permet à Koyré de "reconnaître" le cours du "vrai" progrès, l'authentique "*itinerarium mentis in veritatem*" (car là seulement la vérité vient à être) dont le cours n'est ni simple ni uniforme. C'est parce que la vérité est *dans* l'histoire, que

> la route vers la vérité est pleine d'embûches, et parsemée d'erreurs [...] [mais] c'est à travers elles que l'esprit progresse vers la vérité. L'*itinerarium mentis in veritatem* n'est pas une voie droite. Elle fait des tours et des détours, s'engage dans une impasse, revient en arrière. Et ce n'est pas une voie, mais plusieurs. Celle du mathématicien n'est pas celle du chimiste, ni celle du biologiste, ni même celle du physicien... Ainsi nous faut-il [...] nous résigner à écrire des histoires *des sciences* avant de pouvoir écrire l'histoire *de la science* dans laquelle elles viendront se fondre comme les affluents d'un fleuve se fondent dans celui-ci. Sera-t-elle jamais écrite ? Cela, seul l'avenir le saura [3].

Cet avenir, nous ne pouvons pas savoir dans quelle mesure Koyré lui-même l'a cru possible, ou s'il ne l'a pas posé simplement pour endiguer d'une certaine façon la dispersion des voies qui participent de cette vérité. Il n'en reste pas moins que le soin porté aux textes, l'attention critique avec laquelle il examine les traductions, malgré les limites que l'on y a vues récemment[4], illustrent le travail de l'historien

1. *Ibid.*, p. 17.

2. E. COUMET, "La révolution scientifique introuvable?", cit., p. 507 et 514.

3. A. KOYRÉ, *Etudes d'histoire de la pensée scientifique*, cit., p. 399. Noter ici que l'image du fleuve, déjà présente in L. BRUNSCHVICG, *L'expérience humaine et la causalité physique*, cit., est très élaborée.

4. S. DRAKE, *Galileo at Work. His Scientific Biography*, Chicago, 1978 (tr. fr. Paris, 1987). Ayant eu accès aux brouillons et aux notes expérimentales de Galilée, Drake croit pouvoir aisément démontrer que le savant du XVIIe siècle a longuement

en tant que recherche des discours de vérité, et non en tant qu'indication des voies effectives qui y mènent nécessairement. La formulation de Koyré, comparée à celle de Bachelard (l'historien des sciences comme historiographe de la vérité), est moins péremptoire, et, surtout, moins dogmatique. La vérité de Bachelard, horizon défini que l'abstraction peut atteindre, n'est pas différente de celle de Koyré. L'abstraction est toujours mathématique à son degré le plus élevé. Mais si pour l'un elle constitue un but en fonction duquel il est sans aucun doute possible de réécrire l'histoire, puisque dans la hiérarchie des abstractions il n'est pas possible de revenir en arrière, pour l'autre cette réécriture est précisément l'écueil à éviter, l'illusion d'une vérité qui serait reconnaissable en dehors de son devenir historique.

Pour Koyré toute époque a sa propre vérité. C'est une vérité discursive, une vérité-dialogue qui constitue précisément l'histoire, et vis-à-vis de laquelle seule une confiance intuitive, à peine rationalisable dans la contingence phénoménologique, peut nous rassurer quant à son unité. Quelle confiance peut-on avoir dans la pensée humaine pour la détermination de cette unité, comment pourra-t-elle la garantir, voire, simplement, l'affirmer ? Comment l'historien des sciences peut-il vraiment croire dans son histoire comme étant, à la différence de toutes les autres, la seule capable de tracer la ligne unique du progrès ? Koyré a montré que l'on ne peut pas y croire. Il l'a fait non seulement en restant attentif à l'histoire des religions et des philosophies, mais aussi en prêtant l'oreille à cette histoire de l'art qui semble la plus touchée par la discontinuité philosophique, par l'absence de vérité. La "mutation intellectuelle" à l'œuvre dans l'histoire est précisément quelque chose qui reste à expliquer, et qui concerne simultanément divers domaines du savoir humain. Les arts peuvent alors contribuer à l'histoire des sciences, ils peuvent offrir un point de vue supplémentaire[1]. Ils peuvent aider l'historien, le philosophe, le chercheur en général, à renoncer au purisme vers lequel ils tendent souvent. Etant donné que « les voies de la pensée humaine sont curieuses, imprévisibles, illogiques ; à la route droite elles semblent préférer les

travaillé et expérimenté (conceptuellement et pratiquement) avant d'arriver à l'hypothèse selon laquelle les mathématiques gouvernent la nature. La philosophie de Galilée n'aurait donc pas dirigé unilatéralement ses inventions conceptuelles et scientifiques, comme Koyré semble le croire. Bien au contraire, elle semble avoir été fixée seulement à la suite d'une longue période de tatonnements, tentatives et observations dont ces notes rendent compte.

1. Koyré se réfère par exemple à l'opinion de Panofsky, selon qui une des raisons de l'échec et de l'erreur cosmologique de Galilée est à rechercher dans son esthétique personnelle qui accordait un privilège au cercle par rapport à l'ellipse ; voir A. KOYRÉ, "Attitude esthétique et pensée scientifique", in *Critique*, 100-101, 1955, repris dans *Etudes d'histoire de la pensée scientifique*, cit.

détours», «le purisme est une chose dangereuse»[1]. Il ne faut pas se laisser leurrer par la rigueur logique de la raison, parce que l'histoire, pas plus que la pensée, ne lui correspondent jamais. L'histoire et l'épistémologie le montrent bien. Tel est le motif le plus important du Koyré philosophe et historien, historiographe non de la vérité mais des discours que l'on a voulu tenir en son nom. Cette histoire, ces histoires nous enseignent que l'ouverture reste toujours possible, que «la pensée humaine, même celle des plus grands génies, n'est jamais complètement conséquente et logique»[2] et que les «douces sollicitations de la vérité objective» de Bachelard, qui tracent l'histoire vraie du progrès de la science "pour la lignée des génies", sont une chimère. Au «grain de folie» dont a parlé Bloch, il est difficile de renoncer.

1. *Ibid.*, p. 287-288.
2. A. KOYRÉ, *Du monde clos à l'univers infini*, cit., p. 34.

CHAPITRE VII

# BERGSON ET L'OUVERTURE VIRTUELLE DU PASSÉ

## L'OUBLI DE L'HISTOIRE ET LA PHILOSOPHIE

F. Braudel a défini l'histoire comme « une dialectique de la durée »[1], et nous a mis en garde contre l'événement, c'est-à-dire contre le fait de penser seulement le temps court des faits éclatants. Il a appliqué cette définition à Febvre, indiquant un travail d'historien qui s'attache à l'explication du social dans toute sa réalité. Le même énoncé sert de titre d'une œuvre de Bachelard qui va pourtant dans un sens un peu différent.

Si l'on observe la stratégie suivie par Bachelard dans son texte polémique contre Bergson, *La Dialectique de la Durée,* l'on peut remarquer que la critique porte "seulement" sur un point de la philosophie de Bergson, à savoir la continuité uniforme du temps. Pour Bachelard, la conception d'un temps unique résume mal la diversité temporelle des fragments et occulte le rythme propre de chaque phénomène pris isolément[2]. Cette uniformité du temps bergsonien est, de fait, la cible des critiques les plus virulentes dont sa pensée ait fait l'objet. Il convient toutefois de se demander si le statut du temps n'a chez Bergson d'autre attribut que cette totalité. Si tel était le cas, l'histoire serait alors aplanie en une sorte de construction artificielle en fonction de l'idée du temps, sans variabilité possible, dynamisée seulement par l'ouverture générique de la durée. Il convient avant tout de se demander si le temps de Bergson renvoie véritablement à un tout

1. F. BRAUDEL, *Ecrits sur l'histoire*, *op. cit.*, p. 61.

2. G. BACHELARD, *Dialectique de la durée*, *op. cit.*, cf. avant-propos, p. VII. Bachelard spécifie ainsi son rapport avec la pensée bergsonienne : « Nous voudrions alors développer un essai de bergsonisme discontinu, en montrant la nécessité d'arithmétiser la durée bergsonienne pour lui donner plus de fluidité, plus de nombres, plus d'exactitude aussi dans la correspondance que les phénomènes de la pensée présentent avec les caractères quantiques du réel » (*ibid.* p. 8).

homogène, et si, dans son unité, les rythmes sont vraiment absents. Nous allons voir qu'il n'en est pas toujours ainsi.

La critique de Bachelard vise juste, bien entendu, en ce qui concerne la perspective générale de la pensée de Bergson, surtout si l'on songe au destin de *Durée et simultanéité*, ouvrage dans lequel la critique a vu une tentative de remise en cause des théories d'Einstein[1]. Il nous semble cependant possible de distinguer d'autres aspects de ses considérations sur le temps, plus implicites, moins évidents, et néanmoins extrêmement intéressants si l'on veut comprendre ce que pourrait être le rapport de cette pensée avec l'histoire. Il faut, pour ce faire, se concentrer sur certains éléments de la philosophie de Bergson au risque de négliger parfois l'ensemble. Nous choisirons donc certaines œuvres au détriment d'autres, et, au sein de ces œuvres, nous nous limiterons à quelques nœuds problématiques du bergsonisme. Nous n'entendons pas dresser un tableau exhaustif de la philosophie de Bergson, mais en déchiffrer certaines trames internes et certains points nodaux.

Parler de Bergson dans ce contexte peut sembler incongru, presque paradoxal. Bergson ne s'est jamais penché sur l'histoire (hormis l'histoire de la philosophie), et n'a jamais fait part d'un intérêt explicite pour les historiens de profession. Dans l'entre-deux-guerres, en outre, son activité de création philosophique est quasiment achevée et il a désormais publié ses œuvres les plus importantes. Enfin, dans les

1. La question de l'interdiction de la réédition du livre de la part de Bergson (que certains affirment avoir été décidé sur le conseil de Le Roy) reste ambiguë. L'on pourrait penser, avec G. Deleuze, que Bergson l'ait prise non pas pour les erreurs dont il se serait aperçu y avoir commis, mais justement à cause des critiques ne voyant dans ce livre qu'une analyse des formules einsteiniennes. Voir G. DELEUZE, *L'Image-mouvement*, Paris, 1983, p. 88-89. La perspective de Bachelard est, de ce point de vue, radicalement différente de celle de Bergson. Le point fort de la critique, dans *La Dialectique de la durée*, est le discontinuisme que Bergson aurait négligé complètement. « Pour durer, il faut donc se confier à des rythmes, c'est-à-dire à des systèmes d'instants » (p. IX). Or, selon Bachelard, « avec la Relativité est apparu le pluralisme temporel » que Bergson essaie de nier (p. 90), bien qu'Einstein accepte encore la continuité comme un fait évident. Pour comprendre la complexité du réel il faut en outre franchir le pas de la microphysique, où l'on expérimente des changements non-continus, les sauts quantiques, qui remettent en cause « la facile continuité des trajectoires » (pp. 91 et 67). C'est donc l'indéterminisme de la physique quantique et ondulatoire qui permet de comprendre la pluralité des rythmes et des durées. « Bref, prise dans le détail de son cours, nous avons toujours vu une durée précise et concrète fourmiller de lacunes. Etablir métaphysiquement – contre la thèse bergsonienne de la continuité – l'existence de ces lacunes dans la durée devait être notre première tâche » (*ibid.*, p. VII). Pour une critique très précise et nuancée de l'unité temporelle chez Bergson, voir aussi (dans un sillage encore assez bachelardien) M. SERRES, *La distribution. Hermes IV*, Paris, 1977, p. 127-142, et notamment la conclusion. Par contre, G. Deleuze, in G. DELEUZE, *Le Bergsonisme*, Paris, 1968, soutient une thèse selon laquelle le temps et la durée seraient, chez Bergson, une *multiplicité* (voir le chap. "Une ou plusieurs durées?", p. 71-91).

quelques passages où il fait explicitement référence à l'histoire, Bergson ne la pare d'aucune noblesse, et ne fait aucune allusion au débat novateur qui l'agite. Pourquoi, dans ce cas, parler de Bergson? En quoi ce philosophe qui a laissé sur la culture française du tournant du XXe siècle sa marque indélébile s'inscrit-il dans la problématique que nous avons exposée jusqu'à présent?

Le fait est que Bergson est un penseur qui n'a pas épuisé ses possibilités; il peut offrir des perspectives inattendues, mais profondes, sur ce que les transformations de l'histoire peuvent apporter à la pensée philosophique elle-même. Sa philosophie n'est pas uniquement une philosophie de la durée, mais aussi de la multiplicité et de l'ouverture, attentive donc à la vie, au surgissement du nouveau (sans jamais verser dans le vitalisme, comme ce fut le cas, à certains égards, de Berr).

C'est en ce sens que l'on peut établir un lien avec certaines questions soulevées dans les chapitres précédents. M.Merleau-Ponty n'a d'ailleurs aucun doute à ce sujet lorsqu'il affirme: «c'est vraiment une question de savoir pourquoi il n'a pas pensé l'histoire du dedans comme il avait pensé la vie du dedans»[1]. En effet, «sur l'histoire humaine Bergson n'a presque rien dit»[2], hormis, peut-être, *Les deux sources de la morale et de la religion*. La philosophie de Bergson, rappelle Merleau-Ponty, est cependant fondée sur un ordre que l'on pourrait dire «de la contingence radicale». L'histoire y joue un rôle secondaire, instrumental tout au plus, qui ne sert peut-être qu'à montrer la nécessaire existence de la créativité. Et pourtant, l'étrangeté est plus apparente que ce que l'on pourrait croire. L'histoire, comme la vie, est ouverte à l'indéterminé de la nouveauté. Son objet n'est pas ce qui est éternel, mais ce qui change sans cesse et surgit dans son irréductibilité. Lui trouver des lois, affirment des historiens tels que Febvre et Berr, ne signifie pas la réduire à ces lois. C'est ici que réside le caractère le plus original de la philosophie de Bergson: l'ouverture à la nouveauté au lieu d'une pensée de l'éternité.

L'histoire elle-même, dans sa multiplicité, peut être lue à travers le prisme que constitue le mot-clé de créativité. Bergson ne l'a pas fait, conscient des risques que cela impliquait, car il lui aurait fallu fonder ontologiquement le terme de créativité comme nouveau concept par rapport à l'histoire (pour éviter de concéder quoi que ce soit au vitalisme qui, au contraire, marque la philosophie de G.Simmel). Merleau-Ponty détecte cette possibilité dans la pensée de Bergson. D'autres

1. M. MERLEAU-PONTY, "Hommage à Bergson", in *Bulletin de la Société française de philosophie*, 1, 1960, p. 40.

2. J. HYPPOLITE, "Histoire et existence" (1955), in *Figures de la pensée philosophique*, Paris, 1971, II, p. 974.

philosophes ou historiens se sentiront en mesure de l'affirmer avec assurance. Il faut donc procéder avec prudence si l'on veut saisir le sens des concepts qui sont ici en jeu, sans pour autant s'y refuser purement et simplement. C'est que pour nous Bergson aborde les mêmes problèmes sous un éclairage différent.

Dans la littérature critique, le rapport de Bergson à l'histoire est analysé plus souvent qu'on n'aurait tendance à l'imaginer. Par rapport à ce qui nous intéresse, quelqu'un a remarqué, peut-être d'une façon assez réductrice, que «l'irrationalisme et le spiritualisme, et Bergson avant tout, ont profondément influencé les *Annales*»[1]. A.Corbin, par exemple, invite à ne pas négliger les influences des philosophes sur les historiens (il se réfère en particulier aux travaux de Bergson sur la durée et sur la mémoire, dont Febvre aussi bien que Braudel auraient subi l'influence)[2]. Il serait cependant erroné de chercher à démontrer une filiation directe entre Bergson et certaines problématiques historiques. D'un point de vue exclusivement documentaire, une telle filiation est pratiquement indémontrable. Le développement même de l'expérience des *Annales*, le texte de Bachelard *Dialectique de la durée* et le silence de Bergson sur l'histoire apportent plutôt la démonstration du contraire.

Le bergsonisme, surtout du fait des continuateurs et des disciples du philosophe, a d'ailleurs toujours privilégié le spiritualisme par rapport à l'histoire réelle (ou, tout au plus, une philosophie de l'histoire). Si, au contraire, l'on veut rester sur le plan des influences générales, celles-ci sont évidemment indiscutables, mais elles n'en sont pas moins inutilisables pour une compréhension plus profonde de ce que pouvaient être au cours de cette période les enjeux des discours de l'histoire (et sur l'histoire).

Notre référence à Bergson a une autre signification. Elle veut confronter un espace discursif en voie de solidification hégémonique (l'histoire ou les histoires, fondées de plus en plus sur un terrain interdisciplinaire) avec la pensée philosophique française la plus profonde: c'est ainsi que l'on pourra tenter de faire réagir certains concepts entre eux.

Il ne s'agira donc pas de parler en termes d'influence ou de filiation, mais d'un espace problématique commun qui, dans la crise de cette période, a rendu possible une grande ouverture conceptuelle. Bergson lui-même a vu là un des rôles importants de la philosophie.

1. M. CEDRONIO, in *Storiografia francese di ieri e di oggi*, *op. cit.*, p. 8.

2. A. CORBIN, "La Revue Historique", in *Au berceau des Annales*, *op. cit.*, p. 133 n. 14; mais A. Corbin, pas plus M. Cedronio, ne nous explique pas en quoi consisterait cette influence. Sur l'influence éventuelle du bergsonisme sur la formation de Febvre, voir aussi G. MASSICOTTE, *L'histoire problème*, *op. cit.*, p. 107.

Cette dernière, comme nous l'expliciterons bientôt, permet de comprendre la logique rétrospective selon laquelle nous avons l'habitude de raisonner. Le passé et le présent ne sont pas de même nature : ils entretiennent toujours un rapport de réciprocité, et non de succession. Il en va de même pour l'histoire, bien que cela nous soit caché derrière l'illusion de la linéarité passé-présent-avenir, conçus comme différents degrés de la temporalité. Le passé est toujours lu par le présent, suscité par celui-ci, bien que le présent en soit en même temps une conséquence.

> Par la philosophie, nous pouvons nous habituer à ne jamais isoler le présent du passé qu'il traîne avec lui. Grâce à elle, toutes les choses acquièrent de la profondeur [1].

Mais telle est aussi la tâche que se proposent aussi les deux fondateurs des *Annales*. Qu'est-ce que la philosophie a à voir avec l'histoire ? Beaucoup de choses, comme nous le verrons, parce que, par rapport aux autres sciences, elles traitent toutes les deux des problèmes liés à l'ouverture, au rapport entre passé et présent, aux concepts épistémologiques d'approximation et d'indéterminisme, à la spécificité de l'histoire (« science du changement », pour reprendre les termes de Bloch) [2].

1. H. BERGSON, *La Pensée et le mouvant*, Paris, 1938, p. 175 G. Jorland signale entre autre l'influence directe de Bergson et de Boutroux sur Koyré, cf. G. JORLAND, *La Science dans la philosophie*, *op. cit.*, p. 62. A propos du temps, il n'est pas sans intérêt que Febvre ait affirmé, contre Ch. Seignobos, que « le sens du mouvement [est la] vertu cardinale de l'historien » (in L. FEBVRE, *Combats pour l'histoire*, *op. cit.*, p. 98). Bloch cite Bergson in *Apologie pour l'histoire*, *op. cit.*, p. 153 et s'en inspire explicitement, lorsqu'il critique la conception mécaniste du temps (le temps de l'horloge, rigidement sectionné : voir plus haut le chap. IV p. 45 et note 112). Il n'est pas difficile de retrouver chez Bloch des termes bergsoniens tels que "durée", "élan" ou "temps continu". On verra par la suite que Bergson conçoit le travail de la philosophie comme quelque chose qui ne se limite pas seulement à l'humain ; or, voici ce que Bloch écrit à propos de l'historien : « L'histoire ne pense pas seulement "humain". L'atmosphère où sa pensée respire naturellement est la catégorie de la durée » (*ibid.*, p. 36). Sur le temps chez Bloch voir notamment *ibid.*, p. 36-37, 50, 123, 130 et 153 : l'historien a conscience qu'il faut une certaine idée du temps (la durée continue où baignent tous les faits humains) pour qu'il puisse forger des instruments adéquats à son métier.

2. La référence à Bergson est donc comme une sorte d'excursus qui nous permet d'observer comment, sur le plan de la philosophie spéculative et de la métaphysique en particulier, on retrouve les mêmes questions qui ont préoccupé les historiens de la période de l'entre-deux-guerres. La possibilité de croiser le discours philosophique de Bergson avec celui de l'histoire des *Annales* devient particulièrement intéressant pour saisir d'autres liaisons et d'autres interférences qui ont caractérisé la "crise" de cette période. Ceci ne veut pas dire que l'on retient ici Bergson comme le seul représentant du panorama philosophique français (bien qu'il ait été presque unanimement reconnu comme tel), mais simplement que l'on veut tenter de déchiffrer ce silence réciproque entre lui et les historiens professionnels. La littérature critique sur l'importance de l'histoire dans l'œuvre de Bergson est étonnamment étendue. Nous nous limitons ici à

La première rencontre, apparemment des plus banales, entre les thématiques bergsoniennes et celles de l'histoire apparait dans le choix de l'objet théorique. *Ce dont* la philosophie de Bergson s'occupe, correspond effectivement à ce dont l'histoire se veut une science. En restant sur un plan très général, l'objet commun est en effet le mouvement, le changement. Il ne faut pas croire qu'un objet de ce type, s'il convient bien à la philosophie, n'a guère de sens pour l'histoire parce qu'il serait trop vague et a-spécifique. Le mouvement et le changement sont souvent représentés comme étant le présupposé du travail historique, la généralisation, non uniquement rhétorique, de son objet.

Le choisir comme point de départ d'une confrontation n'est pas arbitraire. Si Bergson ne doute jamais que le but principal de sa philosophie (métaphysique) soit de rendre compte du mouvement et du changement, les historiens eux aussi, Bloch notamment, que l'on ne saurait soupçonner de complaisances métaphysiques, définissent leur discipline de façon analogue[1]. Febvre, pour sa part reconnaît que l'historien doit avoir ce «sens du changement» qui seul permet de comprendre les changements historiques[2] et de passer de l'histoire-tableau à l'histoire-problème. Et trouvant la définition de Bloch («histoire, science du changement»), trop abstraite dans sa généralité écrite au singulier, il propose, dans son horreur de l'abstraction, «l'histoire, science des changements». Il laisse ainsi à la philosophie le champ de l'abstraction conceptuelle et de sa constitution, se rapprochant davantage de l'épistémologie de Bachelard, plus pluraliste, pour que l'argumentation soit plus cohérente par rapport à la pluralité du réel. Mais cela, nous le verrons, n'est pas si éloigné de ce que pense Bergson.

en donner seulement des exemples parmi les plus intéressants et significatifs: R. M. MOSSÉ-BASTIDE, *Bergson éducateur*, Paris, 1965; A. THIBAUDET, *Le bergsonisme*, Paris, 1923, t. 2; H. DAVENSON [H. -I. MARROU], "Bergson et l'histoire", in A. BÉGUIN, P. THÉVENAZ, *H. Bergson, essais et témoignages*, Neuchâtel (s. d., peut-être 1941); H. LÉVY-BRUHL, "Histoire et bergsonisme", in *Revue de Synthèse*, 1940-1945; A. M. D. TAYLOR, "Vitalistic Philosophy of History: Wath Can Bergsonism Contribute to Historiography?", in *Journal of Social Philosophy*, 6, 1 janvier 1941; R. EBACHER, "Existence historique et temporalité chez Bergson", in *Laval théologique et philosophique*, 25 fév. 1969; J. HYPPOLITE, "Vie et philosophie de l'histoire chez Bergson", in *Figures de la pensée française*, *op. cit.*, et "Histoire et existence" *ibid.*, H. GOUHIER, *L'Histoire et sa philosophie*, Paris, 1952; R. POLIN, "Y a-t-il chez Bergson une philosophie de l'histoire?"; R. ARON, "Note sur Bergson et l'histoire", in *Etudes bergsoniennes*, IV, 1956.

1. M. BLOCH, *Apologie pour l'histoire*, *op. cit.*, p. 153 et p. 36-37; mais aussi M. BLOCH, *Mélanges historiques*, *op. cit.*, p. 7, 8 et 10: «il n'y a vraisemblablement pas de meilleure définition de l'Histoire que celle-ci: l'Histoire est la science du changement et, à bien des égards, une science des différences», *ibid.*, p. 8.

2. L. FEBVRE, *Combats pour l'histoire*, *op. cit.*, p. 96.

C'est lui qui, dès *Les Données immédiates de la conscience*, souligne que mouvement et changement sont qualitativement la même chose, étant inconcevables l'un sans l'autre. Il est vrai que dans cette œuvre les concepts de mouvement et de durée sont encore à certains égards monochromatiques, unitaires et généraux, mais c'est en ce point qu'il introduit l'un des principes fondamentaux de toute sa philosophie, sans en développer encore toutes les potentialités; la multiplicité qualitative (qu'il appelle également "hétérogénéité pure", « succession de changements qualitatifs qui se fondent [...] sans contours précis »)[1]. Nous y reviendrons à la fin de ce chapitre, car c'est grâce à cette multiplicité de la durée, hétérogénéité pure, que Bergson pourra rendre compte, dans ses œuvres suivantes, de la variabilité du réel et du passé. C'est grâce à elle que le concept de virtualité, à partir duquel Bergson "révolutionne" la vision philosophique traditionnelle du passé, occupe le centre de la pensée d'un temps non spatialisé.

Sur un plan délibérément spéculatif, donc, changement et mouvement doivent être entendus en dehors de toute objectivation spatiale. Il faut les soustraire à toute solidification ou fixation pour les comprendre dans leur essence. L'exercice de la pensée devient alors ardu.

> Il y a des changements, mais il n'y a pas sous le changement, des choses qui changent: le changement n'a pas besoin de support. Il y a des mouvements, mais il n'y a pas d'objet inerte, invariable, qui se meuve: le mouvement n'implique pas un mobile [2].

Le mouvement ne correspond donc pas à ce que mesure comme tel la physique avec l'aide des mathématiques. Les sciences, qui opèrent exclusivement par spatialisation (les nombres sont la distribution des points dans un espace), ne sont pas en mesure de saisir ce qui fait que le mouvement est mouvement, à savoir sa fluidité. Elles le fixent dans ses instants, fût-ce en une succession infinie d'instants (avec le calcul infinitésimal, par exemple), mais elles restent limitées à leur démarche intellectuelle, calculante, biologiquement orientée vers l'action (la valeur heuristique est une valeur pragmatique de "faisabilité"). La démarche qui peut faire saisir le mouvement en tant que tel et la multiplicité qualitative de la durée est toute autre: c'est l'intuition.

1. H. BERGSON, *Les Données immédiates de la conscience*, Paris, (1888) 1927, p. 75, 77 et suiv.

2. En ce qui concerne le mouvement et le changement voir, outre *Matière et mémoire*, Paris, (1896) 1939, l'essai fondamental "La perception du changement" (1911), in *La Pensée et le mouvant*, *op. cit.*, Le passage cité en est tiré (p. 163). Un commentaire de ce passage, du point de vue des rapports de Bergson avec l'histoire, se trouve in R. EBACHER, "Existence historique et temporalité selon Bergson", in *Laval théologique et philosophique*, *op. cit.*, p. 227 (voir aussi les pages 232-233).

Il s'agit d'un aspect fort connu de la pensée de Bergson, sur lequel s'est arrêté l'essentiel de la critique, et qui introduit une scission irréductible entre intellect et intuition, entre science et métaphysique. Bergson ne récuse pas la méthode des sciences, mais lui oppose une autre méthode tout aussi rigoureuse (qu'ailleurs, de façon plus cohérente, il présente comme complémentaire). C'est celle de l'esprit, ou, plutôt, la méthode de l'expérience intérieure, de la conscience immédiate. Seule cette méthode permet d'atteindre la durée, l'élan de la vie, la fluidité du mouvement. C'est d'elle que naît la perception du changement, le changement pur: l'intuition suggère l'idée et la science lui donne la rigueur nécessaire en l'exprimant en termes qui renvoient à une conception statique des choses (le calcul différentiel dans la science moderne, par exemple). L'intelligence opère donc par juxtaposition, et l'intuition par tension, fluidification. Elles sont comme deux facultés (l'intuition se révèle comme «une nouvelle faculté»), l'une tournée vers le monde spirituel, l'autre vers le monde matériel-objectif: aucune des deux n'a de privilège sur l'autre.

> Pour tout résumer, nous voulons une différence de méthode, nous n'admettons pas une différence de valeur, entre la métaphysique et la science [...]. La métaphysique n'est donc pas la supérieure de la science positive; elle ne vient pas après la science considérer le même objet pour en obtenir une connaissance plus haute [...]. Nous croyons qu'elles peuvent devenir également précises et certaines. L'une et l'autre portent sur la *réalité même*. Mais chacune n'en retient que la moitié [1].

C'est peut-être, aussi, l'un des points les plus faibles de Bergson, comme E.Borel avait déjà, en son temps, tenté de le faire remarquer[2].

1. H. BERGSON, *La Pensée et le mouvant*, *op. cit.*, p. 42-43 (souligné par moi).

2. Bien qu'elle se veuille une philosophie adéquate à la science de son temps (être une philosophie du nouveau et non plus de l'éternel), la science que Bergson prend en compte est celle qui arrive au XIX^e siècle à son apogée. Si l'on s'en tient à la science du XVII^e et du XVIII^e siècle, il est certainement légitime d'affirmer que le temps de la physique ne dure pas, et que son mouvement est réduit à l'espace (même s'il convient de nuancer cette affirmation, surtout dans le cas de quelqu'un comme Newton). Les sciences exactes du XIX^e et du XX^e siècle se placent en revanche sur un autre plan, et Bergson semble ne pas en tenir suffisamment compte. «Je voudrais essayer de montrer que l'idée que M. Bergson se fait de l'intelligence géométrique, – écrit E. Borel – [...] est adéquate à l'intelligence géométrique des Grecs; mais que l'intelligence géométrique à évolué et qu'actuellement elle est beaucoup moins rigide et beaucoup plus vivante», in E. BOREL, "L'Evolution de l'intelligence géométrique", *Revue de Métaphysique et de Morale*, janvier 1908. Bergson lui répond dans la même revue, et doit constater qu'il n'a pas été compris, que son intention n'est aucunement de mépriser la connaissance scientifique, mais simplement de montrer la profondeur expériencielle, donc contingente, du mouvement (l'œuvre sur laquelle s'exerce la critique de Borel est *L'Evolution créatrice*); H. BERGSON, "Réponse à un article d'E. Borel", repris dans *Mélanges*, Paris, 1972 p. 758. Reste que l'histoire des

La stratégie intellectuelle qu'a choisie le philosophe ne lui permettait toutefois plus de faire marche arrière, au point que cette critique lui est faite, aujourd'hui, par des physiciens qui se sont pourtant proposés de reprendre sa pensée sur la base des résultats auxquels leurs recherches les ont amenés[1].

sciences faite par Bergson est soumise à l'intérêt spécifique de sa pensée, même s'il reconnaît en fait la "nécessité de l'histoire" pour les sciences (en 1902, avec E. Le Roy, soulignant l'inconvénient qu'il y aurait eu à enseigner les sciences sans en faire l'histoire, lors d'une séance à la *Société française de philosophie*, le 18 décembre 1902). En 1919, au Collège de France, c'est lui qui pousse au rétablissement de la chaire d'Histoire des sciences qui avait été supprimée. On sait d'ailleurs qu'il a par deux fois appuyé la candidature de H. Berr au Collège de France. Sa perspective reste donc philosophique. L'histoire des sciences n'a pas un statut particulier par rapport à l'histoire, elle ne doit pas être dogmatique et elle doit "attribuer une certaine importance à l'ordre (souvent contingent) dans lequel les problèmes se sont posés. Dans ce sens notre science serait, en partie au moins, contingente" (H. BERGSON, *Mélanges*, *op. cit.*, p.568). Ce rôle donné à la contingence indique une sensibilité historique très fine, car contingence signifie que la réalité de l'histoire dépend de l'ensemble des réalités dans lequel elle se trouve, chaque fois renouvelé et toujours changeant. C'est que Bergson utilise l'histoire des sciences d'une façon absolument problématisante : il lit l'histoire à partir des problèmes qu'il pose en tant que philosophe. De ce point de vue, son rapport à l'histoire des sciences pourrait véritablement être considéré comme une "histoire-problème". La recherche historique n'a de sens, aux yeux de Bergson, que si elle peut répondre à des questions posées après coup, sans pour autant tomber dans l'illusion qui fait que beaucoup d'historiens prennent l'hypothèse problématique pour l'explication véritable (Bergson nie ainsi l'importance des « signes avant-coureurs » – qui ne seraient qu'une construction après-coup – avec la même lucidité de Koyré, trente ans plus tard, lorsqu'il condamne la notion de précurseur). L'essai de BERGSON « "Fantômes de vivants" et "recherche psychique" » (1913), in *Energie spirituelle*, est aussi très significatif à cet égard : cf. p.64-66 et 83. Voir aussi, à ce propos, *l'Evolution créatrice*, Paris, 1907, p.328-344 : ce sont les pages qui scandalisent Borel, car Bergson y montre comment la science moderne, qui, à la différence de la science actuelle, prend le temps comme variable indépendante, n'aide pas à rendre compte du "flux même" du temps. Voir aussi la très significative exposition du développement de l'analyse infinitésimale dans "Introduction à la métaphysique", in *La Pensée et le mouvant*, cit., p.214-215. Une analyse très intéressante de l'importance attribuée par Bergson à l'histoire des sciences se trouve in R. M. MOSSÉ-BASTIDE, *Bergson éducateur*, *op. cit.*, p.244-249. M. Serres propose une autre hypothèse, très suggestive, pour expliquer le dualisme bergsonien : le partage entre énergétisme et atomisme qui hante la conjoncture historique de l'époque. La métaphysique de l'intuition ne serait qu'une métaphore de l'énergétisme de Ostwald. M. Serres souligne d'ailleurs lui aussi que « la Science de Bergson, j'entends par là celle qu'il critique, et place du côté de l'intelligence, il faut dire à nouveau que ce n'est pas la science. D'abord parce qu'elle n'a sans doute jamais existé sous majuscule, mais surtout parce que tout ce qu'il en dit restitue avec une fidélité remarquable un savoir daté, facile à reconnaître » (M. SERRES, *Hermes IV, La Distribution*, *op. cit.*, p.129).

1. La limite de Bergson consiste, pour I. Prigogine et I. Stengers, dans le fait qu'il ne comprend pas les changements qui ont lieu dans la physique contemporaine. Bergson reste en effet convaincu de l'impossibilité, pour la science, de changer la direction de son travail, c'est-à-dire sa méthode. En fait, même après la révolution quantique de la fin des années 1920, il écrit encore dans *Les deux sources de la morale et de la religion*, Paris, 1932 : « Il est facile, en effet, de définir la science, puisqu'elle a toujours travaillé dans la même direction. Elle mesure et calcule, en vue de prévoir et

C'est dans cette perspective qu'il convient de comprendre l'apparente anti-historicité du philosophe, son oubli de l'histoire. Des déclarations telles que « l'histoire est une école d'immoralité » [1], ou le célèbre passage dans lequel il déclare qu'une idée profondément philosophique est indépendante du contexte dans lequel elle naît, doivent être compris en fonction de la division entre les deux facultés cognitives de l'intelligence et de l'intuition. En fait, seule cette dernière peut rendre compte de ce qui est nouveau. L'histoire, dans son acception courante, est victime d'une illusion scientiste, intellectuelle, rétrospective. La contextualisation, pour Bergson, masque une tentative pour figer le surgissement du nouveau dans des lois déterminées, ou, pire encore, dans des enchaînements causals. L'antidéterminisme radical de sa pensée, tout aussi "rigoureux" et "précis" comme méthode, ne veut pas déboucher sur un irrationalisme vide, mais proposer la possibilité de lire différemment la réalité, une nouvelle connaissance [2]. Le nouveau ne doit plus être réduit aux concepts spatialisants que met en œuvre cette partie de la connaissance, et qui ne recouvre que la moitié de la réalité.

La provocation de Bergson va très loin, et l'invitation à ne pas se laisser tromper par les apparences atteint des sommets lorsqu'elle s'applique à une histoire que le philosophe connaît particulièrement bien : celle de la philosophie.

> Ainsi, une pensée qui apporte quelque chose de nouveau dans le monde est bien obligée de se manifester à travers les idées toutes faites qu'elle rencontre devant elle [...] ; elle apparaît ainsi comme relative à l'époque où le philosophe a vécu ; mais ce n'est souvent qu'une apparence. Le philosophe eût vécu plusieurs siècles plus tôt [...] il eût dit la même chose [3].

La difficulté apparente de Bergson avec l'histoire pourrait aussi être attribuée à son idée de l'absolu (qu'il convient sûrement d'entendre dans le sens kantien de "pur" plutôt que dans un sens hégélien ou schellingien). L'absolu de Bergson est en effet quelque chose

d'agir » ; p. 178. Voir I. PRIGOGINE et I. STENGERS, *Nature et créativité*, trad. ital., Milan, 1981 p. 237 et, des mêmes auteurs, *La nouvelle alliance*, *op. cit.*, chap. 3, §3, ainsi que *Entre le temps et l'éternité*, *op. cit.*, p. 20 : « Dans la mesure où il entendait proposer une démarche qui puisse se constituer comme rivale de la connaissance scientifique, Bergson a échoué ». L'intuition, selon ces auteurs, ne doit pas être opposée à la méthode scientifique, mais elle doit y être intégrée. Voilà la limite du philosophe : « Le jugement de Bergson méconnaissait [...] le fait que la physique n'est pas une donnée [...], mais une *œuvre* unissant, comme toute œuvre créatrice, la liberté de l'imagination et l'exploration rigoureuse[...] du monde ».

1. H. BERGSON, *Mélanges*, *op. cit.*, p. 1130.
2. H. BERGSON, *La pensée et le mouvant*, *op. cit.*, p. 86.
3. *Ibid.*, p. 123.

d'immanent à l'histoire de la vie, à l'évolution créatrice, c'est un absolu de l'immanence, non de la transcendance[1], et susceptible, quoi qu'il en soit, d'être compris comme foncièrement anti-historique. Si l'intuition, qui est la méthode de la métaphysique, offre un accès immédiat à l'absolu, elle n'est évidemment pas soumise au déroulement historique de sa réalisation. L'absolu, par définition, étant immanent, ne peut être historique (à la différence de celui de Hegel), et le relatif n'y a aucune place. Il est intériorité pure, qu'aucun accès extérieur ne peut envisager d'épuiser totalement. L'histoire, au contraire, naît comme facteur d'extériorité et, sur le plan de l'objectivité et des sciences, elle fait partie de la série de problèmes et de tentatives visant à accéder à l'absolu. Ces tentatives, Bergson les reconnaît comme étant constitutivement interminables ; elles sont réalisées par les sciences, du dehors, et elles ont pour caractéristique essentielle d'être une forme multiple de connaissance approchée[2], et donc historique.

Or, comme les idées de la philosophie sont du ressort de la métaphysique (le deuxième type de connaissance), il n'est nullement besoin de les situer ou de les étudier dans la perspective diachronique de leur apparition sur la scène du savoir. L'idée, en philosophie, est quelque chose de rare, d'unique, elle est l'intuition simple d'un penseur qui consacrera ensuite toute sa vie à l'expliciter (à savoir : l'exposer dans le cadre du premier type de connaissance). C'est l'infinie simplicité intuitive de l'idée (conçue comme une « chose de l'intuition ») qui permet qu'elle *soit dite*, qui donne le point de départ de l'histoire des efforts déployés pour l'identifier, l'expliquer, et l'extérioriser. Le travail des sciences consiste en ceci : une succession d'explications

1. Voir R. POLIN, "Y a-t-il chez Bergson une philosophie de l'histoire?", *op. cit.*, p. 20-21, mais aussi G. DELEUZE, *Le bergsonisme*, *op. cit.*

2. Au sujet de l'approximation, dont l'importance a déjà été soulignée dans le chapitre précédent (Bachelard), voir H. BERGSON, *La Pensée et le mouvant*, *op. cit.*, p. 43 et 119. « En droit, la physique atteint l'absolu, et elle se rapproche de plus en plus, à mesure qu'elle avance, de cette limite idéale » (H. BERGSON, in *Mélanges*, *op. cit.*, p. 747). Le processus d'approximation implique évidemment une histoire. Or, comme il y a différentes façons de s'approcher de cette limite (les diverses sciences et, dans chaque science, diverses théories), il y aura non pas une, mais plusieurs histoires. Bergson le confirme d'une certaine façon dans une lettre à A. Chiappelli, en 1910 : « Plus je vois, plus je suis persuadé que le temps est passé des systèmes proprement dits, qui prétendaient apporter la solution "ne varietur" de tous les grands problèmes : l'avenir est à une philosophie qui se fera en collaboration et qui admettra un perfectionnement graduel » (voir la lettre à A. Chiappelli, St. Cergue, Suisse, 15 juillet 1910, non comprise dans les *Mélanges* et publiée dans l'ouvrage collectif, *Federigo Enriques. Approssimazione e verità*, *op. cit.*, p. 220.

diverses pour des vérités perçues intuitivement du dedans[1].

Une fois accomplie l'extériorisation, alors que l'on est pris dans l'effort explicatif visant à fixer, à indiquer, à nommer ce qu'est cet absolu réel, la genèse des discours devient importante. Le langage et les sciences humaines ont une histoire. L'on pourrait en déduire que l'histoire elle-même a un sens véritablement scientifique puisqu'elle porte sur l'extériorité de cette intuition, sur la fixation, en quelque sorte, de la durée. Ainsi, grâce à cette division entre dedans et dehors, entre espace et temps de la durée, Bergson peut affirmer deux choses à première vue contradictoires: la non-historicité (de l'intuition philosophique) et la "nécessité de l'histoire" (des sciences et du langage).

C'est parce que la science est avant tout approximation et que sa méthode est toute autre que celle de l'intuition, et c'est parce qu'elle ne peut jamais se reposer sur une acquisition supposée définitive de la vérité de la réalité, que l'ordre selon lequel ont été posés les problèmes devient important. Sans cet ordre, les discours se présenteraient comme vérité dogmatique, simulant l'absolu de l'intuition immédiate, mais se condamnant, en revanche, à l'incompréhension. L'ordre historique comme ordre problématique est donc essentiel au savoir de l'extériorité. Il est partie intégrante de toutes les formes de la connaissance intellectuelle.

> En fait, (les sciences) énoncent des lois dont la forme eût été différente si l'on eût choisi d'autres variables, d'autres unités de

1. H. BERGSON, *La Pensée et le mouvant*, *op. cit.*, p. 29. L'approximation dont traite Bergson n'est pas analysée dans toutes ses conséquences. Il préfère privilégier l'unité de la durée, bien qu'elle soit en soi multiplicité, sans se préoccuper d'approfondir l'expérience même de la science *en tant qu'expérience*. La différence avec Febvre ou Bloch est de ce point de vue très profonde, parce qu'ils cherchent surtout les moyens de faire une histoire des sciences, une histoire de l'homme, une histoire de l'économie, etc. La pluralité des points de vue, que Bergson critique ici à la page 178 est au contraire essentielle pour ces historiens. Bergson semble ne pas s'en préoccuper, trop occupé par la métaphysique de l'intuition saisissant la chose même (p. 187). Par l'intuition il serait possible de saisir, selon lui, ce que Kant avait défini comme impossible, c'est-à-dire ce qui dépasse les limites de l'entendement. La connaissance analytique est pour Bergson (à la différence de l'intuitive) approximation et point de vue (p. 185). En ce sens les images (les points de vue) sont préférables aux concepts, puisqu'elles sont liées au concret, donc susceptibles de diriger la conscience vers l'intuition à saisir. Les concepts de l'entendement ne peuvent pas toucher l'unité intime de la chose même, qui est durée pure. C'est la raison pour laquelle l'intuition doit former de nouveaux concepts, différents des autres, qui ne soient ni rigides ni systématiques, mais fluides et mobiles (p. 188). Ce sont des concepts qu'il ne faudrait presque pas nommer concepts (p. 197), puisqu'ils s'appliquent à une seule chose dans son unicité et dans sa particularité. En voilà quelques-uns: la multiplicité qualitative, le centre virtuel (p. 265), l'unité multiple (p. 197), la philosophie progressive (p. 213), la durée, etc.

mesure, et surtout si les problèmes s'étaient posés, chronologiquement, dans un ordre différent [1].

Cette séparation entre dedans et dehors n'est cependant que la tentative pour fonder une nouvelle historicité, formulée à la lumière d'une multiplicité qualitative et consciente de la pluralité des points de vue qui s'ouvrent sur toute réalité. La contingence de l'expérience lui appartient, de même qu'elle appartient par excellence à la durée. Mais il s'agit d'une autre expérience, ouverte et en mouvement. L'ouverture et le mouvement sont, dans leur être même, des problèmes de la philosophie.

La méthode de Bergson peut donc être comprise comme une autre façon de penser et de concevoir l'histoire, discipline dont l'objet, plus que tout autre, est celui de l'intuition (la durée). Pour ce faire, il faut toutefois respecter le dualisme des méthodes ; l'histoire comme discipline, l'histoire-science au sens fort, reste en toute dignité une activité de l'intellect. Bergson ne se préoccupe aucunement de construire « une philosophie intuitive de l'histoire ». Rien n'est plus éloigné de sa pensée. Ce qui l'intéresse, c'est seulement le champ problématique que suscitent quelques questions implicites dans l'histoire (qui exigent des concepts philosophiques adéquats) afin de pouvoir *penser* les problèmes qu'elle implique. Il ne fait rien d'autre : au lieu de l'histoire, c'est la mémoire qui lui offre à ce propos une ontologie possible (et, comme nous le verrons, l'analogie avec certaines questions rencontrées dans les chapitres précédents est frappante).

Or, plusieurs auteurs ont cru pouvoir retrouver chez Bergson une philosophie de l'histoire (et les idées du philosophe s'y prêtent apparemment très facilement, surtout si l'on pense à l'analogie entre l'histoire, série d'événements qui ne peuvent pas se répéter, et la durée).

L'histoire telle que la conçoit Bergson correspond effectivement au modèle classique d'un flux irréversible. D'un point de vue général, donc, la durée n'en serait que la représentation métaphysique : une succession hétérogène de faits qui ne peuvent se répéter et qui vivent seulement de l'unicité exceptionnelle de leur présent. Pour expliquer ensuite la durée comme hétérogénéité pure et fondamentale des faits psychiques (mais, plus tard, des choses elles-mêmes), Bergson a tout de même recours à l'histoire. Il n'en donne pas de justification, mais il la

1. H. BERGSON, *Mélanges*, *op. cit.*, p. 747. Il faut garder ici la perspective de la durée et reconnaître aux sciences une historicité en cette perspective. L'inerte en soi n'a pas d'histoire, il reste simplement répétitif, abstraction spatialisée d'une réalité qui est aussi tendance. C'est à partir de cette idée que R. EBACHER interprète la relation entre le temps-durée et l'histoire ; voir "Existence historique et temporalité selon Bergson", *op. cit.*, p. 214-215.

mentionne comme un fait probant, comme une référence implicite et claire. L'histoire est ce qui nie en soi tout déterminisme du prévisible, parce qu'avec elle aucun fait ne peut totalement ressembler à un autre.

> Notre conception de la durée ne tend à rien moins qu'affirmer l'hétérogénéité radicale des faits psychologiques profonds, et l'impossibilité pour deux d'entre eux de se ressembler tout-à-fait, puisqu'ils constituent deux moments différents d'une *histoire*. Tandis que l'objet extérieur ne porte pas la marque du temps écoulé, et qu'ainsi [...] le physicien pourra se retrouver en présence de conditions élémentaires identiques, la durée est chose réelle pour la conscience qui en conserve la trace, et l'on ne saurait parler ici de conditions identiques, parce que le même moment ne se présente pas deux fois [1].

C'est le drame de l'histoire-science, celui de Berr en particulier. L'histoire – d'après nombre d'auteurs – n'appartient pas au domaine des sciences puisqu'elle consiste toujours à recueillir les faits du passé en les enchaînant sans dégager aucune loi (qui impliquerait leur répétition). De ce fait, Croce, par exemple, considérait l'histoire comme un art et non comme une science. Pour reprendre une distinction d'A. D. Xénopol, l'histoire serait l'étude des « faits de succession » par opposition aux sciences qui auraient pour objet des « faits de répétition » [2]. Science de l'esprit, elle ne sera jamais une science de la nature, car elle considère seulement l'individuel, les faits singuliers – comme disait Rickert – et donc le nouveau en tant que tel. Par ailleurs, Bergson lui-même, lorsqu'il distingue l'espace de la durée, l'intellect de l'intuition, n'est pas très éloigné de la division diltheyenne entre *Naturwissenschaften* et *Geisteswissenschaften* (au point que Berr le fait remarquer, à vrai dire sans s'y attarder, dans le premier chapitre de *La Synthèse en histoire* [3]).

Bien qu'il ait souvent recours à une terminologie bergsonienne, Berr reproche à Bergson ce qu'il reproche aux philosophes allemands

1. H. BERGSON, *Essai sur les données immédiates de la conscience*, *op. cit.*, p. 150 (souligné par moi). Sur la conception d'une double hétérogénéité chez Bergson, l'une discontinue et l'autre continue, voir A. ROBINET, *H. Bergson et le métamorphoses de la durée*, Paris, 1965, p. 28-33. La durée conçue comme hétérogénéité discontinue, d'extinction (écoulement, « changement incessant d'une qualité évanescente » qui disparaît au moment même où elle apparaît et qui empêche de ce fait toute répétition), n'est pas la plus importante, selon Robinet.

2. Voir A. D. XÉNOPOL, *La Théorie de l'histoire*, *op. cit.*, p. 299-300.

3. H. BERR, *La Synthèse en histoire*, *op. cit.*, p. 24-25. L'allusion est très rapide, mais importante pour comprendre où Berr situe Bergson par rapport à la réflexion théorique sur l'histoire. Les alliés de Bergson seraient, selon Berr, le Gotha de l'historicisme contre lequel il faut bâtir la Synthèse générale : Rickert, Croce, Naville, Meyer, Windelband, Xenopol. R. Aron a d'ailleurs une opinion semblable, lorsqu'il rapproche Bergson de Simmel en 1938.

de l'histoire et aussi à Xénopol : la division rigide entre histoire et nature[1]. Le philosophe devient donc malgré lui un représentant de l'historicisme (le fait que Bergson n'ait jamais écrit directement sur l'histoire passe donc au second plan, ainsi que l'horizon métaphysique dans lequel s'élabore la philosophie bergsonienne du temps et de la durée). Par ailleurs, sa pensée est assimilée et utilisée dans la recherche théorique interne à l'histoire (A.Toynbee, H.I. Marrou, etc.), aux dépens de la complexité philosophique de ses problématiques, comme le montrent assez clairement les appropriations historicistes de la philosophie de la durée (avec les polémiques qu'elles ont engendrées). Cette situation est également due au fait que Bergson lui-même n'a jamais senti la nécessité d'approfondir ou de corriger les références à l'histoire qui sont dispersées dans toute son œuvre. Il n'a même jamais établi de lien explicite entre ses conclusions sur la mémoire, sur la durée, sur le rapport entre passé et présent, et la discipline qui s'occupe spécifiquement du passé.

Le cas de H.I.Marrou et de A.Toynbee (qui cite des pages entières de Bergson) montre quel usage peut être fait du bergsonisme, lorsque la durée est capturée dans une *théorie de l'histoire* universelle. Ils témoignent, en même temps, aussi bien de l'appropriation légitime du dualisme bergsonien radical que de l'expropriation de problématiques philosophiques qui, étendues à l'histoire, laissent très perplexe.

Marrou, en effet, qui saisit pourtant certains aspects très profonds de cette philosophie, ne doute pas un instant que les idées du philosophe puissent s'appliquer directement à l'histoire (en utilisant le bergsonisme comme une philosophie de l'histoire opposée à la philosophie idéaliste). L'ébranlement apporté par le bergsonisme aurait en fait « atteint le domaine propre de l'historien » et il aurait, par là, retenti nécessairement « sur la théorie de l'histoire »[2]. Les œuvres de Péguy et Aron attesteraient, toujours selon Marrou, de la profondeur de l'influence de Bergson sur la pensée historique française « au cours des trente dernières années »[3]. La philosophie bergsonienne n'est pas anti-historique, elle est « la libération de l'historien lui-même » du joug de la chronologie et du passé. Le futur n'est pas inscrit d'avance, il est libre

1. *Ibid.*, p. 154.

2. H. I. MARROU, "Bergson et l'histoire", *op. cit.*, p. 206.

3. C'est l'objet de la critique de H. Lévy-Bruhl, qui souligne avec raison que les auteurs cités par Marrou ne sont aucunement représentatifs de la discipline en question ; H. LÉVY-BRUHL, "Histoire et bergsonisme", in *Revue de Synthèse*, *op. cit.*, (il s'agit d'un article qui "répond" à Marrou, attaque ses idées et défend le déterminisme et la possibilité d'établir des lois (causales) en histoire, contre toute tentative d'instaurer une sorte d'indéterminisme ouvert). Il conclut : « Tout compte fait, les études historiques n'ont pas été profondément influencées par la philosophie bergsonienne » (*ibid.*, p. 148).

et indéterminable. C'étaient les thèses que Péguy avait exposé dans *Clio*. Libérer le futur du poids du passé, en reconnaissant celui-ci comme quelque chose d'« artificiellement reconstruit » (qui n'a donc pas le droit de prétendre régenter la vie présente, l'action de l'homme, son « effort créateur »)[1], signifie rendre sa souplesse à l'histoire réelle par une philosophie de la liberté. C'est la « rupture de la fatalité déterministe »[2]. L'histoire peut ainsi devenir l'étude de la « contingence radicale » de ce qui a été, et l'historien doit en être reconnaissant à Bergson. Sa méthode se soustrait donc aux « méfaits de la construction rationnelle surajoutée après-coup », pour adopter au contraire les bienfaits de l'intuition (irrationnelle ?). L'attention est désormais reportée sur la « richesse fuyante » et sur la « souplesse savoureuse du concret »[3]. Le travail de l'historien n'est alors plus l'évocation d'un passé mort, mais une expérience vivante dans laquelle l'historien engage sa propre destinée, jaillissement pur garanti par la philosophie bergsonienne de la vie.

L'historien doit seulement refaire à rebours le chemin de l'évolution (créatrice). « Qu'on se reporte à l'analyse que Bergson a donnée de l'élan vital, on n'a qu'à la retourner pour en tirer une description correcte du travail de l'historien, analogue à celle que nous en donne Raymond Aron »[4]. R.Aron, pour sa part, fait référence à Marrou et à Toynbee pour montrer en quoi le bergsonisme a renouvelé, sinon la connaissance historique, du moins l'idée que s'en font les historiens et les philosophes[5]. Toute la philosophie de Bergson est une méditation sur l'histoire, mais aussi une véritable "philosophie de l'histoire". Elle n'est pas identifiable à celle de Hegel, mais elle permet tout autant de « dégager le sens que prend, au regard de l'homme, le fait même de l'histoire »[6]. Il s'agit d'une philosophie dualiste, qui ne donne pas un sens inéluctable à la totalité du passé. La discontinuité la marque en profondeur, provoquée par ce dualisme métaphysique entre nature et esprit, qui révèle le "sens profond" du devenir de l'humanité. C'est un sens qui reste ouvert, qui ne laisse pas

1. H. I. MARROU, "Bergson et l'histoire", *op. cit.*, p. 207-209.

2. Affirmation qui soulève justement les critiques de H. Lévy-Bruhl.

3. *Ibid.*, p. 210 : « C'est parce que l'histoire est imprévisible, qu'elle est jaillissement pur, que la vie de l'homme incarnée dans la durée réelle est un événement inattendu, que se justifie le patient labeur de l'historien (nous passons ici de *Geschichte* à *Historie*!) : ce qu'il découvre dans le passé, ce qu'il retrouve par la rétrospection, c'est quelque chose qui représente une valeur originale, qui aurait pu ne pas être, et qui se trouve avoir été ».

4. *Ibid.*, p. 211.

5. Il suffit au contraire de lire l'article de L. FEBVRE "Deux philosophies opportunistes de l'histoire : de Spengler à Toynbee", repris in *Combats pour l'histoire*, *op. cit.*, pour comprendre que l'opinion d'Aron n'est pas soutenable.

6. R. ARON, "Note sur Bergson et l'histoire", *op. cit.*, p. 45.

entrevoir une fin ("pessimiste", car l'élan spirituel n'est pas en condition de surmonter la nature dans les collectivités) ; mais ce sens est univoque, car Aron interprète la durée comme un « devenir unique dans le temps, qualitativement singulier, soulevé par un élan »[1]. Il n'y a aucune trace chez lui du concept de multiplicité qualitative *de* la durée.

Ce type d'interprétation est une constante chez tous ceux qui ont tenté de déduire du bergsonisme une philosophie de l'histoire, d'A.Thibaudet à J.Hyppolite, en passant par H.Gouhier. Il est nécessaire de rétablir donc une partie de la vérité. Bergson n'est jamais allé, dans *Les Deux sources de la morale et de la religion*, au-delà d'une sorte de parallélisme entre lois du développement biologique et lois du développement historique, et sa philosophie, contrairement à ce que pense R.Polin, ne s'est jamais non plus orientée « vers une philosophie de l'histoire ouverte ». Par ailleurs, il est vrai que *Les Deux sources* se prêtent facilement à une interprétation allant dans ce sens[2], de même que ses thèses sur la vie et l'évolution créatrice (jaillissement du nouveau, indéterminabilité de la durée).

J.Hyppolite souligne par exemple la grande importance que revêt dans cette philosophie le concept d'*ouverture*. L'histoire se fait dans l'entre-deux, écrit R.Polin, et c'est cette ouverture entre nature et culture qui, pour Hyppolite, relie les œuvres les plus importantes de Bergson. C'est dans l'ouverture indéterminée d'une possibilité quelle qu'elle soit que l'histoire de l'homme acquiert un sens. *Les Deux sources* rejoignent ici le texte de l'*Evolution créatrice*,

> où est affirmée l'ouverture indéfinie de l'Existence qui n'apparaît qu'avec l'homme. Avec l'homme, la vie s'est élevée sur les hauteurs "d'où elle voit un horizon se rouvrir devant elle", conscience étant symptôme d'invention et de liberté. Ainsi "l'ouvert" des *Deux sources* est déjà annoncé comme le sens de toute l'évolution vitale dans *L'Evolution créatrice* [3].

1. *Ibid.*, p. 43.

2. R. POLIN, "Y a-t-il chez Bergson une philosophie de l'histoire?", *op. cit.*, p. 39 : « l'histoire, l'histoire de l'humanité, et par son intermédiaire l'histoire de l'évolution créatrice toute entière peut être rendue intelligible à partir d'un principe. Les mystiques ont indiqué au philosophe d'où venait et où allait la vie. Cet appel nécessaire de l'histoire aux grands mystiques, à quelques grands humains, révèle que la création de l'espèce humaine n'aurait pu être achevée d'un seul coup [...]. Cet appel à l'homme est nécessaire, en effet, car si toute création est amour, la création doit être pensée comme une entreprise de Dieu [...]. C'est la charité chrétienne, mais une charité créatrice qui donne son sens à l'histoire » (*ibid.*, p. 31-32).

3. J. HYPPOLITE, "Vie et philosophie de l'histoire chez Bergson", *op. cit.*, p. 466, que nous soit pardonnée, cette mention rapide et superficielle de l'importance que "l'ouvert" a dans la pensée de Bergson. Il est impossible d'en donner ici une exposition plus approfondie. Voir, à ce sujet, outre Hyppolite, A. ROBINET, *Bergson et les métamorphoses de la durée*, *op. cit.*, et G. DELEUZE, *L'Image-mouvement*, *op. cit.*,

Telles sont, pour Hyppolite, « les perspectives d'une philosophie de l'histoire chez Bergson ».

Mais l'on oublie ainsi que Bergson *n'a pas* écrit une philosophie de l'histoire, pas même dans sa dernière œuvre qui, plus que toute autre peut-être, se rapproche de l'objet : l'humanité sociale.

Le philosophe semble s'être posé d'autres questions, plus cohérentes par rapport à son idée de la philosophie conçue comme effort inhumain[1]. Comment faire de l'histoire une problématique libérée d'une philosophie de l'humain ? Bergson, en philosophe, a plutôt écrit une histoire naturelle, et non pas une histoire de l'humanité, bien qu'il ait élaboré des concepts "historiques" tels qu'évolution, durée, etc.[2]. Hyppolite souligne l'importance de cet aspect de sa pensée, qui l'éloigne radicalement de l'existentialisme qui domine la génération suivante et la philosophie de l'après-Seconde guerre mondiale. La philosophie reste en ce sens un effort véritablement inhumain, où l'homme, malgré sa dignité, n'occupe pas une place centrale dans l'évolution de la vie.

Il est vrai que dans *L'Evolution créatrice*, l'homme est conçu comme constituant le sens de toute l'évolution de la vie, mais ce sens n'est pas celui d'un plan préétabli et rien n'empêche de penser que demain il n'en restera plus trace. L'humanité est une espèce vivante comme les autres, qui se croit le sommet de l'élan vital et se persuade donc qu'il peut s'arrêter là. Elle est cependant régie par cette "loi" de la double frénésie qui fait qu'elle reste ouverte à l'évolution sans être en mesure d'anticiper quoi que ce soit de son avenir : c'est l'oscillation entre intellect et intuition qui représente cette ouverture, l'effort incessant dont l'orientation ne peut être établie qu'*a posteriori*. Dans *Les deux sources* Bergson va plus loin, et donne, dans ce que l'on a appelé son mysticisme mais qui peut en revanche être interprété comme une manière radicale de repenser l'histoire humaine[3], une réponse. Il s'agit de saisir l'essence de l'ouverture, l'effort de la pensée qui cherche en direction de la vie et de son élan. L'humanité doit donc « être ce qu'elle *devient* », être en devenir, dans l'ouverture qualitative de ce devenir, renonçant même à son caractère spécifique. Il s'agit de

p. 20 : « La conclusion de Bergson : si le tout n'est pas donnable, c'est parce qu'il est l'Ouvert, et qu'il lui appartient de changer sans cesse ».

1. Voir H. BERGSON, *La Pensée et le mouvant*, *op. cit.*, p. 218 : « La philosophie devrait être un effort pour dépasser la condition humaine » ; mais aussi *L'Evolution créatrice*, p. 193, 195. J. Hyppolite est le seul à avoir saisi ce point fondamental (voir *op. cit.*, p. 465-466).

2. En ce sens, l'humanisme de Febvre est très éloigné de cette pensée de l'inhumain.

3. C'est ce que J. Hyppolite s'efforce de souligner, in *op. cit.*, p. 466.

dépasser même l'espèce-homme, qui ne serait qu'une clôture de l'évolution créatrice.

> Le génie mystique voudrait faire de l'humanité une espèce nouvelle, ou plutôt la délivrer de la nécessité d'être une espèce. Qui dit espèce, dit stationnement collectif et l'existence incomplète est mobilité dans l'individualité [1].

Hyppolite tente malgré tout d'interpréter cette pensée comme une pensée de l'homme, en la rapprochant de l'existentialisme (le thème central de l'ouverture), mais chez Bergson, comme peut-être dans la notion nietzschéenne de surhomme, l'homme est dépassé par d'autres catégories de la pensée et par d'autres concepts. L'histoire, qui est histoire de la vie et non seulement de l'homme, peut être le passé actuel de la durée (et de la mémoire), s'étendant au présent et ouverte au futur dans l'unité dynamique de son mouvement.

L'analyse d'une œuvre peu citée par les auteurs que nous venons d'évoquer, *Matière et mémoire*, permet de déceler dans Bergson une mise en question de problèmes qui, de ce point de vue, sont très proches de ceux de l'histoire. Ceci est possible en partant de la conviction que *faire* de la philosophie signifie poser des problèmes, ouvrir la pensée au *problématique* en tant que tel. C'est quasiment un lieu commun du panorama culturel français examiné jusqu'ici: «Philosopher pour de bon consisterait ici à *créer* la position du problème et à *créer* la solution»[2]. Nous allons voir que le problème du rapport entre passé et présent est parmi les plus importants.

## LE PASSÉ, LE PRÉSENT ET LA RÉALITÉ DU VIRTUEL

Bergson affronte lucidement l'un des thèmes les plus importants de l'histoire "nouvelle manière", à savoir le rôle de l'observateur face à l'objet de son étude. En phase avec l'épistémologie de cette période et avec les grands mouvements qui la travaillent, Bergson sait que l'observateur, dans la science comme dans l'histoire, n'est pas étranger à son objet. Nous avons déjà vu dans quelle mesure l'aspect *problématique* de la connaissance a marqué les réflexions de Febvre et de Bloch, ainsi que celles de Bachelard. La dialectique entre passé et présent en dérive directement, comme en témoigne l'usage du terme de "récurrence" chez Bloch ou chez Bachelard. L'observateur n'est pas un spectateur inerte de la nature. L'historien *construit* ses objets. Les *faits* ne sont pas donnés de façon neutre, mais ils constituent le point de

1. H. BERGSON, *Les Deux sources de la morale et de la religion*, *op. cit.*, p. 332.
2. H. BERGSON, *Mélanges*, cit., p. 1528 (texte de 1935).

croisement entre des perspectives (et des problématiques) théoriques, et une “résistance” que l’on peut appeler “réalité”. Le passé est donc “actualisé” à partir du présent. La connaissance du passé advient toujours rétrospectivement, après coup.

Il est fort intéressant de remarquer que Bergson, dans les rares occasions où il parle de l’histoire, adopte un point de vue similaire. La chose est d’autant plus intéressante que le texte auquel on se réfère ici, l’*Introduction (première partie)* à *La Pensée et le mouvant,* a été écrit dans les années 1920 et publié en 1934, c’est à dire dans la période de l’entre-deux-guerres[1].

Bergson souligne dans ce texte que la connaissance du passé ne peut pas être quelque chose d’objectif, car elle advient toujours *a posteriori*, et toujours sous forme d’une reconstruction opérée par un observateur qui, survenant après coup, ne suit pas le véritable *devenir*, le *se faisant*, et n’y participe pas, mais n’étudie que ce qui s’est déjà produit, le *tout fait*. L’historien ne peut considérer qu’un temps accompli, fermé, fini. Son point de vue est profondément conditionné par cette position, même s’il cède souvent à l’illusion qui naît facilement de cet effort de rétrospection, à savoir l’« illusion du futur antérieur », qui consiste à projeter dans le passé nos intérêts actuels, en les considérant, d’une certaine façon, comme éternels. A cette histoire illusoire, Bergson ne daigne accorder aucune attention.

Situé dans l’après-coup, l’historien – écrivent dans les mêmes années Febvre et Bachelard – ne peut juger le passé qu’à partir du présent. Bergson utilise quasiment les mêmes termes. Lorsque nous parlons du passé, nous y projetons des concepts et des catégories qui appartiennent à notre présent, nous le *reconstruisons* à partir de ce présent. Pour rendre compte des événements, nous insérons ce qui nous sert à les expliquer et nous faisons du critère d’explication une vérité éternelle. « Comme si un jugement avait pu préexister aux termes qui le composent ! Comme si ces termes ne dataient pas de l’apparition des objets qu’ils représentent ! »[2]. L’illusion du « mouvement rétrograde »

1. Si une influence des historiens sur Bergson n’est pas démontrable, l’on peut être sûr que le philosophe considérait Paul Lacombe un modèle éminent d’historien (Lacombe était d’ailleurs très lié à Berr et fréquentait assidûment le Centre International de Synthèse). C’est le seul historien que Bergson cite explicitement in *L’Evolution créatrice*, cit., p. 140, et, implicitement, dans “Le bon sens” (1895), in *Mélanges*, *op. cit.*, p. 396. Lacombe et Bergson ont d’ailleurs un point en commun : la théorie de l’« oscillation » (pour Lacombe, en histoire, le modèle du processus progressif n’est pas toujours le meilleur, et il devrait être remplacé par « la seule circonstance parfaitement universelle que nous connaissons en histoire », c’est-à-dire l’oscillation autour d’un point recherché ; voir *De l’histoire considérée comme science*, *op. cit.*, p. 272-273. Pour Bergson, cette oscillation deviendra le principe de la lutte, de la double frénésie (voir tout le dernier chapitre de *Les Deux sources*, *op. cit.)*.

2. H. BERGSON, *La Pensée et le mouvant*, *op. cit.*, p. 14.

de la vérité [1] a des conséquences très profondes, elle provoque l'erreur qui vicie notre conception du passé et nous fait penser que nous sommes en mesure d'anticiper notre futur:

> Si un jugement est vrai à présent, il doit, nous semble-t-il, l'avoir été toujours [...]. A toute affirmation vraie nous attribuons ainsi un effet rétroactif; ou plutôt nous lui imprimons un mouvement rétrograde [...]. Notre appréciation des hommes et des événements est toute entière imprégnée de la croyance à la valeur rétrospective du jugement vrai [...]. Par le seul fait de s'accomplir, la réalité projette derrière elle son ombre dans le passé indéfiniment lointain; elle paraît ainsi avoir préexisté, sous forme de possible, à sa propre réalisation [2].

Toutes les reconstructions historiques sont sujettes à cette sorte d'arbitraire de l'après-coup. En réalité, c'est toujours l'historien qui construit son objet dans le passé. Sa cohérence, et la linéarité elle-même, ainsi que son unité, sont le produit d'une *vis a tergo*.

C'est ce qui interdit, selon Bergson, toute prévisibilité du futur, bien que cette dernière soit l'une des caractéristiques fondamentales des sciences, l'un des critères qui fondent la scientificité d'une discipline. Il est évident que Bergson utilise ce critère stratégiquement, pour ses fins propres, afin de démontrer que la logique de la rétrospection et la logique de l'intellect scientifique sont insuffisantes pour rendre compte de la création du nouveau, du devenir et de sa réalisation même. Mais ce qui nous intéresse ici, c'est seulement de comprendre comment, tacitement, se sont entrecroisés les réflexions de philosophes et d'historiens. C'est alors, dans cette perspective, que la critique bergsonienne du concept de possibilité et de la prétention à prévoir l'avenir se révèle intéressante.

Nous ne pouvons prévoir l'avenir, explique Bergson, parce que notre logique est rétrospective et que, par conséquent, nous ne pouvons pas savoir quel aspect de notre présent aura le plus d'intérêt pour celui qui l'étudiera dans le futur. De fait,

1. H. BERGSON, *L'Evolution créatrice*, *op. cit.*, p. 104.

2. H. BERGSON, *La Pensée et le mouvant*, *op. cit.*, p. 14-15. Bergson cite en exemple le romantisme, et explique comment il a été possible, sans aucun doute, d'établir un lien entre le romantisme du XIXe siècle et les éléments de romantisme déjà présents chez les classiques; mais il souligne que «l'aspect romantique» du classicisme, n'a pu être dégagé que grâce à l'effet rétroactif du romantisme du XIXe siècle. C'est seulement *après* ce dernier que l'on peut déceler du romantisme dans les classiques, et ainsi, éventuellement, reconstruire selon une articulation causale une chaîne progressive qui va jusqu'au XIXe siècle. Mais *si* des romantiques tels que Hugo ou Vigny n'avaient pas existé, *alors* «il n'y aurait réellement pas eu de romantisme chez les classiques d'autrefois» (p. 16).

> quand cet historien considérera notre présent à nous, il y cherchera surtout l'explication de son présent à lui, et plus particulièrement de ce que son présent contiendra de nouveauté [1].

L'histoire n'a donc de sens qu'à la lumière du présent. Sa vérité réside dans la liberté de ses déplacements, ouverture, encore une fois, aux points de vue que la contingence du présent relance dans le passé. Bergson tente de lui donner une sorte de solidité ontologique.

Comment comprendre le sens philosophique de cette détermination ? Si l'histoire était un continuum homogène dans son essence, en vertu duquel l'enchaînement de l'avant et de l'après était tout entier compris dans la linéarité stable de sa vérité objective, alors le présent ne pourrait avoir aucun pouvoir sur le passé. Le passé serait passé, révolu sur la ligne du temps et solidifié dans cet intemporel de l'objectivité indifférente qu'est l'être immobile de la vérité. L'on ne pourrait s'y référer que comme quelque chose à découvrir, à dévoiler, perdu comme expérience vivante mais, pour cette raison même, "connaissable". Ses variations et ses mutations viendraient seulement de ce que les instruments cognitifs élaborés progressivement par le présent (avec tout leur arsenal de théories et d'hypothèses) ne sont jamais exhaustifs en raison de leur caducité. Dans son essence, toutefois, il serait quelque chose de vrai en soi, d'immuable, soustrait définitivement à tout devenir (comme une image de la mort). Bergson, au contraire, veut le rendre à la vie.

Il ne croit pas à cette fixité, ou, plutôt, il ne voit en elle que l'une des choses à penser, humaine, trop humaine. Il est très facile de concevoir le passé de façon linéaire comme l'avant de l'après, et ainsi le repousser hors du temps pour en faire un "marqueur" de la rigidité du temps lui-même. Le passé n'est pas quelque chose qui existe en soi, pétrifié dans sa vérité en attendant que quelque chose ou quelqu'un le découvre et le fasse surgir à la lumière (ce qui serait la définition traditionnelle du devoir de l'histoire)[2]. Le passé est toujours passé d'un présent, de même que le présent ne peut être que présent d'un passé. De la sorte, passé et présent ne sont plus décalés dans le temps mais participent du même temps. Ils sont le même temps. Il n'y a pas un présent qui ensuite se fait passé et produit un autre présent, etc., parce que le passé se fait en même temps que se donne le présent. Passé et présent coexistent sans qu'il y ait priorité temporelle de l'un sur l'autre.

1. *Idem.*

2. C'est probablement ce rôle de l'histoire qui a empêché Bergson de fixer sur elle son attention philosophique : l'histoire-science traditionnelle ne ferait que découvrir le passé, l'indiquer et le connaître d'une façon purement intellectuelle. Elle ne serait pas capable d'en saisir les aspects le plus profonds, par exemple celui de continuer à être un temps vif dans sa « coalescence » avec le présent.

Telle est la théorie que Bergson illustre dans son ouvrage le plus difficile, *Matière et mémoire*. Il applique ces concepts à une théorie de la mémoire individuelle, qui n'est psychologique qu'en apparence (même si Bergson cherche à en identifier les bases neurophysiologiques). Et pourtant, c'est là que l'on peut saisir l'intention du philosophe lorsqu'il traite de l'histoire dans *La Pensée et le mouvement* et *Les Deux sources*. C'est ainsi que l'on peut chercher à comprendre, ou du moins observer, sous un angle très différent, ce que les historiens dont nous avons parlé jusqu'ici ont thématisé sur le rapport dialectique entre passé et présent (qui, dans la discipline historique, est une dialectique de l'interaction). Cette optique différente se présente comme une sorte de point de vue bergsonien, de bergsonisme qui cependant ne s'identifie pas au simple irrationalisme du nouveau, mais à une philosophie de la contingence et de la virtualité.

Dans le troisième chapitre de *Matière et mémoire*, nous le verrons également, Bergson explique la mémoire comme un phénomène extrêmement complexe, irréductible aux simples associations (au mécanisme neurophysiologique). L'analyse qu'il en fait est circonscrite à l'expérience de la conscience, qui dans la perception implique la complexité du souvenir. Cela ne l'empêche pas, toutefois, de déterminer la différence entre passé et présent, et d'indiquer en quoi consiste le passé[1]. Ce dernier, qui est virtualité pure (et la distinction qu'établit Bergson entre virtualité et possibilité est très importante, car elle lui permet de parler du passé en termes de multiplicité qualitative et donc de le considérer comme une réalité et comme un mode de la durée), se manifeste seulement dans les images présentes que suscite la perception. Le souvenir pur, explique Bergson au début du chapitre, bien qu'en droit indépendant de tout, ne peut se manifester que dans l'image colorée et vivante qui le révèle, donc comme souvenir-image[2].

> Essentiellement virtuel, le passé ne peut être saisi par nous comme passé que si nous le suivons et adoptons le mouvement par lequel il s'épanouit en image présente, émergeant des ténèbres au grand jour[3]:

entre présent et passé, il n'y a pas une différence de degré mais de nature. Telle est la condition du rapport entre les deux: s'il n'y avait

1. Parmi ceux qui ont écrit sur Bergson et l'histoire, notamment ceux qui ont insisté sur la possibilité d'y déceler une philosophie de l'histoire, personne ne s'est attardé à indiquer ce point fondamental de *Matière et mémoire*. C'est pourtant le seul point qui permette à Bergson de considérer le passé comme une multiplicité qualitative, hétérogénéité pure.

2. H. BERGSON, *Matière et mémoire*, *op. cit.*, p. 147.

3. *Ibid.*, p. 148.

qu'une différence de degré, il s'agirait de la même chose, et il n'y aurait pas la nécessité d'un rapport ; le temps serait homogène.

Au contraire, c'est précisément parce qu'il y a une différence qualitative, de nature, entre passé et présent, que l'un et l'autre acquièrent une dignité autonome. C'est seulement ainsi que le travail du passé peut avoir une incidence sur le présent, et que le présent peut opérer sur le passé. Si le présent se donnait simplement et mécaniquement comme produit nécessaire (causal) du passé, alors prévaudrait sans aucun doute une logique meyersonienne de l'identité[1]. Il existerait entre passé et présent une différence de degré, mais tous deux s'identifieraient dans l'essence qualitative et il ne devrait y avoir entre eux aucun conflit, aucune difficulté. Mais, dans ces conditions, le passé serait condamné pour toujours à une temporalité forclose, irrécupérable dans un présent qui ne serait pour lui qu'une fuite en avant. Et le présent, à son tour, ne pourrait le reconstruire que comme un processus linéaire pour sa propre justification, inexorable dans son déterminisme. Il serait toutefois condamné à ne pas pouvoir rendre compte du changement, du mouvement qui caractérise la série de déplacements du présent par rapport à son propre passé qui pourtant l'aurait rendu totalement nécessaire.

Il n'est possible de donner raison à ce changement que d'une seule façon, lorsqu'on n'admet qu'une différence de degré entre les deux aspects du temps : par le biais d'une philosophie (idéaliste ou non) de l'histoire. Une philosophie de l'histoire qui présuppose un plan idéal du mouvement historique, un but qui lui est supérieur et, en tant que tel, peut le diriger, et donc une nécessité supérieure en fonction de laquelle on peut expliquer la prolifération des histoires. Cette idée, ou ce plan extérieur à l'histoire – mais qui fait d'elle l'Histoire avec un grand H – identifie passé et présent dans sa réalisation (dans la réalisation de l'idée, qu'elle s'appelle Dieu, Absolu, Esprit, Vie, etc.). La recherche du passé, et surtout sa compréhension sont rapportées à son idée. Le devoir de celui qui se penche sur le passé consiste alors à recueillir et à en rassembler les documents qui sont les moments de l'Idée. Sa fonction est de les comprendre, et c'est toujours en fonction de l'Idée qu'il convient de les lire et de les ordonner. Le temps historique est le temps

1. Bergson conçoit le rapport cause-effet tout autrement que Meyerson. Ce dernier le pensait comme un lien nécessaire qui confirmait la possibilité d'une philosophie de l'identité, l'effet étant contenu dans la cause et la cause étant implicite dans l'effet (l'explication ne serait donc que l'articulation de l'identique). Pour Bergson, au contraire, l'effet est tel seulement s'il a quelque chose de différent de la cause. Et il ne peut pas en être autrement, en raison même du décalage temporel entre cause et effet. Meyerson ne le nie pas dans la réalité, mais dans le moi, dans le sujet, il doit y avoir pour lui identité.

de sa réalisation. C'est ce qui en garantit la continuité, la cohérence, et l'identité fondamentale. Le principe de l'histoire réside dans l'Histoire[1]. Le travail des historiens semble condamné à la dispersion et à rester privé de sens. Sur un plan général et abstrait, c'est au contraire le Sens, précisément, qui permet de comprendre les données recueillies. On ne peut donc plus parler de l'Histoire qu'au singulier[2].

La position de Bergson est tout autre. Il n'est nul besoin de démontrer une cohérence ou une identité entre passé et présent. Différentes par nature, ces deux qualités temporelles doivent être comprises dans la relation qu'elles entretiennent. Il n'existe pas d'idée supérieure et extra-historique qui comprenne en soi le mouvement de la réalisation. Et s'il existe une idée, elle est immanente au changement même; elle est l'idée de la dissolution de l'idée: la durée. La durée n'est pas quelque chose qui est en dehors de nous, qui en tant que telle nous légitime dans notre identité. Elle est en nous, elle est notre intuition même, le mouvement immanent de la conscience et de la vie (qui pour Bergson sont une seule et même chose). Mais elle est en nous dans un sens ontologique: elle *est* nous, parce que nous, comme toute la réalité, nous sommes (nous devenons) durée.

Il est inutile d'aller chercher une raison de l'histoire pour thématiser les problèmes qui concernent le temps, et avec lui ses moments. Pour Bergson, l'intuition comme expérience philosophique, joue aussi ce rôle: empêcher la fuite en avant, faire porter l'attention sur le concret, sur son propre corps. C'est pourquoi il ne se préoccupe pas de «penser l'histoire». Si l'histoire est «la science du changement» qui a pour objet le passé, il faut donc, avant de penser à l'histoire dans son ensemble (et, éventuellement, à l'Histoire), réfléchir à ce que sont changement et passé, temps et mouvement. Mais il faut les penser à partir des données immédiates de la conscience, sans exclure l'expérience sensori-motrice (c'est ainsi que Bergson croit qu'il est possible d'abandonner le déterminisme au profit d'une philosophie de la liberté). *Matière et mémoire* est, paradoxalement, l'œuvre qui, plus que tout ce que le philosophe a produit par ailleurs, affronte les questions inhérentes à la philosophie de l'histoire sans que, cependant, le terme même d'histoire n'apparaisse jamais, ou presque. L'histoire

1. D'où l'utilité, indiquée par H. I. Marrou dans son article, des deux termes allemands de *Geschichte* et de *Historie*, l'un pour désigner le passé vécu, l'autre pour désigner la connaissance que l'on peut en avoir.

2. On sait avec quelle insistance Berr, Febvre et Bloch critiquent cette conception philosophique de l'histoire. L'histoire historisante s'en inspire complètement, ainsi que Febvre le montre dans son article "Deux philosophies opportunistes de l'histoire: de Spengler à Toynbee", *op. cit.*, p. 126.

n'est pour Bergson que le raidissement formalisé d'un processus, d'un mouvement que lui-même préfère appeler *mémoire*.

Et la mémoire est quelque chose de plus philosophique, qui participe davantage de la conscience, qui est plus inhérent à la contingence de l'expérience du je et donc plus « facile »[1]. Mais c'est cette "facilité" qui a désorienté la plupart de ceux qui ont cherché dans Bergson une pensée de l'histoire. C'est pour cette raison que beaucoup ont cru pouvoir déceler dans son œuvre une philosophie de l'histoire, si "bergsonienne" fût-elle, et qu'ils ont négligé les pages essentielles de *Matière et mémoire*.

Bergson écrit au contraire qu'il n'a aucun besoin de l'histoire, et que celle-ci ne peut acquérir une plus grande clarté qu'à la lumière d'une philosophie de la durée[2] qui sache distinguer l'oscillation du temps, c'est-à-dire sa loi de double frénésie selon laquelle matière et mémoire, conscience et expérience sont irréductiblement complémentaires.

Qu'est donc le passé, et de quelle façon recoupe-t-il le présent dans la théorie bergsonienne de la mémoire, pour qu'une philosophie de l'histoire devienne inutile, voire nocive ? C'est Bergson lui-même qui démontre qu'une pensée de l'histoire ne peut être autre chose qu'une pensée de la mémoire. Le jeu entre passé et présent dans la mémoire est celui de l'histoire. Le savoir historique, cette forme du temps social humain, n'a aucun besoin d'une philosophie spécifique, puisque la mémoire existe déjà comme représentation. Bergson n'écrit pas une philosophie du souvenir, ni une philosophie de la mémoire universelle : histoire et mémoire sont mêlées, et se présentent comme un mixte de passé et de présent qui découpe les plans de la réalité. Elles sont comme deux points de vue différents sur le même mixte. La mémoire est l'ensemble qualitatif que l'analyse philosophique se donne comme objet d'étude. C'est l'ontologie du mixte lui-même, si l'on peut dire. L'histoire est le regard de l'intellect, la science qui doit rendre ce mixte

1. Toutes les œuvres de Bergson sont écrites dans un style "facile", très littéraire, qui abonde en exemples tirés de l'expérience quotidienne. Sous cette apparence facile se cache toutefois une grande complexité philosophique. Un des buts principaux de Bergson est celui de soustraire le quotidien – ce qui nous est le plus proche – aux cadres où il a été figé. Il faut le repenser. Il faut partir des données immédiates de la conscience. Il faut revoir les notions que l'on croyait acquises une fois pour toutes, ou que l'on croyait du domaine exclusif des sciences : mémoire, simultanéité, perception, etc. C'est ce qui fait la difficulté de la pensée bergsonienne : ce qui nous apparaît immédiatement compréhensible cache en réalité la mise en question des points de repère. D'où, souvent, les malentendus engendrés par des interprétations qui se tiennent à la surface et qui ne saisissent pas la portée métaphorique des "choses simples".

2. Bergson ne mentionne la "philosophie de l'histoire" qu'à propos d'E. Seillière, in *Les Deux sources*, *op. cit.*, p. 331, sans pour autant en dire plus.

utilisable. Il est certes possible d'en isoler les composantes, mais il n'est pas légitime de les maintenir isolées (la critique bergsonienne de l'associationnisme est précisément dirigée contre l'arbitraire avec lequel il a ignoré ce mixte, qui est l'un des aspects de la multiplicité qualitative). Adapter la philosophie à ce mixte et trouver les concepts correspondants: tel est le but de Bergson.

La philosophie doit être capable de saisir le nœud, le trait d'union qui lie le présent sensori-moteur au passé pur virtuel qui toujours l'accompagne (et lui permet d'être présent). Penser la mémoire comme un réservoir physico-chimique situé quelque part dans le cerveau n'est qu'une naïve illusion, parce que cela ne permet d'expliquer totalement ni l'interaction entre souvenir et présent, ni la complexité du souvenir lui-même. Le souvenir n'est pas une chose[1], et le passé n'est pas du présent neutralisé et fixé dans le temps. Faire une philosophie de la mémoire dans les mêmes termes qu'une philosophie de l'histoire revient à imposer au passé un système de causes (efficientes, finales) qu'en réalité il ne possède pas. Cela revient surtout à fermer son ouverture vitale et à ignorer sa virtualité toujours présente.

Pour Bergson il faut partir de la réalité, du sens commun et du bon sens, et donc, également, de la matière et du caractère sensori-moteur du présent[2], du corps. L'expérience donne toujours un mixte d'espace et de durée: il faut faire une philosophie de cette expérience. L'objectif n'est plus de construire un *système* philosophique. La philosophie doit commencer par le présent, par les sciences, par les articulations entrecroisées du présent: elle doit apprendre à reconnaître des différences de nature là où elle a toujours voulu voir des différences de degré. L'effort de la pensée philosophique, explique Bergson en 1902 pour répondre à une objection de Couturat, ne peut être réduit à la méthodologie, car elle a été, «avant tout», l'étude de la *réalité concrète*. Les diverses sciences sont autant de *points de vue abstraits* sur cette réalité, mais la tâche de la philosophie n'est pas seulement celle de faire la théorie de ces points de vue. Elle doit aussi penser notre

1. Voir H. BERGSON, *Matière et mémoire*, *op. cit.*, p. 33, 142, 180, et la lettre de Bergson à W. James du 25 mars 1903, in *Mélanges*, *op. cit.*, p. 587-588: «Si nous assimilons les souvenirs à des *choses*, il est clair qu'il n'y a pas de milieu pour eux entre la présence et l'absence: ou ils sont tout à fait présents à notre esprit et, en ce sens, conscients, ou bien, s'ils sont inconscients, ils sont absents de notre esprit et ne doivent plus compter comme des réalités psychologiques actuelles».

2. *Ibid.*, p. 154: «Plus généralement, dans cette continuité de devenir qui est la réalité même, le moment présent est constitué par la coupe quasi instantanée que notre perception pratique dans la masse en voie d'écoulement, et cette coupe est précisément ce que nous appelons le monde matériel: notre corps en occupe le centre...».

“contact direct” avec cette réalité, tout en essayant de la généraliser[1]. C’est alors que surgit un type d’expérience tout différent, comme une nouvelle façon de voir et de sentir. Pour cet étrange matérialisme de la durée, il faut remplacer les concepts par d’autres qui soient plus appropriés et innovateurs, car, pour Bergson, « philosopher consiste le plus souvent non pas à opter entre des concepts, mais à en créer »[2]. C’est ainsi, par exemple, que le passé se soustrait à la notion de possible pour se référer à celle, radicale, de virtuel ; et le présent n’est plus considéré comme un point abstrait mais comme une extension sensori-motrice.

C’est pour cette raison que la métaphysique qui s’exprime à travers la théorie du rapport entre réalité concrète et mémoire dans *Matière et mémoire* apparaît à W.James comme « une petite révolution de Copernic ». Le souvenir, pour Bergson, n’est pas une entité simple, réductible à une image, mais une réalité complexe, articulée plus comme un processus que comme une chose. Si nous continuons à penser en termes d’objets, si nous continuons à accepter passivement le dualisme nourri par la tradition philosophique, nous ne pourrons rien comprendre de la mémoire et du temps[3]. Et surtout, nous ne pourrons pas comprendre la multiplicité qualitative qu’est le mouvement entre passé et présent, le double courant entre perception et mémoire, bref le *progrès* de l’action qui ne peut jamais s’achever[4].

1. Discussion à la Société française de philosophie sur “La place et le caractère de la philosophie dans l’enseignement secondaire”, in *Bulletin de la Société française de philosophie*, 3, 2 février 1903 ; repris dans H. BERGSON, *Mélanges*, *op. cit.*, p. 571.

2. H. BERGSON, *Mélanges*, *op. cit.*, p. 503.

3. W. James a saisi ce point fondamental de *Matière et mémoire* et le considérait comme une véritable libération du dualisme entre sujet et objet. Dans la lettre qu’il adresse à Bergson le 14 décembre 1902, il laisse passer son enthousiasme et nous donne un témoignage curieux des conséquences implicites dans les théories du penseur français. En voilà un exemple, à propos de *Matière et mémoire* : « A mon gré [...] le point acquis et essentiel reste pour moi la démolition définitive de la vieille distinction du sujet et de l’objet dans la perception. La “transcendance” de l’objet ne se relèvera plus du coup que vous lui portez [...]. Quel bien cela fait quelquefois d’envoyer promener toutes les vieilles catégories, de répudier les vieux dogmes usés, et de reprendre les choses par le commencement en traçant les contours et en peignant *dans le frais* ! » (*ibid.*, p. 567.

4. *Matière et mémoire* se présente comme une véritable philosophie du mixte, dont la voie a été ouverte par *Les Données immédiates* (la notion de multiplicité qualitative), mais qui dépasse les oppositions tranchées de ce premier ouvrage. C’est la seule possibilité de comprendre ce que sont la matière et le mouvement : y reconnaître de la durée et de la qualité. En fait, c’est « ce caractère mixte de notre perception immédiate » (le processus par lequel nous saisissons dans la perception soit un *état* de notre conscience, soit une *réalité* indépendante de nous) qui nous permet de croire à un monde extérieur ; *id.*, *p.* 228-229. Voir A. ROBINET, *Bergson et les métamorphoses de la durée*, *op. cit.*, p. 57-65, qui insiste beaucoup sur la transition théorique des *Données immédiates* à *Matière et mémoire*. A propos des difficultés du mixte, liées au fait que l’expérience ne nous donne que des mixtes, ainsi que Bergson le confirme in

Perception et souvenir-image ne doivent pas être conçus comme des choses en soi déjà complètes et distinctes, mais comme un processus dans lequel l'une devient l'autre.

> D'un côté – explique Bergson – la perception complète ne se définit et ne se distingue que par sa coalescence avec une image-souvenir que nous lançons au-devant d'elle. L'attention est à ce prix [...]. Mais d'autre part [...], l'image-souvenir elle-même, réduite à l'état de souvenir pur, resterait inefficace. Virtuel, ce souvenir ne peut devenir actuel que par la perception qui l'attire. Impuissant, il emprunte sa vie et sa force à la sensation présente où il se matérialise [1].

Ce sont ces deux courants qui, unis, constituent la perception distincte du présent. Le sujet et l'objet, différents en nature, sont deux aspects de la durée. La mémoire elle-même, dans toute son intégrité ouverte et indéfinie, est durée, liberté, Etre. Le "spiritualisme" de Bergson est en ce sens un effort ontologique intense. Le passé – tout le travail impuissant de la mémoire – est l'Etre même, il est « l'en soi de l'être » [2]. Si la théorie bergsonienne de la mémoire n'était pas comprise dans un sens ontologique, les contradictions qu'elle contient seraient insolubles. En effet, l'on ne pourrait comprendre le sens de la catégorie du virtuel appliquée au tout du souvenir pour le soustraire à une psychologisation excessive, et l'on ne comprendrait pas non plus le rôle de "filtre" attribué au cerveau (filtre qui suscite l'adhésion enthousiaste de James).

> En toute rigueur – écrit G. Deleuze à ce propos – le psychologique, c'est le présent. Seul le présent est "psychologique" ; mais le passé, c'est l'ontologie pure, le souvenir pur n'a de signification qu'ontologique [3].

Le passé comme ontologie ne peut être compris comme un avoir été, comme une objectivité immobile, figée dans la solidification de son "n'être plus là", comme une sorte de temps épuisé. Il est au contraire le champ total de la virtualité, il est l'être même en ce qu'il permet l'ordre du temps et la continuité de la durée.

C'est ainsi que Bergson l'explique. Le mixte de passé et de présent équivaut au mixte que nous donne l'expérience du sens commun, qui est un mixte de perception et de réalité, de matière et de mémoire. Le plan de la réalité est donc inséparable, dans l'expérience sensori-motrice, de

*L'Evolution créatrice*, *op. cit.* ; voir aussi G. DELEUZE, *Le bergsonisme*, *op. cit.*, p. 11-12, 26 et 29.

1. H. BERGSON, *Matière et mémoire*, *op. cit.*, p. 142.
2. G. DELEUZE, *Le bergsonisme*, *op. cit.*, p. 49-51.
3. *Ibid.*, p. 51.

la conscience (qui dans ce cas s'identifie à la totalité de la mémoire). Nous avons déjà signalé le rapport d'interdépendance qu'établit Bergson entre passé et présent. Différents par nature, tous deux se situent du côté de l'expérience humaine ; simplement, nous ne sommes pas en mesure de les distinguer, de même que nous ne savons pas distinguer le temps, la durée et l'espace, ou, plus généralement, la matière et l'esprit. Nous ne savons pas distinguer les états mixtes, le mélange de perception (qui nous situe d'emblée dans la matière) et de souvenir (qui nous situe d'emblée dans l'esprit). Bergson doit donc commencer par écarter les erreurs, afin de pouvoir reconnaître dans leur "pureté" (qualitative) les diverses composantes du mixte.

> L'erreur capitale [...] est celle qui consiste à ne voir qu'une différence d'intensité, au lieu d'une différence de nature, entre la perception et le souvenir [...]. Ces deux actes, perception et souvenir, se pénètrent donc toujours, échangent toujours quelque chose de leurs substances par un phénomène d'endosmose. Le rôle du psychologue serait de les dissocier, de rendre à chacun d'eux sa pureté naturelle [...]. Mais point du tout. On veut que ces états mixtes [...] soient des états simples [1].

Bergson s'attache, dans le premier chapitre de *Matière et mémoire*, à décomposer le mixte de la représentation dans les deux composantes pures de la matière et de la mémoire, la perception et le souvenir. La perception pure est à la matière ce que la partie est au tout, ce qui signifie qu'entre perception et matière, il n'y a qu'une différence de degré, et non de nature. C'est l'objectif, le domaine du mouvement, les ébranlements physiques. La mémoire est au contraire le subjectif, c'est la réalité de l'esprit. On ne doit pas confondre les deux, *puisque* ils se donnent ensemble. Matière et mémoire se donnent toujours ensemble dans l'expérience, mais en principe ils doivent être totalement indépendants.

> Puisque la perception nous donne le tout ou au moins l'essentiel de la matière, puisque le reste vient de la mémoire et se surajoute à la matière, il faut que la mémoire soit, en principe, une puissance absolument indépendante de la matière. Si donc l'esprit est une *réalité*, c'est ici, dans le phénomène de la mémoire, que nous devons le toucher expérimentalement. Et dès lors toute tentative pour dériver le souvenir pur d'une opération du cerveau devra révéler à l'analyse une illusion fondamentale [2].

1. H. BERGSON, *Matière et mémoire*, *op. cit.*, p. 69.
2. *Ibid.*, p. 76-77 (souligné par moi).

Ce n'est donc pas la substance cérébrale qui engendre des représentations, car elle n'est qu'un « lieu de passage pour les mouvements », un filtre. C'est au contraire l'interaction avec la réalité de l'esprit, qui trouve dans le corps un lieu de condensation maximale, qui engendre la représentation et l'expérience elle-même. Le rapport de la représentation avec l'action, là où se rencontrent souvenir et matière, traduit le rapport entre sujet et objet dans le corps conçu comme une limite (la limite toujours mobile de cette rencontre)[1].

La mémoire indépendante peut donc être conçue de la façon suivante : au cours du temps, à mesure que des images se produisent, la mémoire les recueille. Le corps, avec tout son environnement qui agit sur lui et sur lequel il agit, n'est « qu'une certaine de ces images, la dernière, celle que nous obtenons à tout moment en pratiquant une coupe instantanée dans le devenir en général »[2]. La mémoire ne s'enrichit donc qu'à travers le corps et ne peut agir que grâce à ce dernier. Les lésions physiologiques de la matière cérébrale peuvent atteindre les mouvements par lesquels les souvenirs passent à l'action, mais non pas les souvenirs mêmes. Ce qui est endommagé est en fait la possibilité, pour le passé, d'agir sur le présent et d'être utilisé par lui. Mais le passé en tant que passé reste inchangé, il ne peut être endommagé matériellement car il appartient à un autre ordre qualitatif. Et, avant tout, il doit être conçu comme un être pur virtuel.

L'objet de la perception crée une image qui le recouvre, qui se modèle sur ses contours, et qui entretient avec lui un rapport circulaire de tension. Tout ébranlement suscité par l'objet s'enfonce dans l'esprit mais retourne ensuite à l'objet en formant comme un diagramme circulaire. Cette circularité permet à Bergson de situer au centre de la mémoire la différence qualitative de ses différents plans, puisque

> on ne saurait passer à des états de concentration supérieure sans créer de toutes pièces autant de circuits nouveaux qui enveloppent le premier, et qui n'ont de commun entre eux que l'objet aperçu [3].

Le cercle qui sera le plus proche de l'objet contiendra simplement ce dernier et l'image consécutive qui le recouvre. Les cercles

1. *Ibid.*, p. 82 : « Nous pouvons parler du corps comme d'une limite mouvante entre l'avenir et le passé, comme d'une pointe mobile que notre passé pousserait incessamment dans notre avenir. Tandis que mon corps, envisagé dans un instant unique, n'est qu'un conducteur interposé entre les objets qui l'influencent et les objets sur lesquels il agit, en revanche, replacé dans le temps qui s'écoule, il est toujours situé au point précis où mon passé vient expirer dans une *action* ». Cette interaction permet de distinguer les composants des mixtes : « La reconnaissance d'un objet présent se fait par des mouvements quand elle procède de l'objet, par des représentations quand elle émane du sujet » (*ibid.*).

2. *Ibid.*, p. 81.

3. *Ibid.*, p. 114.

concentriques qui entourent l'objet indiquent des efforts croissants d'« expansion » intellectuelle. Dans chaque cercle entre le tout de la mémoire, mais son « expansion » plus ou moins grande indique une contraction plus ou moins importante par rapport à l'objet[1]. Agir signifie alors « que cette mémoire se contracte ou plutôt s'affile de plus en plus, jusqu'à ne présenter que le tranchant de sa lame à l'expérience où elle pénètre »[2]. C'est donc une activité mixte par excellence. C'est le lieu même du mouvement, le point-limite corporel dans lequel le tout du passé se manifeste comme un devenir, n'étant autre chose, en soi, qu'une virtualité pure. Voilà pourquoi, étant virtuel, le souvenir ne peut s'actualiser que par la sensation qui l'attire.

Il faut rechercher ici la raison essentielle qui pousse Bergson à négliger un schéma conceptuel lié à la possibilité pour y "substituer" la virtualité. Le souvenir pur, le tout du passé, comme constituant virtuel du mixte, est en soi impuissant. Il échappe donc à toute forme de logique causale (l'un des objectifs principaux de Bergson) qui interpréterait la mémoire comme un ensemble d'images en puissance. Le souvenir est dénué de toute puissance, il est impuissant par essence, la structure causale fixe de la possibilité ne lui appartient pas. De fait, la possibilité implique un rapport direct et univoque avec l'actualité. Le tout du passé est au contraire impuissant *parce qu*'il est virtualité pure[3] : seule la mobilité du présent peut le retailler, le redécouper plus

1. *Ibid.*, p. 115 : « La même vie psychologique serait donc répétée un nombre indéfini de fois, aux étages successifs de la mémoire, et le même acte de l'esprit pourrait se jouer à bien des hauteurs différentes. Dans l'effort d'attention, l'esprit se donne toujours tout entier, mais se simplifie ou se complique selon le niveau qu'il choisit pour accomplir ses évolutions ».

2. *Ibid.*, p. 117.

3. C'est dans *L'Evolution créatrice* que Bergson éclaire le sens profond du concept de "virtualité", le liant à l'élan vital, donc à l'aspect créateur de l'évolution et de la vie (voir notamment *L'Evolution créatrice*, *op. cit.*, chap. II et p. 259-261, 307 ; et *L'Energie spirituelle*, *op. cit.*, p. 136-137). La création, l'acte de créer, est pour Bergson un fait d'expérience qui n'a aucune connotation théologique. L'acte créateur est le sens profond de la liberté, telle qu'elle est définie in *Les Données immédiates*. Il désigne aussi le sens profond du devenir, qui trouve dans le virtuel le concept qui lui correspond. Cf. G. DELEUZE, *Le bergsonisme*, *op. cit.*, p. 36 et 99-100 : « C'est que le "virtuel" se distingue du possible au moins de deux points de vue. D'un certain point de vue en effet, le possible est le contraire du réel, il s'oppose au réel ; mais, ce qui est tout différent, le virtuel s'oppose à l'actuel. Nous devons prendre au sérieux cette terminologie : le possible n'a pas de réalité (bien qu'il puisse avoir une actualité) ; inversement le virtuel n'est pas actuel, mais *possède en tant que tel une réalité* » (*ibid.*, p. 99). C'est par le virtuel que l'on comprend le mécanisme de la différence et de la création. Dans le possible, tout est déjà donné en image et, comme le dit Bergson ("Le possible et le réel", in *La Pensée et le mouvant*, *op. cit.*), c'est le possible qui ressemble au réel et non l'inverse, car le possible est toujours posé après-coup, comme une rétrojection du réel. Dans le virtuel il n'y a pas de telles limitations, puisqu'il crée ses propres lignes d'actualisation. « Tandis que le réel est à l'image et à la ressemblance du possible qu'il réalise, l'actuel au contraire *ne*

ou moins pour l'actualiser. Du possible, on dit au contraire qu'il passe ou non à la réalité. Le virtuel est lui-même réalité. D'où la différence de nature entre passé et présent. D'où, entre autres, l'émancipation d'une logique de l'identité liée à la causalité (comme le sera celle de Meyerson).

Le troisième chapitre de *Matière et mémoire* explique comment le passé reconquiert en s'actualisant, par un progrès continu, son influence perdue. A mesure qu'il passe du virtuel à l'actuel, les contours du souvenir se dessinent sur l'objet et tendent à limiter la perception. Le souvenir subit par là une différenciation, il change de nature: d'impuissant qu'il était, il acquiert un certain pouvoir agissant qui se mêle au réel. Bergson utilise la célèbre image du cône renversé pour rendre compte de ce processus. La pointe du cône, qui représente le présent qui se meut et renaît invariablement (le corps comme *lieu de passage*) est immergée dans le plan mobile de ma représentation actuelle de l'univers, les images et les actions de la réalité (également matérielle). Le cône indique la totalité des souvenirs accumulés dans la mémoire, dont la base est dans le passé. La base du cône est donc une sorte de totalité ouverte de tout le passé sous toutes ses formes et dans toutes ses particularités. Le présent sensori-moteur est le point de contraction maximum du tout de la mémoire, c'est une mémoire «quasi-instantanée à laquelle la véritable mémoire du passé sert de base»[1].

D'un côté, la mémoire du passé présente au mécanisme sensori-moteur tous les souvenirs qui peuvent lui servir pour agir ou réagir (la "leçon" de l'expérience); de l'autre, c'est le présent sensori-moteur qui fournit au passé (impuissant) les moyens de se matérialiser. Ce double courant, Bergson le résume ainsi:

> C'est du présent que part l'appel auquel le souvenir répond, et c'est aux éléments sensori-moteurs de l'action présente que le souvenir emprunte la chaleur qui donne la vie[2].

ressemble *pas* à la virtualité qu'il incarne. Ce qui est premier, dans le processus d'actualisation, c'est la différence» (*ibid.*, p. 100). C'est que le virtuel, étant une réalité, n'a pas à se réaliser comme le possible, mais à s'actualiser. Il s'actualisera en créant positivement ses propres lignes d'actualisation, sans aucune nécessité de ressemblance ni de limitation (il n'y a pas de réalité à laquelle ressembler, ni de limitation due au fait que tous les possibles ne se réalisent pas, qu'il y a des possibles censés être repoussés par le réel). Le virtuel change donc de nature en s'actualisant. Il ne peut s'actualiser que par la différenciation qui constitue l'essence du devenir. Sur le virtuel chez Bergson, voir aussi H. GOUHIER, *L'Histoire et sa philosophie*, *op. cit.*; R. EBACHER, "Existence historique et temporalité chez Bergson", *op. cit.*, p. 212 et F. HEIDSIECK, *H. Bergson et la notion d'espace*, Paris, 1961, p. 140-145.

1. H. BERGSON, *Matière et mémoire*, *op. cit.*, p. 169.
2. *Ibid.*, p. 170.

Toute perception est donc déjà mémoire, le présent n'étant que le mouvement de l'expérience qui provoque en elle une certaine contraction (plus ou moins marquée le long du cône et donc avec un souvenir plus ou moins détaillé ou ample). L'aspect essentiel du schéma bergsonien (le cône) ne consiste pas dans ses extrémités (l'action présente et l'ensemble indéfini de tous les souvenirs), mais dans le mouvement d'oscillation entre ces extrémités. La vie psychologique *est* ce mouvement, qui ne peut se figer dans une de ces extrémités. Le long du cône, « il y a place [...] pour mille et mille répétitions de notre vie psychologique, figurées comme autant de sections [...] du même cône »[1]. A mesure que nous nous détachons du sommet, donc de notre état sensoriel et moteur, nous vivons de plus en plus la vie du "rêve", tandis que « nous tendons à nous concentrer en S (le sommet) à mesure que nous nous attachons plus fermement à la réalité présente », choisissant les images et les idées justes pour qu'elles puissent nous aider dans l'action[2]. Le passé et le présent, le souvenir et l'action ne peuvent pas exister l'un sans l'autre.

Bergson a donc résolu l'un des problèmes philosophiques fondamentaux posés dans son livre, celui du statut de l'existence du passé. C'est un problème qui est aussi au cœur de la philosophie de l'histoire (puisqu'il implique une idée du temps), mais Bergson le traite dans un contexte théorique tout différent. A la question de savoir comment « le passé, qui, par hypothèse, a cessé d'être, pourrait par lui-même se conserver » sans être pour autant en contradiction, la réponse est finalement ontologique. L'ontologie que le philosophe propose est enfin une ontologie de la mémoire :

> Nous répondons que la question est précisément de savoir si le passé a cessé d'exister, ou s'il a simplement cessé d'être utile. Vous

1. *Ibid.*, p. 180-181.

2. *Ibid.*, p. 181. Bergson insiste sur ce *progrès*. « En fait, le moi normal ne se fixe jamais à l'une de ces positions extrêmes ; il se meut entre elles, adopte tour à tour les positions représentées par les sections intermédiaires » (*ibid.*). Voilà comment Bergson explique le "mécanisme" de ce mouvement parmi les coupes, les strates, du cône-mémoire : « Nous avons supposé que notre personnalité toute entière, avec la totalité de ses souvenirs, entrait, indivisée, dans notre perception présente. Alors, si cette perception évoque tour à tour des souvenirs différents, ce n'est pas par une adjonction mécanique d'éléments de plus en plus nombreux qu'elle attirerait, immobile, autour d'elle ; c'est par une dilatation de notre conscience tout entière qui, s'étalant alors sur une plus vaste surface, peut pousser plus loin l'inventaire détaillé de sa richesse » (p. 184). Par conséquent, « chacune de ces coupes est plus ou moins ample, selon qu'elle se rapproche d'avantage de la base ou du sommet [...]. En d'autres termes, la mémoire intégrale répond à un appel d'un état présent par deux mouvements simultanés, l'un de translation, par lequel elle se porte toute entière au-devant de l'expérience et se contracte ainsi plus ou moins, sans se diviser, en vue de l'action, l'autre de rotation sur elle-même, par lequel elle s'oriente vers la situation du moment pour lui présenter la face la plus utile » (p. 188).

> définissez arbitrairement le présent *ce qui est*, alors que le présent est simplement *ce qui se fait*. Rien n'est moins que le présent [...]. *Nous ne percevons, pratiquement, que le passé*, le présent pur étant l'insaisissable progrès du passé rongeant l'avenir [1].

Mais le passé, c'est le virtuel.

Cette ontologie du temps ne rend pas homogènes entre elles ce que Heidegger appelle «les extases du temps» (passé-présent-futur). Leur différence de nature permet de les penser par le biais de concepts différents, en reconnaissant en outre dans la durée même une variabilité cohérente par rapport à un état plus ou moins accentué de contraction (ou avec «le degré de tension ou de relâchement des consciences»[2]). L'homogénéité du temps n'est qu'«une idole du langage»: «en réalité, il n'y a pas un rythme unique de la durée», mais des rythmes différents, plus rapides ou plus lents, qui fixent la série des êtres. Le changement est en effet partout, en profondeur, bien que nous le localisions ici et là, en surface, par la perception. C'est en ce point que Bergson, dans son livre, mentionne l'histoire. Après avoir exposé une théorie de la mémoire fondée sur la virtualité, après avoir souligné la multiplicité des rythmes de la durée (d'où une durée entendue comme multiplicité qualitative et continue), Bergson soutient que l'histoire est elle-même un exemple de cette théorie.

L'histoire ne serait en fait qu'une coupe du passé, son actualisation selon un certain degré de contraction. Toute histoire totale ne serait qu'illusion, de ce point de vue. Le tout du passé n'est que virtuel, mouvement pur, changement continu. Nous pouvons seulement fixer des coupes, saisir une ligne de force, tracer une courbe, actualiser un plan: ce ne sera, toujours, qu'une contraction faite au profit d'une action (fût-elle de connaissance). Le mouvement "tensionnel" de translation et de rotation[3] multiplie indéfiniment les plans, intégrant le passé et le présent dans la production de la différence.

C'est que nous ne pouvons nous placer que dans une partie éclairée de notre histoire (qui ressemble de près à la partie éclairée des monades leibniziennes), sa partie actuelle, qui est toujours en état de s'actualiser

1. *Ibid.*, p. 166-167.

2. *Ibid.*, p. 232. La richesse des rythmes de la durée est essentielle pour le développement successif de la pensée bergsonienne. La multiplicité des plans (immanents) et la tendance du virtuel à s'actualiser selon des formes définies rendent compte du caractère fondamentalement *ouvert* de l'évolution. L'unité du monde organisé est l'ouverture multiple des divers plans selon lesquels elle se réalise. Voir *L'Evolution créatrice*, *op. cit.*, p. 106-107. Bachelard ne semble pas en avoir tenu suffisamment compte, dans sa critique du bergsonisme.

3. Voir note 2, p.304.

(car la loi fondamentale de la vie est selon Bergson une loi d'action)[1]. L'histoire ne pourrait donc être, dans la philosophie bergsonienne, qu'une multiplicité de points de vue. C'est la pluralité de ces parties éclairées qui rend possible leur progrès conçu comme changement continu. Le devenir historique n'a pas de finalité intrinsèque, de même qu'il n'existe pas de finalité dans la virtualité du passé. L'effort intellectuel témoigne d'une complexité, qui rend *ouvert* le devenir du présent : c'est la multiplicité des plans de la profondeur, dans lesquels se meut l'esprit. Le mouvement est tension, courant multiple qui se pose comme l'entre-deux, comme un passage entre les deux extrêmes classiques, efficiente et finale, de la causalité[2]. L'unité n'est donc pas forcement synonyme de simplicité (comme plus tard pour Bachelard).

C'est sans doute ce qui a permis à Bergson d'éviter toute philosophie et toute théorie de l'histoire. La page de *Matière et mémoire* qui y fait référence nous montre assez clairement que cette discipline, pour lui, est déjà justifiée philosophiquement dans l'ontologie du virtuel. Ce qui permet de relier toute cette analyse à un problème qui occupera longtemps des historiens comme Fehvre, Bloch, Braudel, Koyré, à savoir comment résoudre le paradoxe implicite qui existe apparemment dans le rapport entre passé et présent, ou comment rendre le passé vivant[3]. C'est le terrain de rencontre, le problème que l'histoire et la philosophie posent dans leur intersection possible, ce qui rend compte de l'ouverture et du changement dans le temps stratifié, par rapport à la structure de la pensée.

Enfin, alors que l'image totalisante et l'image systématique de la raison (et de la philosophie) traversent une crise, nous trouvons une pensée problématisante ouverte au passé comme à une tension continue vers le changement. Cohérente par rapport aux historiens des *Annales*, mais aussi par rapport à certains nœuds théoriques des réflexions historico-épistémologiques de Bachelard et de Koyré, la pensée française de cette période de crise peut se résumer dans l'affirmation bergsonienne : « le mouvement est la réalité même ».

1. *Ibid.*, p. 167, où Bergson utilise explicitement le mot "histoire". Voir aussi page 233 : « Et l'histoire toute entière ne tiendrait-elle pas en un temps très court pour une conscience plus tendue que la nôtre, qui assisterait au développement de l'humanité en le contractant, pour ainsi dire, dans les grandes phases de l'évolution ? Percevoir consiste donc, en somme, à condenser des périodes énormes d'une existence infiniment diluée en quelques moments plus différenciés d'une vie plus intense, et à résumer ainsi une très longue histoire » ; et *L'Evolution créatrice*, *op. cit.*, p. 29-30.

2. Voir H. BERGSON, *L'Energie spirituelle*, *op. cit.*, p. 186-190.

3. Mais chez ces historiens, il s'agissait de le faire sans renoncer au travail de l'analyse, donc à partir d'un fondement scientifique.

# CONCLUSION

## UNE PENSÉE DE L'OUVERTURE

L'idée philosophique de multiplicité, qui aurait dû s'épanouir, à la suite de la pensée de Bergson, avec la série de crises qui a bouleversé le savoir occidental depuis le début du siècle, hésite à s'imposer parmi les penseurs français, italiens, allemands, etc., même si, en tant que "concept", elle devient toujours plus présente et nécessaire. L'histoire du non-rapport entre l'histoire et l'épistémologie n'est qu'un exemple parmi d'autres. Leur double articulation en est une manifestation d'autant moins évidente que le rapport entre multiplicité et ouverture – que nous avons essayé de montrer en fonction d'une phase particulière et dans un domaine spécifique de notre savoir – reste voilé. La multiplicité s'impose dans le *fait* même de diverses recherches parallèles qui peuvent avoir beaucoup en commun et qui s'ignorent entre elles. La situation de crise, qui s'accompagne d'une effervescence culturelle importante par rapport à l'épistémologie et à l'histoire, est la suivante : l'indifférence pour une affinité qui ne réussit pas à se trouver. Dans la variété du réseau, il s'agit de deux chemins qui avancent parallèlement mais qui ignorent le nœud qui les précède et celui qui va suivre.

C'est dans la pensée même de quelques philosophes que s'exprime cette crise, nous l'avons montré dans l'introduction : pensons, par exemple, au cas de Bachelard, sa dualité (jour/nuit) et son ambiguité. Nous nous sommes efforcé de la penser et, d'une certaine façon, de la mettre en scène dans la différence de phase qui la caractérise et dans la multiplicité de ses articulations, dont celle que nous avons considérée ici n'en est qu'une parmi d'autres. Telle est la raison pour laquelle la crise est restée comme une sorte de fond constant auquel tous les auteurs se sont référés, mais dont il est impossible d'indiquer avec précision l'aspect, comme il est impossible de montrer les limites d'un sentiment. D'autant plus que nous avons montré comment, pour certains, Langevin par exemple, cette crise n'existait pas, du moins sous la forme d'une crise de la raison.

Il ne s'agissait pas ici de combler une lacune culturelle, de montrer les limites d'une scission ou d'une incompréhension entre les deux termes de ce que nous avons appelé "*double articulation*", ni d'affronter directement un problème que l'on n'a jamais saisi directement. Nous avons voulu examiner le problème en tant que tel, saisir l'indifférence là où elle s'exprime, animer les difficultés dans leur non-rapport et provoquer, interroger cette fracture, cette béance, qui est venue s'insérer dans une région apparemment cohérente du savoir moderne. Nous avons cherché de "laisser parler" la différence elle-même, non pas pour en identifier les raisons et les détacher d'un contexte et d'un ensemble d'obstacles qui auraient caché la double articulation, mais pour comprendre justement ce que cette différence exprime ; comprendre l'expression de cette fracture ; la laisser intacte, comme configuration du développement (de la transformation) de cette partie du savoir. En indiquer pourtant les croisements, les intersections et les superpositions, car là où il y a une différence, il y a aussi bien un voisinage et un contact. C'est pourquoi certains thèmes que Bachelard affronte d'une façon radicale correspondent aux questions soulevées par Febvre et Bloch, et appartiennent donc à une aire commune qu'ils n'ont pas su reconnaître comme telle.

Dans cette fracture, dans les efforts que les historiens surtout ont fait pour la combler, dans la rigueur de la réflexion des philosophes qui a mené à une nouvelle épistémologie rationaliste expérimentale, il s'agit encore du problème de la multiplicité et de l'ouverture. Pluralité des raisons, hétérogénéité d'organisation des savoirs, multiplication des fondements et des articulations.

Les auteurs que nous avons rapproché dans les chapitres précédents participent tous d'une même série de chemins croisés, même s'ils divergent radicalement par rapport à certaines des conséquences de leur pensée (Meyerson de Brunschvicg, par exemple, ou Meyerson de Bachelard, etc.). L'on assiste donc non seulement à la succession de modèles de pensée différents les uns des autres (Berr, puis Bloch ; ou Rey et Enriques, puis Bachelard et Koyré), mais à l'intersection de principes inconciliables, aux paradoxes d'un système de savoir, au désespoir de ses points de fuite qui s'étendent bien au delà des personnes que nous venons de nommer. Philosophe, Koyré ne peut plus éviter de faire l'histoire des sciences, y arrivant, entre autre, grâce à une réflexion sur la pensée du mystique Jacob Boehme. Bachelard ne peut travailler le jour que s'il garde la nuit pour rêver. Bergson, fasciné par les sciences nouvelles, formule des concepts nouveaux pour s'y référer, voir la "multiplicité qualitative" et la "virtualité" (qui pourraient d'ailleurs être utiles à une pensée critique de l'histoire). L'on pourrait continuer cette liste et y inclure les historiens comme les philosophes. Intersection sur un même plan de consistance, où l'homogénéité apparente se révèle réseau. C'est le heurt du savoir avec lui-même. Le désir d'organisation que Rey exprime dans un article de 1907[1], enrichi par l'activité même du Centre International de Synthèse, trouve paradoxalement sa réalisation philosophique dans les *Deux sources de la morale et de la religion* de Bergson : chemin parallèle, tortueux, entrelacé et rarement analysé. Car le conflit, le voisinage et l'interférence, pour utiliser un terme qu'affectionne Michel Serres, comportent toujours une incommensurabilité relative. La conviction légitime de Th.S.Kuhn, reprise par P.K.Feyerabend, ne peut être appliquée avec rigueur dans une époque de crise (mais peut-être pas davantage dans des époques "normales"). Ce qui est incommensurable trouve le moyen de filtrer dans une pensée en mouvement : or, toute la pensée est telle car, comme partout, il n'existe pas de système fermé. Bergson déjà en était convaincu.

La crise scientifique est une crise de clôture : elle manifeste la nécessité d'une ouverture permanente. Bergson le sait, et il fait de l'ouverture un concept clé de sa pensée ; Husserl le sait aussi, et critique la séparation entre science moderne et monde-de-la-vie, parlant à ce propos d'un "horizon ouvert à l'infini". Seules la différence, la coupure, la nouveauté permettent au système d'échapper à l'inéluctable. De même, l'intersection seule permet au savoir d'ébaucher des concepts nouveaux pour réagir à la "crise" : la double articulation entre histoire et épistémologie en a été, et peut-être elle en reste toujours, une tentative parmi les plus importantes.

Sa vitalité est l'ouverture. L'ouverture peut être, plus qu'un progrès dynamique, une friction interne entre les parties d'un plan ou entre les nœud d'un réseau. Intersection contre évolution : ce que montre une époque de crise, c'est la nécessité de la co-appartenance : il s'ensuit que les pensées, comme les objets et les choses, peuvent se mélanger, se confondre ou passer d'un plan à l'autre, d'un point de vue à l'autre, étendant ou rétractant leur champ opératif virtuel. De nouvelles lectures, de nouvelles histoires s'imposent désormais.

Il nous faut maintenant montrer en quoi consiste une pensée de l'ouverture selon la perspective plus spécifique de la double articulation entre histoire et épistémologie. Lorsque certains philosophes ont montré la dialectique entre raison et expérience, on a reconnu le caractère nécessairement historique du mouvement même de la connaissance. L'ouverture de la raison a été rendue possible par la

1. A. REY, "L'énergétique et le mécanisme au point de vue des conditions de la connaissance", cit.

problématisation de son être histoire. Mais l'histoire a été rendue cohérente du point de vue théorétique par la philosophie qui a su en problématiser les concepts essentiels, du moins en principe. Cela a posé beaucoup de difficultés et a rendu possible une série de malentendus, de captures conceptuelles et de dominations théoriques.

Aucune philosophie de l'histoire ne s'est pourtant imposée à la suite des thèmes tracés tout au long de ces chapitres[1]. Bien au contraire, nous l'avons vérifié dans le cas des historiens professionnels, celle-ci a été considérée comme le plus grand danger, à éviter absolument. Les philosophes, quant à eux, se sont tenus pour la plupart à un ensemble d'idées déjà acquises, discutant sur la continuité ou la discontinuité des événements et du progrès de la connaissance, sur l'homogénéité ou l'incohérence de celle-ci, sans jamais entrer dans le vif des questions posées par les philosophes de l'histoire qui les ont précédés ou suivis. Le problème fondamental n'était pas celui du sens, ou celui de l'origine et de la fin ultime de l'humanité. L'enjeu était tout autre, lié plutôt à la théorie de la connaissance plus qu'à l'évolution de la société et de la culture.

La double articulation a donc ouvert, sans le savoir, la possibilité de penser l'histoire dans son ouverture, comme un devenir dynamique du réel dans sa vérité. L'histoire ne doit alors plus être conçue comme l'inéluctable conséquence d'une tradition désormais fixée dans le passé et inamovible, mais comme un “bloc” de problématisation et de temporalité discordante, qui dit et redit ce qu'elle éclaire et reconstruit au fur et à mesure dans le passé. Sa vérité n'est jamais apodictique, mais toujours discursive.

1. Le présupposé de toute philosophie de l'histoire c'est que l'histoire, tant comme *res gestae* que comme *historia rerum gestarum*, a besoin de la philosophie pour suivre un sens qui lui permette de ne pas se disperser dans l'infinité aléatoire et multiple des événements et des anecdotes. Ce sens, elle ne le possède évidemment pas, il ne lui est pas intrinsèque par nature, puisqu'elle n'est qu'un ensemble de faits uniques, irrépétables et vérifiables seulement d'une façon indirecte. La philosophie de l'histoire présuppose en quelque sorte que l'histoire ne pense pas, car en tant que discipline (*historia rerum gestarum*) elle n'est que le rassemblement et l'élaboration des documents qui lui permettent ensuite de tenir son discours à propos de ce qui serait effectivement arrivé (*res gestae*). D'autant plus que le discours de l'histoire est toujours indirect, inféré, fondé sur des données discutables et sur des concepts et des hypothèses nécessairement préconstitués. La tâche de la philosophie de l'histoire serait celle de donner ces concepts à l'histoire, lui donnant ainsi les principes directeurs et les clés de lecture par lesquels donner ses représentations (B. Croce, par exemple). C'est finalement grâce à un ordonnancement discursif prédéterminé par des concepts philosophiques (qui indique la fin, l'origine, la totalité à laquelle il faut se référer) que l'histoire peut ne pas être réduite à la simple récolte de faits sans intérêt. Bref, la tâche que les diverses philosophies de l'histoire se sont posées à été celle de déceler, sinon de déterminer a priori, les présupposés conceptuels en fonction desquels l'histoire donne un sens à son propre discours : donc de penser à sa place.

Tout cela, précisément, a rendu vaines les tentatives pour définir de façon déterminante et conclusive le statut et la tâche de l'histoire comme discipline, ce en quoi toute les philosophies de l'histoire avaient excellé. Raison, réalité et histoire sont une seule "chose", le Même, en termes heideggeriens, bien que disposées conceptuellement sur des plans ou dans des espaces très différents (parce qu'ils relèvent de points de vue hétérogènes). Ce Même est pourtant un champ d'opérations, une multiplicité où s'entrecroisent les plans et les forces appartenants à des mondes aux dimensions différentes, où la domination éventuelle de l'un laisse tout de suite la place à l'irruption d'un autre.

Brunschvicg, Enriques, Febvre ou Bachelard – autant dire le rationalisme, l'histoire et l'épistémologie – ont montré que la vérité, loin d'être adéquation ou correspondance, est un problème de construction et de reconstruction à l'infini, une sorte de *Durcharbeitung* dont la direction ne peut pas être supposée comme linéaire ou absolument prévisible (Freud, dans son travail d'analyse du Moi, était orienté précisement en ce sens). Tout cela signifie que le problème de la vérité ne peut être résolu d'une façon définitive ou logique, car le mouvement réciproque de raison et de réalité, c'est-à-dire l'histoire de cette réciprocité, instaure chaque fois un espace spécifique de vérité. Voilà pourquoi, comme le disent Bachelard et Koyré, réalité et raison sont nécessairement historiques : parce que c'est seulement ainsi qu'elle se posent dans l'espace ouvert de leur vérité. Telle est leur contingence irréductible, comme E.Boutroux l'avait déjà montré à propos de la connaissance scientifique des lois naturelles. Contingence d'être comme un venir à être, action de forces toujours conditionnées sur un plan du réel. Mais c'est une contingence qui se manifeste au moment où toutes les parties, tous les termes de la réciprocité se touchent et se donnent dans un nœud, dans une concrétion. Cela se fait, précisément, comme un venir à être de la vérité, dont le tableau total et complet ne peut jamais être dessiné, parce qu'il appartient à un autre ordre conceptuel, qualitativement différent du premier, ainsi que Bergson l'a souligné. Le cercle ne se renferme pas sur lui-même et la limite ne se transforme pas en frontière.

Si nous avons essayé de tracer, jusqu'ici, une partie de ce parcours innovateur relativement à un domaine spécifique du savoir, c'est parce que l'entrecroisement entre histoire et épistémologie est devenu toujours plus prégnant en raison de cet aspect problématique de la connaissance. Le venir à être de la vérité, que l'on suppose inconditionnée et entière, est insaisissable ontologiquement *parce qu*'elle est la condition de possibilité de la raison humaine et de son histoire. Lorsque Koyré, critiquant Heidegger, écrit que « la vérité [...]

est la condition de possibilité de toutes les conditions de possibilité »[1], il interprète la vérité comme un horizon ou un présupposé, une sorte d'idéal régulateur ou peut-être une force agissante, mais qui, en tant que "condition", est imprédicable, parce que c'est justement à partir d'elle que la prédicabilité à un sens.

La théorie de la connaissance approchée n'impose pas une fin précise, un objectif dont on s'approcherait de plus en plus par un parcours initiatique et ascétique, la science, qui ressemblerait de trop près à la sécularisation des monothéismes méditerranéens. Il n'y a aucune téléologie à retrouver au fond de la connaissance de la nature, mais simplement un mouvement créateur dont la direction est donnée chaque fois par les valeurs locales qu'il applique (même si Bachelard, par exemple, semble parfois penser le contraire). C'est pourquoi l'histoire lui est, pour ainsi dire, aussi consubstantielle : parce qu'elle est le mouvement des hommes, de la vie, dans sa contingence inéluctable et dans son ouverture. Le clos et l'ouvert, le mort et le vivant se superposent, et en quelque sorte se substituent au bien et au mal, au vrai et au faux.

Le rationalisme expérimental (ou appliqué), proposition philosophique qui implique la nécessité de l'histoire, nie donc toute valeur à la recherche philosophique qui se dirige vers l'origine, l'originaire (que l'on entend inévitablement comme le lieu authentique de la vérité). Koyré critique Heidegger pour une raison proprement philosophique : le désenchantement, pour utiliser un terme qu'affecte Max Weber, rend l'homme orphelin et radicalise la mort de Dieu annoncée par Nietzsche. Il n'y a pas d'origine, ni de moment auroral de la pensée, lieu de naissance ou terre promise, parce que la pensée est histoire sans début ni fin, où les catégories de l'authenticité et de l'inauthenticité sont privées de leur sens. Les concepts qu'il faut laisser agir sont bien autres, et en fait, malgré les réticences de toute émancipation véritable, malgré la nostalgie envers la tradition et l'incertitude qui agace toute proposition philosophique alternative, ils ont été proposés par les auteurs dont nous avons parlé. Bachelard en est peut-être l'exemple le plus significatif, avec l'instance radicale de son *ontologie provisoire* si proche des ontologies régionales de Husserl[2]. Ce n'est pas par hasard si, traitant des nouveaux modèles théoriques

1. A. KOYRÉ, *Etudes d'histoire de la pensée philosophique*, cit., p. 304.

2. L'aspect curieux et à certains égards paradoxal des idées révolutionnaires de Bachelard consiste dans l'oscillation où se tient sa philosophie, lorsqu'elle prône d'un côté le pluralisme, en anticipant presque l'anarchisme méthodologique de Feyerabend (certaines idées de Kuhn sont d'ailleurs très proches de celles de Bachelard), et lorsqu'elle reste attachée, de l'autre, aux principes régulateurs de l'unité et de la Vérité (cf. plus haut, chap. 6).

qu'impose la micro-physique et soulignant la liaison entre organisation mathématique du savoir et expérience technique (le rationalisme appliqué), il explique comment de tels modèles

> nous [rappellent] non pas à l'origine des choses, dans une philosophie de la nature, mais bien à une conscience des possibilités de transformation du réel dans une philosophie abstraite-concrète de l'action humaine sur la nature [1].

Ce que la connaissance scientifique poursuit, par son chemin tortueux et discontinu, ce n'est pas la vérité ultime d'un réel qui se donne à nous comme un objet inerte et mystérieux, mais comme le champ ouvert et virtuel de constructions qui se succèdent et luttent entre elles. Dans ce champ, il n'y a pas de place pour une question concernant l'origine, parce qu'il est agencé par des forces, des lignes de force proliférantes, et non pas habité par des êtres. Au nom de cette philosophie, les corpuscules de la physique contemporaine sont, pour Bachelard, « plus exactement des centres de force que des centres d'être » [2]. Le réel aussi est dynamique, et ce n'est plus seulement la connaissance rationnelle qui s'y réfère. Il n'y a rien à retrouver ou à reconstruire, parce que même dans le passé il n'y a qu'à agir constructivement. A une philosophie de l'essence, se substitue celle que l'on pourrait appeler une pragmatique de la contingence.

Voilà en quoi consiste une épistémologie de l'ouverture, où rationalisme et histoire représentent deux façons pour réagir à la résistance du réel. Les concepts de vrai et de faux restent naturellement encore pertinents, mais dans une perspective restreinte, limités aux circonstances contingentes de leur action effective. On ne peut plus les considérer comme lignes de force, comme des ensembles ou des champs virtuels, car ils n'expriment plus les concepts propres à la nouvelle situation du savoir (à sa nouvelle articulation). Une ligne de force ne peut être ni vraie ni fausse, comme une multiplicité. Le clos et l'ouvert, comme l'a dit Bergson, sont l'action de la vie et de la pensée, expressions conceptuelles adéquates à ce que le philosophe a appelé "multiplicités qualitatives". Ce n'est certainement pas ici le lieu d'esquisser une "philosophie de l'ouverture", ni même une problématisation philosophique du concept. Il est cependant important d'en montrer certaines implications et, en partie, l'extension. Ce que nous avons essayé de faire, a été de récupérer un thème qui lie histoire et épistémologie et qui concerne de près la situation du savoir actuel : que le langage et le sens soient ouverts, que la vérité soit elle-même en soi

1. G. BACHELARD, *L'activité rationaliste de la physique contemporaine*, cit., p. 205.

2. *Ibid.*, p. 179.

une ouverture et que le présent, comme l'histoire, puisse être compris à partir de ce concept, c'est ce à quoi la philosophie et l'épistémologie des dernières décennies ont prêté attention.

L'ouvert s'impose aussi bien comme un espace limite, que comme champ de forces et comme infini. Même les facultés de l'entendement ne peuvent le saisir, parce qu'il en est la condition. Il est la condition de possibilité de la connaissance et la condition de possibilité de l'histoire. Le mouvement ne commence et ne s'achève jamais, parce qu'il se fait toujours dans l'ouverture. Espérer déterminer l'ouvert est un non-sens : on ne peut pas déterminer l'indéterminable. De même, on ne peut pas rechercher l'origine ou la fin de l'histoire, son sens, pas plus qu'on ne peut supposer une connaissance absolue, parfaite ; ou encore, en langage parménidéen, on ne peut penser que le tout puisse être donné, on ne peut pas penser l'Etre. La totalité n'est pas à concevoir comme un ensemble fermé, un monde aux frontières précises que l'Idée peut saisir comme Absolu. Les croisements entre histoire, épistémologie et philosophie, dans cette direction, sont étonnants, et l'étonnement n'est pas suscité simplement par leur subsistance, mais aussi par leur disparition, par la méconnaissance réciproque où sont restés ces initéraires, malgré leur voisinage. Et pourtant, la façon radicale par laquelle la pensée peut se rapprocher de la complexité du problème grâce, précisément, à ces entrecroisements, en donne une vue très différente.

C'est le cas de Bergson, l'un des rares philosophes qui, avec Heidegger, ait pensé l'Ouvert. Définir la philosophie de Bergson un "rationalisme ouvert", comme l'a fait Thibaudet, c'est réduire sa pensée de l'ouverture à une instance purement épistémologique, alors que la valeur théorique en est bien plus profonde. Le tout n'est pas un fermé omni-compréhensif, comme l'ensemble de tous les ensembles, éternel et immuable, dont il n'est rien qu'il ne contienne : c'est de l'Ouvert, comme un univers en expansion, variation continuelle de soi dont les identités ne sont jamais conclusives. Les paradoxes sur lesquels ont réfléchi Gödel et Skolem ont suffisamment montré le caractère logiquement – et pas seulement ontologiquement – paradoxal de tout ensemble ou système fermés, totalement coupés de toute relation extérieure. Une fêlure s'ouvre toujours à l'intérieur, un réflexe, un paradoxe, justement, par lequel l'extérieur fait irruption, un réseau dont on fait partie et dans lequel l'on est toujours, même lorsque la pensée tend au formalisme abstrait et pur. Le paradoxe montre l'ouverture qui est en toute chose, ce par quoi les choses (même les choses de la pensée) peuvent durer. Le concept bergsonien de durée, dont l'essence est purement qualitative (il ne s'agit donc pas d'une suite d'instants quantifiable), se fonde sur l'ouverture du Tout : le mouvement est la réalité même, écrit le philosophe, parce qu'il n'y a rien qui ne dure pas, où la durée est l'intersection entre matière et mémoire, urgence du nouveau, virtualité, hétérogénéité pure et multiplicité qualitative. Les recoupes sur la durée, aidées par la mémoire, forment l'histoire, pour mieux dire, les histoires qui tournent et retournent en se transformant continuellement, car la durée ne connaît pas de repos et la mémoire s'accroît et change avec elle. L'histoire, en tant qu'*historia rerum gestarum,* est ce mouvement en seconde instance, c'est un faisceau lumineux projeté sur le mouvement, sur la durée ; c'est un point de vue sur celle-ci. Mais comme telle, elle contribue à la modifier, comme il en est avec la mémoire, ouvrant la possibilité d'un nouvau mouvement, de nouveaux points de vue et de nouvelles histoires qui peuvent être écrites et réécrites, comme c'est en effet le cas. C'est toujours une *Durcharbeitung*. Passé et présent sont des coupes dans l'expérience de la durée qui se mélangent et se confondent, donnant chaque fois des vues diverses qui dans la recherche concrète, dans le *faire* même de l'historien, prennent l'aspect de découvertes, de réfutations ou de nouvelles élaborations. Mais le travail de l'historien n'est possible et n'a de "sens", dans les limites du point de vue que lui ouvre son faisceau lumineux, que parce qu'il existe un champ virtuel où réside la mémoire et qui se réalise dans la durée.

Le mouvement où hommes, pensées et choses ne peuvent pas ne pas être, est un ouvert qui déplace toujours ses concrétions (ses histoires), mouvantes comme la pointe du cône de la mémoire sur le plan du réel[1], plongé dans la virtualité qui ouvre, en l'inversant, le rapport entre possibilité et réalité. Comme le disent précisément Febvre, Bloch ou Bachelard sur des plans discursifs différents, la réalité est construction de possibilités. Encore une fois, c'est exactement en cela que consiste l'ouverture. Il faut se libérer de l'illusion traditionnelle qui nous pousse à supposer une relation unilinéaire par laquelle le possible précède nécessairement le réel – le lieu commun selon lequel, si une chose est "réelle", cela veut dire qu'auparavant elle était "possible". Bergson explique que c'est exactement le contraire qui est vrai :

> Remettons le possible à sa place : l'évolution devient toute autre chose que la réalisation d'un programme ; les portes de l'avenir s'ouvrent toutes grandes ; un champ illimité s'offre à la liberté [...]. C'est le réel qui se fait possible, et non pas le possible qui devient réel[2].

1. C'est le diagramme célèbre de Bergson (cf. plus haut chap. 7, § 2 à propos de *Matière et mémoire*).

2. H. BERGSON, *La pensée et le mouvant*, cit., p. 114-115.

De même, c'est le présent qui interprète et construit le passé, et non pas le passé qui détermine, seul, nécessairement et inéluctablement le présent.

Ouverture veut dire mouvement, ce qui dans le domaine de la connaissance signifie déplacement et dislocation sur des plans et selon des lignes de force horizontales toujours plus éloignées du centre, ou, mieux, toujours plus décentrées (parce que c'est la notion même de centre qui perd son sens). M.Merleau-Ponty écrit que le véritable philosophe « sait seulement qu'il n'y a pas de savoir absolu et que c'est par cette lacune que nous sommes ouverts à la vérité »[1]. La vérité est une concrétion entre passé, présent et avenir, c'est la réalisation du virtuel qui par là devient historique. L'horizon dans lequel se meut la connaissance n'est pas une borne infranchissable, au contraire, c'est ce qui permet à la vérité de se mouvoir à son tour pour rester à jamais *une* vérité, sans se laisser tenter de s'imposer un jour comme *la* vérité. Construction contre détermination conclusive. Toute vérité appartient à un programme rationnel de recherche spécifique, comme aurait dit Lakatos : lorsque un historien, un physicien ou un biologiste établit quelque chose à la suite d'une certaine recherche, ce qui reste ouvert c'est l'horizon qui permet de bouleverser le réseau des relations discursives par lequel s'était imposée *cette* vérité-*là*. On pourrait comprendre en ce sens, façon provocatrice, le "falsificationnisme" de Popper. Une vérité vaut seulement si elle peut être niée, mais toute vérité l'est déjà par le fait d'appartenir à l'ouverture du tout, c'est-à-dire parce qu'elle n'est pas le résultat d'un dévoilement, d'une découverte, mais d'une construction, d'un mouvement. Un tel critère du vrai peut être adopté seulement dans et pour l'histoire, la seule construction "véritable" de l'homme (rien n'en est exempté), bien qu'il soit lui-même déjà une construction. Mais l'histoire est une multiplicité.

## APRÈS BABEL

L'espace limite de l'ouvert est ce qui donne lieu au nouveau et à la différence, donc à ce qui fait qu'une contingence soit différente d'une autre. On a toujours répété que le problème le plus grave de l'histoire est posé par le caractère non-répétable des faits, c'est-à-dire par leur différence radicale. La contingence est la réalité matérielle de l'histoire. Chercheurs et savants de la première moitié du XX$^{e}$ siècle ont tenté de construire un discours qui s'y rapporte, en y engageant des régularités abstraites pour le rendre "scientifique". Mais, du même

1. M. MERLEAU-PONTY, *Eloge de la philosophie*, Paris, 1960, p. 47.

coup, ils ont garanti à la "science" un point de vue sur le réel qui la mettait directement en contact avec le procès de la différenciation. De cette façon, la science s'ouvrait à la liberté que son objet lui renvoyait: liberté de construction, d'abord, mais aussi liberté d'action et de renouvellement, liberté de déplacement et d'articulation.

L'ouverture de cette liberté comme ouverture de l'espace historique montre que la science, de ce point de vue renouvellé et continuellement en rénovation, constitue une sorte de code rationnel qui ne peut ni ne doit jamais s'arrêter, parce que c'est seulement dans le mouvement qu'il peut construire et reconstruire son discours et son sens. Le fait comme différence et événement de la contingence fait de l'histoire une discontinuité babélienne. Ce qu'il est possible de bâtir n'est jamais complètement prévisible a priori, et ne s'arrête ni s'identifie dans aucun idiome unique. Chaque singularité peut être reconstruite, chaque événement et chaque différence peuvent se multiplier indéfiniment selon les points de vue et les croisements à partir desquels et dans lesquels ils sont pris. Ainsi que l'a énoncé Koyré, dans l'histoire les faits ne sont pas des objets donnés une fois pour toutes, car il faut tenir compte des filtres temporels et culturels par lesquels ils passent, et chaque filtre a ses propres règles de sélection et son langage particulier. Le fait en soi, tout comme l'événement qui se tient tout seul dans sa vérité supposée originelle, n'a pas de sens (il n'existe guère). Telle est la leçon que l'épistémologie et l'histoire se donnent réciproquement. Chaque événement, chaque fait est un point de vue sur le réel, une prise de contact, la position d'un problème dans l'ensemble ouvert des choses c'est-à-dire dans l'ouverture du Tout.

Voilà pourquoi l'ouverture, comme "essence" de l'histoire et du connaître, est nécessairement problématique. Dans le Tout en tant qu'ouvert, la différence et le problématique sont des modes pour accéder à la position et à la construction du réel. Il s'agit de modalités "proliférantes", pour ainsi dire, qui complexifient et qui ajoutent au lieu de simplifier et soustraire. Le problématique n'est pas assertorique, mais babélien. Ce que l'on recherche, n'est plus l'unité d'une construction unique, l'objet en soi, la tour qui permettra de rejoindre la vérité des hauteurs et pour laquelle il faut une seule langue, une seule forme pour dire définitivement cette vérité. L'histoire (et la connaissance aussi, du moins telle qu'elle est désormais présentée par l'épistémologie) vient "après" Babel, lorsque les langues sont confondues et se multiplient dans la richesse infinie des différenciations du dire. Dans l'Un et dans l'identique il ne peut pas y avoir d'histoire, ce procès indéfini en expansion d'après Babel si difficile, sinon impossible à déterminer. C'est pourquoi il est si ardu de parler de l'histoire, comme il est ardu de parler de la connaissance.

On se demande rarement, en fait, « qu'est-ce que » l'histoire ; ou : « pourquoi l'histoire ? ». Il s'agit-là de questions qui appartiennent à l'ordre philosophique et à une perspective de la pensée déjà vieillie. Dans leur formulation même, ce genre de questions pensent l'histoire comme une "chose", une situation, un fait dont il serait possible de rendre compte une fois pour toutes. On dit (on disait) : l'histoire *est* ceci ou celà, *Historie und Geschichte* : c'est la raison déployée dans le temps, le chemin spirituel et matériel de l'humanité civilisée, etc. La philosophie elle-même, à partir de Hegel, a reconnu que tout est histoire, et que l'histoire correspond à la raison parce que la Raison *est* sa propre histoire : cette dernière est en fait « l'image et l'acte de la raison », sans quoi elle resterait cantonnée dans l'accidentel, à ce qui par essence est dénué de sens. Certes, le philosophe allemand a été parmi les premiers à assujettir cette discipline à sa consoeur plus abstraite et supérieure, parce que c'est seulement à ce prix qu'il était possible de compléter le tableau de l'Esprit ; mais faire de l'histoire une servante aussi importante de la Raison allait créer bientôt une friction et une tension considérable au sein même de la philosophie (qu'il suffise de repenser à la pensée de K.Marx). On ne peut ignorer que c'est seulement après Hegel que la philosophie a commencé à penser réelement l'histoire, et que de ce point de vue, même les problèmes les plus récents qui caractérisent sa méthodologie se situent, pour le meilleur et pour le pire, dans le sillage hégélien. L'importance de Hegel à cet égard (en ce qui nous intéresse ici), finalement, n'est plus à chercher dans la fondation d'une philosophie de l'histoire particulière, mais dans le fait d'avoir permis l'irruption de l'histoire dans le royaume de la philosophie. L'héritage du penseur allemand est *aussi* cette irruption, dont les formes et les problèmes se sont en partie traduits dans les pensées dont nous avons traité dans les premiers chapitres.

Tout rentre donc dans l'histoire, de même que tout appartient au temps, bien que les rythmes et les modes selon lesquels tout arrive ne puissent être pensés comme homogènes. Le même attribut se dit de plusieurs façons, ce qui implique une multiplicité irréductible dans la forme de l'attribut lui-même. L'histoire des hommes n'est pas l'histoire de la nature, de même que l'histoire de la peinture n'est pas l'histoire du droit, et ainsi de suite. Il s'agit pourtant toujours d'*histoires.* L'histoire elle-même a été expliquée historiquement. En tant que telle, cependant, elle a été assez rarement problématisée et aujourd'hui le problème tend à s'effacer, submergé et dépassé qu'il est par une multiplication des écritures historiques auparavant inimaginables.

Aussi, «qu'est-ce que» l'histoire reste une question sans réponse et peut-être dénuée de sens, si l'on prête attention à ce que les historiens que nous avons étudié ont affirmé, lorsqu'ils soulignaient que *l'* histoire n'existait pas, parce qu'il y a toujours *une* histoire et que l'on construit *des* histoires. Il est en effet toujours possible, sinon nécessaire, de construire. C'est peut-être ainsi qu'il faut comprendre les problèmes qu'étudient la philosophie, l'épistémologie et l'histoire dans le temps de la crise : l'histoire (les histoires : de la pensée, des sciences, des arts, etc.) se distingue de la préhistoire par le fait de se réaliser après Babel, lorsque la multiplicité triomphe sur l'unité et le Tout est une Ouverture toujours disloquée et jamais centrée définitivement. "Après Babel" est une image de la crise, une métaphore qui porte en soi le sens de ce que nous avons essayé d'éclairer dans ce livre, la double articulation et le problématique, l'ouverture et l'interdisciplinarité, le rationalisme expérimental et la crise du rapport sujet-objet.

Le faire des historiens des *Annales* et la nécessité de l'histoire rèconnue par les épistémologues, avec la double articulation entre histoire et épistémologie, ont posé la question de l'ouverture comme le "qu'est-ce que" de l'histoire. Ils ont répondu à la question "qu'est-ce que ?" en proposant un plan différent du discours : "ouverture". Ainsi donc, non plus une "chose" déterminée et circonscrite, mais un faire et un construire qui s'enveloppe dans et hors de l'idée que l'on se faisait auparavant de l'histoire. La question du "qu'est-ce que" n'est donc pas historique, mais elle traverse l'histoire en l'interprétant comme une multiplicité. Il faudrait rendre alors à ce problème toute sa force problématisante, ainsi que l'a fait Nietzsche en montrant le fait accompli de la mort de Dieu qui coupe le «penser à rebours» de l'histoire, et choisir de se libérer du joug du "il y eut une fois", du passé fixé à jamais dans son cours. Par la mort de Dieu, Nietzsche a libéré le présent et l'avenir de toute eschatologie, mais il a de même libéré le passé de ce sens de culpabilité qui poussait l'homme vers l'ascétisme, abandonant le monde. Le passé libéré se rend à l'homme dans le monde, redevient force, continue à vivre dans la perspective du présent et dans le jeu des choses naturelles. A partir d'une vue très différente, c'est ce que Walter Benjamin a appelé la «rédemption» du passé.

Mais alors, la question du "qu'est-ce que" de l'histoire ne pourra plus être posée à nouveau, car une fois qu'elle a été libérée (dans les histoires) et que le passé se contracte avec l'avenir dans le présent (selon une belle image de Bergson), l'Histoire elle-même, avec une majuscule, objet des historicismes variés, n'a plus de sens. A sa place, comme l'écrit P.Veyne[1], prolifèrent

1. P. VEYNE, *Comment on écrit l'histoire*, cit., p. 29-30.

> des "histoire de...". Un événement n'a de sens que dans une série, le nombre des séries est indéfini [...] et [...] elles ne convergent pas [...] vers un géométral de toutes les perspectives. L'idée d'Histoire est une limite inaccessible ou plutôt une idée transcendantale.

Donc,

> comme totalité, l'Histoire nous échappe et, comme entrecroisement de séries, elle est un chaos semblable à l'agitation d'une grande ville vue d'avion. L'historien ne se sent pas très anxieux de savoir si l'agitation en question tend vers quelque direction, si elle a une loi, s'il y a évolution. Il est trop clair, en effet, que cette loi ne sera pas la clé du tout; découvrir qu'un train se dirige vers Orléans ne résume ni n'explique tout ce que peuvent faire les voyageurs à l'intérieur des wagons.

L'histoire totale se révèle une chimère. Les abstractions ne peuvent jamais complètement répondre des faits, elle ne peuvent pas non plus les "évacuer" (comme Koyré l'a souligné): la vie est contingence aussi.

Le tout dont Veyne parle est la chimère métaphysique des philosophies de l'histoire, sa transcendance plutôt que son idée transcendantale. En philosophie, elle a été bouleversée et démembrée par Nietzsche. Et c'est précisément à travers Nietzsche que Foucault, exposant une théorie et une pratique très différentes que celles de Veyne (qui, en tant qu'historien militant, ne méfie de la philosophie), a contribué à miner l'idée d'une histoire centralisée et unifiée. L'histoire est la concrétion d'un pouvoir dispersé dont le devenir est une ligne de fuite sans direction: dans ce genre d'histoire il n'y a plus de place pour un point de vue super-historique, pour une totalisation fermée en soi, capable de jeter sur l'histoire un regard de fin du monde. C'est pourquoi Foucault écrit qu'après Nietzsche il n'y a plus histoire de la reconnaissance, du "retrouver" ou même du "se retrouver", il n'est plus possible de se reconnaître dans le passé: l'histoire se meut, au contraire, dans le discontinu, dans la multiplication et la prolifération des séries. Son savoir ne sera plus un savoir de la reconstruction ou, ce qui revient au même, de la compréhension, mais un savoir fait *pour prendre position.* Il s'agit d'un savoir constructif, dont la totalité n'est que la contingence de sa disposition stratégique et donc l'ouverture de son être-là.

En ce sens, il devient de plus en plus difficile de parler en termes d'histoire générale, parce que dans la pratique elle-même de la discipline tout a changé au XXe siècle – et changé, précisément, au sens nietzschéen du prendre position. Ce qui s'est passé dans l'entre-deux-guerres en France, la double articulation entre histoire et épistémologie et la formation du "groupe" des *Annales*, a poussé la discipline vers une transformation radicale, vers la modification du “faire” même de l’histoire. C’est ici que se réalise la révolution dont parle M. de Certeau, « révolution fondamentale – écrit-il – car elle substitue le *faire* historiographique au *donné* historique »[1].

Ce qui change, c’est le rapport au réel. Le démembrement de l’Histoire avec une majuscule, s’articule sur le *faire* de l’historien et acquiert un sens par cet exercice, par la praxis dont résulte le fait historique, qui est donc déjà le signe d’un acte et par là même l’affirmation d’un sens. Il s’agit d’un changement important, parce que l’histoire, ne s’imposant plus comme unité centralisée et ne recherchant plus la solidité chimérique d’une essence ou d’un sens totalisants, se disloque aux bords, aux points d’intersection, essayant « *de faire sortir les différences* relatives aux continuités ou aux unités d’où part l’analyse »[2]. Les conclusions de de Certeau peuvent être lues, pour partie au moins, comme la conséquence du mouvement d’idées qui s’est imposé dans les premières décennies de 1900 :

> L’histoire n’occupe plus, comme au XIXe siècle, cette place *centrale* organisée par une épistémologie qui, perdant la réalité comme substance ontologique, cherchait à la retrouver comme force historique, *Zeitgeist* et devenir caché dans l’intériorité du corps social. Elle n’a plus la fonction totalisante qui consistait à relayer la philosophie dans son rôle de dire le sens[3].

Le fait historique a désormais changé de statut et il ne se rapporte plus à la série continue d’un temps linéaire ; il n’est pas plus le témoin ou la trace irréductible d’une histoire totale ou universelle (fût-ce en puissance). Il devient l’indicateur d’une différence (« le fait, c’est la différence », alors qu’auparavant il était reçu comme donné). Le sens de l’histoire ne s’identifie pas dans une direction unique, ni dans une fin, ni dans un discours inhérent au progrès de l’humanité : il est l’ouverture de la différenciation.

L’humanité elle-même et l’homme en tant que sujet ont perdu leur unité cohérente dans la pratique des différences : l’Homme à reconstruire par l’histoire n’existe plus, car le passé n’est que l’émergence d’une différenciation *sur* le présent ; c’est la praxis, l’acte d’un choix qui construit chaque fois *une* histoire sans jamais en sortir, comme la ligne verticale de Bergson qui coupe à chaque instant le plan du réel sur le présent et se transporte dans une multiplicité de dimensions différentes dans le tout du passé. C’est la différence comme vie.

1. M. DE CERTEAU, *L’Ecriture de l’histoire*, cit., p. 40.
2. *Ibid.*, p. 92.
3. *Ibid.*, p. 93.

Un des discours que l'on peut tenir sur l'histoire passe alors de l'essence à l'existence. Ce n'est qu'ici seulement, peut-être, qu'il est possible de comprendre la question la plus évidente et par conséquent la plus énigmatique : non plus qu'*est*-ce que l'histoire, mais *qu'* il y ait de l'histoire, *qu'* il y ait toujours des histoires, au pluriel. C'est aussi la question posée par de Certeau. Le problème, dès lors, n'est plus celui de l'essence de l'histoire, mais celui de son existence et donc de sa facticité. Qu'il y ait de l'histoire c'est le fait de l'ouverture, mais de cela on ne peut pas prédiquer ni l'un, ni le multiple, car l'ouverture est toujours une multiplicité.

Un tel changement de perspective s'est réalisé par degrés dans le faire même des historiens, et seulement au terme des difficultés que nous avons dégagées tout au long des chapitres de ce livre. Ce changement a été possible – bien qu'il reste de nos jours encore à penser – grâce à l'articulation des disciplines, au système d'entrecroisements et d'intersections, d'échanges et de captures réciproques auxquels étaient soumis des concepts, des pratiques et des idées. L'histoire s'est ouverte sur elle-même, offrant ainsi un statut assez particulier à l'épistémologie qui cherchait une voie de fuite, un statut à la limite de la science, aux abords du rationnel, sans tomber pour autant dans la facilité superficielle de l'irrationalisme. L'épistémologie s'est *critiquée* et *problématisée* elle-même, permettant à l'histoire de s'introduire dans des régions inconnues, utilisant des méthodologies mixtes en ne craignant plus le nouveau. Histoire et épistémologie ne se distinguent cependant plus comme disciplines sur le plan d'une pensée de l'ouverture, car toutes les deux s'articulent réciproquement comme des points de vue sur un réel qui n'est pas un objet mais une multiplicité, par rapport à laquelle les démarches de l'analyse et de l'étude (ce sont aussi des formes de la vie qui à chaque fois s'y adaptent et des formations discursives qui les racontent et les expliquent) peuvent et doivent varier. « La réalité est trop fluide et trop riche pour être jamais entièrement contenue dans le cadre rigide et schématique de nos représentations », a écrit L. De Broglie[1] : la raison doit se faire réalité et acquérir un mouvement adéquat à la résistance que le réel lui oppose non plus comme totalité, mais sur un plan disloqué dans la diversité des contingences. Toute voie pour revenir à l'uniformité homogène de la situation pré-babélienne est désormais inexorablement exclue.

1. L. DE BROGLIE, *Matière et lumière*, Paris, 1937, p. 315.

# BIBLIOGRAPHIE

## Textes


F. Alquié, *Philosophie du surréalisme*, PUF, Paris, 1970.

L. Allegra, A. Torre, *La nascita della storia sociale in Francia*, Fondaz. Einaudi, Turin, 1977.

S. Amsterdamski, "Halte aux espoirs, silence aux accusations", *La Querelle du déterminisme. La philosophie de la science d'aujourd'hui*, 1990.

L. Aragon, *Le Paysan de Paris*, Gallimard, Paris, 1953.

B. Arcangeli, M. Platania, *Metodo storico e scienze sociali : la RSH (1900-1930)*, Bulzoni, Rome, 1981.

H. Arendt, *The Human Condition*, Chicago U. P., Chicago, 1958.

Ph. Ariès, "L'histoire des mentalités", in *La Nouvelle histoire*, 1978.

– *Les Temps de l'histoire*, Seuil, Paris, (1954) 1986.

G. Arnaldi, Introduction à la tr. it. de M. Bloch, *Apologie pour l'histoire*, Einaudi, Turin, 1969.

R. Aron, *Introduction à la philosophie de l'histoire*, Gallimard, Paris, 1981.

– *La Philosophie critique de l'histoire*, Seuil, Paris, (1938) 1969.

– *Mémoires*, Julliard, Paris, 1983.

– "Note sur Bergson et l'histoire", *Etudes bergsoniennes*, IV, 1956.

*Au berceau des Annales*, Actes du Colloque de Strasbourg (1979), Presse de l'Institut d'études politiques de Toulouse, Toulouse, 1983.

D. Auffret, *Alexandre Kojève, le philosophe, l'Etat, la fin de l'Histoire*, Paris, Grasset, 1990.

G. Bachelard, *Etude sur l'évolution d'un problème de physique : la propagation thermique dans les solides*, Vrin, Paris, 1928.

– *Essai sur la connaissance approchée*, Vrin, Paris, 1928.

– *Le Pluralisme cohérent de la chimie moderne*, Vrin, Paris, 1932.

– *Les Intuitions atomistiques*, Vrin, Paris, 1933.

– *Le Nouvel esprit scientifique*, PUF, Paris, 1934.

– *Dialectique de la durée*, PUF, Paris, 1936.

– *La Formation de l'esprit scientifique*, Vrin, Paris, (1937) 1983.

– *La Psychanalyse du feu*, Gallimard, Paris, 1939.

– *La Philosophie du non*, PUF, Paris, (1940)1981.

– *Le Rationalisme appliqué*, PUF, Paris, (1949) 1962.

– *Le Matérialisme rationnel*, PUF, Paris, 1953.

– *L'Activité rationaliste de la physique contemporaine*, PUF, Paris, 1951

– *La Flamme d'une chandelle*, PUF, Paris, 1961.

– *Etudes*, Vrin, Paris, 1970.

– *L'Engagement rationaliste*, PUF, Paris, 1972.

*Bachelard*, *L'Arc*, 42, Ancienne Madeleine, Aix en Province,1970.

J. Baruzi, R. Poirier, *Philosophes et savants français du XX^e^ siècle*, F. Alcan, Paris, 1926.

Ed. Bauer, "Physique actuelle et philosophie", in IV^e^ Semaine Internationale de Synthèse, *L'Evolution de la physique et la philosophie*, 1934.

G. Beaujouan, "Incompréhension entre historiens des sciences et historiens", Actes du Colloque International d'Histoire des Sciences, *L'Histoire des sciences et des techniques doit-elle intéresser les historiens ?*, Paris, mai 1981, Ed. 12, rue Colbert, Soc. franç. des sciences et des techniques, Paris, 1982.

A. Béguin, P. Thévenaz, *H. Bergson, essais et témoignages*, La Baconnière, Neuchâtel (s. d. ).

Y. Belaval, "Les recherches philosophiques de A. Koyré", *Critique*, 207-208, 1964.

B. Bensaude-Vincent, *Langevin. Science et vigilance*, Belin, Paris, 1987.

V. Berdoulay, *La formation de l'école française de géographie*, Bibliothèque Nationale, Paris, 1981.

H. Bergson, *Les Données immédiates de la conscience*, PUF, Paris, (1888) 1927.

– *Matière et mémoire*, PUF, Paris, (1896) 1939.

– *L'Evolution créatrice*, PUF, Paris, 1907.

– *L'Energie spirituelle*, PUF, Paris, 1919.

– *Les deux sources de la morale et de la religion*, PUF, Paris, 1932.

– *La pensée et le mouvant*, PUF, Paris (1934) 1938.

H. Berr, *L'Avenir de la philosophie. Esquisse d'une synthèse des connaissances fondée sur l'histoire*, Hachette, Paris, 1899.

– *La Synthèse en histoire*, A. Michel, Paris, (1911) 1953.

– *L'Histoire traditionnelle et la synthèse historique*, Alcan, Paris 1921.

– *En marge de l'histoire universelle*, La Renaissance du Livre, Paris, 1934.

– *La montée de l'esprit*, A. Michel, Paris, 1955.

– "Sur notre programme", *Revue de Synthèse historique*, I, 1900.

– "Introduction à une histoire universelle", *Revue de Synthèse historique*, XXX, 1920.

– "Note sur l'article de H. Sée", in *Revue de Synthèse historique*, XLVII, 1929.

– "Au bout de trente ans" (*Revue de Synthèse historique*, 1930), repris dans *Revue de Synthèse*, LXVII, 1950.

– "Synthèse et système", XV^e Semaine Internationale de Synthèse, *La Synthèse, idée-force dans l'évolution de la pensée*, (1949) A. Michel, Paris, 1951.

– "Le cinquantenaire de la revue", *Revue de Synthèse*, LXVII, 1950.

*Henri Berr et la culture du XX^e siècle* (éd. A.Biard, D.Bourel, E.Brian), Actes du Colloque International (1994, Paris), A.Michel/Centre International de Synthèse, Paris, 1997.

E. Bloch, *Erbschaft dieser Zeit*, (1935), Suhrkamp, Frankfurt am Main, 1977 (tr. fr., *Hértage de ce temps*, Paris, Payot, 1977).

M. Bloch, *Les Rois thaumaturges*, Gallimard, Paris, (1924) 1983.

– *Les Caractères originaux de l'histoire rurale française*, A. Colin, Paris, 1931.

– *La Société féodale*, A. Michel, Paris, (1939) 1968.

– *Apologie pour l'histoire ou métier d'historien*, A. Colin, Paris, (1949) 1993.

– *Mélanges historiques*, Sevpen, Paris, (1963)1983.

M. Bloch, L. Febvre, *Correspondance*, (éd. B. Müller), I, Fayard, Paris, 1994.

C. Blondel, *Introduction à la psychologie collective*, Colin, Paris, 1928.

N. Bohr, *Physique atomique et connaissance humaine*, tr. fr. Gallimard, Paris, 1960.

E. Borel, *Le Hasard*, Alcan, Paris, 1914.

– "L'Evolution de l'intelligence géométrique", *Revue de Métaphysique et de Morale*, janvier 1908.

M. Born, W. Heisenberg, "La mécanique des Quanta", *Electrons et photons*. Rapports et discussions du cinquième Conseil de physique Solvay (1927), Paris, Gauthiers-Villars, 1928.

E. Boutroux, *De l'Idée de loi naturelle dans la science et la philosophie contemporaine* (1895), Lecène, Oudinet et C., Paris, 1901(2).

– *De la contingence des lois de la nature*, Alcan, Paris, (1874) 1898.

– Prolusion au Congrès de philosophie mathématique de Paris de 1914, *Revue de Métaphysique et de Morale*, XXII, 1914.

P. Boutroux, *L'idéal scientifique des mathématiques*, A. Michel, Paris, 1920.

F. Braudel, *Ecrits sur l'histoire*, Flammarion, Paris, 1969.

N. Broc, "Les séductions de la nouvelle géographie", in *Au berceau des Annales*, 1983.

L. Brunschvicg, *La Modalité du jugement*, Alcan, Paris, 1897.

– *Les Etapes de la philosophie mathématique*, PUF, Paris, 1912.

– *L'Expérience humaine et la causalité physique*, Alcan, Paris, 1922.
– *Nature et liberté*, Flammarion, Paris, 1921.
– *Le progrès de la connaissance dans la philosophie occidentale*, Alcan, Paris, 1927.
– *De la Connaissance de soi*, PUF, Paris, 1932.
– *Héritage de mots, héritage d'idées*, PUF, Paris, 1945.
– *Ecrits philosophiques*, PUF, Paris, 1954.
– "Entre savants et philosophes", in *L'orientation actuelle des sciences*, 1930.
A. Burguière, "Histoire d'une histoire : la naissance des Annales", *Annales ESC*, 11, 1979.
– "La notion de 'mentalités' chez Marc Bloch et Lucien Febvre : deux conceptions, deux filiations", *Revue de Synthèse*, 111-112, 1983.
G. Canguilhem, *Etudes d'histoire et de philosophie des sciences*, Vrin, Paris, (1968)1983.
– "Sur une épistémologie concordataire", in *Hommage à G. Bachelard*, 1957.
– "Mort de l'homme ou épuisement du Cogito ?", *Critique*, 242, juillet 1967.
R. Carnap, "Über di Einheitssprache der Wissenschaft. Logische Bemerkungen zum Projekt einer Enzyclopedie", *Actes du Premier Congrès International de Philosophie Scientifique*, Hermann, Paris, 1936.
M. Castellana, "Enriques e Bachelard : due epistemologie razionalistiche", in *Il Protagora*, 85-86, Lecce, 1973.
– "Il surrazionalismo di G. Bachelard", in *Il Protagora*, 91-92, Lecce, 1974.
E. Castelli Gattinara, *Crise de la raison et pensée de l'ouverture*, Thèse de doctorat, EHESS, Paris, 1992.
– *Epistemologia e storia*, F. Angeli, Milan, 1996.
– "L'apertura kantiana nel labirinto della molteplicità", *Il Cannocchiale*, 3, 1990.
– "L'unità del sapere e il dinamismo aperto della verità in A. Koyré", in C. Vinti (éd), *Alexandre Koyré. L'avventura intellettuale*, ESI, Naples, 1994.
– "Una teoria delle interferenze", postface à la tr. it. de G. Bachelard, *La Formation de l'esprit scientifique*, Cortina, Milan, 1995.
M. Cedronio, F. Diaz, C. Russo, M. Del Treppo, *Storiografia francese di ieri e di oggi*, Guida, Naples, 1977.
R. Chartier, "Histoire intellectuelle et histoire des mentalités. Trajectoires et questions", *Revue de Synthèse*, 111-112, 1983.
P. Chaunu, "L'histoire sérielle : bilan et perspectives", in *Revue Historique*, 1970.
A. Corbin, "La Revue Historique : analyse de contenu d'une publication rivale des Annales", *Au berceau des Annales*, 1983.
V. Cotesta, "G. Bachelard, filosofo del nuovo spirito scientifico", *Nuova corrente*, 64, 1974.
E. Coumet, "Alexandre Koyré : la révolution scientifique introuvable ?", *History and Technology*, 4, 1987.
A. A. Cournot, *Essai sur les fondements de nos connaissances*, (1851) 1912, Gallimard, Paris, 1970.
*Criticism and the Growth of Knowledge* (éd. I. Lakatos et A. Musgrave), Cambridge U. P., Cambridge, 1974.
B. Croce, *Primi saggi*, Laterza, Bari, 1953.
– *Teoria e storia della storiografia*, Laterza, Bari, 1917 (tr. fr., *Théorie et histoire de l'historiographie*, Genève, Droz, 1968).
– *Estetica come scienza dell'espressione e linguistica generale*, Laterza, Bari, 1901.
– *La storia come pensiero e come azione*, Laterza, Bari, 1938 (tr. fr., *L'histoire comme pensée et comme action*, Genève, Droz, 1968).
F. Dagognet, *Gaston Bachelard*, PUF, Paris, 1965.
L. De Broglie, *Matière et lumière*, A. Michel, Paris, 1937.
– *Certitudes et incertitudes de la science*, A. Michel, Paris, 1966.
– "Déterminisme et causalité dans la physique contemporaine", *Bulletin de la Société française de philosophie*, Paris, 1929.
M. De Certeau, *L'ecriture de l'histoire*, Gallimard, Paris, 1975.
– "L'opération historique", in *Faire de l'histoire*, Gallimard, Paris, 1974.

A. De Monzie, "Tradition d'Encyclopédie", *Le Mois* in *Bulletin du Comité de l'Encyclopédie Française*, gen. 1935.
G. Deleuze, *Différence et répétition*, PUF, Paris, 1968.
– *Le bergonisme*, PUF, Paris, 1968.
– *L'Image-mouvement*, Minuit, Paris, 1983.
A. Demangeon, *Le Déclin de l'Europe*, Payot, Paris, 1920.
W. Dilthey, *Die Entstehung der Hermeneutik*, in *Gesammelte Schriften*, V, B. G. Teubner, Leipzig und Berlin, 1914-1936.
– *Weltanschauungslehre*, B. G. Teubner, Leipzig und Berlin, 1931 (tr. fr. *Théorie des conceptions du monde*, PUF, Paris, 1946).
P. Dirac, *Principes de la mécanique quantique*, Paris, PUF, 1932.
F. Dosse, *L'histoire en miettes*, La Découverte, Paris, 1987.
S. Drake, *Galileo at Work. His Scientific Biography*, Chicago U. P., Chicago, 1978.
J. G. Droysen, *Grundriss der Historik*, Grote, Berlin, 1864.
P. Ducassé, "La pensée mathématique d'Auguste Comte", in *Thalès*, 1, 1934.
P. Duhem, *La Théorie physique : son objet et sa structure*, Rivière, Paris, 1914 (2).
O. Dumoulin, "La professionnalisation de l'histoire en France (1919-1939)", *Historiens et sociologues aujourd'hui*, 1986.
– *Profession historien 1919-1939*, thèse troisième cicle, EHESS, Paris, 1983.
E. Durkheim, *Les règles de la méthode sociologique*, PUF, Paris, (1895) 1937.
R. Ebacher, "Existence historique et temporalité chez Bergson", *Laval théologique et philosophique*, 25 fév. 1969.
A. Eddington, *Problème du déterminisme*, Hermann, Paris, 1934.
A. Einstein, *Lettres à M. Solovine*, Gautier-Villars, Paris, 1956.
Y. Elkana, "A. Koyré. Between the History of Ideas and Sociology of Science", *History and Technology*, 4, 1987.
*Encyclopedia of Unified Science*, University of Chicago Press, Chicago (t. 1 et 2), 1952.
*Encyclopédie Française*, Larousse, Paris, 1935 – 1960.
F. Enriques, *I problemi della scienza*, Zanichelli, Bologna, 1906.
– *Scienza e razionalismo*, Zanichelli, Bologna, (1912) 1990.
– *La signification de l'histoire de la pensée scientifique*, in *Actualités scientifiques et industrielles*, 161, Hermann, Paris, 1934.
– *La théorie de la connaissance de Kant à nos jours*, Paris, Hermann, 1938.
– "Signification de l'histoire de la pensée scientifique", séance de la Société française de philosophie du 14 avril 1934, *Bulletin de la Société française de philosophie*, XXXIV, 1934.
L. Febvre, *La Terre et l'évolution de l'humanité*, A. Michel, Paris (1922), 1924.
– *Le problème de l'incroyance au XVI*[e] *siècle. La religion de Rabelais*, A. Michel, Paris, 1942.
– *Au cœur religieux du XVI*[e] *siècle*, Librairie Générale Française, Paris, (1957)1983.
– *Pour une histoire à part entière*, Sevpen, Paris, 1963.
– *Combats pour l'histoire*, Colin, Paris, 1965.
– "Encyclopédie et encyclopédies", *Encyclopédie Française*, XVIII.
– "L'histoire dans le monde en ruine", *Revue de Synthèse historique*, XXX, 1, 1920.
– "Fondations économiques, superstructure philosophique : une synthèse", *Annales d'histoire économique et sociale*, VI, 1934.
– "De Spengler à Toynbee", *Annales d'histoire économique et sociale*, VIII, 1936.
– "Puissance et déclin d'une croyance", *Annales d'histoire économique et sociale*, IX, 1937.
P. Février, *Déterminisme et indéterminisme*, PUF, Paris, 1955.
P. K. Feyerabend, *Against Method*, NLB, London, 1972 (tr. fr., *Contre la méthode*, Paris, Seuil, 1979).
M. Fichant, M. Pécheux, *Pour l'histoire des sciences*, Maspero, Paris, 1969.
C. Fink, *M. Bloch. A Life in History*, Cambridge U. P., Cambridge, 1989.
H. Focillon, *Vie des formes*, PUF, Paris, (1934) 1984.

P. Forman, "Kausalität, Anschaulichkeit and Individualität, or How Cultural Values Prescribed the Character and Lessons Ascribed to Quantum Mechanics", in *Congrès International d'Histoire de la Physique*, Lecce, Erice, sept. 1977, éd. Milan, 1980.

M. Foucault, *Archéologie du savoir*, Gallimard, Paris, 1969.

– *Les Mots et les choses*, Gallimard, Paris, 1966.

– "La vie, l'expérience et la science", *Revue de Métaphysique et de morale*, 1, 1985.

A. Fouillée, *La Pensée et les nouvelles écoles anti-intellectualistes*, Alcan, Paris, 1911.

G. Friedmann, *La Crise du progrès*, Gallimard, Paris, 1936.

F. Furet, *L'atelier de l'histoire*, Flammarion, Paris, 1982.

A. Gargani, *Stili di analisi*, Feltrinelli, Milan, 1980.

G. Gemelli, "Il tempo degli esperti. Intellettuali e uomini d'azione : le élites della competenza nella Francia tre le due guerre", *Intersezioni*, 4, 2, 1984.

– "L'Encyclopédie française e l'organizzazione della cultura nella Francia degli anni '30", *Passato e Presente*, 11, 1986.

– "Communauté intellectuelle et stratégies institutionnelles : H. Berr et la fondation du Centre International de Synthèse", *Revue de Synthèse*, 2, 1987.

D. Gil, *Bachelard et la culture scientifique*, PUF, Paris, 1993.

P. Ginestier, *Pour connaître la pensée de Bachelard*, Bordas, Paris, (1965) 1981.

C. Ginzburg, "A proposito della raccolta di saggi storici di M. Bloch", *Studi medievali*, 1, 1965.

J. Glenisson, "L'historiographie française contemporaine : tendances et réalisations" in *La recherche historique en France de 1940 à 1965*, CNRS, Paris, 1965.

E. L. L. Goblot, *Traité de logique*, Colin, Paris, 1918.

F. Gonseth, "La loi dans les sciences mathématiques", V Semaine Internationale de Synthèse, *Science et loi*, 1935.

– "Les concepts mathématiques et le réel", Symposium *Problèmes de philosophie des sciences*, Bruxelles, 1947, *Actualités scientifiques et industrielles*, 1061, Hermann, Paris, 1948.

H. Gouhier, *L'Histoire et sa philosophie*, Paris, Vrin, 1952

P. Gruson, *L'Etat enseignant*, EHESS, Mouton, Paris, 1978.

A. J. Gurevich, "Medioeval Culture and mentality according to the new french historiography", *Archives européens de sociologie*, XXIV, 1983.

P. Harsin, *Comment on écrit l'histoire ?*, G. Thone, Liège, 1933.

F. Heidsieck, *H. Bergson et la notion d'espace*, PUF, Paris, 1961.

*Historiens et sociologues aujourd'hui*, journées d'études annuelles de la Société française de Sociologie, Université de Lille, juillet 1984, éd. du CNRS, Paris, 1986.

*History and Technology*, 4, 1987, Harwood Academic Publishers, (Actes du Congrès Alexandre Koyré, juin 1986).

H. v. Hofmannstahl, *Briefe 1890-1901*, L. Schneider, Heidelberg, (1935) 1982.

*Hommage à G. Bachelard*, PUF, Paris, 1957.

*Hommage à H. Berr*, in *Revue de Synthèse*, LXXXV, 1964.

*Hommage à M. Bloch*, in *Annales d'Histoire Sociale*, Paris, 1945.

*Hommage à L. Febvre*, "L'éventail de l'histoire vivante", A. Colin, Paris, 1953.

E. Husserl, *Die Krisis der europäischen Wissenschaften und die traszendentale Phänomenologie*, Nijhoff, Den Haag, 1954 (tr. fr., *La Crise des sciences européennes et la phénoménologie transcendentale*, Paris, Gallimard, 1976).

J. Hyppolite, "G. Bachelard, ou le romantisme de l'intelligence", *Hommage à G. Bachelard*, 1957.

– *Figures de la pensée philosophique*, PUF, Paris, 1971.

W. James, *Précis de psychologie*, tr. fr. M. Rivière, Paris, 1909.

S. Jankelevitch, "Du rôle des idées dans l'évolution des sociétés", *Revue philosophique*, 1908.

G. Jorland, *La science dans la philosophie. Les recherches épistémologiques d'Alexandre Koyré*, Gallimard, Paris, 1981.

E. Kant, *Critique de la faculté de juger*, traduit par A. Philonenko, Paris, Vrin, 1979.

V. Karady, "Durkheim, les sciences sociales et l'Université : bilan d'un demi-échec", *Revue française de sociologie*, XVII, 2, 1976.

W. R. KEYLOR, *Academy and community : the fondation of the French historical profession*, Cambridge U. P., Cambridge, 1975.

A. KOJÈVE, *L'idée du déterminisme dans la physique classique et dans la physique moderne*, (1932) Librairie Générale Française, Paris, 1990.

A. KOYRÉ, *Introduction* à N. Copernic, *Des révolutions des orbes célestes*, Livre I, PUF, Paris, 1934.

– *Etudes galiléennes*, Hermann, Paris, (1939) 1966.

– *From the Closed World to the Infinite Universe*, John Hopkins Press, Baltimore, 1957 (tr. fr. Gallimard, Paris, 1962).

– *Etudes d'histoire de la pensée philosophique*, Gallimard, Paris, (1961)1971.

– *Etudes d'histoire de la pensée scientifique*, Gallimard, Paris, (1966) 1973.

– *La révolution astronomique. Copernic, Képler, Borelli*, Hermann, Paris, 1961.

– *Mystiques, spirituels, alchimistes au XVI^e siècle allemand*, Gallimard, Paris, 1971.

– *De la mystique à la science, cours, conférences et documents 1922-1962*, (P. Redondi éd. ), EHESS, Paris, 1986.

– "Du cheminement de la pensée de E. Meyerson", *Journal de Psychologie*, XXVII, 1933.

– "Les Essais de Meyerson", *Journal de Psychologie*, XXXIX, 1946

T. S. KUHN, "A. Koyré and the History of Science", *Encounter*, 34, 1970.

– "Réflections. . . ", *Criticism and the Growth of Knowledge*, Cambridge Univ. Press, Cambridge, 1970.

– *The Structure of Scientific Revolutions*, Chicago, 1970 (tr. fr. *La structure des révolutions scientifiques*, Paris, Flammarion, 1970).

R. F. KUISEL, *Capitalism and the State in Modern France*, Cambridge U. P., Cambridge, 1981.

R. S. LACAPE, *La notion de liberté et la crise du déterminisme*, Hermann, Paris, 1935.

J. LACHELIER, *Du fondement de l'induction* (1871), Paris, Ladrange, 1896.

P. LACOMBE, *De l'Histoire considérée comme science*, Hachette, Paris, 1894.

– "Les conditions pratiques de la recherche des causes dans le travail historique", *Bull. de la Soc. française de philosophie*, 1907.

I. LAKATOS, "History of Science and its Rationals Reconstructions", in R. Buck, R. S. Cohen (ed. ), *Boston Studies in the Philosophy of Science*, 8, 1971.

A. LALANDE, "L'épistémologie de E. Meyerson et sa portée philosophique", *Revue philosophique*, XCIII, 1922.

C. V. LANGLOIS, C. SEIGNOBOS, *Introduction aux études historiques*, Hachette, Paris, 1898.

P. S. LAPLACE, *Essai philosophique sur les probabilités*, Bourgeois, Paris, (1814), 1986.

F. Le DANTEC, *Les influences ancestrales*, Flammarion, Paris, 1904.

J. LE GOFF, *Histoire et mémoire*, Paris, Gallimard, 1988.

– "L'histoire nouvelle", in *La Nouvelle Histoire*, 1978.

– "Histoire des sciences et mentalités", *Revue de Synthèse*, 111-112, 1983.

E. LE ROY, "Un positivisme nouveau", *Revue de Métaphysique et de Morale*, IX, 1901.

– "Science et philosophie", *Revue de Métaphysique et de Morale*, 1899-1900.

D. LECOURT, *L'épistémologie historique de G. Bachelard*, Vrin, Paris, 1969.

– *Bachelard, le jour et la nuit*, Grasset, Paris, 1974.

G. LEFEBVRE, *La Naissance de l'historiographie moderne*, Flammarion, Paris, 1971.

H. LÉVY-BRUHL, "Histoire et bergsonisme", *Revue de Synthèse*, 1940-1945.

L. LÉVY-BRUHL, *Les Fonctions mentales dans les sociétés inférieures*, Alcan, Paris, 1910.

J. M. LÉVY-LEBLOND, A. JAUBERT, *(Auto)Critique de la science*, Seuil, Paris, 1973.

H. LOUBET del BAYLE, *Les Non conformistes des années 30*, Seuil, Paris, 1969.

G. LUZZATTO, "L'opera storica di M. Bloch", introduction à la tr. it. de M. Bloch, *Lavoro e tecnica nel medioevo*, Laterza, Bari, 1959.

E. MACH, *Erkenntniss und Irrtum*, Leipzig, I. A. Barth, 1905 (tr. fr., *La connaissance et l'erreur*, Paris, Flammarion, 1908).

H. D. MANN, *Lucien Febvre. La pensée vivante d'un historien*, Cahiers des Annales, Colin, Paris, 1971.

H. I. Marrou, "Le métier d'historien", *L'Histoire et ses méthodes*, Encyclopédie de la Pléiade, Gallimard, Paris, 1961.
G. Massicotte, *L'Histoire-problème. La méthode de Lucien Febvre*, Edisem, St. Hyacinthe-Paris, 1981.
M. Mastrogregori, *Il genio dello storico*, ESI, Napoli 1987.
M. Mauss, "Les civilisations ; éléments et formes" in I Semaine Internationale de Synthèse, *La Civilisation : le mot et l'idée*, 1930.
*Mélanges A. Koyré*, (1. "L'aventure de la science" ; 2. "L'aventure de l'esprit"), Hermann, Paris, 1965.
M. Merleau-Ponty, *Signes*, Gallimard, Paris, 1960.
– *Eloge de la philosophie*, Gallimard, Paris, 1960.
– "Hommage à Bergson", in *Bulletin de la Société française de philosophie*, 1, 1960.
H. Metzger, *La Méthode philosophique en histoire des sciences* (textes 1914-1939), Fayard, Paris, 1987.
– "La philosophie d'E. Meyerson et l'histoire des sciences", *Archeion*, XI, 1929.
E. Meyerson, *Identité et réalité*, Vrin, Paris, 1908.
– *De l'Explication dans les sciences*, Payot, Paris, 1921.
– *La Déduction relativiste*, Payot, Paris, 1925.
– *Du Cheminement de la pensée*, Alcan, Paris, 1931.
– *Réel et déterminisme dans la physique quantique*, Hermann, Paris, 1933.
G. Monod, "Introduction. Du progrès des études historiques en France depuis le XVIe siècle", in *Revue Historique*, 1, 1876.
– *La chaire d'histoire au Collège de France*, Ed. de la Revue politique et littéraire, Paris, 1906.
C. Morris, "Remarks on the Proposed Encyclopedia", I Congrès International de Philosophie Scientifique, Hermann, Paris, 1936.
R. M. Mossé-Bastide, *Bergson éducateur*, PUF, Paris, 1965.
G. Mourélos, *L'Epistémologie positive et la critique meyersonienne*, Paris, PUF, 1962.
R. Musil, "Der Mathematische Mensch", *Der lose Vogel*, 2, 1913, repris in R. Musil, *Gesammelte Werke*, Reinbek, 1978.
– "Skizze der Erkenntnis des Dichters", *Summa*, 1918.
O. Neurath, "L'encyclopédie comme modèle", *Revue de Synthèse*, XII, 1936.
– "Mensch und Gesellschaft in der Wissenschaft", I Congrès International de Philosophie Scientifique, Hermann, Paris, 1936.
– "Une Encyclopédie internationale de la science unitaire", I Congrès International de Philosophie Scientifique, Hermann, Paris, 1936.
*La Nouvelle Histoire* (éd. J. Le Goff, R. Chartier, J. Revel), CEPL, Paris, 1978.
*L'Orientation actuelle des sciences*, F. Alcan, Paris, 1930.
D. Parodi, *La philosophie contemporaine en France*, Alcan, Paris, 1919.
C. Peguy, *Clio*, Gallimard, Paris, 1932.
E. Perrier, *La terre avant l'histoire*, La Renaissance du Livre, Paris, 1920.
C. E. Perrin, "L'œuvre historique de M. Bloch", *Revue Historique*, CIC, 1948.
D. Pestre, *Physique et physiciens en France 1918-1940*, Archives contemporaines, Paris-Montreux, 1984.
P. Y. Petillon, "Hofmannstahl ou le règne du silence", *Critique*, 339-340, 1975.
H. Poincaré, *La Science et l'hypothèse*, Flammarion, Paris, (1906) 1968.
– *La valeur de la science*, Flammarion, Paris, 1905.
– *Science et méthode*, Flammarion, Paris, 1908.
– *Dernières pensées*, Flammarion, Paris, (1913) 1963.
R. Poirier, *La Philosophie des Sciences*, Alcan, Paris, 1926.
– "Déterminisme physique et liberté humaine", *Hommage à G. Bachelard*, 1957.
R. Polin, "Y a-t-il chez Bergson une philosophie de l'histoire ?", *Etudes bergsoniennes*, IV, 1956.
G. Polizzi, *Forme di sapere e ipotesi di traduzione. Materiali per una storia dell'epistemologia francese*, Angeli, Milan, 1984.
K. Pomian, *L'Ordre du temps*, Gallimard, Paris, 1984.

– "L'heure des Annales", L*es Lieux de la mémoire* (P. Nora éd. ), Gallimard, Paris, 1986.
– "Le déterminisme : histoire d'une problématique", *La Querelle du déterminisme. La philosophie de la science d'aujourd'hui*, 1990.
I. Prigogine, I. Stengers, *La Nouvelle alliance*, Gallimard, Paris, 1979.
M. Proust, *A La recherche du temps perdu*, "Le Temps retrouvé", Gallimard, Paris, 1954.
*La Querelle du déterminisme. La philosophie de la science d'aujourd'hui* (éd. K. Pomian), Gallimard, Paris, 1990.
P. Quillet, *Bachelard*, Seghers, Paris, 1964.
F. Rauh, *De la méthode dans la psychologie des sentiments*, Alcan, Paris, 1899.
P. Redondi, *Epistemologia e storia della scienza*, Feltrinelli, Milan, 1978.
– "Science moderne et histoire des mentalités. La rencontre de L. Febvre, R. Lenoble et A. Koyré", *Revue de Synthèse*, 111-112, 1983.
H. Reichenbach, *Modern Philosophy of Science*, M. Reichenbach, Berlin, 1959.
F. Rella, *Limina*, Feltrinelli, Milano, 1987.
– "Introduction" à la tr. it. de L. Aragon, *Le Paysan de Paris,* Milan, Saggiatore, 1982.
J. Revel, "Histoire et sciences sociales : les paradigmes des Annales", *Annales ESC,* 6, 1979.
– "L'histoire sociale dans les Annales : une définition empirique", in *Historiens et sociologues aujourd'hui*, CNRS, Paris, 1986.
A. Rey, *La Théorie de la physique chez les physiciens contemporains*, Alcan, Paris, (1907), 1923 et 1930.
– *Eléments de philosophie scientifique et morale*, Cornely, Paris, (1903) 1925.
– *La Philosophie moderne*, Flammarion, Paris, 1908.
– *Le Retour éternel et la philosophie de la physique,* Flammarion, Paris, 1927.
– *La Science orientale avant les Grecs,* A. Michel, Paris, 1930.
– *La jeunesse de la Science grecque*, A. Michel, Paris, 1933.
– *La maturité de la Pensée scientifique en Grèce,* A. Michel, Paris, 1939.
– *L'Apogée de la Science technique grecque. Les sciences de la nature et de l'homme. Les mathématiques d'Hippocrate à Platon,* A. Michel, Paris, 1946.
– *L'Apogée de la Science technique grecque. L'essor des mathématiques*, A. Michel, Paris, 1948.
– "L'energétique et le mécanisme au point de vue des conditions de la connaissance", *Revue philosophique*, LXIV, 1907.
– "Vers le positivisme absolu", *Revue philosophique*, LXVII, 1909.
– "La notion d'objet et l'évolution de la physique contemporaine", *Revue philosophique*, XCIV, 1922.
– "Une opposition de tendences dans la sciences des temps modernes", *Revue de Synthèse,* I, 1931.
– "Physique et réel", IVe Semaine internationale de synthèse, Paris, 1935.
– "De la pensée primitive à la pensée logique", *Encyclopédie Française*, I, 1937.
T. Ribot, *La logique des sentiments*, Alcan, Paris, 1905.
P. Ricœur, *Temps et recit*, Seuil, Paris, 1983.
J. P. Rioux, "Les élites en France au XXe siècle", *Italia contemporanea*, 153, 1983.
J. Robichet, "L'Encyclopédie française", *Cahiers d'histoire mondiale*, IX, 1966.
A. Robinet, *H. Bergson et le métamorphoses de la durée*, PUF, Paris, 1965.
R. Rorty, *Philosophy and the Mirror of Nature*, Princeton U. P., Princeton, 1979.
F. Russo, "A. Koyré et l'histoire de la pensée scientifique", *Archives de Philosophie*, 28, 1965.
K. Schuhmann, "Alexandre Koyré et les phénoménologues allemands", *History and Technology*, 4, 1987.
C. Seignobos, *La Méthode historique appliquée aux sciences sociales*, Alcan, Paris, 1901.
M. Serres, *Hermès II. L'interférence*, Minuit, Paris, 1972.
– *Hermes IV. La distribution,* Minuit, Paris, 1977.

– *Passage du Nord-ouest*, Minuit, Paris, 1980.
– "Les sciences", in *Faire de l'histoire*, Gallimard, Paris 1974.
G. Sertoli, *La ragione scientifica*, Bertani, Verone 1974.
M. Siegel, "H. Berr et la Revue de Synthèse", *Au berceau des Annales*, 1983.
– "Henri Berr's Revue de Synthèse historique", *History and Theory*, IX, 3, 1970.
J. Stengers, "M. Bloch et l'histoire", *Annales ESC*, 1953.
T. Stoianovich, *French historical method : the Annals paradigm*, Cornell U. P., Itacha and London, 1978.
P. Tannery, *Mémoires scientifiques*, X, Privat, Toulouse, 1930.
R. Taton, "Filosofia e rivoluzioni scientifiche nell'opera di A. Koyré", *Annuario EST, Scienza e Tecnica '76*, Mondadori, Milan, 1976.
A. M. D. Taylor, "Vitalistic Philosophy of History : Wath Can Bergsonism Contribute to Historiography ?", *Journal of Social Philosophy*, 6, 1 janvier 1941.
A. Thibaudet, *Le bergsonisme*, Gallimard, Paris, 1923.
R. Thom, "Halte au hasard, silence au bruit" (1980), in *La Querelle du déterminisme. La philosophie de la science d'aujourd'hui*, 1990.
J. Ullmo, *La Pensée scientifique moderne*, Paris, Flammarion, 1969.
– "Remarques sur l'histoire conceptuelle et le positivisme", in *Hommage à A. Koyré*, 1965.
M. Vadée, *Bachelard ou le nouvel idéalisme épistémologique*, Ed. Sociales, Paris, 1975.
P. Valéry, *Cahiers*, Gallimard, Paris, 1973.
– *Œuvres*, Gallimard, Paris, 1957.
Van der Waerden, *Sources of Quantum Mechanics*, Dover, New York, 1967.
P. Veyne, *Comment on écrit l'histoire*, Seuil, Paris (1971) 1978.
C. Vinti (éd. ), *L'epistemologia francese contemporanea per un razionalismo aperto*, Roma, 1977.
– "L'uomo di scienza", *Il Protagora*, Lecce, 50, 1987.
V. Vitiello, "Storia, natura, redenzione", *Il Centauro*, Naples, 13-14, 1985.
*Vocabulaire technique et critique de la philosophie* (éd. A. Lalande), PUF, Paris, 1926.
H. Weyl, "La Nouvelle crise des fondements en mathématique", *Mathematische Zeitschrift*, 10, 1921 (repris in *Selecta Hermann Weyl*, Basel, 1956).
H. White, *Metahistory*, John Hopkins U. P., Baltimora, 1973.
A. D. Xénopol, *Théorie de l'histoire*, (deuxième éd. des *Principes fondamentaux de l'histoire*), Leroux, Paris, 1908.
W. B. Yeats, *The Second Coming*, (1919), in *Michael Robartes and the Dancer*, Macmillan, N. Y., 1921.
P. Zambelli, Introduction à la tr. it. de A. Koyré, *Du monde de l'à-peu-près à l'univers de la précision*, Einaudi, Turin, 1967.

## Actes de colloques

IX Congrès International de Philosophie, Hermann, Paris, 1937.
I Congrès International de Philosophie Scientifique, Hermann, Paris, 1936.
Colloque International d'Histoire des Sciences, *L'Histoire des sciences et des techniques doit-elle intéresser les historiens ?* (mai 1981), Société française des sciences et des techniques, Paris, 1982.
Colloque international *Alexandre Koyré, Science : la renaissance d'une histoire*, Paris, juin 1986, in *History and Tecnology*, 4, 1987, Harwood Academic Publishers, United Kingdom, 1987.
Quinto Seminario internazionale di Studi del Centro Studi sul pensiero scientifico F. Cesi, *La concezione del mondo in Europa. Religione, scienza e modernità attraverso l'opera di A. Koyré*, sett. -ott. 1992, in *A. Koyré. L'avventura intellettuale*, ESI, Napoli, 1994.
Colloque International, 24-26 octobre 1994, Paris, *Henri Berr et la culture du XX$^{e}$ siècle* (éd. A.Biard, D.Bourel, E.Brian), A.Michel / Centre International de Synthèse, Paris, 1997.

## Collections et revues

*Actualités scientifiques et industrielles,* Hermann, Paris.
*Annales d'histoire économique et sociale,* Colin, Paris.
*Annales. Economie Société Civilisation,* Colin, Paris.
*Archeion*, Leonardo da Vinci, Rome.
*Bulletin de la Société française de philosophie*, Colin, Paris.
*Revue de Métaphysique et de Morale,* Colin, Paris.
*Revue de Synthèse,* La Renaissance du Livre (depuis fév. 1937 A. Michel), Paris.
*Revue de Synthèse historique*, Cerf, Paris.
*Science*, Centre International de Synthèse et Editions Diderot, Paris.
*Thalès,* Alcan, Paris.
*Semaines Internationales de Synthèse* :
– 1, *Civilisation : le mot et l'idée*, (1929), Alcan, Paris, 1930.
– 2, *La Relativité*, (1930), Alcan, Paris, 1932.
– 4, *L'Evolution de la physique et la philosophie*, (1932), Alcan, Paris, 1935.
– 5, *Science et loi*, (1933), Alcan, Paris, 1935.
– 6, *La Notion de progrès devant la science actuelle*, (1934), A. Michel, Paris, 1938.
– 7, *La Statistique. Ses applications. Les problèmes qu'elles soulèvent*, (1935), A. Michel, Paris, 1944.
– 15, *La Synthèse, idée-force dans l'évolution de la pensée*, (1949), A. Michel, Paris, 1951.

# INDEX

# TABLE DES MATIÈRES

Imprimerie de la Manutention à Mayenne – Avril 1998 – N° 145-98
Dépôt légal : 2e trimestre 1998